知堂序跋 一

周作人 著文
锺叔河 编订

岳麓书社·长沙·二〇一六

知堂序跋新序

钟叔河

《知堂序跋》这部书印行过好几版，每一版的编法均有所不同。

岳麓初版本分为五辑，一是本人著作的序跋，二是本人译作的序跋，三是他人著译的序跋，四是零星题记及其他，以上均系建国前的作品，五则是建国后所作一、二、三、四类文字。

海南版将序跋与书话合编为七辑：一泛谈读书和书，二谈中国古籍，三谈旧小说等，四谈中国新书，五谈东洋的书，六谈西洋的书，七谈自己的书（亦即是本人作品的自序，只将译作除外，因已分入东洋和西洋了）。

这样分来分去，本是为读者着想，想使检阅方便些。但后来又想，能买知堂著作之人，难道还不会翻书，要你“寒婆婆操腊心”来多事么？更何况通家之文，本不易强分畛域。周作人自编《苦雨斋序跋文》，便只按为己与为人“分为两部”，此即是其“家法”，何不遵照办理呢？

于是人大版仍将序跋独立成书，按“家法”分为“自作序跋”和“为别人作的序跋”两个部分；题记小文并非序跋，不好分，便作为第三部分。

此次新版，题记亦已独立成书，留下的均是序跋文，便全依“家法”办理了。

初版原序中说，“这本《知堂序跋》，共收文二百二十三篇，篇数等于一九三四年出版的《苦雨斋序跋文》四倍还多，周氏一生所写的序跋文，在这一册中，大约包罗无遗了。”此话说得太满。止庵先生便指出来，《〈在奥利斯的伊菲革涅亚〉译者序》、《〈希腊神话〉引言》、《〈绍兴儿歌集〉小引》诸文，“皆为此书所失收”，还有“译文集中各篇的译后记，也不该遗漏”，确是中肯的批评。好在诸文尚可从《周作人散文全集》中找到，这次便都将其补充进来。当然补充的并不止这些，初版的二百二十三篇中，（据海南版）有四十五篇是题记，除去后序跋文只得一百七十八篇；而新版现收序跋二百二十一篇，二者之差四十三篇，便是补充的篇数。

这回再不敢说“大约包罗无遗了”，仍诚恳希望能有人继续关心它，还有不有失收的、遗漏的呢？大家来拾遗补阙，对于编者和出版者来说，都是求之不得的好事，一定会衷心感谢的。

还有件事想在此说明一下：本书原序作于八六年十月，八七年二月付印的初版本却未见刊出，原因就是末尾那几句话得罪了人，而我又坚持不改，于是只能抽下，换上几百字“编者的话”开印。今时移事易，“总编辑不该亲自编书”已成为“信不信由你”的笑料，有的人也走了，本不应再提，但因有朋友还对此“心存疑惑”，所以又加写了这几行。

二〇一五年六月二十七日于长沙念楼。

知堂序跋原序

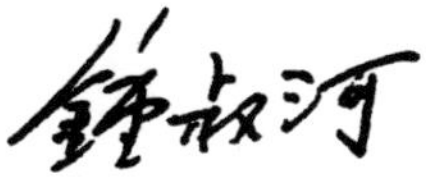

我在《知堂书话》的序文中说过：“周氏的序跋文本来也属此类，因系为自己或友人而写，更多感情的分子，而且数量也不少，故拟另成一集，作为《书话》的续篇”，结果就是这本《知堂序跋》，共收文二百二十三篇，篇数等于一九三四年出版的《苦雨斋序跋文》四倍还多，周氏一生所写的序跋文，在这一册中，大约包罗无遗了。

周作人是很看重序跋文和自己所写的序跋文的。他为俞平伯《燕知草》写的跋一开头就说：

小时候读书不知有序，每部书总从目录后面第一页看起。后来年纪稍长，读外国书，知道索引之必要与导言之有益，对中国的序跋也感到兴趣。……因为我喜欢读序，所以也就有点喜欢写序；不过，序实在不好做，……做序是批评的工作，他须得切要地抓住了这书和人的特点，在不过分的夸扬里明显地表现出来，这才算是成功。

这里讲的是为人作序，至于自己的著译呢，《〈看云集〉自序》说道：

我向来总是自己作序的，我不曾请人家去做过，……因为我知道序是怎样地不好做，而且也总不能说的对或不错，即使用尽了九牛二虎之力去写一篇小小的小序。

序既这样地不好做，但又还是喜欢做，自然不能不讲究做序之法，他接着就说道：

做序之一法是从书名去生发，这就是赋得五言六韵法，……这个我想似乎不大合式。其次是来发挥书里边——或书外边的意思。书里边的意思已经在书里边了，我觉得不必再来重复地说，书外边的或者还有些意思罢。

这二百二十三篇序跋，所讲的便多是“书外边的意思”，用一句文言，也就是“言外之意”。说老实话，我所最喜欢的，也就是他的这一点言外之意。

周作人最反对“就题作文，各肖口吻”。他的序跋，实践了他自立的法度，从来不“赋得”，不“重复”。他不是“就题”，而是“借题”，是借题发挥，发挥自己对中国文化思想问题的见解。他在中国学海军，在外国学建筑，而于学无所不窥：魏晋六朝，晚明近世；妖术魔教，图腾太步；释典儒经，性的心理；印度日本，希腊罗马；家训论衡，狂言笑话……在所有这些方面，他都能从人类文化学的宏观，以东西文化比较的方法，来研究中国传统的思想，妙言要道，鞭辟向里。此二百二十三篇所述者，岂止区区数百十种著译而已哉？即视之为打开尘封已久的文化遗产箱子的钥匙亦无不可也。

《知堂书话》出版以后，听到一种意见，即总编辑是不应该“亲自”编书的。可是，我一不想当出版文化官，二不习惯对上打报告对下作报告，三又缺乏“朝游北海暮苍梧”去参加各色各样没完没了的会议的时间和兴趣，从十八岁学做编辑起，光阴荏苒，已经三十七年于兹矣；俗话说，“四十不斠老婆，五十不斠行当”，到老改行，乌乎其可？还是编了这本《知堂序跋》再说罢。

一九八六年十月六日于长沙。

编辑说明

［一］本书三册，共收序跋二百二十一篇。第一册和第二册收自作序跋一百四十六篇，第三册收为他人作的序跋七十五篇，均按写作时间先后编次。

［二］每篇的写作时间，于首页右上角以阿拉伯数字注出，必要时并在校记中补充加以说明。如第一册第一篇《秋草园日记甲序》注1905. 1. 6，即作于一九〇五年一月六日。

［三］每篇的出处，于写作时间下以小字注出，必要时并在校记中补充说明。凡从著（译）作

集中辑出者，注出原书名（收入多本者只注出编校所据本）。如第一册《红星佚史序》，即注出“苦雨斋序跋文”。凡从作者未入集文字中辑出者，皆注明“集外文”，并在校记中说明有关情况。如第一册《女猎人约言》系“集外文”，校记①即说明了它“1905. 7 刊《女子世界》2 年 1 期”。著（译）作集均以周作人生前正式出版者为限，其生前未能出版之文字均视为集外文。

［四］每篇均经编者校订，校改处均出有校记，说明校改前后情形，以便检查，且示负责。如《红星佚史序》首句，“罗达哈葛得安度阑二氏掇三千五百年前事著为佚史”，校改后即出有校记②：“‘年前’（《苦雨斋序跋文》）原作‘前年’。”

［五］以上各项，偶有特殊和例外的情况，亦均在校记中说明。如第一册《点滴序》出处注作“点滴”不作“苦雨斋序跋文”，校记①即

说明：“《点滴》，1920. 8 北大出版部初版，后改订成《空大鼓》，1928. 11 开明书店初版，重新写了序，而将本篇称为“旧序”，两序均收入《苦雨斋序跋文》，但都张冠李戴，本篇题作‘空大鼓序’，《空大鼓序》则题作‘点滴序’了。”

［六］与本篇有关的其他篇目，同册中者可从目录检索，不同册者均在题下用小字注明。如第一册《汉译古事记神代卷引言》，题下即注明“第二册有《古事记引言》”。

［七］第三册中收有四篇译文，并非知堂本人为他人作的序，但除《曼殊画谱序》可能系应请之作外，都是他因为“爱读”或者“重要”而译出的好文章，故仍予收入。其译时所加之注，亦作为“原注”全部予以保留。

［八］题目、目录和小字说明（校记除外）中的书名均依知堂之例，不加书名号。

［九］今后如再辑得佚文，均作为“补遗”，编于相关分册之末，以入书时间先后为序，并列入本册目录。

第一册目录

秋草园日记甲序[1]

◇1905.1.6

◇集外文

世界之有我也已二十年矣，然廿年以前无我也，廿年以后亦必已无我也，则我之为我亦仅如轻尘栖弱草，弹指终归寂灭耳，于此而尚欲借驹隙之光阴，涉笔于米盐之琐屑，亦愚甚矣。然而七情所感，哀乐无端，拉杂纪之，以当雪泥鸿爪，亦未始非蜉蝣世界之一消遣法也。先儒有言，天地之大而人犹有所恨，伤心百年之际，兴哀无情之地，不亦傎乎。然则吾之记亦可以不作也夫。

甲辰十二月[2]天欹自叙。

【钟校】

① 曾收入《风雨谈·旧日记抄》，但无落款九字。此据作者手书日记，序文写在甲辰十二月初一日（1905.1.6）的前面。

②“甲辰十二月”，此“甲辰”为清光绪三十年。

侠女奴说明[1]

◇1905. 1. 21

◇集外文

有曼绮那者，波斯之一女奴也，机警有急智。其主人偶入盗穴为所杀，盗复迹至其家，曼绮那以计悉歼之，其英勇之气，颇与中国红线女侠类。沉沉奴隶海，乃有此奇物，亟从欧文移译之，以告世之奴骨天成者。

［附］题《侠女奴》原本[2]

采得薪归日暮时，绿林巢穴侈新知。敝囊满载驰驴去，侥幸人间暴富儿。

不意量金起祸胎，贪夫形役剧堪哀。石门不启飞磷火，何处孤魂泣夜台。

金钱费得唤缝尸，敌计虽深那得知。不道春光终泄漏，粉书已上小罘罳。

一误何堪再误来，朱门红粉费疑猜。巡逻终遗旁人觉，掩耳何曾有疾雷。

驱骡踯躅向前村，暴客俄为座上宾。可惜一声何满子，空教肠断卖油人。

请君入瓮已堪伤，灌顶醍醐那可当。三十七人齐并命，殉财千古吊金伥。

对门侨寓费深心，揖盗多从孺子婴。汝欲报恩侬报怨，两家情事不分明。

姓名假托苛琪亚，监察难逃史拉夫。再入侯门非易事，却教空送好头颅。

居然妙手胜空空，舞踏蹁跹唱懊侬。羯鼓冬冬声忽断，筵前血洒杜鹃红。

行踪隐约似神龙，红线而今已绝踪。多少神州冠带客，负恩愧此女英雄。

【钟校】

①《侠女奴》述英文《一千一夜》中阿里巴巴故事，为周作人最早的译作。译文1904.8—1905.5刊《女子世界》1年8期至12期，并于1905年初由“小说林”出了单行本。周氏日记甲辰十二月十五日（1905.1.20）云：“终日译《侠女奴》约为三千字。”次日云：“抄译稿约三千字腕为几脱。”应该是抄寄“小说林”的。据此将本文定为1905.1.21作。

②附《题侠女奴原本》诗十首，1905.5刊《女子世界》1年12期。

玉虫缘绪言①

◇1905.2

◇玉虫缘

天下之物，莫不各有其代价，纳价若干，则得货若干，无或出入，此贸易之道然也。惟事亦然，欲成一事，必先纳其代价。或以劳动为代价焉，或以心力为代价焉，或以一切之苦乐荣辱及生命财产为代价焉，夫而后乃各按其所应得之数，得报酬以去。而决不容徼天之倖，得无因之果，此实人事之自然，而合于公理者也。夫人之贫富，天地之一大缺陷也。然而贫者必有其所以贫之故，富者亦必有其所以富之故。逸者，贫之代价也。劳者，富之代价也。纳如何之代价，则得如何之报酬。然则一事之成败，天行虽存乎其中，而人事实为之枢纽，于缺陷乎何有？夫不观之力学乎？以助力器运重者，力省则时必费，时省则力必费。二者交相为因，故交相为果。浅人不察，相惊为异，不亦陋乎。顷者碧罗女士之译述莱格兰事也，叙其以一月获百五十万之钜金，然而无足异也。彼其一月之间，绞脑汁，竭心血，焦心苦思，以探索此事者，其价值已不下百五十万金也。且此百五十万金，非彼之智慧，亦莫能支配也。故如安介坡之不屑于此事，则不得也。如迦别之不能思得此事，则亦不得也。如莱以外之种种人，或莱自己，不能解明此秘密，则亦不得也。何者？盖此思索劳苦，实为得百五十万金之代价也。夫致富，难事也。然以掘藏而致富，则易事也。既易易矣，而复有难，甚矣，天下无易事也。近者吾国之人，皆思得财矣，而终勿得；吾国之人，皆思做事矣，而终勿成。何也？以不纳其得之成之之代价故也。使读此书而三思之，知万物万事皆有代价，而断无捷径可图，则事庶有济之一日乎？

乙巳初春[2]萍云序于建业客次。

［附一］玉虫缘例言

是书为美国拔尔祛摩人安介坡所著。坡少负隽才，年三十八而卒。其诗文惨怪哀感，为一时所欢迎，顾天不永年，殊亦长吉鬼才之俦也。此书曾应斐力代而夫一新闻社小说之悬赏，当选受三百弗之赏金，其价值可想见。闻其所作《大鸦》之诗及《泻梨（酒名）之酒桶》等篇尤奇异，惜未得见。

是书英文原本名曰《金之甲虫》，著是事之原始也。日本山县氏译本名曰《掘宝》，著事之结果也。译者不解和文，而于英文少有涉猎，因从原本细绎成此，别著其名曰《玉虫缘》。

是书推测事理，颇极神妙。虽只一平常记事之文，而其中实含有侦探小说之意味。书系入作者口气，今仍其体例。

书中形容黑人愚蠢，竭尽其致，其用语多误，至以 There 为 dar，it is not 为 taint。译时颇觉困难，须以意逆，乃能得之。惟其在英文中可显黑人之误，及加以迻译，则不复能分矣。（如英文“故”Cause 可误为“爪”Claw，而在中文则否，不加注语，便觉费解。）

译者识。

［附二］玉虫缘译者附识

译者曰：我译此书，人勿疑为提倡发财主义也。虽然，亦大有术，曰有智慧，曰细心，曰忍耐。三者皆具，即不掘藏亦致富；且非独致富，以之办事，天下事事皆可为，为无不成矣，何有于一百五十万弗之钜金？吾愿读吾书者知此意。

乙巳上元[3]，译竟识。

【钟校】

①《玉虫缘》又名《山羊图》，为爱伦·坡《金甲虫》译本。据周氏乙巳（1905）日记，正月十四日“译《山羊图》竟”，廿四日“寄丁初我信，又小说稿一卷”。小说于五月由上海翔鸾社出版，署会稽碧萝女士译。

②“乙巳初春”为1905年2至3月。

③“乙巳上元”为1905. 2. 18。

女猎人约言[1]

◇1905.4

◇集外文

作者因吾国女子日趋文弱，故组以理想而造此篇，过屠门而大嚼，虽不得肉，聊且快意耳。然闻之，理想者事实之母，吾今日作此想，安知他日无是人继起实践之，有人发挥而光大之，是在吾姊妹。

是篇参译英星德夫人《南非搏狮记》，而大半组以己意。惟所引景物随手取扱，且猎兽之景未曾亲历，所言自知未能略似，阅者不足深求，致胶柱而鼓瑟。人名地名，亦半架空（今假定书中主人翁为篆因女士，其地为寿眉之山），无所据也。

或谓传女猎人不如传女军人。然女军人有名之英雄，而女猎人无名之英雄也，必先无名之英雄多，而后有名之英雄出。故吾不暇传铁血之事业，而传骑射之生涯。

× ×

述者曰：吾述女猎人，吾几自以为狂矣，吾国何处有如此人？世界何处有如此人？

或曰，是不过寓言耳。

虽然，吾安知竟无如此人乎？吾心目中固宛然有女猎人在。

艳服弓鞋，吾以为猎装旅服也；金钗犀钿，吾以为匕首短枪也；其旖旎而行，花枝招展，吾以为奔驰驱逐于平原蔓草陂陀起伏间也。噫，是非女猎人耶？

吾脑其非变耶？吾目其非瞀耶？何见之异也。彼姗姗来迟者何耶？吾国之女子中无知是人也。彼其驯柔可怜，虽雉兔无是过也。噫，然则吾之女猎人，惟于吾纸上见之而已。

【钟校】

①《女猎人》1905.7 刊《女子世界》2 年 1 期，署“会稽萍云女士假造”，“约言”二节分别缀于正文前后。

秋草闲吟序[1]

◇1906. 3

◇集外文

予家会稽，入东门凡三四里，其处荒僻，距市辽远。先人敝庐数楹，聊足蔽风雨；屋后一圃，荒荒然无所有，枯桑衰柳[2]，倚徙墙畔，每白露下，秋草满园而已。予心爱好之，因以园客自号，时作小诗，顾七八年来得辄弃去，虽裒之可得一小帙，而已多付之腐草矣。今春闲居无事，因摭存一二，聊以自娱，仍名秋草，意不忘园也。嗟夫，百年更漏，万事鸡虫，对此茫茫，能无怅怅，前因未昧，野花衰草，其迟我久矣。卜筑幽山，诏犹在耳，而纹竹徒存，吾何言者，虽有园又乌得而居之？借其声，发而为诗，哭欤歌欤，角鸱山鬼，对月而夜啸欤，抑悲风戚戚之振白杨也。龟山之松柏何青青耶，茶花其如故耶？秋草苍黄，如入梦寐，春风虽至，绿意如何，过南郭之原，其能无惘惘而雪涕也。

丙午春，秋草园客记。

【钟校】

① 此据《知堂回想录·六三》录入，据云，《秋草闲吟》诗稿已佚，“这序却因鲁迅手抄的一本保存在那里，现在得以转录”。

②“枯桑衰柳”，“衰”原作“衷”。

孤儿记缘起[①]

◇1906.5

◇集外文

著者曰：吾为此书，不过驱于一时之情，初无覃识洪思磅礴胸次，或有不平于人间，因托事稗官以舒吾愤，而吾文浅陋无章，又胡足以为载。且人天之际，其理至为覃微，使浅乎言之，徒以人生之困苦为词，而不深究夫进化之至理，惟为是咄嗟叹叱，寄恨于造物之不仁，斯其言每不免陷于巨缪，而为当世学子之所笑，吾何敢焉。虽然，吾闻之，人生以苦休为究竟，否此皆属涂附之辞。故茫茫大地是众生者，有一日一人不得脱离苦趣，斯世界亦一日不能进于文明。固无论强权之说未能中于吾心，而亦万不能引多数幸福之言，于五十百步生分别见者也。嗟夫！一夫之呼暑，于事本无足重轻，然自达人观之，何莫非浊世迷沦之恶兆。试观东西文家之所记述，与夫古今诗人之所哀歌，其言抑何相类也。著者不敏，窃本斯感，以作是书。纵其所陈朴素断续，令人不欢，甚或犯学术上之大不慧，窾言杂出，不免为识者所谯诃，而吾书则竟如是矣。

［附］孤儿记凡例

一、是记为感于嚣俄《哀史》而作，借设孤儿以甚言之，然世间亦未必无此等事，愿读者作一则实事观亦可。《哀史》为嚣俄名著，共五卷，其自序云，颛蒙贫困不绝迹于世，则此种书一日不可废。彼又尝云，此书为全世界而作，其主义之大如此。各国已传译殆遍，而中国尚无之，惟终当不可淹没，吾敬瓣香祝其出现耳。

一、著者久欲著是书，而终不敢下笔，逮至不可复忍而作，而视之仍毫无趣味。其故有二，一思路窄，二文笔劣，实则国学缺乏之故，敬敢谢罪。著者本意，欲于汉文上少加修饰，而为力所限，故多弱点，且存之俟后日之改正。

一、是记中第十及十一两章，多采取嚣俄氏 Claude Ceaux 大意，此文系嚣氏小品之一，志此以示不敢掠美，且谢唐突。

一、小说之关系于社会者最大，是记之作，有益于人心与否，所不敢知，而无有损害，则断可以自信。

一、记中间有意有未尽或费解之处，则于附录中说明之。

【钟校】

①《孤儿记》半据雨果小说译写，署名平云，1906作为《小说林》出版的《小本小说》第一集第一册。

红星佚史序[1]

◇1907.3

◇苦雨斋序跋文

罗达哈葛德、安度阑二氏掇三千五百年前[2]黄金海伦事著为佚史，字之曰《世界之欲》。尔时人间尚具神性，天声神迹，往往遇之，故所述率幽秘荒唐，读之令生异感，顾事则初非始作，大半本诸鄂谟（Homer）。

鄂谟者，古希腊诗人也，生三千年前，著二大诗史，一曰[3]《伊利阿德》（Iliad），纪多罗亚战事。初有睚眦神女曰亚理思，以当沛留斯与提谛斯婚宴不见招致，思修怨，因以一频婆果投会中，识其上曰致最美者。海拉、雅典那、亚乎罗迪谛三神女随共争此果，神不能决，宙斯命就巴黎斯断之。巴黎斯者多罗亚王普利安子，方居伊陀山视其羊群，三神女各许以酬，而巴黎斯终纳亚乎罗迪谛之请，愿得美妇人，二神女由是衔多罗亚。未几巴黎斯游希腊，王美纳罗思厚款之，后曰海伦，绝美，亚乎罗迪谛为种业恋于胸，见客美之，会王他出，巴黎斯挈后奔。王归索之不听，遂大举伐多罗亚，海拉、雅典那为之助，九年不下。后用伊色加健者阿迭修斯策，造大木马空其中，伏甲士百人，弃城外，复率舟师隐邻港中。多罗亚人意敌既去，启城出，见木马，乃拒洛公之谏，舁之入城。入夜伏甲尽出，启城，舟师亦返，多罗亚遂下，希腊人大掠，杀普利安于宙斯神座之下。美纳罗斯复取海伦，将之返国，遭飓风流地中海，抵息普洛思、斐尼基、埃及诸地，已而至斯巴达，复为国王。后诗人欧黎辟提斯及思德息科罗斯，则谓巴黎斯仅得海伦之形，真海伦盖已至埃及云。

诗之二曰《阿迭绥》（Odyssey），即记阿迭修斯自多罗亚归，途中涉险见异之事。而《红星佚史》一书则设第三次浪游，述其终局者也。中谓健者浪游，终以见美之自相而止，而美之为相，复各随所意而现，无有定形，既遇斯生眷爱，复以是见古恶，生业障，得死亡。眷爱、业障、死亡三事，实出于一本，判而不合，罪恶以生，而为合之期则又在别一劫波，非人智所能计量。健者阿迭修斯之死正天理应然，不足罪台勒戈奴之馈矢。台勒戈奴事亦本鄂谟以后传言，非臆说也。

中国近方以说部教道德为桀，举世靡然，斯书之缁，似无益于今日之群道。顾说部曼衍自诗，泰西诗多私人制作，主美，故能出自由之意，舒其文心。而中国则以典章视诗，演至说部，亦立劝惩为臬极，文章与教训漫无畛畦，画最隘之界，使勿驰其神智，否者或群逼拶之，所意不同，成果斯异。然世之现为文辞者，实不外学与文二事，学以益智，文以移情，能移人情，文责以尽，他有所益，客而已，而说部者文之属也。读泰西之书，当并函泰西之意，以古目观新制，适自蔽耳。他如书中所记埃及人之习俗礼仪，古希腊人之战争服饰，亦咸本古乘。其以色列男巫，盖即摩西亚伦，见于《旧约》，所呼神名，亦当时彼国人所崇信者，具见神话中。著者之一人阑氏，即以神话之学有名英国近世者也。

丁未二月，会稽周逴识。

【钟校】

①《红星佚史》，1907 商务印书馆出版，署周逴译述。序文后收入《苦雨斋序跋文》。

②“年前”原作“前年”。

③“一曰”原作“一日”。

匈奴奇士录序①

◇1908.6

◇苦雨斋序跋文

育珂名摩耳，匈加利人也，以一千八百二十五年二月生于科摩伦，就学巴波大学，进为博士。四十八年匈加利独立之战，育珂亦与，为奥人所忌，及维拉戈思战败，则物色之，遂窜迹山林中，数月不出，事平归蒲陀沛思著书，六十一年推为国会议员，至一千九百五年卒。所作小说，都二百五十馀卷，别有国史及自传等甚多。其国人理特耳著《匈加利文学史》，言氏为小说，长于创造，益以意象挺拔，作之藻彩，故每成一书，情态万变，且秾丽富美，妙夺人意，自《天方夜谭》以来鲜雠对也。

今此所译，为七十七年作，原名“*Egy az Isten*”，义云“神一也”，盖匈加利一神宗徒之号。其教非三灵一体之说，而信天帝为独尊，一千五百六十八年顷，始入脱阑锡尔跋，后益曼衍。书记一千八百四十八年事，今述数言，以当疏注。

匈加利故黄人，而民殊杂糅，中以摩陀尔人为主，什克勒义云边人，亦其近族，古匈奴也，其民自称阿帖拉之众。阿帖拉者，匈加利语曰遏谛来，匈奴之长，四百五十年哈伦斯战败，遂永居东脱阑锡尔跋，匈语曰遏耳兑黎，义云林地。其邻即扶剌赫，义曰异人，自称路曼人，即罗马之变，盖古达奇亚之民及罗马皇帝忒剌扬遗众也。独立之战，摩陀尔及什克勒为主，于是非匈族诸部，莫不猜忌，意他日事成，必独利二族，而奥国复阴耸之，扶剌赫乃叛，克洛谛亚暨塞尔维亚又戴叶剌契支为渠和之，脱阑锡尔跋一带，摧残特甚，此书中本事也。

匈加利人先姓后名，正同中国，故译亦仍之。又本书间引他国文字一二言，译之有伤其意，故留原文，附识于此。

戊申五月记。

【钟校】

①《匈奴奇士录》，署周逴译，1908 商务印书馆出版。序文后收入《苦雨斋序跋文》。

炭画小引①

◇1909. 2

◇苦雨斋序跋文

显克微支名罕理克，以一千八百四十五年生于奥大利属之波兰，所撰历史小说数种皆有名于世，其小品尤佳，哀艳动人，而《炭画》一篇为最。《炭画》云者，谊取简略图形，如稿本也。

丹麦评骘家勃兰兑思作《波兰文章论》，称之曰，“其人才情美富，为文悱恻而深刻，如《炭画》一篇，实其上乘，书言有农妇欲救其夫于军役，遂至自卖，盖杰作也”。又美国人寇丁言，此文作于一千八百七十八年，时著者方客美洲加厘福尼，自云所记多本实事，托名“羊头村”，以志故乡之情况者也。

民生颛愚，上下离析，一村大势，操之凶顽，而农女遂以不免，人为之亦政为之耳。古人有言，庶民所以安其田里，而亡叹息愁恨之心者，政平讼理也，观于“羊头村”之事，其亦可以鉴矣。

己酉二月，译者记。

【钟校】

①《炭画》，1914 文明书局出版，小引收入《苦雨斋序跋文》题作《炭画序》。

黄华序说[①]

◇1911.1
◇集外文

牧歌原始希腊。相传佃牧女神阿尔退密思祭日，牧人吟诗相竞，为之滥觞。至谛阿克列多斯（Theokritos，谊曰神择）始著为文章。Eidyllion 一语，本 Eidos（谊曰体，曰式）之小词，又为 Eidyllion bukolikon 之略，意曰牧人体诗，说者或谓可称“田园诗”，以 Eidyllia 谊可云小图画也。

谛阿克列多斯，中国东周时人（基督前三百十五年生），生于昔儿利亚（即昔昔利）。世传其事迹，率模胡不可依据。昔儿利亚为地，山川纵横，物色至美，终岁受朝日之光，万物熙熙向阳，故诗亦如之。行吟陇畔，据地偶息，榆柳萧疏，笼罩顶上，有泉水自神女窟中涌出，迸作清响，蜩螗噪于树荫，小鸥远唤丛薄之中，鹨莺皆歌，鹧鸪相呼，黄蜂飞鸣水际，百物皆吐夏气，果蓏穰熟，棠梨累坠盈树，野梅着实，屈枝向地，父老乃倾四年陈酿，共祝秋穰（诗第七）。佳景可掬，牧人则依岩息荫，招友共语，歌吟为乐，与水上渔唱遥相应和。亦有欢子失意，怨歌相诉（诗第三）。或弃妇对月诃禁，招其故欢（诗第二）。莫不即景成文，自然美妙。今其地妇人犹于月夜作哀歌，不异二千年前。

谛氏田园诗，记其国人生活，事皆如实，农牧行歌，未可为异。今以其诗（法人方台纳氏引下诗，甚指斥[②]其伪），与近世希腊民谣相较，可以见矣。

田园诗第三（译言）：吾愿为鸣蜂，得排翳汝之羊齿荔萝，入汝窟穴也。

近世希腊民谣（译言）：吾愿为燕子，得以就汝，接汝唇一再，复飞而去。

谛阿克列多斯而后，人效之为诗者甚众，而咸莫能及。五百年后有朗戈思（Longos）出，始可为之继。朗戈思事迹无可考，以名推之，意源出罗马（朗戈思，拉丁语曰长），或以其有姓无名，疑为别字。其生卒不详，大抵当中国晋时。著有小说《达夫尼斯赫罗亚故事》四卷。言列色波思之地，有二牧人，各拾弃儿。（古希腊人生子，卜如不吉，弃诸林中，听人收养之，其例甚多。）字男曰达夫尼斯，女曰赫罗亚。及渐长，牧羊野中，互相爱悦，历诸艰苦，终得和合。其结构至简朴，而文特佳妙。文史家言，是实无韵之诗，使在古昔诗人，必不为小说，而仿谛阿克列多斯体，著为诗矣。

其[3]叙列色波思四季物色，亦滋美丽。春时草华竞放，遍于林野，及小山陂陀间，蜂声渐作，小鸟哢于枝头，乳羔腾跳[4]。羊游山麓之次，万物皆浩荡有生气，二人亦怡悦，游戏其中，闻鸟歌亦歌，见羊跃亦跃，又效蜜蜂，采集佳花，自饰胸臆，或编为花环，献诸神女（卷一第九节），而爱情抽□[5]，亦与时俱长。文情宛转，与外物相调和，觉南方温暖之气，流转书中，盖希腊人地有使然者欤！

谛阿克列多斯与朗戈思相去五百载，又为诗文各殊，然其渊源若一，如相师承。后世之人，作牧歌小说，有隽语佳什可称道者，鲜不源出于此。

育珂此作，亦汲其流，而描写自然，无造作痕。且事出匈加利大野，其地民风物色，别具异彩，观所叙述，宛若画图。故读其书，泛以小说论之，可；然不若取其美致，作诗词观之，尤可欣赏也。

亚尔拂特为摩陀尔人所居地，平原广远，介帖萨、多瑙二川之间。帖萨者即退伊斯，匈加利有此，犹俄之有[6]伏尔伽川，古今文人，多取材于是。诃多巴格即临其流，其景色瑰奇，非亲见之者不能道。今采匈人赖息氏言记之曰：

平原（Puszta）之在匈加利者，数凡三千，而夺勃来钦左近之诃多巴格最有名，常见于裴象飞吟咏。诸平原为状，各各殊异；或皆田圃，植大麦烟草，荏粟成林；或为平芜下隰，间以池塘；且时或茂密，时或荒寒，时或苍凉，时或艳美。……旅人先过荒野无数，渐入一市，当见是中人物如绘，咸作大野景色。有村人甚谨厚，其妇称 Mennyecske（匈加利尊称妇人语，意云小天），便给善言。又有羊豕牛马之牧者，衣饰不同，人亦具诸色相。牧羊人（bojtar）在草野间，视羔羖一大队。性温和，善音乐，且知秘密医方。盖所牧羊或病，辄自择草食之，旋愈，牧者审谛，因以博识卉木，熟习天然，类术士焉。牧牛者（gulyás）掌大物牝牡，秉彝因野莽好斗，怒牛奔突欲入泽，辄与之角，又斗原上窃牛之贼。牧豕者（Kóndás）最下，性阴郁不得意，又善怒，易流为盗。惟牧马者（Csikos，译音什珂）最胜，日引多马游食草原之上。筝与箫为匈加利乐器，马亦匈加利国兽，谚有云：“摩陀尔人天生居马上”（Lóra termettá Magyar）也。乡人贵胄，无不善骑，其爱马亦至。故诗人多以入诗，不异亚剌伯人。牧马者勇健敏捷，长于歌舞，能即兴赋诗。生与马相习，所以御马与马盗之术皆晓彻，披绣衣，广袂飘扬，又年少英武，女郎多爱慕之。第众中最奇特者，莫如可怜儿（Szegény Leseny），即原上暴客。世传其事，多吊诡之趣。盖人谓其违法逆经，必缘败北于人世，故伤于爱恋故也。若夫景色之胜，则为海市（délbáb）。每届长夏，亭午溽暑，空中往往见城寨浮图、大泽山林之象，光辉朗然。行人遇之，如入仙乡，而顷刻尽灭，不留踪影。为匈加利平原者盖如此。（《匈加利艺文史论》⑦第二十七章《裴彖飞论》）

此节说匈加利原野物色、圉牧生涯至清疏。适为《黄华》作注，其中因缘事物，悉得明憭。若异国之人，犹欲赞益，恐非讹即赘矣。

育珂作小说，数及二百，顾独取此者，有二故焉：一以人国言，一以艺术言。育珂此作，记其国土人情，善见特色；且文思富美，盎然多诗趣。以是重缘，特推《黄华》一书，为育珂绝唱。而以爱古希腊二诗人之情，重爱是匈加利牧歌著者也。

庚戌十二月[8]，识于日本江户。

［馀录］　匈加利人先姓后名，不异华土。欧人著书，多颠倒之，今悉改正从其旧，其称谓亦然。

中古五世纪时，匈奴初入匈加利。衰后，各异人种相竞为长，顾不久皆废亡。至十世纪中，摩陀尔人至，始立国，至于今。故匈加利人种，至杂糅不纯，以摩陀尔人居其多数，故自称其国亦曰摩陀尔云。

裴象飞（Petöfi Sandor）生于千八百二十二年，性跌荡，爱自由，天才长于诗。肄业巴波大学，因识育珂。四十四年，刊诗集一卷，声名陡起。四十八年，匈加利谋独立，裴象飞即从军行，至明年七月三十一日舍该斯跋之战，殁于阵中，年二十六。所著诗歌外，有小说一卷，曰《缢吏之绳》（*A hoher kotele*）。

匈加利小说潮流，与欧西文苑相应。育珂前有珂尔曼（Kármán，一七六三至一八四五），著写情小说曰《番尼遗稿》（*Fannihagymányai*），盖兼英Richardson之*Pamela*与德Goethe之*Werther*而一者。次有侯爵约息加（Jósika，一七九六至一八六五），效斯各德（W. Scott）为历史小说。复次有亚德佛思（Eotvos，一八一三至一八七一），亦侯爵，尽力政治，而亦为诗文小说数种，有书曰《乡村书记》（*A falu jegyzöje*）最有名，是数人皆育珂之前驱也。

育珂以后，小说家甚多，今不具详，惟记密克札特（Miksáth）名于此。其人亦律师，生于千八百四十九年，以今岁三月卒，著书英德已有传译，故易得之。

《黄华》本云《黄蔷薇》[9]，今所译存，据英国Beatrice Darford译本也。

一千九百十年十二月译竟记。

【钟校】

① 据旧稿。《黄华》后改名《黄蔷薇》，另有序文。

②“指斥”原作“指尺”。

③ 原无“其”字，今增。

④“腾跳”原作“滕跳”。

⑤ 原缺一字。

⑥ 原无“有”字，今增。

⑦《匈加利艺文史论》七字原稿抹去，今仍复之。

⑧“庚戌十二月”，即1911.1。

⑨“黄蔷薇”原作“黄墙薇”。

黄蔷薇序[①]

◇1911.1

◇苦雨斋序跋文

育珂摩耳（Jokai Mor，一八二五至一九〇五）匈加利人，卒业于巴波大学，为法学博士。一八四八年匈加利革命，与诗人裴彖飞（Petöfi）共预其事，裴彖飞战死，育珂仅以身免。二十年后，独立告成，乃被选为众议员，在职者三十年。育珂生涯虽多涉政治，而甚嗜艺文，著作至二百数十卷，大抵为历史小说，属传奇派，人皆称之曰匈加利之司各得（Scott），而作者自言，则志在法之于俄（Hugo）也。

戊申五月余曾译"*Egy az Isten*"一卷，易名《匈奴奇士录》，印行于世，顾尤爱其"*A Sarga Rozsa*"，辄复翻为华言，并存原题，曰《黄蔷薇》。是书一八九三年作，育珂年已六十九矣。文学史家贝谛

(Beothy Zsolt)评骘素严，乃极评许之，谓足以永作国民文学之华饰云。书之体式，取法于牧歌。牧歌(Eidyllia，idyll)者始于希腊，相传佃牧女神(Artemis)祭日，牧人吟诗竞胜，是其滥觞，至谛阿克列多斯(Theokritos)(生基督三百馀年前)始著为文。初本诗歌，后嬗衍成小说，叙农牧生活，二世纪中朗戈斯(Longos)著《列色波思故事》(*Lesbiaka*)四卷最胜。文艺复兴后，传入欧洲，一时牧歌小说(Pastoral)盛行于世，至十八世纪而衰。育珂生传奇之世，多思乡怀古之情，故推演史事者既多，复写此以为故乡纪念，源虽出于牧歌，而描画自然，用理想亦不离现实，则较古为胜，实近世乡土文学之杰作也。书中所言阿尔拂德，为纯粹摩陀尔(Magyar)种人所居地，平原广远，介帖萨、多瑙二川之间，帖萨者即退伊思，匈加利有此，犹俄国之有伏尔伽大川，古今文人往往取材于此。诃多巴格即临其流，其地风俗物色，皆极瑰异，育珂少时久居其乡，故能言之甚晰。奥匈人赖息(Emil Reich)著《匈加利文学史论》，有云：

[编者按：赖息所云见与《黄华序说》中“平原(Puszta)之在匈加利者……”大段引文全同，可以参看，此处从略。]

此说匈加利原野情状，圉牧生涯，至为清楚，可作本书注解，因并译录之。

岁在庚戌十二月[2]，译者记。

【钟校】

①《黄蔷薇》，1927.8 商务印书馆出版。序文后收入《苦雨斋序跋文》。

②“庚戌十二月”即 1911.1。

须华百拟曲序[1]

◇1912.1
◇集外文

《拟曲》一卷，法人须华百撰。拟曲始出希腊，古者春初，蒲陶既登，国人乃设四祭，以答酒神之庥[2]。假服行道，人身羊足，象神侍从，赓歌以娱神，称神愉之曲。又有奉势之士，冠薜萝而涂糟粕，刻木象势，持着竿头，以祈孳生，狂歌乱舞相谐笑。后世文史家，谓即曲之由昉。

悲曲者，谊言羊歌。谐曲者，村讴也。贤首诗论曰，悲曲起于神弦，谐曲出于奉势；悲以法善，谐以象恶。谐曲枝生，别为拟曲，微风逸旨，不违故常，而篇章简短，不可以入伎乐，敷写凡物，比陈庸事，辞致蕴藉，文华竞爽，已乃渐归美化，比迹醇诗。古有胜悦氏，以谐曲大师兼善其术；次有澄志，始专一为之；路师氏生战国时，世称最胜，著书尽佚，二十年前，断简始出，仅存七章；神择以田园诗名世，集中亦著录一二。希腊拟曲，盖尽于此。

须华百去古二千馀载，绍续绝调，造作是书。前人载记，比类丽辞，不越耳目之表，故物无遁形[3]。后文教殊方，化感既隔，而欲追附其志，自非神思独运，艺境偏至者，无能为矣。其书二十一篇，凡所图写，则风土物色，民生恒思，逸代文明，神事幽閟，靡不具备。思理所聚，神与古会，有如埴小土偶，形皆奇觚，可以昭见上世文物之遗。而年代逴远，复杀其色泽，奄其光芒，但馀古香，幽仄可喜[4]。相其文质，飘然若虚，更非人间笑啼之事，亦如光中薄景，月下空华，具诸幻美，或如白云无形，飘泊太空，浩无定止，自然而至，不以拟象为能[5]。

须氏之说曰，艺文之道，与凡辞背驰，所主在一人，所希在独至。内景所集，至文自呈；真宰弗存，华辞愈翳。文章所发，性灵寄之，一旦情迁，更欲损益，不可得也。故《拟曲》一书，终于奇零，与古德遗篇，同其断缺。须氏虽尚存，虑未必赓作，译而保之，以存其艺术之一境。虽心挹古芳，而时见新愁。牧神既殂，灵山永寂[6]。游心太古，闻呼者猗伟之声，忻乐未央，惆怅莫掩。后之览者，将同斯感焉。

【钟校】

① 1912.2 刊《越社丛刊》1 集，原题《拟曲序》。

②“酒神之庥”，“庥”原作“休”。

③“物无遁形”，原无“形”字，今增。

④“幽仄可喜”，“喜”原作“卖”。

⑤“不以拟象为能”，原无“能”字，今增。

⑥“灵山永寂”，“寂”原作“宋”。

童话释义引言[1]

◇1914

◇集外文

童话应用于教育，其说始于德国，今已盛行欧美。日本虽未用入小学，然幼稚园悉以是为正课，编为绘本以供小学课外读物者，尤极夥多。盖取其适合儿童心理，足以浚瀹其性灵，为后日问学地，与各科皆有联络之用，而于艺术教育尤有功焉。

今中国方将以奥义微言为启蒙之具，则是诸儿歌童话，自难与争席。今聊聚丛残，加以笺识，以供治民俗学者之参考，且于幼稚教育，仍不失其价值。肫恳之父师，其或犹有取焉。

前二则系前作《童话研究》中文，今从《教育部月刊》第七期转载。所收皆越中传说，以儿时所闻者为主，恨见闻不周洽，不能博采详征，亦不得已也。前著《古童话释义》，今即以承之，故亦名“释义”。

【钟校】

① 1914. 6. 20 刊《绍兴县教育会刊》9 号。

须华勃拟曲五章引言[①]

◇1916. 5

◇集外文

拟曲者，言模拟之曲。古者希腊仲春之月，举勾萌之祭，歌舞迎神，以祈长养。心有所期，形于舞蹈，故模拟事物，表见其志。逮信仰转移，而礼仪未改，仅存模拟之动作，已无祈求之倾向。戏曲起原，即本于此（见英国哈利森女士著《古代仪式与艺术》）。拟曲者，亦众流之一支，希腊称"米曼巴"，盛行于中国周季，今皆散逸，唯存海罗达思作七章，余曾译其《媒媪》《塾师》二篇，载诸杂志。今所录者，为法国须华勃著，虽仍袭旧名，而别出新杼，全书二十一章，皆古艳可喜，兹选其五。旧有序说一首，曾载《越社[②]文录》中，虑亦不能启发其意趣，并不复及，世之览者，各以神会可也。

【钟校】

① 1916. 6 刊《叒社丛刊》3 期，原题《拟曲五章引言》。

② "越社"二字原倒错，今乙正。

希腊拟曲二首小引[1]

◇1916. 9

◇集外文

拟曲者，亦诗之一种，仿传奇之体，而甚简短，多写日常琐事，妙能穿人情之微。古作者中，以海罗达斯为最胜，生当中国汉初，著书尽逸，二十年前始于埃及败棺中得其稿，仅存七章及断简三四而已。今译二篇，其述塾中师生及媒媪行状，历历如在目前。今古人情，初不相远，所可笑也。余译此，深得余师美国泰克氏之助，敬致谢意。

【钟校】

① 1916. 10. 1 刊《中华小说界》10 期。

一文钱译者前言[①]

◇1917.3

◇集外文

俄国斯谛普虐克著。斯氏名舍尔该，姓克拉夫罄斯奇，此其别号也，义曰大野之子。千八百五十二年生，后以国事逃亡英伦，九十七年出行触火车而卒。著书多言俄国民间疾苦，有名于时。又有小说二卷，传奇一卷，此小品一种，原名《戈贝克之故事》。

戈贝克者，俄国铜钱，值可十文。斯氏为虚无论派之社会改革家，于官僚僧侣至为疾恶，篇中所述，虽多诙谐[②]，而诚者实太半，特稍张大而已。戊申秋，太炎先生方主《民报》，命为撰述，爰译是文进之，载二十三期中，时以满政府禁，不得分布。次年春，同伯兄编印《域外小说集》，遂附刊二集卷末，亦流行不远。

今年二月，叒社诸子以丛刊第四将次付印，来索稿，而余适将北行，匆匆不能执笔，重违其意，辄举此篇畀[3]之，使斯氏名著不至湮没，抑亦敝帚自珍，未能免俗耳。

原作见伏尼契编《俄国滑稽小说集》中，斯氏序言系少年时作，想当在千八百八十年出亡之前，游说农民时所撰也。

丁巳二月，周作人记。

【钟校】

① 1917.4 刊《叒社丛刊》4 期。

②“诙谐”原作“谈谐”。

③“畀”原作“颇”。

古诗今译 Apologia[①]

◇1917.11.4

◇集外文

一、Theokritos 牧歌（Eidyllion Bukolikon）是二千年前的希腊古诗，今却用口语来译他；因为我觉得他好，又信中国只有口语可以译他。

什法师说，“翻译如嚼饭哺人”，原是不差。真要译得好，只有不译。若译他时，总有两件缺点；但我说，这却正是翻译的要素。一、不及原本，因为已经译成中国语，如果还同原文一样好，除非请 Theokritos 学了中国语，自己来作。二、不像汉文——有声调好读的文章——因为原是外国著作。如果同汉文一般样式，那就是我随意乱改的胡涂文，算不了真翻译。

二、口语作诗，不能用五七言，也不必定要押韵；止要照呼吸的长短作句便好。现在所译的歌，就用此法，且来试试；这就是我的所谓“自由诗”。

三、外国字有两不译：一、人名地名；二、特别名词，以及没有确当译语，或容易误会的，都用原语（用罗马字作标准）。

四、以上都是此刻的见解，倘若日后想出更好的方法，或有人别有高见的时候，便自然从更好的走。

【钟校】

① 1918.2.15 刊《新青年》4 卷 2 号。此为周作人发表的第一篇白话文作品，Apologia 在此处可译作“引言”。

点滴序[①]

◇1920. 4. 17

◇点滴

这一册里所收的二十一篇小说，都是近两年中——一九一八年一月至一九一九年十二月——的翻译，已经在杂志及日报上发表过一次的，本来还没有结集重印的意思。《新潮》社的傅孟真、罗志希两位先生却都以为这些译本的生命还有扩大的价值，愿意我重编付印；孟真往英国留学的前两日，还催我赶快编定，又要我在序文里将这几篇小说的两件特别的地方——一，直译的文体；二，人道主义的精神，——约略说明，并且将《人的文学》一篇附在卷末。我所以依了他们的热心的劝告，便决意编成这一卷，节取尼采的话，称为《点滴》，重印一回。

我从前翻译小说，很受林琴南先生的影响；一九〇六年往东京以后，听章太炎先生的讲论，又发生多少变化，一九〇九年出版的《域外小说集》，正是那一时期的结果。一九一七年在《新青年》上做文章，才用口语体，当时第一篇的翻译，是古希腊的牧歌，小序有一节说：

> 什法师说，翻译如嚼饭哺人，原是不差，真要译得好，只有不译。若译他时，总有两个[②]缺点——但我说，这却正是翻译的要素：一，不及原本，因为已经译成中国语，如果还要同原文一样好，除非请谛阿克利多斯（Theokritos）学了中国语，自己来作；二，不像汉文——有声调好读的文章，因为原是外国著作，如果同汉文一般样式，那就是随意乱改的胡涂文，算不了真翻译。
>
> （十一月十八日）

一九一八年答某君的通信里，也有一节：

> 我以为此后译本……应当竭力保存原作的风气习惯语言条理，最好是逐字译，不得已也应逐句译，宁可“中不像中，西不像西”，不必改头换面。……但我毫无才力，所以成绩不良，至于方法，却是最为适当。（十一月八日）

在同一封答信里面，又有这一节，是关于[③]小说的内容的：

以前选译几篇小说，派别并非一流。因为我的意思，是既愿供读者的随便阅览，又愿积少成多，略作研究外国现代文学的资料，所以译了人生观绝不相同的梭罗古勃与库普林，又译了对于女子解放问题与易卜生④不同的斯忒林培格。

但这些并非同派的小说中间，却仍有一种共通的精神，——这便是人道主人的思想。无论乐观，或是悲观，他们对于人生总取一种真挚的态度，希求完全的解决。如托尔斯泰的博爱与无抵抗，固然是人道主义；如梭罗古勃的死之赞美，也不能不说他是人道主义。他们只承认单位是我，总数是人类：人类的问题的总解决也便包涵我在内，我的问题的解决，也便是那个大解决的初步了。这大同小异的人道主义的思想，实在是现代文学的特色。因为一个固定的模型底下的统一是不可能，也是不可堪的；所以这多面多样的人道主义的文学，正是真正的理想的文学。

我们平常专凭理性，议论各种高上的主义，觉得十分彻底了，但感情不曾改变，便永远只是空言空想，没有实现的时候。真正的文学能够传染人的感情，他固然能将人道主义的思想传给我们，也能将我们的主见思想，从理性移到感情这方面，在我们的心的上面，刻下一个深的印文，为从思想转到事实的枢纽：这是我们对于文学的最大的期望与信托，也便是我再印这册小集的辩解（Apologia）了。

一九二〇年四月十七日，周作人记于北京。

【钟校】

①《点滴》，1920.8 北大出版部初版。后改订成《空大鼓》，1928.11 开明书店初版，重新写了序，而将本篇称为“旧序”。两序均收入《苦雨斋序跋文》，但都张冠李戴，本篇题作《空大鼓序》，《空大鼓序》则题作《点滴序》了。

②“总有两个缺点”，“两个”原作“两件”。

③“是关于小说内容的”，“关于”原作“关是”。

④“易卜生”原作“伊孛然”。

玛加尔的梦后记[①]

◇1920.8.27

◇玛加尔的梦

科罗连珂的著作，曾被比拟为“新鲜的微风，在病院里沉重的空气中吹过”。这病院是现代俄国智识界的悲观文学；新鲜的微风是“俄罗斯母亲”的心思简单的孩子们的声音。他们大抵是耕田的，征服荒地的人；农民，开荒的人，西伯利亚的流人；他们大抵属于“被侮辱与损害的”（案这本来是陀思妥夫斯奇所作的一部书名，后来用作成语了）这一大部类的中间：他们承受着说不出的辛苦，但他们的头是不屈的，他们的心里充满着勇气与对于公道的希求。这大著作家的早年，便在他们的中间过去了。

符拉迭弥尔·科罗连珂（Vladimir Korolenko）在一八五三年六月十五日生于什多弥尔（Zhitomir），是俄国西南——小俄罗斯的一个小镇。在父系上，他是从一个古旧的珂萨克家族出来的；他的母亲是本地的波兰地主的女儿。他少年的生活，在美丽如画的环境里过去；他生长在波兰人，犹太人，乐易的黑眼睛的小俄罗斯农民中间；所以他永远没有失却他在那温暖明亮的天空下养成的，对于自然的诗的爱与健全的滑稽趣味。在他的《恶伴侣》一篇小说里，他活现的画出他幼年时代住过的那个传奇的小镇。小说里的严厉而公正的法官，差不多便是他父亲的模型。老科罗连珂是以不可犯的廉洁出名，在那时的官僚里极少有的；因此他于一八七〇年死去的时候，没有留下一点遗产给他的妻与五个孩子们。但那英雄的母亲的努力，是很可感谢的，符拉迭弥尔在十七岁时，也就自够进彼得堡的工业学校了。

以后的三年，在他求学以外，还加上对于生计的需要的奋斗；在那期间里，科罗连珂自己说，也不知道怎样的得能免于饥饿。就是十八个戈贝克（案即九分）的廉价的午膳，在那时仿佛是珍品，一年里只能吃到六七回罢了。

一八七四年他往墨斯科去，衣袋里装着苦工挣来的十个卢布，便进了彼得罗夫斯奇学校，但不久即被斥退了。因为他与同学们上了一通请愿书给校长。他回到家族所在的彼得堡，他和他的兄弟竭力挣扎。给人家校字，想借此养活他们自己与弟妹们。他又做了稿件，登在新闻杂志上；因此便发生了第一次的逮捕，这是他为了所谓进步的社会的主义的缘故，所受的多少次逮捕的开头了。他最初被发遣往克朗斯达得（Kronstadt），住了一年，随后又往跋忒加（Vjatka）；他从那地方旅行到沛尔木（Perm），又到汤木斯克（Tomsk）；末后，他被流放到西伯利亚东边的辽远的耶库支克（Jakutsk）了。

他在耶库支克过了六年，是他一生中最有价值的时光。那广大的森林，掩盖着东北极边的沼泽，高大，阴暗，永远被捏在酷寒的紧握之中的森林，在这少年艺术家的想象上，加了一个不可磨灭的印象。他见了那些住在没有人迹的荒林中的半野蛮的开荒人的悲愁，他的流放的同伴的不可驯服的精神，“游行者”（Brodiagi）——从监狱逃出的犯人，徒步通过西伯利亚大陆全部，秘密回到“俄罗斯母亲”去的人——的冒险的生活，他很深的受了感动。

一八八五年科罗连珂被放免了。他回到俄国之后，便发表了他的美的《玛加尔的梦》。

这篇小说的成功，非常迅速，作者的声名就立刻确定了。这里面并没有政治，也没有社会上的主张；玛加尔的辩诉是普遍的；进步的与保守的批评家都一样的同声赞美。俄国的读书界见了这体材的新奇，文体的光明简洁，结末的抒情诗的美，将以前的种种记述都很有深意的照耀着，——他们喜欢得出神了。可怜的玛加尔，西伯利亚森林里最孤独的住民，过了一世几乎不能相信的苦工与困穷的生活，终于死了，在大王的审判那里，因为他的罪孽，被判决到来生去受悲愁与辛苦，比他生前所知遭的更凶。这便是陀思妥夫斯奇与托尔斯泰所爱的那些“被侮辱与损害的”人的模型，然而有一个极大的不同的地方：玛加尔并不消极的颓唐的承受不幸，他是反抗。他忿忿的反抗大王的审判的不公平。生活在他是极端的艰辛，所以用了专为大王所喜欢的好人——“他们的脸是用香水洗的，他们的衣服是欢人的手所缝纫的，”——而定的标准来判断他，是不公平的。这个反抗，又加上了对于全人类的温暖的爱，便成为科罗连珂著作的基音。

他的第二篇小说《恶伴侣》也在这一年内发表的，又增加了少年作者的若干的名望。这在俄国，直到现在，还是一般爱读的作品。文体上虽然带一种波兰华丽丰富的趣味，但那封建时代的废地的描写，充满着诗趣，小孩子们也写的很有同情与观察，那个流浪的土耳开微支（Turkevitsh）在他的先知耶利米的悲喜剧的脚色中，也显然露出反抗的声调。

《树林絮絮的说》在一八八六年发表，是一篇南方俄罗斯梦幻的松林里的阴暗的传奇故事，模仿古代传说的体裁写成的。这篇里珂萨克人阿巴那思（Opanas）与看管森林的赖曼（Raman）的反抗，是盲昧而且乱暴的，他们的高贵的迫压者便因此而死，但这件事是发现在封建的时代，农奴的艰苦很重大。树顶的风声主宰着这篇单纯的小说的开展，像一条响亮的弦线；临末对于暴虐的伯爵，那凶猛的公道实现的时候，这件事的进行，似乎必不可免，正如雷雨的发作一样，——这雷雨在讲全篇故事的时候，早已在树林上面酝酿的了。

《净罪日》（*Jom Kippur*）是科罗连珂的最轻妙最愉快的一篇小说。在描写南方愉乐的生活里面，将小俄罗斯人的和善的滑稽与他的光辉的想象联络起来，我们能够得到活现的瞥见：安适的草舍，被樱树园围绕住，浴在温暖的月光中；黑眼珠的女儿，怯弱忙碌的犹太人，迷信的镇里的人民，一个干练的磨工；总之，在犹太人范围内的一个市镇的所有忙碌活动的生活。

但是无论庄重或愉快，喜悦或悲哀，科罗连珂在他对于世界的观察上，总是一个乐天家。即使经了艰难忧愁不幸，他小说中的穷苦质朴的英雄都回头向着光明。著者的亲切的心不绝的在那里寻求各人里面的

"永久的人性";他很深的表同情于人类的不可遏的求自由与公道的愿望,因为有这个,才能无畏的与"恶"相对面。他自己在一封信里,曾对朋友说:"宇宙并不是偶然的各势力的游戏。决定论,进化论与其他学说,都使人承认那里有一个定律,牵引我们向着一件事物;这事物,在他一切的表现上。我们称他作'善',就是说向着和爱,真理,正直,与公道。"

这便是科罗连珂的装在他一切著作里,对于世界的使命与主旨。

科罗连珂从西伯利亚回来之后,他住在尼什尼诺夫戈罗特(Nizhni-Novgorod),努力从事于改善他所爱的那些"被侮辱与损害的"人的生活。在一个荒年里,他竭力的组织了公共食堂,养活饥饿的穷人,又做了许多有力的论文,发表在报章上。他又继续做短篇小说,小品,几种略长的小说,其中最著名的是《盲乐人》。

一八九四年他往英美旅行一次,归国以后,做了一部有趣的旅行记,名叫《没有舌头》。

一八九五年他做了杂志《俄罗斯的富裕》(Russkoe Bogastvo)的总编辑,自此以后这小说家便专心于新闻事业,现在成了俄国最大的新闻家之一了。

俄国人的心，根本上是很慈善的，充满着人类的爱。他们相互的关系，本是民主的，只是不幸而处于欧洲最严酷的政治之下，饱受了苦辛。科罗连珂也和他的多数的同国人一样，现在专为着受苦与被虐的人的缘故，供献他的一生，帮助那些社会与政治的不公平的牺牲。

以上是英国人斐尔（Marian Fell）的评论，说的很明白，所以便将他全译了。这篇文还是一九一六年所作的，现在俄国情形已经大变，“欧洲最严酷的政治制度”成了会议的民主国，但科罗连珂也于今年二月在南俄死去了。我因此译出这篇小说，为他作记念。

科罗连珂人道主义的思想，多与陀思妥夫斯奇及托尔斯泰相似，诗一般的自然描写，又有都介涅夫的风趣；但篇中的诙谐味，是他独有的：他的小俄罗斯的温暖的滑稽与波兰的华丽的想象，合成他小说的特色，令人想起果戈理（Nikolai Gogolj）——也是小俄罗斯人——“笑中有泪”的著作。在《玛加尔的梦》里，这特色也极明了。这篇里写自然的美与自然的残酷，人性的罪恶与人性的高贵，两面都到，是写实主义后的理想派文学的一篇代表作品，在这里面，悲剧喜剧已经分不清界限，便[2]是诗与小说也几乎合而为一了。

篇中叙述西伯利亚农民的言动，也很活现。玛加尔梦里的阴间，一半是拜物教（Shamamism），一半是基督教的。住草舍烧金柴的上帝，又胡涂，又正直，正是农民祈求中的理想的神，也就是农民自己的真的人格的影子。因此，这便在小说里，造成一件事实，滑稽而且严肃与悲哀。埃及式的用天平来称人魂的罪，在俄国本部的传说里，也复如此；弥里珍那（Militsina）的《老乳母》（译载《新潮》二卷五号）上，也说及这事。玛加尔与老人，天使与神父的问讯"你说!"等六句，大约是西伯利亚土人的风俗。散处大平原中的文化很低的民族，平时没有书报可看，只能在见客的时候，满足他们的喜听新闻的本性，恰与中古时代以及现今偏僻地方的欢迎唱歌说书人一般，这或者便是那风俗的起源了。

一九二〇年八月二十七日记。

【钟校】

①《玛加尔的梦》，俄国科罗连珂著，译本 1927. 3 北新书局初版，为《苦雨斋小书》之二。本文 1920. 10. 1 刊《新青年》8 卷 2 号。

②"便"原作"使"。

现代小说译丛第一集序言①

◇1921. 12. 22

◇现代小说译丛

这一部《现代小说译丛》，是我出了《点滴》以后这两年（一九二〇至一九二一）里所译小说的结集，一总三十篇，其中三篇（《微笑》、《白母亲》与《犹太人》）是我的兄弟建人译的，而安特来夫、契里珂夫、阿尔志跋绥夫各二篇，跋佐夫、亢德与亚勒吉阿各一篇，却是鲁迅君的翻译，现在得了他的赞同，也收在这集子里了。

这三十篇小说，凡作家十八人，代表八国；虽然少的一国只有一篇，多的也不过八九篇，但我相信那诸国的文艺思想在这里却已经可以看见大概。完备而且有系统的专门著述，当然是最可尊重的；但在我们才力与时间都不充足的人，对于这种大事业却有点不胜任，不得不以这小小的介绍暂且满足了。我们的不胜任，固然因为没有专门的学力，但据我想，一面又由于趣味的太广泛，也未可知的。我不相信艺术上会有一尊或是正统，所以不但是一人一派的主张觉得不免太隘，便是一国一族的产物，也不能说是尽了世间的美善，足以满足我们的全要求。而且我们生活的传奇时代——青年期——很受了本国的革命思想的冲激；我们现在虽然几乎忘却了《民报》上的文章，但那种同情于“被侮辱与损害”的人与民族的心情，却已经沁进精神里去：我们当时希望波阑及东欧诸小国的复兴，实在不下于章先生的期望印度。直到现在，这种影响大约还很深，终于使我们有了一国传奇的异域趣味，因此历来所译的便大半是偏僻的国度的作品。好在英法德诸国的文学，中国[②]研究的人一定很多，可以希望别有胜任的专门[③]的介绍与研究会出现；我们对于本集的这一个缺点，也便在这里得到辩解与宽慰了。

一九二一年十二月二十二日，周作人记于北京。

【钟校】

①《现代小说译丛》节一集，1922.5商务印书馆出版。

②“中国”原作“中种”。

③“专门”原作“专们”。

自己的园地[①]

一百五十年前，法国的福禄特尔做了一本小说《亢迭特》（*Candide*），叙述人世的苦难，嘲笑“全舌博士”的乐天哲学。亢迭特与他的老师全舌博士经了许多忧患，终于在土耳其的一角里住下，种园过活，才能得到安住。亢迭特对于全舌博士的始终不渝的乐天说，下结论道，“这些都是很好，但我们还不如去耕种自己的园地”。这句格言现在已经是“脍炙人口”，意思也很明白，不必再等我下什么注脚。但是现在把他抄来，却有一点别的意义。所谓自己的园地，本来是范围很宽，并不限定于某一种：种果蔬也罢，种药材也罢，——种蔷薇地了也罢，只要本了他个人的自觉，在他认定的不论大小的地面上，用了力量去耕种[2]，便都是尽了他的天职了。在这平淡无奇的说话中间，我所想要特地申明的，只是在于种蔷薇地丁也是耕种我们自己的园地，与种果蔬药材，虽是种类不同而有同一的价值。

我们自己的园地是文艺，这是要在先声明的。我并非厌薄别种活动而不屑为，——我平常承认各种活动于生活都是必要，实在是小半由于没有这种的材能，大半由于缺少这样的趣味，所以不得不在这中间定一个去就。但我对于这个选择并不后悔，并不惭愧园地的小与出产的薄弱而且似乎无用。依了自己的心的倾向，去种蔷薇地丁，这是尊重个性的正当办法，即使如别人所说各人果真应报社会的恩，我也相信已经报答了，因为社会不但需要果蔬药材，却也一样迫切的需要蔷薇与地丁，——如有蔑视这些的社会，那便是白痴的，只有形体而没有精神生活的社会，我们没有去顾视他的必要。倘若用了什么大名义[3]，强迫人牺牲了个性去侍奉白痴的社会，——美其名曰迎合社会心理，——那简直与借了伦常之名强人忠君，借了国家之名强人战争一样的不合理了。

有人说道，据你所说，那么你所主张的文艺，一定是人生派的艺术了。泛称人生派的艺术，我当然是没有什么反对，但是普通所谓人生派是主张“为人生的艺术”的，对于这个我却略有一点意见。“为艺术的艺术”将艺术与人生分离，并且将人生附属于艺术，至于如王尔德的提倡人生之艺术化，固然不很妥当；“为人生的艺术”以艺术附属于人生，将艺术当作改造生活的工具而非终极，也何尝不把艺术与人生分离呢？我以为艺术当然是人生的，因为他本是我们感情生活的表现，叫他怎能与人生分离？“为人生”——于人生有实利，当然也是艺术本有的一种作用，但并非唯一的职务。总之艺术是独立的，却又原来是人性的，所以既不必使他隔离人生，又不必使他服侍人生，只任他成为浑然的人生的艺术便好了。“为艺术”派以个人为艺术的工匠，“为人生”派以艺术为人生的仆役，现在却以个人为主人，表现情思而成艺术，即为其生活之一部，初不为福利他人而作，而他人接触这艺术，得到一种共鸣与感兴，使其精神生活充实而丰富，又即以为实生活的基本；这是人生的艺术的要点，有独立的艺术美与无形的功利。我所说的蔷薇地丁的种作，便是如此。有些人种花聊以消遣，有些人种花志在卖钱；真种花者以种花为其生活，——而花亦未尝不美，未尝于人无益。

【钟校】

①《自己的园地》十八篇，1922.1.22—9.4初刊《晨报副镌》，此为首篇。后来散文集《自己的园地》的1923.9晨报社初版和1927.2北新书局重订版，分别写了序文和小引，仍以本文作为正文的首篇。

②“用了力量去耕种”，“用”原作“应”。

③“倘若用了什么大名义”，北新版无“大”字。

真的疯人日记编者小序[①]

◇1922. 5. 1

◇谈虎集

近来神经病似乎很是流行，我在新世界什么地方拾得的“疯人日记”就已经有七八本了。但是那些大抵是书店里所发卖的家用日记一类的东西，表纸上印着“疯人日记”四个金字，里边附印月份牌邮费表等，后面记事也无非是“初一日晴，上午十点十七分起床”等等寻常说话。其中只有一本，或者可以算是真正疯人所记的。这是一卷小方纸的手抄本，全篇用“铁线篆”所写，一眼望去，花绿绿的看不出是什么东西，——幸而我也是对于“小学”用过功的，懂得一点篆法，而且他又恰好都照着正楷篆去的，所以我费了两天工夫，居然能够把他翻译出来了。这篇里所记的，是著者（不知其姓名，只考证出他就是写那铁线篆的人而已）的民君之邦——德谟德斯坡谛恩——游记的一部分，虽然说得似乎有点支离暧昧，但这支离暧昧又正是他的唯一的好处，倘若有人肯去细心的研究，我相信必然可以寻出些深奥的大道理来，所以我就拿来发表了。至于他是否是真正的疯人，我们既然不曾知道他的姓名，当然无从去问他自己，但是他即使不是疯人，也未必一定是不疯人：这是我所深信不疑的。小序竟。

【钟校】

① 1922. 5. 17 刊《晨报副镌》。

现代日本小说集序[①]

◇1922.5.20

◇现代日本小说集

我们编译这部小集，本可以无需什么解说。日本的小说在二十世纪成就了可惊异的发达，不仅是国民的文学的精华，许多有名的著作还兼有世界的价值，可以与欧洲现代的文艺相比。只是因了文字的关系，欧洲人要翻译他颇不容易，所以不甚为世间所知。中国与日本因有种种的关系，我们有知道他的需要，也就兼有知道他的便利；现在能够编成这部创始的——虽然是不完善的小集，也无非只是利用我们生在东亚的人的一个机会罢了。

我们现在所要略加说明的，是小说的选择的标准。我们的目的是在介绍现代日本的小说，我们这集里的十五个著者之中，除了国木田与夏目以外，都是现存的小说家。至于从文坛全体中选出这十五人，从他们著作里选出这三十篇，是用什么标准，我不得不声明这是大半以个人的趣味为主。但是我们虽然以为纯客观的批评是不可能的，却也不肯以小主观去妄加取舍；我们的方法是就已有定评的人和著作中，择取自己所能理解感受者，收入集内，所以我们所选的范围或者未免稍狭；但是在这狭的范围以内的人及其作品，却都有永久的价值的。此外还有许多作家，如岛崎藤村、里见弴、谷崎润一郎、加能作次郎、佐藤俊子诸人，本来也想选入，只因时间与能力的关系，这回竟来不及了，这是我们非常惋惜的事。

还有一件事，似乎也要顺便说明，便是这部集里并没有收入自然派的作品。日本文学上的自然主义运动，在二十世纪的“初十”，盛极一时，著作很多，若要介绍，几乎非出专集不可，所以现在不曾将他选入。其次，这部小集原以现代为限，日本的现代文学里固然含有不少的自然派的精神，但是那以决定论为本的悲观的物质主义的文学可以说已经是文艺史上的陈迹了，——因此山田花袋[2]的《棉被》（*Futon*）等虽然也曾爱读，但没有将他收到这集里去。

这里边夏目、森、有岛、江口、菊池、芥川等六人[3]的作品，是鲁迅君翻译，其余是我所译的。我们编这部集的时候，承几个日本的朋友的帮助，总说一句以志感谢。

一九二二年五月二十日，于北京，周作人。

【钟校】

①《现代日本小说集》，1923 商务印书馆初版。

②“山田花袋”，原作“田山花袋”。

③“夏目、森、有岛、江口、菊池、芥川等六人”，“六”原作“五”。

夏夜梦序言[①]

◇1922. 8. 19

◇谈虎集

乡间以季候定梦的价值，俗语云春梦如狗屁，言其毫无价值也。冬天的梦较为确实，但以“冬夜”（冬至的前夜）的为最可靠。夏秋梦的价值，大约只在有若无之间罢了。佛书里说，“梦有四种，一四大不和梦，二先见梦，三天人梦，四想梦。”后两种真实，前两种虚而不实。我现在所记的，既然不是天人示现的天人梦或预告福德罪障的想梦，却又并非“或昼日见，夜则梦见”的先见梦，当然只是四大不和梦的一种，俗语所谓“乱梦颠倒”。大凡一切颠倒的事，都足以引人注意，有纪录的价值，譬如中国现在报纸上所记的政治或社会的要闻，那一件不是颠倒而又颠倒的么？所以我也援例，将夏夜的乱梦随便记了下来。但既然是颠倒了，虚而不实了，其中自然不会含着什么奥义，不劳再请“太人”去占；反正是占不出什么来的。——其实要占呢，也总胡乱的可以做出一种解脱，不过这占出来的休咎如何，我是不负责任的罢了。

【钟校】

① 1922.8.19刊《晨报副镌》。《夏夜梦》有八则并序言曾收入晨报社版《自己的园地》，后来的重订本（北新书局版）便没有收入，而改入《谈虎集》了。

歌谣发刊词[①]

◇1922. 12

◇集外文

本校发起征集全国近世歌谣，前后已有五年，但是因为种种事情，不能顺遂进行，以致所拟刊行的歌谣汇编和选录均未能编就，现在乘本年纪念日的机会创刊《歌谣周刊》，作为征集和讨论的机关，庶几集思广益，使这编集歌谣的事业得有完成的日子。

歌谣征集，发起于民国七年二月，由刘复沈尹默周作人三位教授担任编辑，钱玄同沈兼士二位教授担任考订方言。从五月末起，在日刊上揭载刘先生所编订的《歌谣选》，共出一百四十八则。五四运动以后，进行暂时停顿，随后刘沈二先生都出国留学去了，缺人主持，事务更不能发展。九年的冬天，组织“歌谣研究会”，管理其事，由沈兼士周作人二先生主任。

但是十年春天因为经费问题，闭校数次，周先生又久病，这两年里几乎一点都没有举动，所以虽有五年的岁月，成绩却很寥寥，这是不得不望大家共力合作，兼程并进，期补救于将来的了。

本会搜集歌谣的目的共有两种，一是学术的，一是文艺的。我们相信民俗学的研究在现今的中国确是很重要的一件事业，虽然还没有学者注意及此，只靠几个有志未逮的人是做不出什么来的，但是也不能不各尽一分的力，至少去供给多少材料或引起一点兴味。歌谣是民俗学上的一种重要的资料，我们把他辑录起来，以备专门的研究：这是第一个目的。因此我们希望投稿者不必自己先加甄别，尽量的录寄，因为在学术上是无所谓卑猥或粗鄙的。从这学术的资料之中，再由文艺批评的眼光加以选择，编成一部国民心声的选集。意大利的卫太尔曾说，“根据在这些歌谣之上，根据在人民的真感情之上，一种新的‘民族的诗’也许能产生出来。”所以这种工作不仅是表彰现在隐藏着的光辉，还在引起将来[②]的民族的诗的发展：这是第二个目的。汇编与选录即是这两方面的预定的结果的名目。

但是这个事业非常繁重，没有大家的帮助是断不能成功的，所以本会决计发起这个周刊，作为机关，登载歌谣材料及论著等，藉以引起一般的兴趣。欢迎歌谣及讨论的投稿，如特殊的歌谣固然最所需要，即普通大同小异的歌词，于比较研究上也极有价值，更希望注意抄示。倘若承大家热心的帮助，到了本校二十五周年纪念时能够拿出一部分有价值的成绩来，那就是本会最大的希望与喜悦了。

【钟校】

① 1922.12.17刊《歌谣》1号。

②“将来”原作“当来”。

绿洲小引[1]

◇1923. 1. 20

◇自己的园地

除了食息以外，一天十二小时，即使在职务和行路上消费了七八时，也还有四五时间可以供自己的读书或工作。但这时候却又有别的应做的事情：写自己所不高兴作的文章，翻阅不愿意看的书报，这便不能算是真的读书与工作。没有自己私有的工夫，可以如意的处置，正是使我们的生活更为单调而且无聊的地方。然而偶然也有一两小时可以闲散的看书，而且所看的书里也偶然有一两种觉得颇惬心目，仿佛在沙漠中见到了绿洲（Oasis）一般，疲倦的生命又恢复了一点活气，引起执笔的兴趣，随意写几句，结果便是这几篇零碎的随笔。

一九二三年一月二十日。

【钟校】

①《绿洲》十七篇，1923. 1. 20—7. 21初刊《晨报副镌》，其中十五篇收入《自己的园地》。小引后收入《苦雨斋序跋文》。

儿童剧序一①

◇1923. 3. 8

◇儿童剧

我近来很感到儿童剧的必要。这个理由，不必去远迢迢地从专门学者的书里，引什么演剧本能的话来作说明，只要回想自己儿时的经验便可明白了。

美国《小女人》的著者阿耳考忒（Louissa Alcott）说：

> 在仓间里的演剧，是最喜欢的一种娱乐。我们大规模的排演童话。我们的巨人从楼上连走带跌的下来，在甲克（Jack）把缠在梯子上的南瓜藤当作那不朽的豆干砍断了的时候。灰妞儿（Cinderella）坐了一个大冬瓜驰驱而去；一支长的黑灌肠经那看不见的手拿来长在浪费了那三个愿望的婆子的鼻子上。
>
> 巡礼的修士，带了钞袋行杖和帽上的海扇

壳，在山中行路；地仙在私语的白桦林里开他们的盛会；野亭里的采莓的女伴受诗人和哲学家的赞美，他们以自己的机智与智慧为食，而少女们则供应更为实在的食物。

我们的回忆没有这样优美，但也是一样的重要，至少于自己是如此。我不记得有“童话的戏剧化”，十岁以前的事情差不多都忘却了，现在所记得的是十二岁住三味书屋读书时候的事情。那时所读的是“下中”和唐诗，当然不懂什么，但在路上及塾中得到多少见闻，使幼稚的心能够建筑起空想的世界来，慰藉那忧患寂寞的童年，是很可怀念的。从家里到塾中不过隔着十几家门面，其中有一家的主人头大身矮，家中又养着一只不经见的山羊，（后来才知道这是养着厌禳火灾的，）便觉得很有一种超自然的气味；同学里面有一个身子很长，虽然头也同常人一样的大，但是在全身比例上就似乎很小了；又有一个长辈，因为吸鸦片烟的缘故，耸着两肩，仿佛在大衫底下横着一根棒似的：这几个现实的人，在那时看了都有点异样，于是拿来戏剧化了，在有两株桂花的院子里扮演这日常的童话剧。“大头”不幸的被想象做凶恶的巨人，带领着山羊，占据了岩穴，扰害别人，小头和耸肩的两个朋友便各仗了法术去征服他：“小头”从石窟缝里伸进头去窥探他的动静，“耸肩”等他出来，只用肩一夹，就把他装在肩窝里捉了来了。这些思想尽管荒唐，而且很有唐突那几位本人的地方，但在那时觉得非常愉快，用现代的话来讲，演着这剧的时候实在是得到充实的生活的少数瞬间之一。我们也扮演喜剧，如“打败贺家武秀才”之类，但总太与现实接触，不能感到十分的喜悦，所以就经验上说，这大头剧要算第一有趣味了。后来在北京看旧戏，精神上受了一种打击，对于演剧几乎从此绝缘，回想过去却有全心地生活在戏剧内的一个时期，真是连自己都有点不能相信了。

以上因了自己的经验，便已足以证明儿童剧的必要，一方面教育专家也在那里主张，那更是有力的保证了。近日读美国斯庚那、西奇威克和诺依思诸人的“儿童剧”与日本坪内逍遥的《家庭用儿童剧》一二集，觉得很有趣味，甚希望中国也有一两种这样的书，足供家庭及学校之用。理想的儿童剧固在儿童的自编自演，但一二参考引导的书也不可少，而且借此可以给大人们一个具体的说明，使他们能够正当的理解，尤其重要。儿童剧于幼稚教育当然很有效用，不过这应当是广义的，决不可限于道德或教训的意义。我想这只须消极的加以斟酌，只要没有什么害就好，而且即此也就可以说有好处了。所以有许多在因袭的常识眼光以为不合的，都不妨事，如荒唐的，怪异的，虚幻的皆是。总之这里面的条件，第一要紧是一个童话的世界，虽以现实的事物为材而全体的情调应为非现实的，有如雾里看花，形色变易，才是合作：这是我从经验里抽出来的理论。作者只要复活他的童心，（虽然是一件很难的工作，）照着心奥的镜里的影子，参酌学艺的规律，描写下来，儿童所需要的剧本便可成功，即使不能说是尽美，也就十得六七了。

我们没有迎合社会心理，去给群众做应制的诗文的义务，但是迎合儿童心理供给他们文艺作品的义务，我们却是有的，正如我们应该拒绝老辈的鸦片烟的供应而不得不供给小孩的乳汁。我很希望于儿歌童话以外，有美而健全的儿童剧本出现于中国，使他们得在院子里树阴下或唱或读，或扮演浪漫的故事，正当地享受他们应得的悦乐。

一九二三年三月，于北京。

【钟校】

①《儿童剧》，1932. 11儿童书局初版。本文1923. 3. 8初刊《晨报副镌》，题《儿童剧》，后又收入《苦雨斋序跋文》，题《儿童剧序一》。

土之盘筵小引[①]

◇1923. 7. 10

◇谈虎集

垒柴为屋木，和土作盘筵。

——路德延《孩儿诗》

有一个时代，儿童的游戏被看作犯罪，他的报酬至少是头上凿两下。现在，在开化的家庭学校里，游戏总算是被容忍了；但我想这样的时候将要到来，那刻大人将庄严地为儿童筑“沙堆”，如筑圣堂一样。

我随时抄录一点诗文，献给小朋友们，当作建筑坛基的一片石屑，聊尽对于他们的义务之百分一。这些东西在高雅的大人先生们看来，当然是“土饭尘羹”，万不及圣经贤传之高深，四六八股之美妙，但在儿童我相信他们能够从这里得到一点趣味。我这几篇小文，专为儿童及爱儿童的父师们而写的，那些“蓄道德能文章”的人们本来和我没有什么情分。

可惜我自己已经忘记了儿时的心情，于专门的儿童心理学又是门外汉，所以选择和表现上不免有许多缺点，或者令儿童感到生疏，这是我所最为抱歉的。

一九二三年七月十日。

“沙堆”（Sand Pile）见美国霍耳论文，在《儿童生活及教育之各方面》内。

【钟校】

①《土之盘筵》十则刊 1923. 7. 10—1924. 1. 17《晨报副镌》。小引后收入《苦雨斋序跋文》。

◇1923.7.25
◇谈龙集

自己的园地旧序[①]

这一集里分有三部，一是“自己的园地”十八篇，一九二二年所作；二是“绿洲”十五篇，一九二三年所作；三是杂文二十篇，除了“儿童的文学”等三篇外，都是近两年内随时写下的文章。

这五十三篇小文，我要申明一句，并不是什么批评。我相信批评是主观的欣赏不是客观的检察，是抒情的论文不是盛气的指摘；然而我对于前者实在没有这样自信，对于后者也还要有一点自尊，所以在真假的批评两方面都不能比附上去。简单的说，这只是我的写在纸上的谈话，虽然有许多地方更为生硬，但比口说或者也更为明白一点了。

大前年的夏天，我在西山养病的时候，曾经做过一条杂感曰《胜业》，说因为“别人的思想总比我的高明，别人的文章总比我的美妙”，所以我们应该少作多译，这才是胜业。荏苒三年，胜业依旧不修，却写下了几十篇无聊的文章，说来不免惭愧，但是仔细一想，也未必然。我们太要求不朽，想于社会有益，就太抹杀了自己；其实不朽决不是著作的目的，有益社会也并非著者的义务，只因他是这样想，要这样说，这才是一切文艺存在的根据。我们的思想无论如何浅陋，文章如何平凡，但自己觉得要说时便可以大胆的说出来，因为文艺只是自己的表现，所以凡庸的文章正是凡庸的人的真表现，比讲高雅而虚伪的话要诚实的多了。

世间欺侮天才，欺侮着而又崇拜天才的世间也并轻蔑庸人，人们不愿听荒野的叫声，然而对于酒后茶馀的谈笑，又将凭了先知之名去加以诃斥。这都是错的。我想，世人的心与口如不尽被虚伪所封锁，我愿意倾听“愚民”的自诉衷曲，当能得到如大艺术家所能给予的同样的慰安。我是爱好文艺者，我想在文艺里理解别人的心情，在文艺里找出自己的心情，得到被理解的愉快。在这一点上，如能得到满足，我总是感谢的，所以我享乐——我想——天才的创造，也享乐庸人的谈话。世界的批评家法兰西（Anatole

France）在《文学生活》（第一卷）上说：

著者说他自己的生活，怨恨，喜乐与忧患的时候，他并不使我们觉得厌倦。……

因此我们那样的爱那大人物的书简和日记，以及那些人所写的，他们即使并不是大人物，只要他们有所爱，有所信，有所望，只要在笔尖下留下了他们自身的一部分。若想到这个，那庸人的心的确即是一个惊异。

我自己知道这些文章都有点拙劣生硬，但还能说出我所想说的话：我平常喜欢寻求友人谈话，现在也就寻求想象的友人，请他们听我的无聊赖的闲谈。我已明知我过去的蔷薇色的梦都是虚幻，但我还在寻求——这是生人的弱点——想象的友人，能够理解庸人之心的读者。我并不想这些文章会于别人有什么用处，或者可以给予多少怡悦；我只想表现凡庸的自己的一部分，此外并无别的目的。因此我把近两年的文章都收在里边，除了许多讽刺的“杂感”以及不惬意的一两篇论文；其中也有近于游戏的文字，如《山中杂信》等，本是“杂感”一类，但因为这也可以见我的一种癖气，所以将他收在本集里了。

我因寂寞，在文学上寻求慰安：夹杂读书，胡乱作文，不值学人之一笑，但在自己总得了相当的效果了。或者国内有和我心情相同的人，便将这本杂集呈献与他；倘若没有，也就罢了。——反正寂寞之上没有更上的寂寞了。

一九二三年七月二十五日，在北京。

【钟校】

① 1923.8.1刊《晨报副镌》。本文为1923晨报社版《自己的园地》的序文，1927北新书局重订版撤去，收入《谈龙集》和《苦雨斋序跋文》均题作《自己的园地旧序》。

育婴刍议后记[①]

◇1923.9.5

◇冥土旅行

十六七年前我翻阅泰纳（Taine）的《英国文学史》，才知道斯威夫德的冷嘲的利害，虽然这“英国狂生”的《海外轩渠录》（原名 *Gulliver' s Travels*）早已译成汉文了。从那文学史及明多（Minto）的《英国散文》上见到《刍议》（*A Modest Proposal*）的一部分，但说也惭愧，它的全文终于未见，直到今年在上海买到了一部《斯威夫德选集》的时候。他作这篇文章，在中国的雍正七年，似乎很近，但在西洋却是十八世纪初，那时爱尔兰在英国治下的景况很是不好，斯威夫德是爱尔兰的系统，所以为了故乡很做几篇文章，这篇是其中最有名之一。当时有人相信他所说的是真话，非难他的残酷，就是承认它是“反话”的也要说他是刻薄到无情（Heartless），不过这些人所见只是表面的笑骂，至于底下隐着的义愤之火也终于未曾看出了。

我译这篇文章的目的之一当然是在介绍，但更主要的乃是满足自己感兴的要求。我有这一种脾气，也就成为一种主张，便是创作以及译述应是为自己的“即兴”而非为别人的“应教”。这在理论上当然可以容得许多辩驳，但实行上我总是这样做去。我所译的零碎的小篇中，有温存的，有悲哀的，有教训滑稽的，种类不一，便是这个缘故。有时又忽然爱好深刻痛切之作，仿佛想把指甲尽力的掐进肉里去，感到苦的痛快。在这时候，我就着手译述特别的文字，前年在西山养病时[②]所译的《颠狗病》和这篇《刍议》都是一例。我不能确说社会上有许多和我同样的要求这类东西的人，只因既然译出，又知道本来是一篇名文，所以觉得不妨且发表了；至于译文里很多不妥，那是我所自己承认，要请大家指正的。

一九二三年九月五日。

【钟校】

① 1923.4.9 刊《晨报副镌》。

②“养病时”，“时”原作“是”。

雨天的书序[①]

◇1923. 11. 5

◇雨天的书

今年冬天特别的多雨，因为是冬天了，究竟不好意思倾盆的下，只是蜘蛛丝似的一缕缕的洒下来。雨虽然细得望去都看不见，天色却非常阴沉，使人十分气闷。在这样的时候，常引起一种空想，觉得如在江村小屋里，靠着玻璃窗，烘着白炭火钵，喝清茶，同友人谈闲话，那是颇愉快的事。不过这些空想当然没有实现的希望，再看天色，也就愈觉得阴沉。想要做点正经的工作，心思散漫，好像是出了气的烧酒，一点味道都没有，只好随便写一两行，并无别的意思，聊以对付这雨天的气闷光阴罢了。

冬雨是不常有的，日后不晴也将变成雪霰了。但是在晴雪明朗的时候，人们的心里也会有雨天，而且阴沉的期间或者更长久些，因此我这雨天的随笔也就常有续写的机会了。

一九二三年十一月五日，在北京。

【钟校】

①《雨天的书》，1925.12 北新书局初版。序文 1923.11.10 刊《晨报副镌》，后收入《苦雨斋序跋文》。

徐文长故事小引[①]

◇1924.7.7
◇苦雨斋序跋文

儿时听乡人讲徐文长故事，觉得颇有趣味，久想记录下来，不知怎地终于不果，现在偶遇机缘，就记忆所及，老实地写出。这些故事大抵各处都有类似的传说，或者篇篇分散，或者集合，属于一个有名的古人。英国《市本》（*Chapbook*）中有《培根长老的故事》，即以 Roger Bacon 为“箭垛”，插上许多魔术故事。南京旧刻有《解学士诗》，将许多打油诗都送给解缙，随处加上本事的叙述。我希望读者如知道这类有趣味的传说，高兴时记录一点，发表出来，不但可供学者研究之用，就是给我们素人看了消遣，也是很可感谢的。

至于我写这篇的原因，十分之一由于想供传说学的资料，十分之二由于觉得很是好玩，十分之三由于想不再讲俏皮话，以免招怨，十分之四——最重要的是怕得罪了人，法厅追问时，被报馆送了出去，虽然是用着别号或匿名。因此我就找到这个讲不负责任的笑话方法，倒是十分合式的一种办法。中国反正是一团糟，我们犯不着为了几句空话被老头子小伙子（他们原是一伙儿）受恨，上区成讼；我们倘被通缉，又没有名流代为缓颊，真是“火筒里煨鳗”了。——啊，“旧性不改，依旧落海”，又要说出不相干的话了，赶快停笔还是讲徐文长的故事罢。

甲子六月六，记于凤皇砖斋。

【钟校】

①《徐文长故事》八则，1924.7.9—10刊《晨报副镌》，小引后收入《苦雨斋序跋文》。

语丝发刊词[①]

◇1924. 11

◇集外文

我们几个人发起这个周刊，并没有什么野心和奢望。我们只觉得现在中国的生活太是枯燥，思想界太是沉闷，感到一种不愉快，想说几句话，所以创刊这张小报，作自由发表的地方。我们并不期望这于中国的生活或思想上会有什么影响，不过姑且发表自己所要说的话，聊以消遣罢了。

我们并没有什么主义要宣传，对于政治经济问题也没有什么兴趣，我们所想做的只是想冲破一点中国的生活和思想界的昏浊停滞的空气。我们个人的思想尽自不同，但对于一切专断与卑劣之反抗则没有差异。我们这个周刊的主张是提倡自由思想，独立判断，和美的生活。我们的力量弱小，或者不能有什么着实的表现，但我们总是向着这一方面努力。

这个周刊由我们几个人担任撰稿，我们所想说的话大抵在这里发表，但国内同志的助力也极欢迎。和我们辩驳的文字，倘若关于学理方面的，我们也愿揭载，至于主张上相反的议论则只好请其在别处发表，我们不能代为传布，虽然极愿加以研究和讨论。

周刊上的文字大抵以简短的感想和批评为主，但也兼采文艺创作以及关于文学美术和一般思想的介绍与研究，在得到学者的援助时也要发表学术上的重要论文。

我们唯一的奢望是，同志逐渐加多，文字和经济的供给逐渐稳固，使周刊成为三日刊，二日刊以至日刊：此外并无什么弘愿。或者力量不给，由周刊而退为两周刊或四周刊，以至于不刊，也说不定：这也是我们的预料之一。两者之中到底是那样呢，此刻有谁能够知道。现在也大可不必管它，我们还是来发刊这第一号罢。

【钟校】

① 1924.11.17 刊《语丝》第1期。

陀螺序[1]

◇1925. 6. 12

◇苦雨斋序跋文

刘侗《帝京[2]景物略》记童谣云，“杨柳儿活抽陀螺”，又云“陀螺者木制如小空钟，中实而无柄，绕以鞭之绳而无竹尺，卓于地，急掣其鞭，一掣，陀螺则转无声也。视其缓而鞭之，转转无复住。转之急，正如卓立地上，顶光旋旋，影不动也。”英国哈同（A. C. Haldon）教授在《人之研究》中引希勒格耳（G. V. Schlegel）之说，谓荷兰之陀耳（Tol）从爪哇传至日本，称作独乐，后又流入中国。唯日本源顺（Minamoto no Shitagau）编《和名抄》云，“独乐，（和名）古末都玖利，有孔者也”。独乐明明是汉语，日本语今简称“古末”（Koma）。源顺系十世纪初的人，当中国五代，可见独乐这玩具的名称在唐朝已有，并不是从外洋传入的了。

我用陀螺做这本小书的名字，并不因为这是中国固有的旧物，我只觉得陀螺是一件很有趣的玩具，幼小时玩过一种有孔能叫的，俗名“地鹁鸽”，至今还记得，此外又因了《帝京景物略》里的歌辞以及希腊的陶器画，便使我想定了这个名称。这一册小集子实在是我的一种玩意儿，所以这名字很是适合。我本来不是诗人，亦非文士，文字涂写，全是游戏，——或者更好说是玩耍。平常说起游戏，总含有多少不诚实的风雅和故意的玩笑的意味，这也是我所不喜欢的，我的乃是古典文字本义的游戏，是儿戏（Paidia），是玩，画册图象都是玩具（Paignia）之一。我于这玩之外别无工作，玩就是我的工作，虽然此外还有日常的苦工，驮砖瓦的驴似的日程。驮砖瓦的结果是有一口草吃，玩则是一无所得，只有差不多的劳碌，只是一切的愉快就在这里。昨天我看满三岁的小侄儿小波波在丁香花下玩耍，他拿了一个煤球的铲子在挖泥土，模仿苦力的样子用右足踏铲，竭力地挖掘，只有条头糕一般粗的小胳膊上满是汗了，大人们来叫他去，他还是不歇，后来心思一转这才停止，却又起手学摇煤球的人把泥土一瓢一瓢地舀去倒在台阶上了。他这样的玩，不但是得了游戏的三昧，并且也到了艺术的化境。这种忘我地造作或享受之悦乐，几乎具有宗教的高上意义，与时时处处拘囚于小主观的风雅大相悬殊：我们走过了童年，赶不着艺术的人，不容易得到这个心境，但是虽不能至，心向往之[3]；既不求法，亦不求知，那么努力学玩，正是我们唯一的道了。

这集子里所收都是翻译。我的翻译向来用直译法，所以译文实在很不漂亮，——虽然我自由抒写的散文本来也就不漂亮。我现在还是相信直译法，因为我觉得没有更好的方法。但是直译也有条件，便是必须达意，尽汉语的能力所能及的范围内，保存原文的风格，表现原语的意义，换一句话就是信与达。近来似乎不免有人误会了直译的意思，以为只要一字一字地将原文换成汉语，就是直译，譬如英文的 Lying on his back 一句，不译作“仰卧着”而译为“卧着在他的背上”，那便是欲求信而反不词了。据我的意见，“仰卧着”是直译，也可以说即意译；将它略去不译，或译作“坦腹高卧”以至“卧北窗下自以为羲皇上人”是胡译；“卧着在他的背上”这一派乃是死译了。古时翻译佛经的时候，也曾有过这样的事，在《金刚经》中“与大比丘众千二百五十人俱”这一句话，达摩笈多译本为“大比丘众共半十三比丘百”，正是相同的例：在梵文里可以如此说法，但译成汉文却不得不稍加变化，因为这是在汉语表现力的范围之外了。这是我对于翻译的意见，在这里顺便说及，至于有些有天才的人不但能够信达雅，而且还能用了什么译把文章写得更漂亮，那自然是很好的，不过是别一问题，现在可以不多说了。

集内所收译文共二百八十篇，计希腊三十四，日本百七十六，其他各国七十。这些几乎全是诗，但我都译成散文了。去年夏天发表几篇希腊译诗的时候，曾这样说过：

> 诗是不可译的，只有原本一首是诗，其他的任何译文都是塾师讲《唐诗》的解释罢了。所以我这几首《希腊诗选》的翻译实在只是用散文达恉，但因为原本是诗，有时也就分行写了，分了行未必便是诗，这是我所想第一声明的。

所以这不是一本译诗集。集中日本的全部，希腊的二十九篇，均从原文译出，其徐七十五篇则依据英文及世界语本，恐怕多有错误，要请识者的指教。这些文章系前后四五年间所写，文体很不统一，编订时不及改正，好在这都是零篇，不相统属，保存原形或者反足见当时的感兴：姑且以此作为辩解罢。

这一点小玩意儿——一个陀螺——实在没有什么大意思，不过在我是愉快的玩耍的纪念，不免想保留它起来。有喜欢玩耍的小朋友我也就把这个送给他，在纸包上面写上希腊诗人的一句话道：

一点点的礼物，

藏着个大大的人情。

中华民国十四年六月十二日，记于北京。

【钟校】

①《陀螺》，1925.9 新潮社出版。序文 1925.6.22 刊《语丝》32 期，后收入《苦雨斋序跋文》。

②《帝京景物略》，“京”原作“城”。

③“心向往之”，“心”原作“必”。

茶话小引①

◇1925.9.16

◇自己的园地

茶话一语，照字义说来，是喝茶时的谈话。但事实上我绝少这样谈话的时候，而且也不知茶味，——我只吃冷茶，如鱼之吸水。标题《茶话》，不过表示所说的都是清淡的，如茶馀的谈天，而不是酒后的昏沉的什么话而已。

十四年九月十六日。

【钟校】

①《茶话》二十三篇，1925.1.26—1926.9.4 刊《语丝》11—95期，1927 收入《自己的园地》（北新版）。序文又收入《苦雨斋序跋文》。

雨天的书序二[①]

◇1925. 11. 13

◇雨天的书

前年冬天《自己的园地》出版以后，起手写《雨天的书》，在半年里只写了六篇，随即中止了，但这个题目我很欢喜，现在仍旧拿了来作这本小书的名字。

这集子里共有五十篇小文，十分之八是近两年来的文字，《初恋》等五篇则是从《自己的园地》中选出来的。这些大都是杂感随笔之类，不是什么批评或论文。据说天下之人近来已看厌这种小品文了，但我不会写长篇大文，这也是无法。我的意思本来只想说我自己要说的话，这些话没有趣味，说又说得不好，不长，原是我自己的缺点，虽然缺点也就是一种特色。这种东西发表出去，厌看的人自然不看，没有什么别的麻烦，不过出版的书店要略受点损失罢了，或者，我希望，这也不至于很大吧。

我编校这本小书毕，仔细思量一回，不禁有点惊诧，因为意外地发见了两件事。一，我原来乃是道德家，虽然我竭力想摆脱一切的家数，如什么文学家批评家，更不必说道学家。我平素最讨厌的是道学家，（或照新式称为法利赛人，）岂知这正因为自己是一个道德家的缘故；我想破坏他们的伪道德不道德的道德，其实却同时非意识地想建设起自己所信的新的道德来。我看自己一篇篇的文章，里边都含着道德的色彩与光芒，虽然外面是说着流氓似的土匪似的话。我很反对为道德的文学，但自己总做不出一篇为文章的文章，结果只编集了几卷说教集，这是何等滑稽的矛盾。也罢，我反正不想进文苑传，（自然也不想进儒林传，）这些可以不必管他，还是“从吾所好”，一径这样走下去吧。

二，我的浙东人的气质终于没有脱去。我们一族住在绍兴只有十四世，其先不知是那里人，虽然普通称是湖南道州，再上去自然是鲁国了。这四百年间越中风土的影响大约很深，成就了我的不可拔除的浙东性，这就是世人所通称的“师爷气”。本来师爷与钱店官同是绍兴出产的坏东西，民国以来已逐渐减少，但是他那法家的苛刻的态度，并不限于职业，却弥漫及于乡间，仿佛成为一种潮流，清朝的章实斋、李越缦即是这派的代表，他们都有一种喜骂人的脾气。我从小知道“病从口入祸从口出”的古训，后来又想溷迹于绅士淑女之林，更努力学为周慎，无如旧性难移，燕尾之服终不能掩羊脚，检阅旧作，满口柴胡，殊少敦厚温和之气；呜呼，我其终为“师爷派”矣乎？虽然，此亦属没有法子，我不必因自以为是越人而故意如此，亦不必因其为学士大夫所不喜而故意不如此：我有志为京兆人，而自然乃不容我不为浙人，则我亦随便而已耳。

我近来作文极慕平淡自然的境地[②]，但是看古代或外国文学才有此种作品，自己还梦想不到有能做的一天，因为这有气质境地与年龄的关系，不可勉强。像我这样褊急的脾气的人，生在中国这个时代，实在难望能够从容镇静地做出平和冲淡的文章来。我只希望，祈祷，我的心境不要再粗糙下去，荒芜下去，这就是我的大愿望。我查看最近三四个月的文章，多是照例骂那些道学家的，但是事既无聊，人亦无聊，文章也就无聊了，便是这样的一本集子里也不值得收入。我的心真是已经太荒芜了。田园诗的境界是我以前偶然的避难所，但这个我近来也有点疏远了。以后要怎样才好，还须得思索过，——只可惜现在中国连思索的馀暇都还没有。

十四年十一月十三日，病中倚枕书。

英国十八世纪有约翰妥玛斯密（John Thomas Smith）著有一本书，也可以译作《雨天的书》（*Book for a Rainy Day*），但他是说雨天看的书，与我的意思不同。这本书我没有见过，只在讲诗人勃莱克（William Blake）的书里看到一节引用的话，因为他是勃莱克的一个好朋友。

十五日又记。

【钟校】

① 1925.11刊《语丝》55期，后收入《苦雨斋序跋文》。

②“平淡自然的境地”，“境地”原作“景地”。

◇1926. 1. 30
◇谈龙集

汉译古事记神代卷引言[①]

◇第二册有《古事记引言》

绍原兄，
让我把这鹅毛似的礼物，
远迢迢的从西北城，
送到你的书桌前。

一九二六年一月三十日，周作人。

我这里所译的是日本最古史书兼文学书之一，《古事记》（Kojiki）的上卷，即是讲神代的部分，也可以说是日本史册中所记述的最有系统的民族神话。《古事记》成于元明天皇的和铜五年（七一二），当唐玄宗即位的前一年，是根据稗田阿礼（Hieda no Aré）的口述，经安万侣（Yasumaro）用了一种特别文体记下来的。当时日本还没有自己的字母，平常纪录多借用汉字，即如同是安万侣编述的《日本书纪》便是用汉文体所写。《日本书纪》是一部历史，大约他的用意不但要录存本国的史实，还预备留给外国人（自然是中国同朝鲜人）看的，所以用了史书体裁的汉文。但是一方面觉得这样一来就难免有失真之处，因为用古文作文容易使事实迁就文章，更不必说作者是外国人了，所以他们为保存真面目起见，另用一种文体写了一部，这便是《古事记》。（虽然实际上是《古事记》先写成。）因为没有表音的字母可用，安万侣就想出了一个新方法，借了汉字来写，却音义并用，如他的进书表文（这原来是一篇骈文）中所说，“或一句之中交用音训，或一事之内全以训录”。不过如此写法，便变成了一样古怪文体，很不容易读，如第三节中所云，“故二柱神立天浮桥而指下其沼矛以画者，盐许袁吕许袁吕迩画鸣而引上时，自其矛末垂落之盐，累积成岛，是自淤能碁吕岛”，即其一例。但到了十八九世纪，日本国学发达起来，经了好些学者的考订注解，现在已经可以瞭解了。我这里所译，系用次田润的注释本，并参照别的三四种本子。我的主意并不在于学术上有什么供献，所以未能详征博考，做成一个比较精密完善的译本，这是要请大家预先承认原谅的。

我译这《古事记》神代卷的意思，那么在什么地方呢？我老实说，我的希望是极小的，我只想介绍日本古代神话给中国爱好神话的人，研究宗教史或民俗学的人看看罢了。普通对于这种东西有两样不同的看法，我觉得都不很对，虽然在我所希望他来看的人们自然不会有这些错误。其一是中国人看神话的方法。他们从神话中看出种种野蛮风俗原始思想的遗迹，——其实这是自然不过的事，他们却根据了这些把古代与现代溷在一起，以为这就足以作批评现代文化的论据。如《古事记》第三节里说，二大神用了天之沼矛搅动海水，从矛上滴下来的泡沫就成了岛，叫作“自凝岛”，读者便说这沼矛即是男根的象征，所以日本的宗教是生殖崇拜的。天之沼矛或者是男根的象征，（在古人的眼里什么不含有性的意味呢？）但并不能因此即断定后来的宗教思想是怎样。世界民族，起初差不多是生殖崇拜的，后来却会变化，从生殖崇拜可以变出高尚的宗教和艺术，而且在一方面看来，就是生殖崇拜自身，在他未曾堕落的时候，也不是没有他的美的。大家知道希腊的迭阿女索思祭（Dionysia），本为生殖崇拜之一相，后来的那伟大的戏剧却即由此而起。即在其初未经蜕变之时，如“布鲁达奇”（Plutarch）所说：“昔者先民举行迭阿女索思之祭，仪式质朴而至欢愉，有行列，挈酒一瓶，或一树枝，或牵羊，或携柳筐，中贮无花果，而殿以生支（Phallos）。”固纯是原始的仪式，但见于艺术者，如许多陶器画上之肩菡萏的“狂女”（Mainades）以及发风露丑的“山精”（Satyroi），未始不是极有趣味的图像。我们可以把那些原始思想的表示作古文学古美术去欣赏，或作古文化研究的资料，但若根据了这个便去批评现代的文明，这方法是不大适用的。

其二是日本人看神话的方法，特别是对于《古事记》。日本自己有“神国”之称，又有万世一系的皇室，其国体与世界任何各国有异，日本人以为这就因为是神国的关系，而其证据则是《古事记》的传说。所以在有些经国家主义的教育家炼制成功的忠良臣民看来，《古事记》是一部“神典”，里边的童话似的记事都是神圣的，有如《旧约》之于基督教徒，因为这是证明天孙的降临的。关于邻国的事我们不能像《顺天时报》那样任情的说，所以不必去多讲他，但这总可以说明，我们觉得要把神话看作信史也是有点可笑的，至少不是正当的看法。十多年前日本帝国大学里还不准讲授神话学，当初我也不明白是什么缘故，后来看夏目漱石集中的日记，才知道因为日本是神国，讲神话学就有亵渎国体的嫌疑了。就这一件事，可以想见这种思想是多么有势力。可是近年来形势也改变了，神话学的著作出版渐多（虽然老是这两三个著者），连研究历史及文化的也吸收了这类知识，在古典研究上可以说起了一个革命。做有四大厚册（尚缺一册，未完成）《文学上国民思想之研究》的津田博士在《神代史研究》上说，《古事记》中所记的神代故事并不是实际经过的事实，乃是国民想象上的事实；后人见了万世一系的情形，想探究他的来源，于是编集种种传说，成为有系统的纪载，以作说明。这个说法似乎很是简单，而且也是当然，但在以前便不能说，（当然现在也有些人还不以为然，）更不必说能保全文学博士的头衔了。人类学者鸟居博士新著《人类学上看来的我国上古文化》第一卷，引了东北亚洲各民族的现行宗教，来与古代日本相印证，颇有所发明。照他所讲的看来，神代纪上的宗教思想大抵是萨满教（Shamanism）的，与西伯利亚的鞑靼以及回部朝鲜都有共同之点。此于人类学上自是很有意义的左证，但神典之威严却也不能没有动摇了。我说日本人容易看《古事记》的神话为史实，一方面却也有这样伟大之学术的进展，这一点是我们中国人不得不对着日本表示欣羡的了。

（对于万世一系的怀疑，在日本的学者中间并不是没有。好些年前有一个大学教授讲到进化，说即如日本的国体也要改变，因此就革了职，但我记不清这事的详情和他的姓名了。一九二一年九月的《东方时论》上登载法学博士青木彻二的一篇随笔，名曰Zoku Seso Ibukashiki，译出来可以称作《续世事之离奇》，出版后即被政府禁止，据斋藤昌三的《近代文艺笔祸史》说：

> 作者青木博士终以朝宪紊乱罪下狱，在这一年里大学助教授森户辰夫，帆足理一郎，野村隈畔等，或处徒刑，或处多大之罚金，学者之有名笔祸事件相继发生。

除森户外，别人的事件内容我都不很清楚，但青木博士的我还记得，虽然杂志是禁止没收了。他的犯罪也是因为对于万世一系的怀疑。他对访问的记者说明他的意思，他不满意于一般关于国体的说法，以为日本是与世界各国绝不相同的；他不愿意被人家看作一种猴子似的异于普通人类的东西，发愤要表明日本人也是人，也有人类同具的思想与希望，所以写那一篇文章，即因此得罪在所不惜。这种精神也值得佩服，虽然与现在所谈的神话问题无甚关系。）

《古事记》神话之学术的价值是无可疑的，但我们拿来当文艺看，也是颇有趣味的东西。日本人本来是艺术的国民，他的制作上有好些印度中国影响的痕迹，却仍保有其独特的精彩；或者缺少庄严雄浑的空想，但其优美轻巧的地方也非远东的别民族所能及。他还有他自己的人情味，他的笔致都有一种润泽，不是干枯粗厉的，这使我最觉得有趣味。和辻哲郎著《日本古代文化》，关于这点说的很是明白，虽然他的举例多在《古事记》的后二卷，但就是在神话里也可以看出一点来。不过我的译文实在太是不行了，这在我还未动笔之先就早已明白的感到，所以走失了不少的神采。此刻只好暂时这样的将就，先发表出来，将来如有进步当再加校订吧。再见！

【钟校】

① 本文1926.2刊《语丝》，先后收入《谈龙集》和《苦雨斋序跋文》。《古事记》全译本到1963才由人民文学出版社出版，另写了“引言”。

关于炭画[1]

◇1926. 6. 6

◇集外文

（一）小引[2]

以上是《炭画》译本的“小引”。一九〇八年在东京找到了寇丁译的两本显克微支短篇集，选译了几篇，把《炭画》也译出了。过了些时，才写这首小引。那时是宣统元年，清廷大有假立宪之意，设立些不三不四的自治团体，文中那些迂曲的话即是反对这个而说的，因为我相信中国的村自治必定是一个羊头村无疑。

（二）通信一

作人先生台鉴：

大著《炭画》一卷已收到，事冗仅拜读四之一，虽未见原本，以意度之，确系对译能不失真相，因西人面目俱在也。但行文生涩，读之如对古书，颇不通俗，殊为憾事。林琴南今得名矣，然其最初所出之《茶花女遗事》及《迦因小传》，笔墨腴润轻圆，如宋元人诗词，非今日之以老卖老可比。吾人若学林氏近作，鲜有能出色者，质之高明，以为何如？原稿一本，敬以奉还。……　　　　二月二十七号。

——以上系一九一三年商务印书馆小说月报社的复函。其中有些话也有道理，因为写信的人于旧文学是颇有研究的，但是一本稿子总之是回到我的案头来了。

（三）通信二

作人先生鉴：

日前接到来示及《童话略论》……，具见著作宏富，深为钦佩。前《炭画》稿一本，本欲寄还，兹以《童话略论》亦不甚合用，故与《炭画》一并交邮挂号奉赵，乞即察收。……［JY，2］八月二十七日。

——以上是同年中华书局编辑部的复函。这里有一件事应当附带说明，便是那篇《童话略论》我本来说不要（不，实在大约是不敢想要）现金报酬，只望送我一年什么杂志，可是这也成了一场梦，他终于同了《炭画》一并回到家里了。

（四）通信三（佚）

这里应当有一封“文明书局”的复函，只可惜遗失了。

《炭画》[3]既然到处碰头，卖不到钱，（其实时值估价也只能卖到五六十块钱罢了，两元一千，圈点空格不计，）只好另想方法。展转地找到介绍，请文明书局出版，共一千本，版税百之十五，定价二角，计每本可得洋三分。契约订好，《炭画》遂于一九一四年四月出版。光阴荏苒，七八个年头忽已过去，市面上《炭画》一书久已绝迹，三十元的版税却一个大都不见，于是写信去问出版的书局，不久来一回信，说本局已经换了东家，以前的事一概不知道。（精确一点的说，以前的事请你去找原来的老板去，这在我当然是没处去找的。）结果是一切都与己酉二月无异，只是手头的一卷稿本变成了一本铅印的小册子。

（五）评论

显克微支（Henryk Sienkiewiez，一八四六至一九一六）生奥属波兰，竭力于革命运动，为光复会长，见忌于奥国，因亡命美洲。素持斯拉夫主义，主亲俄；一九一六年俄政府宣言将许波兰独立，显克微支力赞其事，未成，以是年十月卒。初作小品，未为世人所知，一八九六年著《何往》（*Quo Vadis*），叙罗马宜禄王时新旧宗教之冲突，始得名。又有《兵燹》等历史小说三部，记波兰累代与异族战争事，美国费耳布思（Pelps）教授谓古今历史小说能得荷马史诗精神者唯此与俄国戈戈耳（Gogol）之《太拉思布耳巴》（*Taras Bulba*）也。然勃兰兑思（Brandes）则深称美其短篇而不满于历史小说，《波兰印象记》云：

> 显克微支系出高门，天才美富，文情悱恻，而深藏讽刺。所著《炭画》（*Swice-Weglem*）记一农妇欲救其夫于军役，至自卖其身，文字至是，已属绝技，盖写实小说之神品也。又《乐人扬珂》《天使》诸篇亦极佳胜，写景至美，而感情强烈，甚能动人。晚近模拟大仲马作历史小说，层出不已，因获盛名，且得厚利，唯余甚惜之，所为不取也。

盖勃兰兑思素薄历史小说，故对于显克微支著作亦与仲马等视，深致不满也。

显克微支作短篇，种类不一，叙事言情，无不佳妙，写民间疾苦诸篇尤胜。事多惨苦，而文特奇诡，能出以轻妙诙谐之笔，弥足增其悲痛，视戈戈耳笑中之泪殆有过之，《炭画》即其代表矣。显克微支旅美洲时著此书，自言记故乡事实，唯托名羊头村而已。村虽称自治，而上下离散，不相扶助，小人遂得因缘为恶，良民又多愚昧，无术自卫，于是悲剧乃成。书中所言，舍来服夫妇外，自官吏议员至于乞丐，殆无一善类，而其为恶又属人间之常，别无夸饰，虽被以诙谐之词，而令读者愈觉真实，其技甚神，馀人莫能拟也。……

——以上是一九一八年所写的讲义稿的一部分，现在节录出来，使大家约略知道上边所说的《炭画》是怎么一种东西。

（六）广告

这应该是书店替我做的，我自己怎好来说呢？我所能说的只是，这是十七年前的旧译，而且还是用文言写的。是的，这的确如此，但是，我至今还是很爱他，觉得这是我的译文里的最中意的一篇。因为原文实在太厉害了，所以虽是译文一点儿都不腴润轻圆，也觉得舍不得，想把他保存起来，流传出去。改译白话，实在也并非没有这个意思，不过还有别的事情要做，既然有了一本译文在那里，似乎也就不妨将就看看，不必在百忙中来动手，留下这点工夫去修别的胜业，或者较有意思罢。

将《炭画》译文校正句读，拟付印刷，复将关于《炭画》的文件一二编录在一处，算作一篇后记附在里边。

（一九二六年六月六日于北京，周作人记）

【钟校】

① 1926.6.14刊《语丝》83期。

②《炭画小引》（1909.2）见前，这一节是关于“小引”的说明。

③“炭画”，“炭”原作“灾”。

酒后主语小引[1]

◇1926. 7. 26

◇谈虎集

现时中国人的一部分已发了风狂，其馀的都患着痴呆症。只看近来不知为着什么的那种执拗凶恶的断杀，确乎有点异常，而身当其冲的民众却似乎很麻木，或者还觉得舒服，有些被虐狂（Masochism）的气味。简单的一句话，大家都是变态心理的朋友。我恐怕也是痴呆症里的一个人，只是比较的轻一点，有时还要觉得略有不舒服；凭了遗传之灵，这自然是极微极微的，可是，嗟夫，岂知就是忧患之基呢？这个年头儿，在风狂与痴呆的同胞中间，哪里有容人表示不舒服之馀地。你倘若有牢骚，只好安放在肚子里，要上来的时候，唯一的方法是用上好黄酒将他浇下去，和儿时被老祖母强迫着吞仙丹时一样。这个年头儿真怪不得人家要喝酒。但是普通的规则，喝了酒就会醉，醉了就会喜欢说话，这也是没有法子的事。只要说的不犯讳，没有违碍字样，大约还不妨任其发表，总要比醒时所说的胡涂一点儿。我想为《语丝》写点文章，终于写不成，便把这些酒后的胡思乱想录下来，暂且敷衍一下。前朝有过一种名叫《茶馀客话》的书，现在就援例题曰《酒后主语》罢。

民国十五年七月二十六日灯下记。

【钟校】

①《酒后主语》九则，1926. 8. 9—10. 9 刊《语丝》，本文先后收入《谈虎集》和《苦雨斋序跋文》。

艺术与生活自序[1]

◇1926.8.10

◇艺术与生活

这一本书是我近十年来的论文集，自一九一七至一九二六年间所作，共二十篇，文章比较地长，态度也比较地正经，我对于文艺与人生的意见大抵在这里边了，所以就题名曰《艺术与生活》。

这里边的文章与思想都是没有成熟的，似乎没有重印出来给人家看的价值，但是我看这也不妨。因为我们印书的目的并不在宣传，去教训说服人，只是想把自己的意思说给人听，无论偏激也好浅薄也好，人家看了知道这大略是怎么一个人，那就够了。至于成熟那自然是好事，不过不可强求，也似乎不是很可羡慕的东西，——成熟就是止境，至少也离止境不远。我如有一点对于人生之爱好，那即是她的永远的流转；到得一个人官能迟钝[②]，希望“打住”的时候，大悲的“死”就来救他脱离此苦，这又是我所有对于死的一点好感。

这集里所表示的，可以说是我今日之前的对于艺术与生活的意见之一部分，至于后来怎样，我可不能知道。但是，总该有点不同罢。其实这在过去也已经可以看出一点来了，如集中一九二四年以后所写的三篇，与以前的论文便略有不同，照我自己想起来，即梦想家与传道者的气味渐渐地有点淡薄下去了。

一个人在某一时期大抵要成为理想派，对于文艺与人生抱着一种什么主义。我以前是梦想过乌托邦的，对于新村有极大的憧憬，在文学上也就有些相当的主张。我至今还是尊敬日本新村的朋友，但觉得这种生活在满足自己的趣味之外恐怕没有多大的觉世的效力，人道主义的文学也正是如此，虽然满足自己的趣味，这便已尽有意思，足为经营这些生活或艺术的理由。以前我所爱好的艺术与生活之某种相，现在我大抵仍是爱好，不过目的稍有转移，以前我似乎多喜欢那边所隐现的主义，现在所爱的乃是在那艺术与生活自身罢了。

此外我也还写些小文章，内容也多是关系这些事情的，只是都是小篇，可以算是别一部类，——在现今这种心情之下，长篇大约是不想写了，所以说这本书是我唯一的长篇的论文集亦未始不可。我以后想只作随笔了。集中有三篇是翻译，但我相信翻译是半创作，也能表示译者的个性，因为真的翻译之制作动机应当完全由于译者与作者之共鸣，所以我就把译文也收入集中，不别列为附录了。

一九二六年八月十日，于北京城西北隅，听着城外的炮声记。

【钟校】

①《艺术与生活》，群益书社 1931.2 初版，中华书局 1936.12 重版。本篇 1926.8.22 刊《语丝》93 期，“群益”版用作“序一”，并加写了“序二”，均收入《苦雨斋序跋文》。“中华”版未用“序二”，本篇题作“自序”。

②“迟钝”原作“迟纯”。

◇1926. 8. 31

◇狂言十番

狂言十番序[①]

◇第二册有《日本狂言选后记》等

四五年前，还是孙伏园君在编《晨报副刊》的时候，我译了些古希腊的东西，登在报上，题名《古文艺》。后来又将两篇“日本的狂言”译了出来，也登在里边。丸山昏迷君见了很是喜欢，竭力怂恿我多译几篇，可以出一本小书，答应代我去搜集插画。我觉得这倒也很好玩，便说就这样办罢，但是终于懒得动手，虽然本拟编入《陀螺》里的两篇狂言——《骨皮》与《伯母酒》——已经抽下，放入别一个纸盒子里了。民国十三年丸山君归国去了一趟，抱病回京，躺在川田医院多日，又复归故乡去，以后就没有消息，直等到山川早水君写信给我，才知道终于故去了。狂言我本是喜欢的，现在又似乎欠了亡友的一笔债，宿诺未践，心常耿耿。从次年起着手续译，先后共得十篇，遂编作一集，题曰《狂言十番》。“狂言”本系日本名词，因无适当译名，故沿用原文，并取原用专门语“十番”纪数，似颇相称，虽然中国亦有此语，如音乐上之“打十番”及“马上十番”之类。

我所据的原文，“鹭流”系芳贺矢一校本《狂言二十番》，“和泉”及“大藏流”则为幸田成行校本《狂言全集》，此外山崎麓校注本《狂言记》及《外编》也稍资参照。插画则从《狂言全集》选取五图，又山口蓼洲画《狂言百番》中亦取三幅。译文因非一时之作，文句语气颇有出入，今悉仍其旧，不加改易。关于狂言之说明，在有几篇的附记里稍有说及，现在也不多赘了。因为我觉得这一本小书原来不是研究狂言之作，要研究也非我的微力所能及，所以用不着那些方板的论文。我译这狂言的缘故只是因为他有趣味，好玩，我愿读狂言的人也只得到一点有趣味好玩的感觉，倘若大家不怪我这是一个过大的希望。“人世难逢开口笑”，真是的，在这个年头儿。我只可惜丸山君死了，他不能再看了这小本子说“到底出来了么？”而微微的一笑了。

民国十五年八月三十一日，周作人记于北京内右四区苦雨斋。

【钟校】

①《狂言十番》，1926.9北新书局出版。本文初刊《语丝》98期，为《酒后主语》之五，题《关于狂言十番》，后收入《苦雨斋序跋文》。

◇1927.2.1
◇自己的园地

自己的园地小引[①]

《自己的园地》原系一九二三年所编成，内含“自己的园地”十八篇，“绿洲”十五篇，杂文二十篇。今重加编订，留存“自己的园地”及“绿洲”这两部分，将杂文完全除去，加上“茶话”二十三篇，共计五十六篇，仍总称《自己的园地》。插画五页，除“小妖与鞋匠”系旧图外，其馀均系新换。原有杂文中，有五篇已编入《雨天的书》，尚有拟留的五篇当收入《谈虎集》内。

一九二七年二月一日，周作人记。

【钟校】

① 1927北新书局重订版《自己的园地》的小引。

苦雨斋小书序一[1]

◇1927. 2. 10

◇苦雨斋序跋文

寒假中整理旧稿，想编一种《苦雨斋小书》[2]，已成就两册，其一是《冥土旅行》及其他三篇，其二是《玛加尔的梦》。重读《冥土旅行》一过，觉得这桓灵时代的希腊作品竟与现代的《玛加尔的梦》异曲同工，所不同者只因科罗连珂曾当西伯利亚的政治犯，而路吉亚诺思乃是教读的“哲人”（Sophistes）而已。在人性面前，二千年的时光几乎没有什么威力。然而我们青年非常自馁，不敢读古典文学，恐怕堕落，如古代圣徒之于女人；有人译一篇上古诗文，又差不多就有反革命之嫌疑。我想，这其实何至于此呢？据我看来，有时古典文学作者比现在的文士还要更明智勇敢，或更是革命的；我们试翻阅都吉迪台思的历史，欧利比台思的戏剧，当能看出他们的思想态度还在欧战时的霍普忒曼诸人之上，就是一例。中国青年现在自称二十世纪人，看不起前代，其实无论哪一时代（不是中国）的文人都可以作他们的师傅，针砭他们浅薄狭隘的习气。旧时代的思想自然也有不对的，这便要凭了我们的智力去辨别他；倘若我们费了许多光阴受教育，结果还连这点判断力都没有，那么不是这种教育已经破产，就一定我们自己是低能无疑了。

十六年二月十日。

【钟校】

① 1927.2.19刊《语丝》119期，为《闲话集成》之（五七），收入《谈虎集》题《小书》，收入《苦雨斋序跋文》题《苦雨斋小书序》。因《苦雨斋小书》未用此序而另作了序文，而本文写作在先，故称“序一”。

②《苦雨斋小书》出有五种：一《冥土旅行》，二《玛加尔的梦》，三《泽泻集》，四《永日集》，五《过去的生命》，只有一、二两种用了《苦雨斋小书序》，但用的也是“序二”而不是“序一”。

苦雨斋小书序二[①]

◇1927.2.28

◇冥土旅行

今年的寒假又忽然地过去了。这个年头儿，草间偷活已至不易，更加上穷忙，尤其是在年头年尾，所以这三四个礼拜的休假里就简直没有做一件事，只是抽闲吃了几个瓜仁果核便又是上学的时候了。小时候遇到上灯夜，看着那些灯烛辉煌，未尝不觉得热闹，但心里却是着实寂寞，因为这上灯就是新年完结的先声。现在也颇有这样的感觉。

没有工夫看书，其实是没有心情看书，再说，也是一半由于没有钱买书：不过这种推托都是不济事，究竟还是自己的懒惰。别的不说，就是久想翻译的勃阑特思（Georg Brandes——只可惜他已于二月二十日去世，享年八十五）的《加利波的论》也未动手，真是太懒了。但是，这其间也做了些小事，编辑《苦雨斋小书》之计划就是那时所想的，现在所编成的有这两种，一是《冥土旅行》及其他四篇，二是《玛加尔的梦》。

《冥土旅行》是二世纪时的希腊哲人所写，此外四篇的作者是十八世纪的英人斯威夫德（Swift），十九世纪的法人法布耳（Fabre），以及十四世纪的日本和尚兼好法师。《玛加尔的梦》则是近代俄国的作品。这可以说是杂乱极了，虽然我觉得并不如此。不但这些都是我所同样欢喜的，我还以为其间不无一种联属。我曾说，“重读《冥土旅行》一过，觉得这桓灵时代的希腊作品竟与现代的《玛加尔的梦》异曲同工，所不同者只因科罗连珂（Korolenko）曾当西伯利亚的政治犯，而路吉亚诺思（Lukianos）乃是教读为业的哲人（Sophistes）而已。”除了那个“科学之诗人”是超然的以外，兼好法师也就不是真个出世间的人，不过他有点像所谓快乐派，想求到“无扰”的境地做个安住罢了；至于斯威夫德主教的野蛮的诙谐[2]，则正是盾的背面，还是这个意思，却自然地非弄到狂易而死不可了。我译的这些东西，虽似龙生九子，性相不同，但在我总觉得是一样的可爱，也愿意大家同样地看待他们。

小书以后还有，说不定还要弄大书出来呢，在此不妨先自画自赞一番。

一九二七年二月二十八日，于北京内右四区。

【钟校】

① 1927.3 刊《语丝》123 期，《冥土旅行》题作《苦雨斋小书序》。因《苦雨斋序跋文》所收《苦雨斋小书序》是另外一篇而写作在先，故称此为“序二”。

②“诙谐”原作“谈谐”。

泽泻集序[①]

◇1927.8.7

◇泽泻集

近几年来我才学写文章，但是成绩不很佳。因为出身贫贱，幼时没有好好地读过书，后来所学的本业又与文学完全无缘，想来写什么批评文字，非但是身分不相应，也实在是徒劳的事。这个自觉却是不久就得到，近来所写只是感想小篇，但使能够表得出我自己的一部分，便已满足，绝无载道或传法的意思。有友人问及，在这一类随便写的文章里有那几篇是最好的，我惭愧无以应，但是转侧一想，虽然够不上说好，自己觉得比较地中意，能够表出一点当时的情思与趣味的，也还有三五篇，现在便把他搜集起来，作为“苦雨斋小书”之一。

戈尔特堡（Isaac Goldberg）批评蔼理斯（Havelock

Ellis）说，在他里面有一个叛徒与一个隐士，这句话说得最妙：并不是我想援蔼理斯以自重，我希望在我的趣味之文里也还有叛徒活着。我毫不踌躇地将这册小集同样地荐于中国现代的叛徒与隐士们之前。

至于书名泽泻，那也别无深意，——并不一定用《楚辞》的“筐泽泻以豹鞹兮”的意思，不过因为喜欢这种小草，所以用作书名罢了。在日本的“纹章”里也有泽泻，现在就借用这个图案放在卷首。

十六年八月七日，于北京。

【钟校】

①《泽泻集》，1927.9北新书局初版。序文1927.8.20刊《语丝》145期，后又收入《苦雨斋序跋文》。

两条血痕后记[①]

◇1927. 10. 10

◇两条血痕

上边所辑录的几篇作品，都是前几年所译，就是其中最近译出的一篇，也已经是去年的事了。这一两年来，也未必因为是住在北京的缘故罢，我的心总是不能安静，译述的笔好久不动了，虽然心里未尝没有好几种想译的东西，如《梭格拉第的辩解》等。日本的作品，我也想续译，有几个人的著作我颇喜欢，但是日月荏苒地过去，到现在收集起来，还只有这六篇东西。我觉得不好意思倚老卖老地把“疏懒衰老”等话头来做口实，总之是自己不大长进之故，虽然因了“讨赤”的刀枪声把神志震昏了，那也实在很有点关系。却喜近来国内出版界大有生气，日本文学的介绍与译述，也渐渐地多起来了，我姑且把这册小书拿出来凑凑热闹，——旧稿发清了，这意思就是说可以预备写新稿了，无论能不能够实行，总之且把他当作我们的一个新年的希望罢。

民国十六年十月十日，周作人记于北京苦雨斋。

【钟校】

①《两条血痕》，1927.10开明书店初版。本文1927.10.30刊《文学周报》5卷2期，后又收入《苦雨斋序跋文》。

谈龙集谈虎集序①

◇1927. 11. 8

◇永日集

近几年来所写的小文字，已经辑集的有《自己的园地》等三册一百二十篇，又《艺术与生活》里二十篇，但此外散乱着的还有好些，今年暑假中发心来整理他一下，预备再编一本小册子出来。等到收集好了之后一看，虽然都是些零星小品，篇数总有一百五六十，觉得不能收在一册里头了，只得决心叫他们“分家”，将其中略略关涉文艺的四十四篇挑出，另编一集，叫作《谈龙集》，其馀的一百十几篇留下，还是称作《谈虎集》。

书名为什么叫做谈虎与谈龙，这有什么意思呢?这个理由是很简单的。我们（严格地说应云我）喜谈文艺，实际上也只是乱谈一阵，有时候对于文艺本身还不曾明了，正如我们著《龙经》，画水墨龙，若问龙是怎样的一种东西，大家都没有看见过。据说从前有一位叶公，很喜欢龙，弄得一屋子里尽是雕龙画龙，等得真龙下降，他反吓得面如土色，至今留下做人家的话柄。我恐怕自己也就是这样地可笑。但是这一点我是明白的，我所谈的压根儿就是假龙，不过姑妄谈之，并不想请他来下雨，或是得一块的龙涎香。有人想知道真龙的请去找豢龙氏去，我这里是找不到什么东西的。我就只会讲空话，现在又讲到虚无飘渺的龙，那么其空话之空自然更可想而知了。

《谈虎集》里所收的是关于一切人事的评论。我本不是什么御史或监察委员，既无官守，亦无言责，何必来此多嘴，自取烦恼？我只是喜欢讲话，与喜欢乱谈文艺相同，对于许多不相干的事情，随便批评或注释几句，结果便是这一大堆的稿子。古人云，谈虎色变，遇见过老虎的人听到谈虎固然害怕，就是没有遇见过的谈到老虎也难免心惊，因为老虎实在是可怕的东西，原是不可轻易谈得的。我这些小文，大抵有点得罪人得罪社会，觉得好像是踏了老虎尾巴，私心不免惴惴，大有色变之虑，这是我所以集名谈虎之由来，此外别无深意。这一类的文字总数大约在二百篇以上，但是有一部分经我删去了，小半是过了时的，大半是涉及个人的议论；我也曾想拿来另编一集，可以表表在“文坛”上的一点战功，但随即打消了这个念头，因为我的绅士气（我原是一个中庸主义者）到底还是颇深，觉得这样做未免太自轻贱，所以决意模仿孔仲尼笔削的故事，而曾经广告过的《真谈虎集》于是也成为有目无书了。

《谈龙》《谈虎》两集的封面画都是借用古日本画家光琳（Korin）的，在《光琳百图》中恰好有两张条幅，画着一龙一虎，便拿来应用，省得托人另画。——《真谈虎集》的图案本来早已想好，就借用后《甲寅》的那个木铎里黄毛大虫。现在计划虽已中止，这个巧妙的移用法总觉得很想的不错，废弃了也未免稍可惜，只好在这里附记一下。

民国十六年十一月八日，周作人于北京苦雨斋。

【钟校】

①《谈龙集》，1927.12 开明书店初版。《谈虎集》上卷，1928.1 北新书局初版。本文 1927.11 刊《文学周报》5 卷 14 期，收入《谈龙集》和《谈虎集》上卷后，又曾收入《永日集》和《苦雨斋序跋文》。

谈虎集后记[①]

◇1927.11.25

◇谈虎集

费了好几个礼拜的工夫，把这一百三十篇文章都剪贴好，校阅过，《谈虎集》总算编成了，觉得很是愉快，仿佛完了一件心事。将原稿包封，放在一旁之后，仔细回想，在这些文章上表现出来的我的意见，前后九年，似乎很有些变了，实在又不曾大变，不过年纪究竟略大了，浪漫气至少要减少了些罢。我对于学艺方面，完全是一个“三脚猫”，随便捏捏放放，脱不了时代的浪漫性，但我到底不是情热的人，有许多事实我不能不看见而且承认，所以我的意见总是倾向着平凡这一面，在近来愈益显著。我常同朋友们笑说，我自己是一个中庸主义者，虽然我所根据的不是孔子三世孙所做的那一部书。我不是这一教派那一学派的门徒，没有一家之言可守，平常随意谈谈，对于百般人事偶或加以褒贬，只是凭着个人所有的一点浅近的常识，这也是从自然及人文科学的普通知识中得来，并不是怎么静坐冥想而悟得的。有些怀旧的青年曾评我的意见为过激，我却自己惭愧，觉得有时很有点像“乡愿”。譬如我是不相信有神与灵魂的，但是宗教的要求我也稍能理解，各宗的仪式经典我都颇感兴趣，对于有些无理的攻击有时还要加以反对；又如各派社会改革的志士仁人，我都很表示尊敬，然而我自己是不信仰群众的，与共产党无政府党不能做同道。我知道人类之不齐，思想之不能与不可统一，这是我所以主张宽容的理由。还有一层，我不喜欢旧剧，大面的沙声，旦脚的尖音，小丑的白鼻子，武生的乱滚，这些怪相我都不喜，此外凡过火的事物我都不以为好，而不宽容也就算作其中之一。我恐怕我的头脑不是现代的，不知是儒家气呢还是古典气太重了一点，压根儿与现代的浓郁的空气有点不合，老实说我多看琵亚词侣的画也生厌倦，诚恐难免有落伍之虑，但是这也没有什么关系，大约像我这样的本来也只有十八世纪人才略有相像，只是没有那样乐观，因为究竟生在达尔文、弗来则之后，哲人的思想从空中落到地上，变为凡人了。

民国十年以前我还很是幼稚，颇多理想的、乐观的话，但是后来逐渐明白，却也用了不少的代价，《寻路的人》一篇便是我的表白。我知道了人是要被鬼吃的，这比自以为能够降魔，笑迷迷的坐着画符而突然被吃了去的人要高明一点了，然而我还缺少相当的旷达，致时有“来了”的预感，惊扰人家的好梦。近六年来差不多天天怕反动运动之到来，而今也终于到来了，殊有康圣人的“不幸而吾言中”之感。这反动是什么呢？不一定是守旧复古，凡统一思想的棒喝主义即是。北方的“讨赤”不必说了，即南方的“清党”也是我所怕的那种反动之一，因为它所问的并不都是行为罪而是思想罪，——以思想杀人，这是我所觉得最可恐怖的。中国如想好起来，必须立刻停止这个杀人勾当，使政治经济宗教艺术上的各新派均得自由地思想与言论才好。《孟子》曰，孰能一之？曰不嗜杀人者能一之。这句老生常谈，到现在还同样地有用。但是有什么用呢？棒喝主义现在正弥漫中国，我八九年前便怕的是这个，至今一直没有变，只是希望反动会匿迹，理性会得势的心思，现在却变了，减了，——这大约也是一种进步罢。

民国十六年十一月二十五日，在北京，岂明。

【钟校】

①《谈虎集》下卷，1928.2北新书局初版。本文1928.1.16刊《北新》2卷6号，随即收入《谈虎集》下卷。

夜读抄小引[①]

◇1928. 1. 3

◇夜读抄

幼时读古文，见《秋声赋》第一句云，“欧阳子方夜读书”，辄涉幻想，仿佛觉得有此一境，瓦屋纸窗，灯檠茗碗，室外有竹有棕榈，后来虽见“红袖添香夜读书”之句，觉得也有趣味，却总不能改变我当初的空想。先父在日，住故乡老屋中，隔窗望邻家竹园，常为言其志愿，欲得一小楼，清闲幽寂，可以读书，但先父侘傺不得意，如卜者所云，“性高于天命薄如纸”，才过本寿，遽以痼疾卒，病室乃更湫隘，窗外天井才及三尺，所云理想的书室仅留其影像于我的胸中而已。我自十一岁初读《中庸》，前后七八年，学书不成，几乎不能写一篇满意的文章，庚子之次年遂往南京充当水兵，官费读书，关饷以作零用，而此五年教练终亦无甚用处，现在所记得者只是怎样开枪和爬桅竿等事。以后奉江南督练公所令派往日本改习建筑，则学“造房子”又终于未成，乃去读古希腊文拟改译《新约》，虽然至今改译也不曾实行，——这个却不能算是我的不好，因为后来觉得那官话译本已经适用，用不着再去改译为古奥的文章了。这样我终于没有一种专门的学问与职业，二十年来只是打杂度日，如先父所说的那样书室我也还未能造成，只存在我的昼梦夜梦之间，使我对于夜读也时常发生一种爱好与憧憬。我时时自己发生疑问，像我这样的可以够得上说是读书人么？这恐怕有点难说罢。从狭义上说，读书人应当就是学者，那我当然不是。若从文义上说来，凡是拿着一本书在读，与那不读的比较，也就是读书人了，那么，或者我也可以说有时候是在读书。夜读呢，那实在是不，因为据我的成见夜读须得与书室相连的，我们这种穷忙的人那里有此福分，不过还是随时偷闲看一点罢了。看了如还有工夫，便随手写下一点来，也并无什么别的意思，只是不愿意使自己的感想轻易就消散，想叫他多少留下一点痕迹，所以写下几句。因为觉得夜读有趣味，所以就题作《夜读抄》，其实并不夜读已如上述，而今还说诳称之曰夜读者，此无他，亦只是表示我对于夜读之爱好与憧憬而已。

民国十七年一月三日于北京。

【钟校】

① 1928.2.16刊《北新》2卷9号。《夜读抄》，1934.9北新书局出版。

黄蔷薇附言[1]

◇1928. 1. 26
◇集外文

不知道在几年前，中国曾经有人很攻击过革命文学，对于阅读介绍弱小民族的文学这一件事也大加非难。到了现在，大家都大谈其革命文学来了，我虽然对于革命文学仍然不很热心，但觉得阅读弱小民族的文学还是很有意思，很有意义。英法德义，但莎哥嚣，本来值得也应该有人去弄，但弱小民族也有他们的灵魂，表现在文学上面，我们当一样地尊重，而且在此刻的地位，中国人更应对于他们感到亲近。古诗人说，“贼能知道贼的足迹”，现在可以改说奴隶能了解奴隶的心情。可是，在大谈革命文学的中国似乎也未必要这些：我们现在是强大民族了，赤色的俄人被捕杀，白色的当了入籍军，再来讲那些亡国文学做什么！只有少数的人，有点顽迷的，或者还想分出一点工夫来读无名小国的著作罢？他们有德、法、英诸国译本可以利用，但最好或者还是依赖世界语，因为世界语一面固然翻译古典，一面更努力于介绍各民族的文学也。

一月二十六日。

【钟校】

① 本文曾刊 1928. 2. 16《北新》2 卷 9 号。

空大鼓序[①]

◇1928. 8. 22

◇空大鼓

这一册是《点滴》的改订本。原本在一九二〇年编印，早已绝版了，现在重加编订，《小小的一个人》归到《日本小说集》里去了，《沙漠间的三个梦》收入C. F. 女士所译的《梦》里，所以把它连《欢乐的花园》都删除了，另外补入了三篇，计德国、西班牙、犹太各一，一总仍旧是二十一篇。不过附录的文章统取消了，这都已编入《艺术与生活》里了，虽然这部老不出版；又尼采的文句与题目一并撤去，因为我不喜欢那个意思，今改名曰《空大鼓》，这就是集内第一篇小说的名字。

将全书校读一遍，觉得有好些仍旧是颇可喜的，因为原文是好的，虽然译文很有点幼稚。我所最喜欢的是库普林的一篇《晚间的来客》，和伊巴涅支的《颠狗病》，这是一九二一年我在西山养病时所译，是登在《新青年》上最后的一篇小说了。一九二三年秋天我译英国斯威夫德（Swift）的《育婴刍议》（*A Modest Proposal*）的时候，在附记里曾说及这《颠狗病》：

> 有时又忽然爱好深刻痛切之作，仿佛想把指甲尽力的掐进肉里去，感到苦的痛快。在这时候我就着手译述特别的文字，前年在西山养病时所译的《颠狗病》和这篇《刍议》都是一例。

《空大鼓》这一类的东西不是我现在所以为最好的，我只觉得它写得还不错，至于内含的意思却不一定是可以服膺的了。单纯的信仰（"Simple Faith"）在个人或是幸福，但我觉得明净的观照更有兴趣。人生社会真是太复杂了，如实地观察过去，虽然是身入地府，毕生无有出期，也似乎比一心念着安养乐邦以至得度更有一点意思。这是我后来的见解，但回过来重阅以前的译文，觉得十九都还不差，所以还想保存它，但是反正是旧译，除改正错字及标点以外一仍其旧，即如代表女性的字也仍用"伊"，不去把它一一改写作"她"了。

民国十七年八月二十二日于北平，周作人。

【钟校】

①《空大鼓》，1928.11 开明书店初版。本篇后收入《苦雨斋序跋文》，题作《点滴序》，误。

专斋漫谈跋[1]

◇1928. 12. 1

◇永日集

何谓专斋？此有三义。甲，斋中有一块古砖，因以为号焉。乙，专者不专也，言于学问不专一门，只是“三脚猫”地乱说而已也。丙，专借作颛，颛蒙愚鲁。昔者“狂飙”主人为豫言三世，初名开明，继为岂明，复次当为不明，今故奉教以专为名尔。三者义各有当。谈及古董时取甲义，妄论学艺，则取乙义，又若对于社会信口雌黄，有违圣教，不洽舆情，老夫攒眉，小生竖发，乃悉由于不明之故，应作丙义解也。

中华民国十七年十二月一日于北平市。

【钟校】

①《专斋漫谈》未成书，本篇移作《永日集》（1929）代跋，另有《专斋随笔》十篇收入《看云集》。

永日集序[①]

◇1929.2.15

◇永日集

民国十七年是年成不很好的年头儿。虽然有闲似地住在北京，却无闲去住温泉，做不出什么大文章。一总收在这小册子里，还不到全部的三分之二，其一小半乃是十七年以前所写的东西。

有五篇是翻译。有人或要不赞成，以为翻译不该与自作的文章收在一起。这句话自然言之成理。但我有一种偏见，文字本是由我经手，意思则是我所喜欢的，要想而想不到，欲说而说不出的东西，固然并不想霸占，觉得未始不可借用。正如大家引用所佩服的古人成句一样，我便来整章整节地引用罢了。这些译文我可以声明一句，在这集内是最值得读的文字，我现在只恨译得太少。在自己的文章中只有一篇《忒罗亚的妇女》觉得较好，这篇戏曲的原文实在也值得全译。

我的文章中所谈的总还是不出文学和时事这两个题目。关于文学我的意见恐怕如不是老朽也是外行的，——其实外行我原是的。我的意思说在《〈大黑狼的故事〉序》里，虽然谷万川君就不佩服。至于时事到现在决不谈了，已详《闭户读书论》中，兹不赘。

民国十八年二月十五日，岂明于北平。

【钟校】

①《永日集》，1929.5北新书局初版。本文后又收入《苦雨斋序跋文》。

过去的生命序[①]

◇1929. 8. 10

◇过去的生命

这里所收集的三十多篇东西，是我所写的诗的一切。我称他为诗，因为觉得这些的写法与我的普通的散文有点不同。我不知道中国的新诗应该怎么样才是，我却知道我无论如何总不是个诗人，现在“诗”这个字不过是假借了来，当作我自己的一种市语罢了。其中二十六篇，曾收在《雪朝》第二集中，末尾七篇是新加入的，就用了第十二篇《过去的生命》做了全书的名字。这些“诗”的文句都是散文的，内中的意思也很平凡，所以拿去当真正的诗看当然要很失望，但如算他是别种的散文小品，我相信能够表现出当时的情意，亦即是过去的生命，与我所写的普通散文没有什么不同。因为这样缘故，我觉得还可以把他收入“苦雨斋小书”的里边，未必是什么敝帚自珍的意思，若是献丑狂（Exhibitionism）呢，那与天下滔滔的文士一样，多少怕有一点儿罢？

书面图案系借用库普加（Erahk Kupka）的画，题曰《生命》。我是不懂美术的，只听说他的画是神秘派的，叫做什么 Orphism，也不知道他是哪里人。

一九二九年八月十日，周作人于北平。

【钟校】

①《过去的生命》，1929.11 北新书局初版。本文后又收入《苦雨斋序跋文》。

草木虫鱼小引[①]

◇1930. 10. 6

◇看云集

明李日华著《紫桃轩杂缀》卷一云，白石生辟谷嘿坐，人问之不答，固问之，乃云“世间无一可食，亦无一可言”。这是仙人的话，在我们凡人看来不免有点过激，但大概却是不错的，尤其是关于那第二点。在写文章的时候，我常感到两种困难，其一是说什么，其二是怎么说。据胡适之先生的意思这似乎容易解决，因为只要“要说什么就说什么”和“话怎么说就怎么说”便好了，可是在我这就是大难事。有些事情固然我本不要说，然而也有些是想说的，而现在实在无从说起。不必说到政治大事上去，即使偶然谈谈儿童或妇女身上的事情，也难保不被看出反动的痕迹，其次是落伍的证据来，得到古人所谓笔祸。这个内容问题已经够烦难了，而表现问题也并不比它更为简易。我平常很怀疑心里的“情”是否可以用了“言”全表了出来，更不相信随随便便地就表得出来。什么嗟叹啦，永歌啦，手舞足蹈啦的把戏，多少可以发表自己的情意，但是到了成为艺术再给人家去看的时候，恐怕就要发生了好些的变动与间隔，所留存的也就是很微末了。死生之悲哀，爱恋之喜悦，人生最深切的悲欢甘苦，绝对地不能以言语形容，更无论文字，至少在我是这样感想。世间或有天才自然也可以有例外，那么我们凡人所可以文字表现者只是某一种情意，固然不很粗浅但也不很深切的部分，换句话来说，实在是可有可无不关紧急的东西，表现出来聊以自宽慰消遣罢了。从前在上海某月刊上见过一条消息，说某人要提倡文学无用论了，后来不曾留心不知道这主张发表了没有，有无什么影响，但是我个人却的确是相信文学无用论的。我觉得文学好像是一个香炉，他的两旁边还有一对蜡烛台，左派和右派。无论那一边是左是右，都没有什么关系，这总之有两位，即是禅宗与密宗，假如容我借用佛教的两个名称。文学无用，而这左右两位是有用有能力的。禅宗的作法的人不立文字，知道它的无用，却寻别的途径。辟历似的大喝一声，或一棍打去，或一句干矢橛，直截地使人家豁然开悟，这在对方固然也需要相当的感受性，不能轻易发生效力，但这办法的精义实在是极对的，差不多可以说是最高理想的艺术。不过在事实上艺术还着实有志未逮，或者只是音乐有点这样的意味，缠缚在文字语言里的文学虽然拿出什么象征等物事来在那里挣扎[②]，也总还追随不上。密宗派的人单是结印念咒，揭谛揭谛波罗揭谛几句话，看去毫无意义，实在含有极大力量，老太婆高唱阿弥陀佛，便可安心立命，觉得西方有分，绅士平日对于厨子呼来喝去，有朝一日自己做了光禄寺小官，却是顾盼自雄，原来都是这一类的事。即如古今来多少杀人如麻的钦案，问其罪名，只是大不敬或大逆不道等几个字儿，全是空空洞洞的，当年却有许多活人死人因此处了各种极刑，想起来很是冤枉，不过在当时，大约除本人外没有不以为都是应该的罢。名号——文字的威力大到如此，实在是可敬而且可畏了。文学呢，它是既不能令又不受命，它不能那么解脱，用了独一无二的表现法直截地发出来，却也不会这么刚勇，凭空抓了一个唵字塞住了人家的喉管，再回不过气来，结果是东说西说，写成了四万八千卷的书册，只供闲人的翻阅罢了。我对于文学如此不敬，曾称之曰不革命，今又说它无用，真是太不应当了。不过我的批评全是好意的，我想文学的要素是诚与达，然而诚有障害，达不容易，那么留下来的，试问还有些什么？老实说，禅的文学做不出，咒的文学不想做，普通的文学克复不下文字的纠缠的可做可不做，总结起来与“无一可言”这句话岂不很有同意么？话虽如此，文章还是可以写，想写，关键只在这一点，即知道了世间无一可言，自己更无做出真文学来之可能，随后随便找来一个题目，认真去写一篇文章，却也未始不可，到那时候或者简直说世间无一不可言，也很可以罢，只怕此事亦大难，还须得试试来看，不是一步就走得到的。我在此刻还觉得有许多事不想说，或是不好说，只可挑选一下再说，现在便姑且择定了草木虫鱼，为什么呢？第一，这是我所喜欢，第二，他们也是生物，与我们很有关系，但又到底是异类，由得我们说话。万一讲草木虫鱼还有不行的时候，那么这也不是没有办法，我们可以讲讲天气罢。

十九年旧中秋。

【钟校】

①《草木虫鱼》七篇均收入《看云集》。本文 1930. 10. 13 刊《骆驼草》21 期。后又收入《苦雨斋序跋文》。

②“挣扎”原作“挣札”。

艺术与生活序二[①]

◇1930.10.30

◇苦雨斋序跋文

这是四年前所编，由陈芝寿先生经手，交群益书社刊行的书。前日得书社来信，说不久即将出版，序文寄在陈先生处，而陈先生于上月作古，无从寻觅，嘱为重钞寄去，因此将登在《语丝》九十三期上的序撕下一页寄给书社，不禁想添写几句话在这后面。

四年前所编的书现在将出版，而经手的陈先生乃已作古，这很引起我的感叹。我与陈先生虽不曾见过面，但自从《新青年》以后便已知道他，通过好多次信[②]，我的不成气候的译著——《域外小说集》和这本文集——都承他不弃应允刊行，更是我所感激的。现在这书正将出版而陈先生已不及见，未免令我感得一种寂寞。不过我所觉得更可感叹的或者倒还是在我自己。我在原序上说此后想不写长篇，只拟作随笔，当时有上海的朋友痛加谴责，以为倚老卖老，其实这是实情，是没有办法的事。我本来是无信仰的，不过以前还凭了少年的客气，有时候要高谈阔论地讲话，亦无非是自骗自罢了。近几年来却有了进步，知道自己的真相，由信仰而归于怀疑，这是我的“转变方向”了。不过我并不倚老卖老地消极，我还是很虚心地想多知道一点事情，无论这是关于生活或艺术以至微末到如“河水鬼”这类东西。我现在没有什么要宣传，我只要听要知道。但是，以前这么主张过，却也未始不可让人家知道，反正是随便看看，说得对不对也没有多大关系罢。

民国十九年十月三十日，岂明于北平苦雨斋。

【钟校】

① 1931.2 刊群益书社版《艺术与生活》，后收入《苦雨斋序跋文》，但 1936 中华书局版未用此序。

②“通过好多次信”，原作“通过好许多次信”。

◇1931. 11. 9

◇苦雨斋序跋文

苦茶随笔小引一[1]

十七年春间想到要写《夜读抄》，曾做了一篇小引，其文曰：

［编者按：《夜读抄小引》本书已收，兹不重录］

光阴荏苒，四年的时光差不多过去了，《夜读抄》还只写了一节，检出来看，殊不胜其感慨。小引的文章有些近于感伤，略有点不喜欢，但是改也可以不必了，而写《夜读抄》之类的意思却还是有，实在这几年来时时想到，只是总没有动笔的兴致，所以终于搁下。这回因友人们的策励，决心再来续写，仍将旧引抄上，总题目改为《苦茶随笔》，盖言吃苦茶时所写者耳。

在这小文章里所说的大抵是关于书或人，向来读了很受影响或是觉得喜欢的，并不是什么新著的批评介绍，实在乃是一种回忆罢了。这里所谈差不多都是外国的东西，这当然不是说中国的无可谈，其原因很简单，从小读中国书惯了，就不以为奇，所受影响自己也不大觉得，所以有点茫然，即使想说也有无从说起之慨。中国思想大约可以分为儒道释三家，释道二氏之说有时觉得极透彻可喜，但自己仔细思量，似乎我们的思想仍以儒家为大宗，我想这也无可讳言，不过尚不至于与后世的儒教徒合流，差堪自慰耳。古代文人中我最喜诸葛孔明与陶渊明，孔明的《出师表》是早已读烂了的古文，也是要表彰他的忠武的材料，我却取其表现不可为而为之的精神，是两篇诚实的文章，知其不可而为之确是儒家的精神，但也何尝不即是现代之生活的艺术呢？渊明的诗不必再等我们来恭维，早有定评了，我却很喜欢他诗中对于生活的态度。所谓“衣沾不足惜，但使愿无违”，似乎与孔明的同是一种很好的生活法。六朝的著作我也有些喜欢，如《世说新语》《洛阳伽蓝记》《颜氏家训》等，末一种尤有意思，颜之推虽归依佛教，而思想宽博，文辞恬澹，几近渊明，《终制》一篇与《自挽诗》有殊途同归之致，常叹中国缺少如兼好法师那样的人，唯颜之推可与抗衡，陶公自然也行，只是散文流传太少，不足以充分表现罢了。降至明季公安竟陵两派的文章也很引动我的注意，三袁虽自称上承白苏，其实乃是独立的基业，中国文学史上言志派的革命至此才算初次成功，民国以来的新文学只是光复旧物的二次革命，在这一点上公安派以及竟陵派（可以算是改组派罢?）运动是很有意思的，而其本身的文学亦复有他的好处，如公安之三袁，伯修、中郎、小修，竟陵之谭友夏、刘同人、王季重，以及集大成的张宗子，我觉得都有很好的作品，值得研究和诵读。但是，我只是罗列个人偏好的几类文章，还没有敢来批评讲解的力气和意思，所以暂且不多谈了。此外尚有八股试帖诗钟对联灯谜等东西，我也很看重他们，觉得要了解中国古今的文学实有旁通这些学问的必要，很想对于他们作一严肃的研究，不过这是五年十年的事业，现在这种涉猎只是吃路旁草，够不上说起头，自然更不配来开口了。

民国二十年十一月九日，于北平。

【钟校】

①《苦茶随笔》，1935北新书局初版。本篇1932.1刊《东方杂志》29卷1期，1934收入《苦雨斋序跋文》，题《苦茶随笔小引》；但1935《苦茶随笔》出版，却用了另一篇“小引”。今将本篇题作《苦茶随笔小引一》，将后作的另一篇题作《苦茶随笔小引二》。

儿童文学小论序[1]

◇1932. 2. 15

◇儿童文学小论

张一渠君是我在本省第五中学教书时候的同学。那时是民国二年至六年，六年春季我来北京，以后没有回去过，其时张君早已毕业出去了。十九年冬忽然接到张君来信，说现在上海创办儿童书局，专出儿童一切用书，叫我给他帮忙。这事是我很愿意做的，因为供给儿童读物是现今很切要的工作，我也曾想染指过的，但是教书的职业实在是忙似闲，口头答应了好久，手里老是没有成绩，老实说，实在还未起手。看看二十年便将完了，觉得这样迁延终不是事，便决心来先编一小册子聊以塞责，待过了年再计划别的工作。写信告诉张君，他也答应了，结果是这一册《儿童文学小论》。

这里边所收的共计十一篇。前四篇都是民国二三年所作，是用文言写的。《童话略论》与《研究》写成后没有地方发表，商务印书馆那时出有几册世界童话，我略加以批评，心想那边是未必要的，于是寄给中华书局的《中华教育界》，信里说明是奉送的，只希望他送报一年，大约定价是一块半大洋罢。过了若干天，原稿退回来了，说是不合用。恰巧北京教育部编纂处办一种月刊，便白送给他刊登了事，也就懒不续做了。后来县教育会要出刊物，由我编辑，写了两篇讲童话儿歌的论文，预备补白，不到一年又复改组，我的沉闷的文章不大适合，于是趁此收摊，沉默了有六七年。民国九年北京孔德学校找我讲演，才又来饶舌了一番，就是这第五篇《儿童的文学》。以下六篇都是十一二三年中所写，从这时候起注意儿童文学的人多起来了，专门研究的人也渐现，比我这宗“三脚猫”的把戏要强得多，所以以后就不写下去了。今年《东方杂志》的友人来索稿，我写了几篇《苦茶随笔》，其中第六则是介绍安特路阑（Andrew Lang）的小文，题名《习俗与神话》，预计登在三月号的《东方》之后再收到这小册里去，不意上海变作，闸北毁于兵火，好几篇随笔都不存稿，也无从追录，只好就是这样算了。

我所写的这些文章里缺点很多，这理由是很简单明显的，要研究讨论儿童文学的问题，必须关于人类学民俗学儿童学等有相当的修养，而我于此差不多是一个白丁，乡土语称作白木的就是，怎么能行呢？两年前我曾介绍自己说：

> 他原是水师出身，自己知道并非文人，更不是学者，他的工作只是打杂，砍柴打水扫地一类的工作，如关于歌谣童话神话民俗的搜寻，东欧日本希腊的移译，都高兴来帮一手，但这在真是缺少人工时才行，如各门已有了专攻的人，他就只得溜了出来，另去做扫地砍柴的勾当去了。

所以这些东西就是那么一回事，本没有什么结集的价值，夫日月出矣而爝火不息，其于光也不亦难乎，这个道理我未尝不知道。然而中国的事情有许多是出于意外的。这几篇文章虽然浅薄，但是根据人类学派的学说来看神话的意义，根据儿童心理学来讲童话的应用，这个方向总是不错的，在现今的儿童文学界还不无用处。中国是个奇怪的国度，主张不定，反复循环，在提倡儿童本位的文学之后会有读经——把某派经典装进儿歌童谣里去的运动发生，这与私塾读《大学》《中庸》有什么区别。所以我相信这册小书即在现今也还有他的用处，我敢真诚地供献给真实地顾虑儿童的福利之父师们。这是我汇刊此书的主要目的，至于敝帚自珍，以及应酬张君索稿的雅意，那实在还是其次了。

民国二十一年二月十五日，于北平。

【钟校】

①《儿童文学小论》，1932.3儿童书局出版。本文后又收入《苦雨斋序跋文》。

希腊拟曲例言[①]

◇1932.6.23

◇希腊拟曲

这小册子里所收，凡海罗达思（Hērōdas）作七篇，谛阿克思多思（Theokritos）作五篇，共十二篇。

《拟曲》原语云Miniambol，亦称Mimoi，即英语Mimes所本。据哈理孙女士（J. E. Harrison）在《古代艺术与宗教》中引爱斯古洛思（Aiskhulos）《悲剧断章》，言山母之祭，管弦嘈杂，和以空钟，远在山间闻Mimoi声如牛鸣，击鼓象地下雷音。盖Mimoi最初乃巫师之类，在祭典歌唱演作，以迓神休，后渐转变，流为杂剧，正如Kōmoi之始于村社而化为喜剧（Kōmōidia）也。此种杂剧流行于民间，可分两种，其一叙说，演者名曰Mimologoi，其一歌唱，名曰Mimōidoi，犹说书与唱书之别。说者略记梗概，其细节由演者临时编造，唱者则大抵具有底本，优人率以二人为度，无合唱，重性格而轻事实，与普通戏剧异。起源当颇早，至亚力山大时代而大盛。巴伯（E. A. Barber）在《希腊化时代》（*The Hellnistic Agē*）内“论当时文学”一文中云：“在此时期大众倾向于写实主义，倾向于四周生活之细密的研究与表现，此时生活因奢华之增加与民族之溷合，遂比前代更益变为肉感的，而此种倾向于《拟曲》中求得满足，据古代某文法家说，《拟曲》者人生的摸拟，其中包含一切合式与不合式的事情者也。”此盖与小说方面的“密勒多思故事”（milesiaka）同一趋向，虽然去今二千馀年，却很具有现代的色彩了。此种说或唱的《拟曲》，全是民间文学，纯文学上的《拟曲》则相传始于梭弗隆（Sophrōn），其子克什那珂思（Xenarkhos）继之，所作均不存，在一八九一年海罗达思稿未发见以前，世间所存希腊《拟曲》只收在谛阿克列多思《牧歌》集中的三四篇而已。

《牧歌》原语云 Boukolika，意曰牧羊人的，英文云 Bucolics，又称 Ldylls，则本 Eidullia Boukolika 之路，具言当云牧羊人式，盖言其节调体式也。今所传希腊《牧歌》只有谛阿克列多思三十篇，比恩（Bōn）七篇，摩思珂思（Moskhos）九篇。谛阿克列多思所作虽名《牧歌》，而大半皆非是，其中三篇即系《拟曲》，即第二，第十四，第十五是也。一八九一年有人于埃及古棺中得败纸一卷，上录海罗达思作七百馀行，凡得《拟曲》七篇，馀并残缺不完。合谛阿克列多思海罗达思二人所作共有十篇，现存《拟曲》尽于是矣。

谛阿克列多思大约生于基督前三百十年顷，是许拉库色（Surakousē）人，牧歌第十四第十五都说及布多勒迈阿思（ptolemaios）二世事，可知其著作年代当在前二八四至二四七年中间也。海罗达思不知何处人，因其作中人地多是科思（kos），故疑其在科思居住，其名字亦不一定，或作 Hērōndas，或云当作 Hērōdēs，亦未知孰是。《拟曲》第一说及兄弟神，亦系布多勒迈阿思时事，大约亦生于基督前三世纪，惟与谛阿克列多思孰先孰后，殊不可知。奥斯福本《拟曲》编订者谓亚耳西诺蔼（Arainoe）卒于基督前二七〇年，《牧歌》第十五作于她的生前，《拟曲》第一则在死后，故海罗达思当较晚出，其文句亦多模拟谛阿克列多思处，虽有证据，但亦难为定论，盖引用成语或多相类也。

海罗达思原本今所用者有两种，其一为一九〇四年纳恩（J. A. Nairne）编校奥斯福本，其一为一九二二年诺克思（A. D. Knox）重校赫德阑（W. Headlam）原编坎不列治本。英国《洛勃古典丛书》（*Loeb Classical Library*）中闻亦已编入，未曾参考，但亦系诺克思所编，或与坎不列治本无大出入。《拟曲》出世不久，且多残缺，各家订补每出新意，分歧殊甚，有时难于适从，此译参阅两本，其疑难处临时斟酌，择善而从，不以一本为依据。谛阿克列多思系用藹特芒士（J. M. Edmonds）编《洛勃古典丛书》本。所见英文译本，海罗达思有西蒙士（J. A. Symonds）克拉克（R. T. Clark）诺克思各本，谛阿克列多思有加耳佛来（C. S. Calverley）安特路阑（Andrew Lang）藹特芒士各本。

海罗达思、谛阿克列多思原作均系韵文，又其文章近于拟古，非当时白话（Koinē），故英译多有用韵文译，或参用古文体式者，今悉用白话散文，专取达意。原文佳胜，译本如能传达原意，已为满足，不敢更有奢望欲保有其特殊的体制风格了。《拟曲》七篇全译，断片从略，《牧歌》中译其《拟曲》三篇，又有两篇虽非《拟曲》，但与《古尼斯加的恋爱》相近，可供参考，故并译出附在里边。

文中有神话典故，略加注解，附于各篇之末。人地名用罗马字拼译时改用新拼法，与旧用拉丁式微有不同，如 Aeschylus 今写作 Aiskhulos 是也。

关于海罗达思、谛阿克列多思的评论，除各家编校本译本外，英文书有下列数种曾资参考。

（1） G. Murray：*History of Ancient Greek Literature*. 1898.

（2） F. A. Wright：*History of Later Greek Literature*. 1932.

（3） J. U. Powell & E. A. Barber （ed.）：*New Chapters in the History of Greek Literature*. 1921.

（4） J. B. Bury & Others：*Hellenstic Age*. 1923.

（5） J. A. Symonds：*Studies of Greek Poets*. 3rd *ed*. 1893.

（6） J. M. Mackail：*Lectures on Greek Poetry*. New ed. 1926.

（7） C. Whibley：*Studies in Frankness*. 1898.

（8） Hans Licht：*Sexual life in Ancient Greece*. Eng. tr. 1932.

【钟校】

①《希腊拟曲》，1934. 1 商务印书馆初版。

希腊拟曲序[①]

◇1932.6.24

◇希腊拟曲

一九〇八年起首学习古希腊语，读的还是那些克什诺芬（Xenophon）的《行军记》和柏拉图（Platōn）的答问，我的目的却是想要翻译《新约》，至少是《四福音书》。我那时也并不是基督教徒，但是从一九〇一年后在江南水师学堂当学生，大约是听了头班前辈胡诗庐先生的指点，很看重《圣书》是好文学，同时又受着杨仁山先生的影响，读了几本佛经，特别是“楞严”和“维摩诘”[②]，回头来看圣经会所出的“文理译本”，无论如何总觉得不相称，虽然听说这译文是请缕磬仙史们润色过的。一面读雅典哲人的雅言，有时又溜到三一书院去旁听《路加福音》讲义，在这时候竟没有注意到使徒多是“引车卖浆之徒”，《福音》的文字都是白话（koinē），这是很可笑的一件事。假如感到了这个矛盾，或者我也就停止了学习的工作了罢。

辛亥革命之年，从东京回到乡间，在中学教书，没有再用功的机会，不久又知道圣书的“官话和合译本”已够好了，从前的计划便无形的完全取消。于是荏苒的二十年就过去了。这期间也有时想到，仿佛感着一种惆怅，觉得似乎应该做一点什么翻译，不要使这三年的功课白费了才好。可是怎么办呢？回过去弄那雅典时代的著作么？——老实说，对于那些大师我实在太敬畏了。虽然读了欧列比台斯（Euripidēs）的《忒洛耶的妇女》（*Trōiades*）曾经发过愿心，还老是挂在心上。总之这些工作是太难太重大了。又是生在这个颓废的时期，嗜好上也有点关系，就个人来说，我所喜欢的倒还是亚力山大时代的谛阿克列多思（Theokritos）与海罗达思（Hērōdas），罗马时代的路吉亚诺思（Loukianos）与郎戈思（Longos）。这样，便离开了希腊的兴隆期而落到颓废期的作品上来，其中又因为《拟曲》的分量较少，内容也最有兴趣，结果决定了来译海罗达思等的著作。如是又有两年，总是“捏捏放放”，一直没有成就，这回因了我的朋友胡适之先生的鼓励，才算勉强写完。起因于庄重的《福音书》，经过了二十年以上的光阴，末了出来的乃是一卷很不庄重的异教的杂剧，这可以算是一个很奇怪的因缘了。

在英国查理士二世的时代（一六三〇至一六八五），有一位伯更汗公爵（Duke of Buckingham）在上议院演说，曾说过一句妙语道："法律并不像女人，老了就不行。"在一八二五年的夏天，哈士列忒（William Hazlitt）引用了这句话来应用在书籍上面。这如拿来放在希腊文学上，自然更是合适，因为荷马（Homēros）这老头子本是永久年青的。海罗达思等是晚辈了，但是距现在已有二千二百年，计算起来是中国周赧王时人，这也就很可佩服了。虽然中国在那时候也有了"关关雎鸠"，不过个人著作中总还没有可以相比的东西。我想假如《国语》《左传》的作者动手来写，也未必不能造出此类文学，但是他们不写，这便是绝对没法的事情，我们不能不干脆的承认人家的胜利了。有人说，读海罗达思的著作，常令人想起一个近代法国作家来，——这自然就是那莫泊三（Guy de Maupassant）。又有人说他是希腊文学上的德尼耳士（Teniers），他的作品是荷兰派的绘画。用了东方的典故来说，我们觉得不大容易得到适切的形容，中国似乎向来缺少希腊那种科学与美术的精神，所以也就没有这一种特别的态度，即所谓古典的、写实的艺术之所从出的大海似的冷静③。翻二千年前芦叶卷子所书，反觉得比现今从上海滩的排字房里拿出来的东西还要“摩登”，我们不想说什么人心不古的话，但总之民族能力之不齐是的确的，这大约未必单是爱希腊者（philellēnes）的私言罢。

这十二篇译文虽只是戋戋小册，实在却是我的很严重的工作。我平常也曾翻译些文章过，但是没有像这回费力费时光，在这中间我时时发生恐慌，深有“黄胖磉年糕出力不讨好”之惧，如没有适之先生的激厉，十之七八是中途阁了笔了。现今总算译完了，这是很可喜的，在我个人使这三十年来的岔路不完全白走，固然自己觉得喜欢，而原作更是值得介绍，虽然只是太少。谛阿克列多思有一句话道：“一点点的礼物捎着个大大的人情。”乡间俗语云：“千里送鹅毛，物轻人意重。”姑且引来作为解嘲。

中华民国二十一年六月二十四日，周作人序于北平苦雨斋。

【钟校】

①《希腊拟曲》，1934. 1 商务印书馆初版。

②“楞严”和“维摩诘”原均加书名号。

③“大海似的冷静”，“冷”原作“泠”。

中国新文学的源流序[①]

◇1932. 7. 26

◇中国新文学的源流

本年三四月间沈兼士先生来叫我到辅仁大学去讲演。说话本来非我所长，况且又是学术讲演的性质，更使我觉得为难，但是沈先生是我十多年的老朋友，实在也不好推辞，所以硬起头皮去讲了几次，所讲的题目从头就没有定好，仿佛只是什么关于新文学的什么之类，既未编讲义，也没有写出纲领来，只信口开河地说下去就完了。到了讲完之后，邓恭三先生却拿了一本笔记的草稿来叫我校阅，这颇出于我的意料之外，再看所记录的不但绝少错误，而且反把我所乱说的话整理得略有次序，这尤其使我佩服。同时北平有一家书店愿意印行这本小册，和邓先生接洽，我便赞成他们的意思，心想一不做二不休，索性印了出来也好，就劝邓先生这样办了。

我想印了出来也好的理由是很简单的，大约就是这几点：其一，邓先生既然记录了下来，又记得很好，这个工作埋没了也可惜。其二，恰巧有书店愿印，也是个机缘。其三，我自己说过就忘了，借此可以留个底稿。其四，有了印本，我可以分给朋友们看看。这些都有点近于自私自利，如其要说得冠冕一点，似乎应该再加上一句：公之于世，就正大雅。不过我觉得不敢这样说，我本不是研究中国文学史的，这只是临时随便说的闲话，意见的谬误不必说了，就是叙述上不完不备草率笼统的地方也到处皆是，当作谈天的资料对朋友们谈谈也还不妨，若是算它是学术论文那样去办，那实是不敢当的。万一有学者看重我，定要那样的鞭策我，我自然也硬着头皮忍受，不敢求饶，但总之我想印了出来也好的理由是如上述的那么简单，所可说的只有这四点罢了。

末了，我想顺便声明，这讲演里的主意大抵是我杜撰的。我说杜撰，并不是说新发明，想注册专利，我只是说无所根据而已。我的意见并非依据西洋某人的论文，或是遵照东洋某人的书本，演绎应用来的。那么是周公孔圣人梦中传授的吗？也未必然。公安派的文学历史观念确是我所佩服的，不过我的杜撰意见在未读三袁文集的时候已经有了，而且根本上也不尽同，因为我所说的是文学上的主义或态度，他们所说的多是文体的问题。这样说来似乎事情非常神秘，仿佛在我的杜园瓜菜内竟出了什么嘉禾瑞草，有了不得的样子；我想这当然是不会有的。假如要追寻下去，这到底是哪里的来源，那么我只得实说出来：这是从说书来的。他们说三国什么时候，必定首先喝道：且说天下大势，合久必分，分久必合。我觉得这是一句很精的格言。我从这上边建设起我的议论来，说没有根基也是没有根基，若说是有，那也就很有根基的了。

中华民国二十一年七月二十六日，周作人记于北平西北城。

【钟校】

①《中国新文学的源流》，1932.9 开明书店初版。本文原称“小引”，后收入《苦雨斋序跋文》改称“序”。

看云集序①

◇1932. 7. 26

◇看云集

把过去两年的文章搜集起来，编成一册书，题曰《看云集》。光阴荏苒大半年了，书也没有印出来，序也没有做得。书上面一定要有序的么？这似乎可以不必，但又觉得似乎也是要的，假如是可以有，虽然不一定是非有不可。我向来总是自己作序的，我不曾请人家去做过，除非是他们写了序文来给我，那我自然也是领情的，因为我知道序是怎样的不好做，而且也总不能说的对或不错，即使用尽了九牛二虎之力去写一篇小小的小序。自己写呢，第一层麻烦着自己比较不要紧，第二层则写了不好不能怪别人，什么事都可简单的了结。唠叨的讲了一大套，其实我只想说明序虽做不出而还是要做的理由罢了。

做序之一法是从书名去生发，这就是赋得五言六韵法。看云的典故出于王右丞的诗，“行到水穷处，坐看云起时”，照规矩做起来，当然变成一首试帖诗，这个我想似乎不大合式。其次是来发挥书里边——或书外边的意思。书里边的意思已经在书里边了，我觉得不必再来重复的说，书外边的或者还有点意思罢。可是说也奇怪，近来老是写不出文章，也并不想写，而其原因则都在于没有什么意思要说。今年所作的集外文拢总只有五六篇，十分之九还是序文，其中的确有一篇我是想拿来利用的，就是先给《莫须有先生》当序之后再拿来放在《看云集》上，不过这种一石投双鸟的办法有朋友说是太取巧了，所以我又决意停止了。此外有一篇《知堂说》，只有一百十二个字，录在后面，还不费事。其词曰：

> 孔子曰，知之为知之，不知为不知，是知也。荀子曰，言而当，知也；默而当，亦知也。此言甚妙，以名吾堂。昔杨伯起不受暮夜赠金，有四知之语，后人钦其高节，以为堂名，由来旧矣。吾堂后起，或当作新四知堂耳。虽然，孔荀二君生于周季，不新矣，且知亦不必以四限之，因截取其半，名曰知堂云尔。

这是今年三月二十六日所写的，可以表示我最近的一点意见，或者就拿过来算作这里的序文也罢。虽然这如用作《知堂文集》的序较为适当，但是这里先凑合用了也行，《知堂文集》序到用时再说可也。

中华民国二十一年七月二十六日，周作人，于北平。

【钟校】

①《看云集》，1932.10开明书店初版。本文后又收入《苦雨斋序跋文》。

儿童剧序二[①]

◇1932.8.24

◇儿童剧

前面这篇序文是民国十二年的春间所写，原题曰《儿童剧》，曾经收录在《自己的园地》里，今天重录下来，这中间已是九个年头匆匆的过去了。我于儿童剧，正如对于儿歌童话一样，不是全无情分的，但是能想不能做，能说不能行，一直到现在没有努力，读陶渊明《荣木诗序》曰，“荣木，念将老也，日月推迁，已复有夏，总角闻道，白首无成”，实在可以借来当作我的忏悔之词。

这回因了张一渠君的敦促，勉强编了这一小册子，一总只有六篇，又都是翻译的。这原是没有办法，自己创作是谈不到，那么老实还是来翻译。我所有的材料也还是前几年所买的七八本书，选择的标准也还是从前的那些意见。原文是日本美国的人所写，这里取其比较普遍，没有历史或地方的限制的，比较容易为儿童所理解所喜欢的。至于实在能否受到儿童的爱顾，那在我现今却是别无什么把握。我所最不满意的是，原本句句是意思明白文句自然，一经我写出来便往往变成生硬别扭的句子，无论怎样总弄不好，这是十分对不起小朋友的事。我的希望是满天下的有经验的父师肯出来帮一下子，仿佛是排难解纷的侠客似的，便是在这些地方肯毅然决然的加以斧削，使得儿童更易了解。第二个希望是胜任的大雅君子出来创作朴素优良的儿童剧，更可适切的应用。——希望大抵只有三个，如童话里所说，说尽了容易倒霉，现在已经说了两个，所以也就够了罢？

儿童剧的用处大约有两种，一是当作书看，一是当作戏演。但是其间还有一种用处，或者比演要容易又比看还有用，那就是当作对话念。斯庚那女士在原书的引言里曾这样的说：

> 几个小孩，各人分配一个脚色，或是各人自选，出来站在同班的前面，说一件对话的故事。这种练习需要注意集中，细密用心，大家合作。说话的人想要娱乐听众，自然使他着意体会去扮那故事里的脚色。合念对话的练习可以养成清楚的抓

住文字中的思想之能力，养成一种本领，用了谨慎的措辞，轻重的口气，自然的表示，去传达自己的思想。

这一节话我以为很有意思，我编这小册子的原意差不多也偏重在这一点上。拿去实地扮演自然也是很好的事，不过布置费事费钱，还有一层，演作实在大不容易，顶大的毛病便是有旧戏气味，据我个人的意见这是极要不得的事，而在旧势力正在澎涨的现时中国又是极难避免的，所以指导的先生们特别须得注意。

中华民国二十一年八月二十四日，于北平。

【钟校】

①《儿童剧》，1932.11儿童书局初版。本文后又收入《苦雨斋序跋文》。

知堂文集序[1]

◇1933. 2. 20

◇知堂文集

知堂的意义别有说，在集内，兹不赘。我所怕的是能说不能行，究竟我知道些什么呢，有哪些话我说得对的呢，实在自己也还不大清楚。打开天窗说亮话，我的自然科学的知识很是有限，大约不过中学程度罢，关于人文科学也是同样的浅尝，无论哪一部门都不曾有过系统的研究。求知的心既然不很深，不能成为一个学者，而求道的心更是浅，不配变做一个信徒。我对于信仰，无论各宗各派，只有十分的羡慕，但是做信徒却不知怎的又觉得十分的烦难，或者可以说是因为没有这种天生的福分罢。略略考虑过妇女问题的结果，觉得社会主义是现世唯一的出路。同时受着遗传观念的迫压，又常有故鬼重来之惧。这些感想比较有点近于玄虚，我至今不晓得怎么发付他。但是，总之，我不想说谎话。我在这些文章里总努力说实话，不过因为是当作文章写，说实话却并不一定是一样的老实说法。老实的朋友读了会误解的地方难免也有罢？那是因为写文章写得撇扭了的缘故，我相信意思原来是易解的。或者有人见怪，为什么说这些话，不说那些话？这原因是我只懂得这一点事，不懂得那些事，不好胡说霸道罢了。所说的话有的说得清朗，有的说得阴沉，有的邪曲，有的雅正，似乎很不一律，但是一样的是我所知道的实话，这是我可以保证的。

民国二十二年二月二十日，周作人于北平。

【钟校】

①《知堂文集》，1933.3 天马书店初版。本文后又收入《苦雨斋序跋文》。

周作人书信序[1]

◇1933.4.17

◇周作人书信

小峰兄：

承示拟编书信，此亦无不可，只是怕没有多大意思。此集内容大抵可分为两部分，一是书，二是信。书即是韩愈以来各文集中所录的那些东西，我说韩愈为的是要表示崇敬正宗，这种文体原是“古已有之”，不过汉魏六朝的如司马迁杨恽陶潜等作多是情文俱至，不像后代的徒有噪音而少实意也。宋人集外别列尺牍，书之性质乃更明瞭，大抵书乃是古文之一种，可以收入正集者，其用处在于说大话，以铿锵典雅之文词，讲正大堂皇的道理，而尺牍乃非古文，桐城义法作古文忌用尺牍语，可以证矣。尺牍即此所谓信，原是不拟发表的私书，文章也只是寥寥数句，或通情愫，或叙事实，而片言只语中反有足以窥见性情之处，此其特色也。但此种本领也只有东坡山谷才能完备，孙内简便已流于修饰，从这里变化下去，到《秋水轩》是很自然的了。大约自尺牍刊行以后，作者即未必预定将来石印，或者于无意中难免作意矜持，这样一来便失了天然之趣，也就损伤了尺牍的命根，不大能够生长得好了。风凉话讲了不少，自己到底怎么样呢？这集里所收的书共二十一篇，或者连这篇也可加在里边，那还是普通的书，我相信有些缺点都仍存在，因为预定要发表的，那便同别的发表的文章一样，写时总要矜持一点，结果是不必说而照例该说的话自然逐渐出来，于是假话公话多说一分，即是私话真话少说一分，其名曰书，其实却等于论了。但是，这有什么办法呢？我希望其中能够有三两篇稍微好一点，比较地少点客气，如《乌篷船》，那就很满足了。至于信这一部分，我并不以为比书更有价值，只是比书总更老实点，因为都是随便写的。集中所收共计七十七篇，篇幅很短，总计起来分量不多，可是收集很不容易。寄出的信每年不在少数，但是怎么找得回来，有谁保留这种旧信等人去找呢？幸而友人中有二三好事者还收藏着好些，便去借来选抄，大抵还不到十分之一，计给平伯的信三十五封，给启无的二十五封，废名承代选择，交来十八封，我又删去其一，计十七封。挑选的标准只取其少少有点感情有点事实，文句无大疵谬的便行，其办理公务，或雌黄人物者悉不录。挑选结果仅存此区区，而此区区者又如此无聊，复阅之后不禁叹息。没有办法。这原不是情书，不会有什么好看的。这又不是宣言书，别无什么新鲜话可讲。反正只是几封给朋友的信，现在不过附在这集里再给未知的朋友们看看罢了。虽说是附，在这里实在这信的一部分要算顶好的了，别无好处，总写得比较地诚实点，希望少点丑态。兼好法师尝说人们活过了四十岁，便将忘记自己的老丑，想在人群中胡混，私欲益深，人情物理都不复了解。行年五十，不免为兼好所诃，只是深愿尚不忘记老丑，并不以老丑卖钱耳。但是人苦不自知，望兄将稿通读一过，予以棒喝，则幸甚矣。

民国二十二年四月十七日，作人白。

【钟校】

①《周作人书信》，1933.7青光书局初版。本文1933.6.5刊《青年界》3卷4期，题作《书与尺牍——致李小峰》，入集题作“序信”，后又收入《苦雨斋序跋文》题作“书信序”。

苦茶庵笑话选序[1]

◇1933. 7. 27

◇苦茶庵笑话选

◇第二册有《明清笑话四种引言》

查笑话古已有之，后来不知怎地忽为士大夫所看不起，不复见著录，意者其在道学与八股兴起之时乎。幼时读圣经贤传，见孟子述宋人揠苗助长芒芒然归情状，不禁微笑，孔夫子说其父攘羊其子证之，至今尚有如此笑话，若韩非子所录种种宋人故事，简直是后来呆女婿的流亚了。《隋经籍志》中著录魏邯郸淳的《笑林》三卷，至唐有侯白的《启颜录》等，宋初所编类书中尚多引用，但宋朝这类的著作便很少，虽然别方面俗文学正逐渐生长，笑话在文学的地位却似乎没落下去了。明朝中间王学与禅宗得势之后，思想解放影响及于文艺，冯梦龙编《笑府》十三卷，笑话差不多又得附小说戏曲的末座了，然而三月十九天翻地覆，胡人即位，圣道复兴，李卓吾与公安竟陵悉为禁书，墨憨斋之名亦埋没灰土下，《笑府》死而复活为《笑林广记》，永列为下等书，不为读书人所齿，以至今日。其实，这是很不公道的，笑话自有其用处，显明可数。其一，说理论事，空言无补，举例以明，和以调笑，则自然解颐，心悦意服，古人多有取之者，比于寓言。其二，群居会饮，说鬼谈天，诙谐小话亦其一种，可以破闷，可以解忧，至今能说笑话者犹得与弹琵琶唱小曲同例，免于罚酒焉。其三，当作文学看，这是故事之一，是滑稽小说的根芽，也或是其枝叶，研究与赏鉴者均可于此取资，唯中国滑稽小说不知为何独不发达，笑话遂有孤苦伶仃之感耳。其四，与歌谣故事谚语相同，笑话是人民所感的表示，凡生活情形，风土习惯，性情好恶，皆自然流露，而尤为直截彻透，此正是民俗学中第三类的好资料也。如小脚的嗜好，固为社会上明白的事实，诗文歌谣弹词戏剧随处致其赞美，再看笑话中《脚像观音》及《逐段烘》诸条，则美刺具备，而男子们对于小脚之感情乃大明瞭矣。又如《换灰》（此本未录）《卖粪》，具见南方民间风俗之一斑，此种小事从来文人学士素不屑记，除了贾思勰郝懿行这几位，但这都是北方学者，编笑话者多系南人，大抵缺少这种朴实的学风，而无意中却在这里保留下好些风俗琐事，大是可喜的事。石天基记录过一则笑话，说儿子割了别人的股去行孝，这一面是《二十四孝》提倡的一个反影，一面又何尝不是中国社会的一个写真，忠实地写下来只略略地滑稽化而已。我们自国难以来这两年里所见所闻，像这割股的事情岂不亦已多乎？这种的笑话是先民的脉案，然而到现在还可应用，皮鞭打出去，鞭梢还回到自己的脊梁上来，笑话也而有苦辣的讽刺小说的风味，此又其别有意义的用处之一也。但是，我的意思还是重在当作民俗学的资料，兹先选抄明清文人所编者为一集，如能更往民间从老百姓口头录下现时通行笑话为第二集，则其价值当更大矣。

笑话的内容，根据《笑林广记》的分类，有十二类，即一古艳（官职科名等），二腐流，三术业，四形体，五殊禀（痴呆善忘等），六闺风，七世讳（帮闲娼优等），八僧道，九贪吝，十贫窭，十一讥刺，十二谬误，是也。总合起来又可以简单地分做挖苦与猥亵两大类，二者之间固然常有相混的地方，但是猥亵的力量很大，而且引人发笑的缘故又与别的显然不同，如挖苦呆女婿的故事，以两性关系为材料，则听者之笑不在其呆而在猥亵，如《戳破肚皮》（见《笑府》，此本未录）等例可见，即均属此类，故猥亵的笑话为数殆极多。所谓挖苦者指以愚蠢残废谬误失败为材料的皆是，此类性质不一，有极幼稚简单者，亦有较复杂者。大抵人情恶常而喜变，对于违反习俗改变常态的事物言动多感兴趣，此在儿童最为明显，故“张貌”则笑，见爹爹戴宝宝的帽或宝宝戴爹爹的帽亦均可笑，而贾波林在银幕上且以此艺术倾倒一世，可谓伟矣。其次则幸灾乐祸，虽是人之大病，然而此种机微的表现在凡人都不能免，听了人家的愚蠢谬误，能够辨别，显出智力的优胜，见了别人的残废失败，反映出自己的幸运，这大抵是使人喜乐的原因，或者也可以作精神的体操之一助罢？十年前我记录《徐文长的故事》数则，说明中曾云：

> 从道德方面讲，这故事里的确含有好些不可为训的分子，然而我们要知道，老百姓的思想还有好些和野蛮人相像，他们相信力即是理，无论用了体力智力或魔力，只要能得到胜利，即是英雄，对于愚笨孱弱的失败者没有什么同情，这只要检查中外的童话传说就可以知道。

这几句话借了来又可以当作别一部分的说明。至于猥亵的分子在笑话里自有其特殊的意义，与上面所说的颇有不同，——的确，猥亵的事物在各色社会上都是禁制的，它的突然的出现原也是一种违反习俗改变常态的事[②]，与反穿大皮鞋或酒糟鼻子有些相像，不过它另有一种无敌的刺激力，便是引起人生最强大的大欲[③]，促其进行，不过并未抵于实现而以一笑了事，此所以成为笑话而又与别的有殊者也。这个现象略与呵痒相似，据蔼理斯说，呵痒原与性的悦乐相近，容易引起兴奋，但因生活上种种的障碍，不能容许性的不时的发泄[④]，一面遂起阻隔，牴牾之后阻隔随去，而馀剩的力乃发散为笑乐，其实悦乐在笑先，笑则不复乐也。英国格莱格（J. Y. T. Greig）在所著《笑与喜剧的心理》第五章论两性的猥亵的（男女关系事物）不雅的（两便事物）篇中曾说：

> 在野蛮民族及各国缺少教育的人民中间猥亵的笑话非常通行，其第一理由是容易说。只消一二暗示的字句，不意地说出，便会使得那些耕田的少年和挤牛奶的女郎都格格的笑，一种猥亵的姿势使得音乐堂里充满了笑声。其第二个更为重要的理由则是有力量，猥亵的笑话比别种的对于性欲更有强烈的刺激力。

由此看来，我们对于这类笑话的横行可以得到谅解，但是其本相亦随明瞭，短长显然可知，翻开各笑话书即见此类叠出不穷，而选择安排到恰好处，可入著作之林者，盖极不易得，即为此故。其表示刻露者，在民俗资料上多极有价值，今惜未能选入，但可取其稍稍尔雅者耳。猥亵歌谣故事与猥亵语之搜集工作亦甚切要，今日国风乃趋于浮薄与苛酷两端，如何可言，即云且待将来，亦不知此将来将在何日或毕竟有否也。

闲话少说。且说不佞今所集录笑话，凡三种，皆明末清初原本：一为《笑府》；二为《笑倒》，《山中一夕话》本；三为《笑得好》，《传家宝》一二集本。我的意思是想使笑话在文艺及民俗学上稍回复他的一点地位，故有三种计划，一辑录古书中的笑话，二搜集民间的笑话，三选取现存的笑话书。第一种考古的工作非我现在所能担任，第二种事业虽更繁重我却愿意投效，不过成功须在将来，到那时再说，目下所做的便是那第三种的玩意儿了。说到现存的笑话书，范围很大，分量也当不小，要求完备当然是不可能，此外还有一个限制，便是尽先取用有编者姓名的，结果是决定了这三种书，而《笑林广记》以至《一见哈哈笑》之流也就只能暂请落第了⑤。

《笑府》原本十三卷，题墨憨斋主人撰。墨憨斋是冯梦龙的公开的笔名，他用这别号所编著的戏曲小说等书甚多，其地位盖在李卓吾金圣叹之间，是明季纯文学界的主帅之一人。他所编《古今谈概》集史传笑谈之大成，至清初为人删改，名《古今笑》或《古笑史》，有李笠翁的序文，《笑府》则纯系假作，以讥笑为目的，二者的异同正犹传说之与童话焉。《笑府》后改编为《笑林广记》，原本遂不传，今所知者唯大连满铁图书馆云有一部，亦未得见，今但以日本刻选本二种为依据，其一有二卷，一只一卷，题风来山人删译。风来山人为十八世纪日本天才作家，译虽未知真伪，但其声名正足与墨憨抗衡，故书坊遂取用之亦未可知。二本内容多不同，今参酌抄录，猥亵类有太甚者不得已暂从舍割，原有序文，今录于下，亦妙文也。文曰：

古今来莫非话也，话莫非笑也。两仪之混沌开辟，列圣之揖让征诛，见者其谁耶？夫亦话之而已耳。后之话今，亦犹今之话昔，话之而疑之，可笑也，话之而信之，尤可笑也。经书子史，鬼话也，而争传焉。诗赋文章，淡话也，而争工焉。褒讥伸抑，乱话也，而争趋避焉。或笑人，或笑于人，笑人者亦复笑于人，笑于人者亦复笑人，人之相笑，宁有已时？《笑府》，集笑话也，十三篇犹云薄乎云尔。或阅之而喜，请勿喜，或阅之而嗔，请勿嗔。古今世界一大笑府，我与若皆在其中供话柄。不话不成人，不笑不成话，不笑不话不成世界。布袋和尚，吾师乎，吾师乎。墨憨斋主人题。

说到这里，不禁联想起《开卷一笑》卷七的一篇布袋和尚的《呵呵令》来了，不嫌繁冗，把全文录在下面，因为很有点儿意义，而且原书也不易见。文曰：

你道我终日里笑呵呵，笑着的是谁？我也不笑那过去的枯髅，我也不笑那眼前的蝼蚁。第一笑那牛头的伏羲，你画什么卦，惹是招非，把一个囫囵囵的太极儿弄得粉花碎。我笑那吃草的神农，你尝什么药，无事寻事，把那千万般病根儿都提起。我笑那尧与舜，你让天子，我笑那汤与武，你夺天子，你道是没有个旁人儿觑，觑破了这意思儿也不过是个十字街头小经纪。还有什么龙逢[6]比干伊和吕，也有什么巢父许由夷与齐，只这般唧唧哝哝的，我也哪里工夫笑着你。我笑那李老聃五千言的道德，我笑那释迦佛五千卷的文字，干惹得那些道士们去打云锣，和尚们去打木鱼，弄些儿穷活计，哪曾有什么青牛的道理，白牛的滋味，怪的又惹出那达摩老臊胡来，把这些干屎橛的渣儿，嚼了又嚼，洗了又洗。又笑那孔子的老头儿，你絮叨叨说什么道学文章，也平白地把好些活人都弄死。又笑那张道陵许旌阳，你便白日升天也成何济，只这些未了精精儿到底来也只是一个冤苦的鬼。住住住！还有一笑。我笑那天上的玉皇，地下的阎王，与那古往今来的万万岁，你戴着平天冠，穿着衮龙袍，这俗套儿生出什么好意思？你且去想一想，苦也么苦，痴也么痴，着什么来由干碌碌大家喧喧嚷嚷的无休息。去去去！这一笑笑得那天也愁，地也愁，人也愁，鬼也愁，三世佛也愁，那管他灯笼儿缺了半边的嘴。呵呵呵！这一笑，这一笑，你道是毕竟的笑着谁？罢罢罢！说明了，我也不笑那张三李四，我也不笑那七东八西，呀，笑杀了他的咱，却原来就是我的你。

这末了几句就是墨憨斋所师法的地方罢，上头对于两仪列圣的不敬其实也从此出，不但此也，即那归玄恭或熊鱼山所作的有名的《万古愁》曲其格调意思与《呵呵令》很多相像，我们不好说布袋和尚一定是这群人的老师，但至少总可以见那时文坛上有这么一种空气，而《万古愁》这种作法也不是作者一人的创始，这是很明瞭的事实了。

《开卷一笑》有日本宝历五年（西历一七五五）翻刻第二卷本，巢庵主人小序中云，《开卷一笑》明李卓吾所辑，屠赤水亦加参阅，后人删补改曰《山中一夕话》，上集下集各有七卷，上集专集词赋传记，下集多出笑言嘲咏。北京大学藏有一部，有“老田海内氏家藏图书”印，盖亦系从海外传来，原刻上集七卷，序目皆改称《一夕话》，而板心均仍作《开卷一笑》，卷首署“卓吾先生编次”。第三卷尚留存“一衲道人屠隆参阅”一行字样，馀悉挖改矣。下集原刻未见，今通行《山中一夕话》盖即其改刻本，其中有《笑倒》一卷，皆录笑话，今便据以选录。全书上有序，为“咄咄夫”所作，文亦佳妙，今并抄之于下：

莫怪一夕间有许多饶舌也。古今一旦暮尔，孩髦一梦觉尔，窃闻尧舜中天方属正午，不知今夕何夕，曾交未申时不？嗟乎哉，苍苍者天，茫茫者地，即不幻出无数皮囊，亦觉饶有别趣，何苦板板捏住轮回，夺头诱人于生生死死之中，复诱人于不生不死之地哉。因悟天地无人殊大寂寞，定不可少此万亿陪堂，演此一本大戏文来也。咄咄夫不知何许人，亦不知生旦净丑中那脚色，更不知演到第几出将半本未？一夕思烦神躁，忽欲邀天地于几案而问答之，而又苦声臭都无，不可理会，因大呼曰，天何言哉，夕死可矣。于是从无可消遣中觅一消遣法，唯有对快士作快谈，代为天地设一传宣官而已。因与口先锋约曰，今夕大闷，赖尔能颐我，原为天地轮回，今且欲轮回天地也。话须冲破斗牛，慎勿效俗儒喋喋，不令人点首勿话，不令人拍案勿话，不令人忽笑忽哭、不令人忽欲手舞足蹈勿话，如有听之欲卧者皆汝罪，若不话宁但作咄咄声，闷气犹得从此处发泄也。爰集十种话，聊破一夕颜，若以为胜十年读书也则吾岂敢。时戊戌春正月望日，咄咄夫题于半庵。

《笑倒》为十种之四，上面有一篇小引，其文曰：

大地一笑场也，装鬼脸，跳猴圈，乔腔种种，丑状般般。我欲大恸一番，既不欲浪掷此闲眼泪，我欲埋愁到底，又不忍锁杀此瘦眉尖。客曰，闻有买笑征愁法，子曷效之？予曰，唯唯。然则笑倒乎，哭倒也。集《笑倒》。

《笑倒》和《笑府》的序态度颇有点相近，都是发牢骚，借了笑话去嘲弄世间，但是到了《笑得好》便很不相同，笑话还是笑话，却是拿去劝善惩恶，有点像寓言了。《笑得好》一卷，二集一卷，首有自序，说明用意，而文殊不佳，今姑录存于下：

人性皆善，要知世无不好之人，其人之不好者总由物欲昏蔽，俗习熏陶，染成痼疾，医药难痊，墨子之悲，深可痛也。即有贤者，虽以嘉言法语，大声疾呼，奈何迷而不悟，岂独不警于心，更且不入于耳，此则言如不言，彼则听如不听，真堪浩叹哉。正言闻之欲睡，笑话听之恐后，今人之恒情，夫既以正言训之而不听，曷若以笑话怵之之为得乎。予乃著笑话书一部，评列警醒，令读者凡有过愆偏私矇昧贪痴之种种，闻予之笑，悉皆惭愧悔改，俱得成良善之好人矣，因以“笑得好”三字名其书。或有怪予立意虽佳但语甚刻毒，令闻者难当，未免破笑成怒，大非圣言含蕴之比，岂不以美意而种恨因乎？予谓沉疴痼疾非用猛药何能起死回生，若听予之笑，不自悔改而反生怒恨者，是病已垂危，医进良药，尚迟疑不服，转咎药性之猛烈，思欲体健身安，何可得哉？但愿听笑者入耳警心，则人性之天良顿复，遍地无不好之人，方知刻毒语言有功于世者⑦不小，全要闻笑即愧即悔，是即学好之人也。石成金天基撰。

用笑话作教训，说得古一点，这倒是孔孟的传统罢，不过物以希为贵，古人偶一为之，后世又当作古逸笑话的吉光片羽，所以很有意思，若是整本的去做，就难免是笨伯了。而且顶奇怪的是在这道学派的笑话集中特别多那些极不堪的故事，有些简直除猥亵外别无什么可取，附加的教训自然全是胡扯，在这里我想那编者的态度实在也同普通说猥亵话的一样，教训只是一种掩饰，向来标榜名教而写淫书的人便多是如此，《野叟曝言》著者夏二铭即其一例。但平心论之，石天基《传家宝》四集的宗旨大都是教人苟全性命于治世而已，卫道气还不十足，其编集笑话虽内容芜秽，也还肯用真姓名，这是还可取的一点罢。

中国现时似乎盛行“幽默”，这不是什么吉兆。帝俄时代一个文人说，讽刺是奴隶的言语，这话很有意思。乡民相遇，说某人“伽蓝菩”了，虽与当铺钱店的伙计酒醉饭饱将头比屁股为戏仿佛相似，实际却有一个暗黑的背景。让人民去谈论，发泄他们的鸟气，无论是真的苦痛或是假的牢骚，这倒是一种太平气象罢。在此刻来编集笑话，似乎正赶上幽默的流行，有点儿近于趋时，然而不然，我没有幽默，不想说笑话，只是想听人家说的笑话，虽然听笑话在笑话里也要被嘲笑。我现在找几种编者署名的笑话书，再由我署名编选为一集，当作俗文学及民俗资料的一种，将来如能找到原刊《笑府》和《开卷一笑》下集加以补正，那便是我最大的快乐了。

中华民国廿二年七月廿七日，记于北平。

【钟校】

①《苦茶庵笑话选》，1933.10北新书局初版。本文1933.9.1刊《青年界》4卷2号题《笑话论》，后又收入《苦雨斋序跋文》。

②“原也是一种违反习俗改变常态的事”，原脱“是”字。

③“便是引起人生最强大的大欲”，“是”原作“去”。

④“发泄”原作“发现”。

⑤“只能暂请落第了”，“落第”原作“落地”。

⑥“龙逄”原作“龙逢”。

⑦“有功于世者不小”，“者”原作“的”。

苦雨斋序跋文自序[①]

◇1934. 2. 18

◇苦雨斋序跋文

题跋向来算是小品文，而序和跋又收入正集里，显然是大品正宗文字。这是怎么的呢？文士的事情我不大明白，但是管窥蠡测大约也可以知道一二分，或者这就是文以载道的问题罢。字数的多寡既然不大足凭，那么所重者大抵总在意思的圣凡之别，为圣贤立言的一定是上品，其自己乱说的自然也就不行，有些敝帚自珍的人虽然想要保存，却也只好收到别集里去了。题跋与序，正如尺牍之于书，盖显有上下床之别矣。是说也，盖古已有之，但如尼采所说世事转轮，则按时出现既不足奇，而现时当令亦无须怪者也。

我现在编这本小集，单收序跋，而题跋不在内，这却并不是遵守载道主义，但只以文体区分罢了。我是不喜欢讲载道的，即使努力写大品的序，也总难入作者之林，其结果是虽非题跋亦仍是小品耳。我写序跋或题跋都是同样的乱说，不过序跋以一本书为标的，说的较有范围，至于表示个人的私意我见则原无甚差异也。全稿共有七十五篇，今选取其五十三，分为两部，其第一分皆自作题记，有三十六篇，悉留存，第二分存十七篇，皆为人作序跋，大抵涉及民俗学及文学者，其中恐多外行之言，兹选虽志在谨严，殆仍难免，读者谅之。

中华民国二十三年二月十八日，周作人记于北平。

【钟校】

①《苦雨斋序跋文》，1934.3天马书店初版。

苦茶庵小文小引[①]

◇1934. 4. 18

◇夜读抄

语堂索稿，不给又不可，给又没有东西。近几年来自己检察，究竟所知何事，结果如理故纸，百之九十九均已送入字纸篓中，所馀真真无几矣。将此千百分中残馀的一二写成文章，虽然自信较为可靠，但干枯的木材与古拙的手法，送出去亦难入时眼也。吾辈作文还是落伍的手工艺，找到素材，一刨一刨的白费时光，真是事倍功半，欲速不能，即使接到好些定单，亦不能赶早交货，窃思此事如能改为机器工业，便不难大量生产，岂不甚妙，而惜乎其不能也。不得已，只好抄集旧作以应酬语堂，得小文九篇。不称之曰小品文者，因此与佛经不同，本无大品文故。鄙意以为吾辈所写者便即是文，与韩愈的论疏及苏轼的题跋全是一类，不过韩作适长而恶，苏作亦适短而美，我们的则临时看写得如何耳。清朝士大夫大抵都讨厌明末言志派的文学，只看《四库书目提要》骂人常说不脱明朝小品恶习，就可知道，这个影响很大，至今耳食之徒还以小品文为玩物丧志，盖他们仍服膺文以载道者也。今所抄文均甚短，故曰小文，言文之短小者尔，此只关系篇幅，非别有此一种文也。

廿三年四月十八日。

【钟校】

① 1934.6.5 刊《人间世》5 期。《苦茶庵小文》九篇，均收入《夜读抄》。

夜读抄后记

◇1934. 9. 17

◇夜读抄

《夜读抄》一卷，凡本文二十六篇，杂文十一篇，共计三十七篇，其中除三篇外均系去年七月以后一年中的作品。

这些文章从表面看来或者与十年前的略有不同，但实在我的态度还与写《自己的园地》时差不多是一样。我仍旧不觉得文字与人心世道有什么相关。“我不信世上有一部经典，可以千百年来当人类的教训的，只有纪载生物的生活现象的 Biology 才可供我们参考，定人类行为的标准。”这是民国八年我在《每周评论》上说过的话，至今我还是这样的想。

近来常有朋友好意的来责备我消极，我自己不肯承认，总复信说明一番。手头留有两封底本，抄录于后，以作一例：

承赐《清华特刊》，谢谢。关于□□一文闻曾付□□而未能刊出，顷见《华北文艺周刊》上□君之文，亦云□□不用，然则如不佞之做不出文章，亦未始非塞翁之一得也。尊集序文容略缓即写，大抵敝文以不切题为宗旨，意在借机会说点自己的闲话，故当如命不瞎恭维，但亦便不能如命痛骂矣。四月廿三日。

——与纸君

惠函诵悉。尊意甚是，唯不佞亦但赞成而难随从耳。自己觉得文士早已歇业了，现在如要分类，找一个冠冕的名称，仿佛可以称作爱智者，此只是说对于天地万物尚有些兴趣，想要知道他的一点情形而已。目下在想取而不想给。此或者亦正合于圣人的戒之在得的一句话罢。不佞自审日常行动与许多人一样，并不消极，只是相信空言无补，故少说话耳。大约长沮桀溺辈亦是如此，他们仍在耕田，与孔仲尼不同者只是不讲学，其与仲尼之同为儒家盖无疑也，匆匆。六月十日。

——与侵君

这些话其实也就是说了好玩罢了。去年半年里写了八篇固然不算多，今年半年里写了二十六篇总不算很少了。在我职业外的文字还乱写了这好些，岂不就足以证明不消极了么？然而不然。有些人要说的还是说。说我写的还不够多，我可以请求他们原谅，等候我再写下去，但是假如以为文章与人心世道无关，虽写也是消极，虽多也是无益，那么我简直没有办法，只有承认我错，因为是隔教，——这次我写了这些文章想起来其实很不上算，挨咒骂还在其次。我所说的话常常是关于一种书的。据说，看人最好去看他的书房，而把书房给人看的也就多有被看去真相的危险。乱七八糟的举出些书籍，这又多是时贤所不看的，岂不是自具了没落的供状？不过话说了回来，如我来鼓吹休明，大谈其自己所不大了然的圣经贤传，成绩也未必会更好。忠臣面具后边的小丑脸相，何尝不在高明鉴察之中，毕竟一样的暴露出真相，而且似乎更要不好看。孔子有言曰，人焉廋哉，人焉廋哉！我们偶然写文章，虽然一不载道，二不讲统，关于此点却不能不恐慌，只是读者和批评家向来似乎都未能见及，又真是千万侥幸也。

民国廿三年九月十七日，知堂识于北平苦茶庵。

关于十九篇小引[①]

◇1935. 5. 26

◇苦茶随笔

有朋友在编日报副刊，叫我写文章。我愿意帮点小忙，可是写不出，只能品凑千把字聊以塞责。去年暑假前写了《论妒妇》等三篇，后来就收在《夜读抄》里边，仿佛还好一点，从十一月到现在陆续乱写，又有了十九篇，恐怕更是不成了，但是丢掉了也觉得可惜，所以仍旧编入随笔，因为大多数题作关于什么，就总称之曰《关于十九篇》。

关于这二字是一个新名词，所谓新名词者大抵最初起于日本，字是中国字而词非中国词，却去借了回去加以承认者也。这“关于”却又不然，此是根据外国语意而造成一个本国新词，并非直用其语，或者此属于新名词之乙类，凡虚字皆如此亦未可知。英国倍洛克（Hilaire Bellec）著文集云《关于一切》（*On Everything*）等等之外，闻又有名*ON*者，似可译为“关于”，然则不佞殆不无冒牌之嫌疑，不过[2]敝文尚有十九篇字样，想不至于真成了文抄公也。

二十四年五月二十六日记。

【钟校】

①《关于十九篇》均收入《苦茶随笔》。

②“不过”原作“不遇”。

苦茶随笔后记[①]

◇1935.6.1

◇苦茶随笔

去年秋天到日本去玩了一趟，有三个月没有写什么文章，从十月起才又开始写一点，到得今年五月底，略一检查存稿，长长短短却一总有五十篇之谱了。虽然我的文章总是写不长，长的不过三千字，短的只千字上下罢了，总算起来也就是八九万字，但是在八个月里乱七八糟[②]地写了这些，自己也觉得古怪。无用的文章写了这许多，一也。这些文章又都是那么无用，又其二也。我原是不主张文学有用的，不过那是就政治经济上说，若是给予读者以愉快、见识以至智慧，那我觉得却是很必要的，也是有用的所在。可惜我看自己的文章在这里觉得很不满意，因为颇少有点用的文章，至少这与《夜读抄》相比显然看得出如此。我并不是说《夜读抄》的文章怎么地有用得好，但《夜读抄》的读书的文章有二十几篇，在这里才得其三分之一，而讽刺牢骚的杂文却有三十篇以上，这实在太积极了，实在也是徒劳无用的事。宁可少写几篇，须得更充实一点，意思要诚实，文章要平淡，庶几于读者稍有益处。这一节极要紧，虽然尚须努力，请俟明日。

五月三十一日我往新南院去访平伯，讲到现在中国情形之危险，前日读《墨海金壶》本的《大金吊伐录》，一边总是敷衍或取巧，一边便申斥无诚意，要取断然的处置，八百年前事，却有昨今之感，可为寒心。近日北方又有什么问题如报上所载，我们不知道中国如何应付，看地方官厅的举动却还是那么样，只管女人的事，头发，袖子，袜子，衣衩等，或男女不准同校，或男女准同游泳，这都是些什么玩意儿，我真不懂。我只知道，关于教育文化诸问题信任官僚而轻视学人，此事起始于中小学之举行会考，而统一思想运动之成功，则左派朋友的该项理论实为建筑其基础。《梵网经》有云：

> 如狮子身中虫自食狮子肉，非馀外虫，如是，佛子自破佛法，非外道天魔能破坏。

我想这话说得不错。平伯听了微笑对我说，他觉得我对于中国有些事情似乎比他还要热心，虽然年纪比他大，这个理由他想大约是因为我对于有些派从前有点认识，有过期待。他这话说得很好，仔细想想也说得很对。自辛丑以来在外游荡，我所见所知的人上下左右总计起来，大约也颇不少。因知道而期待，而责备，这是一条路线。但是，也可因知道而不期待，而不责备，这是别一条路线。我走的却一直是那第一路，不肯消极，不肯逃避现实，不肯心死，说这马死了，——这真是“何尝非大错而特错”。不错的是第二路。这条路我应该能够走，因为我对于有许多人与物与事都有所知。见橐驼固不怪他肿背，见马也不期望他有一天背会肿，以驼呼驼，以马称马，此动物学的科学方法也。自然主义派昔曾用之于小说矣，今何妨再来借用，自然主义的文学虽已过时而动物学则固健在，以此为人生观的基本不亦可乎。

我从前以责备贤者之义对于新党朋友颇怪其为统一思想等等运动建筑基础，至于党同伐异却尚可谅解，这在讲主义与党派时是无可避免的。但是后来看下去情形并不是那么简单，在文艺的争论上并不是在讲什么主义与党派，就只是相骂，而这骂也未必是乱骂，虽然在不知道情形的看去实在是那么离奇难懂。这个情形不久我也就懂了。事实之奇恒出小说之上，

此等奇事如不是物证俨在正令人不敢轻信也。新党尚如此[3]

总之在现今这个奇妙的时代，特别是在中国，觉得什么话都无可说。老的小的，村的俏的，新的旧的，肥的瘦的，见过了不少，说好说丑，都表示过一种敬意，然而归根结蒂全是徒然，都可不必。从前上谕常云，知道了，钦此。知道了那么这事情就完了，再有话说，即是废话。我很惭愧老是那么热心，积极，又是在已经略略知道之后，难道相信天下真有“奇迹”么？实实是大错而特错也。以后应当努力，用心写好文章，莫管人家鸟事，且谈草木虫鱼，要紧要紧。

二十四年六月一日，知堂于北平。

【钟校】

① 1935.7.24刊《益世报》。

②“乱七八糟”原作“乱七八遭”。

③ 以下疑有脱文，但《苦茶随笔》和1935.7.24《益世报》原文均如此。

苦竹杂记小引[①]

◇1935.6.13

◇苦竹杂记

宝庆《会稽续志》卷四“苦竹”一条云：

山阴县有苦竹城，越以封范蠡之子，则越自昔产此竹矣。谢灵运《山居赋》曰，竹则四苦齐味，谓黄苦，青苦，白苦，紫苦也。越又有乌末苦，顿地苦，掉颡苦，湘簟苦，油苦，石斑苦。苦笋以黄苞推第一，谓之黄莺苦。孟浩然诗，岁月青松老，风霜苦竹馀。

苦竹有这好些花样，从前不曾知道，顿地掉颡云云仿佛苦不堪言，但不晓得味道与蕺山的蕺怎样。嘉泰《会稽志》卷十七讲竹的这一条中云：

苦竹亦可为纸，但堪作寓钱尔。

案绍兴制锡箔糊为“银锭”，用于祭祀，与祭灶司菩萨之太锭不同，其裱褙锡箔的纸黄而粗，盖即苦竹所制者欤。我写杂记，便即取这苦竹为名。《冬心先生画竹题记》第十一则云：

> 郦道元注《水经》，山阴县有苦竹里，里中生竹，竹多繁冗[2]不可芟，岂其幽翳殄瘁若斯民之馁也夫。山阴比日凋瘵，吾友舒明府瞻为是邑长，宜悯其凶而施其灌溉焉。予画此幅，冷冷清清，付渡江人寄与之，霜苞雪翠，触目兴感为何如也。

此蔼然仁人之言，但与不佞的意思却是没有干系耳。

廿四年六月十三日，于北平。

【钟校】

① 1935.6.23刊《大公报》。《苦竹杂记》，1936.2良友图书印刷公司初版。

②“繁冗”原作“繁宂”。

苦茶随笔小引二[①]

◇1935. 8. 15

◇苦茶随笔

《困学纪闻》卷十八评诗有一节云："忍过事堪喜，杜牧之《遣兴》诗也，吕居仁《官箴》引此误以为少陵。"翁注引《官箴》原文云：

> 忍之一字，众妙之门，当官处事，尤是先务，若能于清谨勤之外更行一忍，何事不办。《书》曰，必有忍其乃有济。此处事之本也。谚曰，忍事敌灾星。少陵诗曰，忍过事堪喜。此皆切于事理，非空言也。王沂公常言，吃得三斗酽醋方做得宰相，盖言忍受得事。

中国对于忍的说法似有儒释道三派，而以释家所说为最佳。《翻译名义集》卷七《辨六度法篇》第四十四云：

羼提，此云安忍。“法界次第”云，秦言忍辱，内心能安忍外所辱境，故名忍辱。忍辱有二种，一者生忍，二者法忍。云何名生忍？生忍有二种，一于恭敬供养中能忍不著，则不生骄逸，二于瞋骂打害中能忍，则不生瞋恨怨恼。是为生忍。云何名法忍？法忍有二种，一者非心法，谓寒热风雨饥渴老病死等，二者心法，谓瞋恚[②]忧愁疑淫欲骄慢诸邪见等。菩萨于此二法能忍不动，是名法忍。

《诸经要集》卷十下，六度部第十八之三，《忍辱篇》述意缘第一云：

盖闻忍之为德最为尊上，持戒苦行所不能及，是以羼提比丘被刑残而不恨，忍辱仙主受割截而无瞋。且慈悲之道救拔为先，菩萨之怀愍恻为用，常应遍游地狱，代其受苦，广度众生，施以安乐，岂容微有触恼，大生瞋恨，乃至角眼相看，恶声厉色，遂加杖木，结恨成怨。

这位沙门道世的话比较地说得不完备，但是辞句鲜明，意气发扬，也有一种特色。劝忍缘第二引《成实论》云：“恶口骂辱，小人不堪，如石雨鸟。恶口骂詈，大人堪受，如华雨象。”二语大有六朝风趣，自然又高出一头地了。中国儒家的说法当然以孔孟为宗，《论语》上的“小不忍则乱大谋”似乎可以作为代表，他们大概并不以忍辱本身为有价值，不过为要达到某一目的姑以此作为手段罢了。最显著的例是越王勾践，其次是韩信，再其次是张公艺，他为的要勉强糊住那九世同居的局面，所以只好写一百个忍字，去贴上一张大水膏药了。道家的祖师原是庄老，要挑简单的话来概括一下，我想《阴符经》的“安莫安于忍辱”这一句倒是还适当的吧。他的使徒可以推举唐朝娄师德娄中堂出来做领班。其目的本在苟全性命于乱世，忍辱也只是手段，但与有大谋的相比较就显见得很有不同了。要说积极的好，那么儒家的忍自然较为可取，不过凡事皆有流弊，这也不是例外，盖一切钻狗洞以求富贵者都可以说是这一派的末流也。

且不管儒释道三家的优劣怎样，我所觉得有趣味的是杜牧之他何以也感到忍过事堪喜？我们心目中的小杜仿佛是一位风流才子，是一个堂璜（Don Juan），该是无忧无虑地过了一世的吧。据《全唐诗话》卷四云：

牧不拘细行，故诗有十年一觉扬州梦，赢得青楼薄倖名。

又《唐才子传》卷六云：

牧美容姿，好歌舞，风情颇张，不能自遏。时淮南称繁盛，不减京华，且多名姬绝色，牧恣心赏，牛相收街吏报杜书记平安帖子至盈箧。

这样子似乎很是阔气了，虽然有时候也难免有不如意事，如传闻的那首诗云：

自恨寻芳去较迟，不须惆帐怨芳时，如今风摆花狼藉，绿叶成阴子满枝。

但是，这次是失意，也还是风流，老实说，诗却并不佳。他什么时候又怎么地忍过，而且还留下这样的一句诗可以收入《官箴》里去的呢？这个我不能知道，也不知道他的忍是那一家派的。可是这句诗我却以为是好的，也觉得很喜欢，去年还在日本片濑地方花了二十钱烧了一只小花瓶，用蓝笔题字曰：

忍过事堪喜。甲戌八月十日于江之岛，书杜牧之句制此。知堂。

瓶底画一长方印，文曰，“苦茶庵自用品。”这个花瓶现在就搁在书房的南窗下。我为什么爱这一句诗呢？人家的事情不能知道，自己的总该明白吧。自知不是容易事，但也还想努力。我不是尊奉它作格言，我是赏识它的境界。这有如吃苦茶。苦茶并不是好吃的，平常的茶小孩也要到十几岁才肯喝，咽一口酽茶觉得爽快，这是大人的可怜处。人生的“苦甜”，如古希腊女诗人之称恋爱。《诗》云，谁谓荼苦，其甘如荠。

这句老话来得恰好。中国万事真真是“古已有之”，此所以大有意思欤。

中华民国二十四年八月十五日于北平苦竹斋，知堂记。

【钟校】

① 1935.8.25 刊《大公报·文艺副刊》166 期，题《苦茶随笔序》，出书改称小引。因之前已经有了一篇小引，故将本篇称作“小引二”，前者称作“小引一”。本篇后又收入《苦竹杂记》，题作《杜牧之句》。

②“瞋恚”原作“瞋患”。

中国新文学大系散文一集导言[①]

◇1935. 8. 24

◇集外文

新文学的散文可以说是始于文学革命。在清末戊戌前后也曾有过白话运动，但这乃是教育的而非文学的。我在《中国新文学的源流》第五讲中这样说过：

> 在这时候，曾有一种白话文字出现，如《白话报》《白话丛书》等，不过和现在的白话文不同，那不是白话文学，而只是因为想要变法，要使一般国民都认识些文字，看看报纸，对国家政治都可明了一点，所以认为用白话写文章，可得到较大的效力。因此，我以为那时候的白话和现在的白话文有两点不同：
>
> 第一，现在的白话文，是"话怎么说便怎么写"，那时候却是由古文翻白话。有一本《女诫注释》，是那时候的《白话丛书》（光绪辛丑出板）之一，序文的起头是这样："梅侣做成了《女诫》的注释，请吴芙做序，吴芙就提起笔来写道，从古以来，女人有名气的极多，要算曹大家第一，曹大家是女人当中的孔夫子，《女诫》

是女人最要紧念的书。……”又后序云：“华留芳女史看完了裘梅侣做的曹大家《女诫注释》，叹一口气说道，唉，我如今想起中国的女子，真没有再比他可怜的了。……”这仍然是古文里的格调，可见那时的白话，是作者用古文想出之后，又翻作白话写出来的。

第二，是态度的不同。现在我们作文的态度是一元的：就是无论对什么人，作什么事，无论是著书或随便的写一张字条儿，一律都用白话。而以前的态度则是二元的：不是凡文字都用白话写，只是为一般没有学识的平民和工人才写白话的。因为那时候的目的是改造政治，如一切东西都用古文，则一般人对报纸仍看不懂，对政府的命令也仍将不知是怎么一回事，所以只好用白话。但如写正经的文章或著书时，当然还是作古文的。因而我们可以说，在那时候，古文是为“老爷”用的，而白话是为“听差”用的。

总之，那时候的白话，是出自政治方面的需求，只是戊戌变法的馀波之一，和后来的白话文可说是没有多大关系的。(邓恭三纪录)

话虽如此，那时对于言文问题也有很高明的意见的，如黄遵宪在光绪十三年(一八八七)著《日本国志》，卷三十二《学术志二》记日本文字，末云：

泰西论者谓五部洲中以中国文字为最古，学中国文字为最难，亦谓语言文字之不相合也。然中国自虫鱼云鸟屡变其体，而后为隶书为草书，余乌知夫他日者不又变一字体为愈趋于简愈趋于便者乎。自《凡将》《训纂》逮夫《广韵》《集韵》，增益之字积世愈多，则文字出于后人创造者多矣，余又乌知夫他日者不见孳生之字为古所未见今所未闻者乎。周秦以下文体屡变，逮夫近世，章疏移檄，告谕批判，明白晓畅，务期达意，其文体绝为古人所无，若小说家言更有直用方言以笔之于书者，则语言文字几乎复合矣，余又乌知夫他日者不更变一文体为适用于今通行于俗者乎。嗟乎，欲令天下之农工商贾妇女幼稚，皆能通文字之用，其不得不于此求一简易之法哉。

就是《白话丛书》的编者裘廷梁在代序《论白话为维新之本》（戊戌七月）中也有这样的话：

使古之君天下者崇白话而废文言，则吾黄人聪明才力无他途以夺之，必且务为有用之学，何至闇没如斯矣。吾不知夫古人之创造文字，将以便天下之人乎，抑以困天下之人乎？人之求通文字，将驱遣之为我用乎，抑将穷志尽气[②]受役于文字，以人为文字之奴隶乎？

且夫文字至无奇也，苍颉沮诵造字之人也，其功与造话同，而后人独视文字为至珍贵之物，从而崇尚之者，是未知创造文字之旨也[③]。今夫一大之为天也，山水土之为地也，亦后之人踵事增华从而粉饰之耳，彼其造字之始本无精义，不过有事可指则指之，有形可象则象之，象形指事之俱穷，则亦任意涂抹，强名之曰某字某字，以代结绳之用而已。今好古者不闻其尊绳也，而独尊文字，吾乌知其果何说。或曰，会意谐声非文字精义耶？曰，会意谐声，便记认而已，何精义之有。中文也，西文也，横直不同而为用同。文言也，白话也，繁简不同而为用同。只有迟速，更无精粗，必欲重此而轻彼，吾又乌知其何说也。

且夫文言之美非真美也，汉以前书曰群经曰诸子曰传记，其为言也必先有所以为言者存，今虽以白话代之，质干具存，不损其美。汉后说理记事之书，去其肤浅，删其繁复，可存者百不一二，此外汗牛充栋，效颦以为工，学步以为巧，调朱傅粉以为妍，使以白话译之，外美既去，陋质悉呈，好古之士将骇而走耳。

又有云：

> 故曰，辞达而已矣。后人不明斯义，必取古人言语与今人不相肖者而摹仿之，于是文与言判然为二，一人之身而手口异国，实为二千年来文字一大厄。

黄氏云：

> 居今之日读古人书，徒以父兄师长递相传授，童而习焉，不知其艰，苟迹其异同之故，其与异国之人进象胥舌人而后通其言辞者，相去能几何哉。

二者意思相似，都说得很通达，“手口异国”一语更很得要领，这种态度颇有点近于一元化的了，但是这总是极少数，在那时办白话报等的人大都只注重政治上的效用也是事实，而且无论理论如何写出来的白话文还不能够造成文艺作品，也未曾明白地有此种企图。十二年后即宣统庚戌（一九一〇）在东京的旧《民报》社员编刊一种《教育今语杂志》[4]，于“共和纪元二千七百五十一年”一月创刊，共出了六册，内容于社说外分中国文字学、群经学、诸子学、历史学、地理学、教育学等七门，用白话讲述，目的在于行销南洋各地，宣传排满，如发刊缘起中所说，“期邦人诸友发思古之幽情，勉为炎黄之肖子焉。”撰稿者有章太炎、陶焕卿、钱德潜诸人。那时钱君还不叫作“玄同”，只单名一个“夏”字，取其为“中国人也”的意思，在《今语杂志》中署名“浑然”，撰过两篇关于文字学的文章，第一册里有一篇《共和纪年说》，主张用周召共和来做中国纪年，也是他所写的。今抄录一节，可以见当时的文体与论调：

> 还有那外国人打进来，灭了我国，自称皇帝，像那元朝的样子，我们中国人倘然还有一口气没有绝，总不应该扁扁服服，做他的奴隶牛马，自称大元国的百姓。他的国号纪年不但和我们不相干，并且是我们所绝不应该承认他的。但是从宋帝赵昺赴海以后，天完帝徐寿辉起义以前，这七十一年中间中国竟没有皇帝，到这种时候用皇帝来纪年的竟没有法子想了，就是真讲爱国保种的也止好老老面皮用元朝来纪年了。你们想，中国史上用外国人纪年，道理上怎么讲得过去，况且中国没有皇帝可纪元的时候还不止宋和天完间的七十一年么？

那时的作者自然也是意不在文，因为目的还是教育以及政治的，其用白话乃是一种手段，引渡读者由浅入深以进于古学之堂奥者也。

民国六年以至八年文学革命的风潮勃兴，渐以奠定新文学的基础，白话被认为国语了，文学是应当“国语的”了，评论小说诗戏曲都发达起来了，这是很热闹的一个时代，但是白话文自身的生长却还很有限，而且也还没有独立的这种品类，虽然在《新青年》等杂志上所谓随感录的小文字已经很多。八年三月我在《每周评论》上登过一篇小文，题曰《祖先崇拜》，其首两节云：

远东各国都有祖先崇拜这一种风俗。现今野蛮民族多是如此，在欧洲古代也已有过。中国到了现在，还保存这部落时代的蛮风，实是奇怪。据我想，这事既于道理上不合，又于事实上有害，应该废去才是。

第一，祖先崇拜的原始的理由，当然是本于精灵信仰。原人思想以为万物都有灵的，形体不过是暂时的住所。所以人死之后仍旧有鬼，存留于世上，饮食起居还同生前一样。这些资料须由子孙供给，否则便要触怒死鬼，发生灾祸。这是祖先崇拜的起源。现在科学昌明，早知道世上无鬼，这骗人的祭献礼拜当然可以不做了。这种风俗，令人废时光，费钱财，很是有损，而且因为接香烟吃羹饭的迷信，许多男人往往藉口[5]于不孝有三无后为大的谬说，买妾蓄婢，败坏人伦，实在是不合人道的坏事。

无论一个人怎样爱惜他自己所做的文章，我总不能说上边的这两节写得好，它只是顽强地主张自己的意见，至多能说得理圆，却没有什么馀情，这与浑然先生的那篇正是同等的作品。民国十五年五月我写了一篇五百字的小文，投寄《晨报》，那时还没有副刊，便登在“第七版”上，题曰《美文》：

外国文学里有一种所谓论文，其中大约可以分作两类。一批评的，是学术性的。二记述的，是艺术性的，又称作美文。这里边又可以分出叙事与抒情，但也很多两者夹杂的。这种美文似乎在英语国民里最为发达，如中国所熟知的爱迭生，兰姆，欧文，霍桑诸人都做有很好的美文，近时高尔斯威西，吉欣，契斯透顿也是美文的好手。读好的论文，如读散文诗，因为他实在是诗与散文中间的桥。中国古文里的序记与说等，也可以说是美文的一类。但在现代的国语文学里，还不曾见有这类文章，治新文学的人为什么不去试试呢？我以为文章的外形与内容的确有点关系，有许多思想，既不能作为小说，又不适于做诗，便可以用论文式去表他。他的条件同一切文学作品一样，只是真实简明便好。我们可以看了外国的

> 模范做去，但是需用自己的文句与思想，不可去模仿他们。《晨报》上的《浪漫谈》，以前有几篇倒有点相近，但是后来（恕我直说）落了窠臼，用上多少自然现象的字面，衰弱的感伤的口气，不大有生命了。我希望大家卷土重来，给新文学开辟出一块新的土地来，岂不好么。

《浪漫谈》里较好的一篇我记得是讲北京街道的，作者是罗志希，此外的却都记不得了。《晨报》第七版不久改成副刊，是中国日报副刊的起首老店，影响于文坛者颇大，因为每日出版，适宜于发表杂感短文，比月刊周刊便利得多，写文章的人自然也多起来了。以后美文的名称虽然未曾通行，事实上这种文章却渐渐发达，很有自成一部门的可能。十一年三月胡适之给《申报》做《五十年来中国之文学》，第十节中讲到白话文学的成绩，曾这样说：

> 第三，白话散文很进步了。长篇议论文的进步，那是显而易见的，可以不论。这几年来，散文方面最可注意的发展乃是周作人等提倡的小品散文。这一类的小品，用平淡的谈话，包藏着深刻的意味，有时很像笨拙，其实却是滑稽。这一类作品的成功，就可彻底打破那美文不能用白话的迷信了。

新文学中白话散文的成功比较容易，却也比较迟，原来都是事实。十九年九月我给《近代散文抄》做序，有一部分是讲小品文的起源变迁的：

小品文是文艺的少子，年纪顶小的老头儿子。文艺发生次序大概是先韵文，次散文，韵文之中又是先叙事抒情，次说理，散文则是先叙事，次说理，最后才是抒情。借了希腊文学来做例，一方面是史诗和戏剧，抒情诗，格言诗，一方面是历史和小说，哲学，——小品文，这在希腊文学盛时实在还没有发达，虽然那些哲人（Sophistai）似乎有这一点气味，不过他们还是思想家，有如中国的诸子，只是勉强去仰攀一个渊源，直到基督纪元后希罗文学时代才可以说真是起头了，正如中国要在晋文里才能看出小品文的色彩来一样。我卤莽地说一句，小品文是文学发达的极致，他的兴盛必须在王纲解纽的时代。未来的事情，因为我到底不是问星处，不能知道，至于过去的史迹却还有点可以查考。我想古今文艺的变迁曾有两个大时期，一是集团的，一是个人的。在文学史上所记大都是后期的事，但有些上代的遗留如歌谣等，也还能推想前期的文艺的百一。在美术上便比较地看得明白，绘画完全个人化了，雕塑也稍有变动，至于建筑，音乐，美术工艺如陶瓷等，却都保留原始的迹象，还是民族的集团的而非个人的艺术，所寻求表示的也是传统的而非独创的美。在未脱离集团的精神之时代，硬想打破他的传统，又不能建立个性，其结果往往青黄不接，呈出丑态，固然不好，如以现今的瓷器之制作绘画与古时相较，即可明了，但如颠倒过来叫个人的艺术复旧于集团的，也不是很对的事。对不对是别一件事，与有没有是不相干的，所以这两种情形直到现今还是并存，不，或者是对峙着。集团的美术之根据最初在于民族性的嗜好，随后变为师门的传授，遂由硬化而生停滞，其价值几乎只存在技术一点上了。

文学则更为不幸，授业的师傅让位于护法的君师，于是集团的文以载道与个人的诗言志两种口号成了敌对，在文学进了后期以后，这新旧势力还永远相搏，酿成了过去的许多五花八门的文学运动。在朝廷强盛，政教统一的时代，载道主义一定占势力，文学大盛，统是平伯所谓“大的高的正的”，可是又就“差不多总是一堆垃圾，读之昏昏欲睡”的东西。一直到了颓废时代，皇帝祖师等等要人没有多大力量了，处士横议，百

> 家争鸣，正统家大叹其人心不古，可是我们觉得有许多新思想好文章都在这个时代发生，这自然因为我们是赞成诗言志派的缘故。小品文则又在个人的文学之尖端，是言志的散文，他集合叙事说理抒情的分子，都浸在自己的性情里，用了适宜的手法调理起来，所以是近代文学的一个潮头，他站在前头，假如碰了壁时自然也首先碰壁。

这是我的私见，可以拿来说明小品散文晚起的缘故，但是其成功又似比较容易，却还有别的理由。十五年五月我有给平伯的一封信云：

> 王季重文殊有趣，唯尚有徐文长所说的以古字奇字替代俗字的地方，不及张宗子的自然。张宗子的《琅嬛文集》中记泰山及普陀之游的两篇文章似比《文饭小品》各篇为佳，此书已借给颉刚，如要看可以转向他去借。我常常说现今的散文小品并非五四以后的新出产品，实在是“古已有之”，不过现今重新发达起来罢了。由板桥冬心溯而上之这班明朝文人再上连东坡山谷等，似可编出一本文选，也即为散文小品的源流材料。此件事似大可以做，于教课者亦有便利。现在的小文与宋明诸人之作在文字上固然有点不同，但风

致实是一致，或者又加上了一点西洋影响，使他有一种新气息而已。

十五年十一月在重刊《陶庵梦忆》序上也说：

我常这样想，现代的散文在新文学中受外国的影响最少，这与其说是文学革命的，还不如说是文艺复兴的产物，虽然在文学发达的程途上复兴与革命是同一样的进展。在理学与古文没有全盛的时候，抒情的散文也已得到相当的长发，不过在学士大夫眼中自然也不很看得起。我们读明清有些名士派的文章，觉得与现代文的情趣几乎一致，思想上固然难免有若干距离，但如明人所表示的对于礼法的反动则又很有现代气息了。

十七年五月作《杂拌儿》跋，引了上边这一节之后又说道：

唐宋文人也作过些性灵流露的散文，只是大部自认为文章游戏，到了要做正经文章时便又照着规矩去做古文。明清时代也是如此，但是明代的文艺美术比较地稍有活气，文学上颇有革新的气象，公安派的人能够无视古文的正统，以抒情的态度作一切的文章，虽然后代批评家贬斥他们为浅率空疏，实际却是真实的个性的表现，其价值在竟陵派之上。以前的文人对于著作的态度可以说是二元的，而他们则是一元的，在这一点上与现代写文章的人正是一致。现在的人无论写什么都用白话文，也就是统一的一例，与庚子前后的新党在《爱国白话报》上用白话，自己的名山事业非用古文不可的绝不相同了。以前的人以为文是以载道的东西，但此外另有一种文章却是可以写来消遣的，现在则又把他统一了，去写或读可以说本以消遣，但同时也就是传了道了，或是闻了道。除了还是想要去以载道的老少同志以外，我想现在的人的文学意见大抵是这样，这也可以说是与明代的新文学家的意思相差不远的。在这个情形之下，现在的文学——现在只就散文说——与明代的有些相像，正是不足怪的，虽然并没有模仿，或者也还很少有人去读明文，又因时代的关系在文字上很有欧化的地方，思想上也自然要比四百年前有了明显的改变。现代的散文好像是一条湮没在沙土下的河水，多少年后又在下流被掘了出来，这是一条古河，却又是新的。

在上文又曾这样说："这风致是属于中国文学的，是那样地旧而又这样地新。"这一句话我觉得说的颇得要领。同年十一月作《燕知草》跋，有云：

我也看见有些纯粹口语体的文章，在受过新式中学教育的学生手里写得很是细腻流丽，觉得有造成新文体的可能，使小说戏剧有一种新发展，但是在论文，——不，或者不如说小品文，不专说理叙事而以抒情分子为主的，有人称他为絮语过的那种散文上，我想必须有涩味与简单味，这才耐读，所以他的文词还得变化一点，以口语为基本，再加上欧化语，古文，方言等分子，杂糅调和，适宜地或吝啬地安排起来，有知识与趣味的两重的统制，才可以造出有雅致的俗语文来。我说雅，这只是说自然大方的风度，并不要禁忌什么字句，或者装出乡绅的架子。平伯的文章便多有这些雅致，这又就是他近于明朝人的地方。不过我们要知道，明朝的名士的文章诚然是多有隐遁的色彩，但根本却是反抗的，有些人终于做了忠臣，如王谑庵到复马士英的时候便有会稽乃报仇雪耻之乡非藏垢纳污之地的话，大多数的真正文人的反礼教的态度也很显然，这个统系我相信到了李笠翁袁子才还没有全绝，虽然他们已都变成了清客了。中国新散文的源流我看是公安派与英国的小品文两者所合成，而现在中国情形又似乎正是明季的样子，手拿不动竹竿的文人只好避难到艺术世界里去，这原是无足怪的。我常想，文学即是不革命，能革命就不必需要文学及其他种种艺术或宗教，因为他已有了他的世界了。接着吻的嘴不再要唱歌，这理由正是一致。但是，假如征服了政治的世界而在别的方面还有不满，那么当然还有要到艺术世界里去的时候，拿破伦在军营中带着《少年维特的烦恼》可以算作一例。文学所以虽是不革命，却很有他的存在的权利与必要。

二十一年十一月所写《杂拌儿之二》序中云：

所谓言与物者何耶，也只是文词与思想罢了，此外似乎还该添上一种气味。气味这个字仿佛有点暧昧而且神秘，其实不然。气味是很实在的东西，譬如一个人身上有羊膻气，大蒜气，或者说是有点油滑气，也都是大家所能辨别出来的。这样看去，三代以后的文人里我所喜欢的有陶渊明颜之推两位先生，恰巧都是六朝人物。此外自然也有部分可取，即如上边所说五人（案即白采、苏曼殊、沈复、史震林、盛此公）中，沈三白史悟冈究竟还算佼佼者，《六记》中前三篇多有妙文，《散记》中记游纪风物如卷二记蟋蟀及姑恶鸟等诸文皆佳，大抵叙事物抒情绪都颇出色，其涉及人生观处则悉失败也。孔子曰，盍各言尔志。我们生在这年头儿，能够于文字中去找到古今中外的人听他言志，这实在已是一个快乐，原不该再去挑剔好丑。但是话虽如此，我们固然也要听野老的话桑麻，市侩的说行市，然而友朋间气味相投的闲话，上自生死兴衰，下至虫鱼神鬼，无不可谈，无不可听，则其乐益大，而以此例彼，人情又复不能无所偏向耳。

胡乱的讲到这里，对于《杂拌儿之二》我所想说的几句话可以接得上去了。平伯那本集子里所收的文章大旨仍旧是杂的，有些是考据的，其文词气味的雅致与前编无异，有些是抒情说理的，如《中年》等，这里边兼有思想之美，是一般文士之文所万不能及的。此外有几篇讲两性或亲子问题的文章，这个倾向尤为显著。这是以科学常识为本，加上明净的感情与清澈的理智，调和成功的一种人生观，以此为志，言志固佳，以此为道，载道亦复何碍。此刻现在中古圣徒遍于目前，欲找寻此种思想盖已甚难，其殆犹求陶渊明颜之推之徒于现代欤。

以上都是我对于新文学的散文之考察，陆续发表在序跋中间，所以只是断片，但是意思大抵还是一贯，近十年中也不曾有多大的变更。二十一年夏间的北平辅仁大学讲演即是以这些意思为根据，简单地联贯了一下。《中国新文学的源流》第二讲中云：

> 对于这复古的风气揭了反叛的旗帜的，是公安派和竟陵派。公安派的主要人物是三袁，即袁宗道，袁宏道，袁中道三人，他们是万历朝的人物，约当西历十六世纪之末至十七世纪之初。因为他们是湖北公安县人，所以有了公安派的名称。他们的主张很简单，可以说和胡适之先生的主张差不多。所不同的，那时是十六世纪，利玛窦还没有来中国，所以缺乏西洋思想。（他们也有新思想，乃是外来的佛教，借来与儒教思想对抗。）假如从现代新文学的主张要减去他所受到的西洋影响，科学哲学以及文学各方面的，那便是公安派的思想和主张了。而他们对于中国文学变迁的看法，较诸现今的谈文学的人或者还要更清楚一点。理论和文章都很对很好，可惜他们的运气不好，到清朝他们的著作便都成为禁书了，他们的运动也给乾嘉的文人学者所打倒了。

我相信新散文的发达成功有两重的因缘，一是外援，一是内应。外援即是西洋的科学哲学与文学上的新思想之影响，内应即是历史的言志派文艺运动之复兴。假如没有历史的基础，这成功不会这样容易，但假如没有外来思想的加入，即使成功了也没有新生命，不会站得住。关于言志派我在《中国新文学的源流》第二讲中略有说明云：

> 言志派的文学可以换一名称，叫做即兴的文学；载道派的文学也可以换一名称，叫做赋得的文学。古今来有名的文学作品通是即兴文学。例如《诗经》上没有题目，《庄子》有些也无篇名，他们都是先有意思，想到就写下来，写好后再从文章里将题目抽出的。赋得的文学是先有题目，然后再按题作文。自己想出的题目作时还比较容易，考试所出的题目便有很多的限制，自己的意思不能说，必须揣摩题目中的意思，如题目是孔子的话，则须跟着题目发挥些圣贤道理，如题目为阳货的话，则又非跟着题目骂孔子不可。

末了这几句话固然是讲做真八股者的情形，但是一般的载道派也实在都是如此。我这言志载道的分派本是一时便宜的说法，但是因为诗言志与文载道的话，仿佛诗文混杂，又志与道的界限也有欠明了之处，容易引起缠夹，我曾追加地说明道[⑥]：

> 言他人之志即是载道，载自己的道亦是言志。

这里所说即兴与赋得，虽然说得较为游戏的，却很能分清这两者的特质。重复地说，新散文里这即兴的分子是很重要的，在这一点上他与前一期的新文学运动即公安派全然相同，不过这相同者由于趋势之偶合，并不由于模拟或影响。我们说公安派是前一期的新文学运动，却不将他当作现今新文学运动的祖师，我们读公安派文发见与现代散文有许多类似处觉得很有兴味，却不将他当作轨范去模仿他。这理由是很简明的。新散文里的基调虽然仍是儒道二家的，这却经过西洋现代思想的陶镕浸润，自有一种新的色味，与以前的显有不同，即使在文章的外观上有相似的地方。我不讳言中国思想里的儒道二家的基调，因为这是事实，非言论所能随便变易，我也并不反对，因为觉得这个基本也并不一定比西洋的宗教思想坏，他更容易收容唯物的常识而一新其面目，如我们近来所见。我常想儒道法实在原是三位一体，儒家一面有他的理想，一面又想顾实行，结果是中庸一路，若要真去实行，却又不能不再降低而成法家，又如抛开实行，便自然专重理想而成道家了。这在当初创始的都是高明的人，后来禁不起徒子徒孙的模拟传讹，一样地变成了破落户，其间也有陶渊明颜之推等人能自振作的，实际已是江河日下之势，莫可挽救了。外来的思想也曾来注灌过，如佛教是也，这原是伟大的思想，很可以佩服的，可是他自成一统系，他的倾向又比道家更往左走，他的影响好容易钻到文学里去之后，结果只有两样，这如不是属于宗教类的佛教文学，那就是近似道家思想的一种空灵作品而已。公安派的文学大约只做到这里，现在的要算是进一程了。为什么呢？这便因为现在所受的外来影响是唯物的科学思想，他能够使中国固有的儒道思想切实地淘炼一番，如上文说过，以科学常识为本，加上明净的感情与清澈的理智，调合成功一种人生观，“以此为志，言志固佳，以此为道，载道亦复何碍。”论理，这应该是中国现文坛的普遍的情形，盖中国向无宗教思想的束缚，偏重现实的现世主义上加以唯物的科学思想，自当能和合新旧而别有成就。事实却不尽然，没有能够抓得住这二者的主脑，也没有能够把他们捏作一团，那么结果不是做出一篇新的土八股便是旧的传教的洋话。这也正是无怪的。过去的时间的力量太大了，现在的力量又还太短，虽然期望好文章的出现也是人情，然而性急也无用处，还只好且等待着耳。

对于新文学的散文我的意见大抵就只是如此，要分时期分派别的讲我觉得还无从说起，从民六到现今还没有二十年，何况现在又只以前十年为限呢。我看文艺的段落，并不以主义与党派的盛衰为唯一的依据，只看文人的态度，这是夹杂宗教气的主张载道的呢，还是纯艺术的主张载道的呢，以此来决定文学的转变。现在还是混乱时期，这也还难说，因为各自在那里打转身，似乎都很少真是明确态度。我是这样看，也就是这样地编选。我与郁达夫先生分编这两本散文集，我可以说明我的是那么不讲历史，不管主义党派，只凭主观偏见而编的。这一册里共计有十七人，七十一篇。这里除了我与郁先生约定互相编选之外，其馀的许多人大都是由我胡抓瞎扯的。关于这些人有几件事应得说明，今列记于下：

一，有四位已故的人，即徐志摩，刘半农，刘大白，梁遇春，都列在卷首。所选的文章不以民国十五年为限，这可以算是一个例外，但是却也不能说是没有理由的。

二，吴稚晖（这里活人也一律称名，不加先生，下均同）实在是文学革命以前的人物，他在《新世纪》上发表的妙文凡读过的人是谁也不会忘记的。他的这一种特别的说话法与作文法可惜至今竟无传人，真令人有广陵散之感。为表示尊重这奇文起见，特选录在民十以后所作几篇，只可惜有些现今恐有违碍不能重印，所以只抄了短短的两篇小文。

三，议论文照例不选，所以有些人如蔡孑民，陈独秀，胡适之，钱玄同，李守常，陶孟和等的文章都未曾编入。这里就只选了顾颉刚的一篇《古史辨序》，因为我觉得这是很有趣的自叙，胡适之的《四十自述》或者可以相比，不过出得太迟了，已经在民十五之后。《新潮》上还有一篇讲旧家庭的文章，署名“顾诚吾”，也可备选，因为是未完的稿，所以决定用了这序文。

四，废名所作本来是小说，但我看这可以当小品散文读，不，不但是可以，或者这样更觉得有意味亦未可知。今从《桥》中选取六则，《枣》中也有可取的文章，因为著作年月稍后，所以只好割爱了。

五，此外还有些人本拟收入，如梁实秋，沈从文，谢六逸，章克标，赵景深等，只可惜大部分著作都在民十五以后，所以不能收在这一集里。近十年来作者如林，未能尽知，自多遗漏，咎何能辞，但决无故意抹杀之事，此则自审可告无罪者耳。

六，末了我似乎还得略说我自己对于散文的主观和偏见。前面我所说的多是关于散文的发达，现在是说对于散文本身这东西。我在《草木虫鱼》小引中说过：

我平常很怀疑，心里的情是否可以用言全表了出来，更不相信随随便便地就表得出来。什么嗟叹啦，永歌啦，手舞足蹈啦的把戏，多少可以发表自己的情意，但是到了成为艺术再给人家去看的时候，恐怕就要发生了好些的变动与间隔，所留存的也就是很微末了。死生之悲哀，爱恋之喜悦，人生最切的悲欢甘苦，绝对地不能以言语形容，更无论文字，至少在我是这样感想，世间或有天才自然也可以有例外，那么我们凡人所可以用文字表现者只是某一种情意，固然不很粗浅但也不很深切的部分，换句话来说，实在是可有可无不关紧要的东西，表现出来聊以自宽慰消遣罢了。……我觉得文学好像是一个香炉，他的两旁边还有一对蜡烛台，左派和右派。无论哪一边是左是右，都没有什么关系，这总之有两位，即是禅宗与密宗，假如容我借用佛教的两个名称。文学无用，而这左右两位是有用有能力的。禅宗的作法的人不立文字，知道它的无用，却寻别的途径。辟历似的大喝一声，或一棍打去，或一句干矢橛，直截地使人家豁然开悟，这在对方固然也需要相当⑦的感受性，不能轻易发生效力，但这办法的精义实在是极对的，差不多可以说是最高理想的艺术，不过在事实上艺术还着实有志未逮，或者只是音乐有点这样的意味，缠缚在文字语言里的文学虽然拿出什么象征等物事来在那里挣扎，也总还追随不上。密宗派的人单是结印念咒，揭谛揭谛波罗揭谛几句话，看去毫无意义，实在含有极大力量，老太婆高唱阿弥陀佛，便可安心立命，觉得西方有分，绅士平日对于厨子呼来喝去，有朝一日自己做了光禄寺小官，却是顾盼自雄，原来都是这一类的事。即如古今来多少杀人如麻的钦案，问其罪名，只是大不敬或大逆不道等几个字儿，全是空空洞洞的，当年却有许多活人死人因此处了各种极刑，想起来很是冤枉，不过在当时，大约除本人外没有不以为都是应该的吧。名号——文字的威力大到如此，实在可敬而且可畏了。文学呢，他是既不能令又不受命，他不能那么解脱，用了独一无二的表现法直截地发出来，却也不会这么刚勇，凭空抓了一个唵字塞住了人家的嗓子，再回不过气来，结果是东说西说，写成了四万八千卷的书册，只供闲人的翻阅罢了。

这是我对于文学——散文的苛刻而宽容的态度。我是这样想，自己也这样写，人家的这样看，现在也这样选。

中华民国二十四年八月二十四日，于北平。

[附] 散文一集编选感想[8]

这回郑西谛先生介绍我编选一册散文，在我实在是意外的事，因为我与正统文学早是没关系的了。但是我终于担任下来了。对于小说戏剧诗等等我不能懂，文章好坏还似乎知道一点，不妨试一下子。选择的标准是文章好意思好，或是（我以为）能代表作者的作风的，不论长短都要。我并不一定喜欢所谓小品文，小品文这名字我也很不赞成，我觉得文就是文，没有大品小品之分。文人很多，我与郁达夫先生是分人而选的，正在接洽中，我要分到若干人，目下还不能十分确定。

【钟校】

①《中国新文学大系·散文一集》，周作人编选，1935 良友图书印刷公司初版。

②“穷志尽气”，“志”原作“老”。

③“文字之旨也”，“旨”原作“指”。

④“教育今语杂志”，“志”原作“识”。

⑤“藉口”原作“籍口”。

⑥“说明道”，“道”原作“说”。

⑦“相当的”，“相当”原作“相相”。

⑧ 1935. 2. 15 刊《新小说》1 卷 2 期。

苦竹杂记后记[①]

◇1935. 11. 13

◇苦竹杂记

这半年来又写了三四十篇小文，承篠君的好意说可以出板，于是便结集起来，题上原有的名字曰《苦竹杂记》。《杂记》上本有小引，不过那是先写的，就是写于未有本文之先，所以还得要一篇后写的，当作跋或序，对于本文略略有所说明。

但是这说明又很不容易，因为没有什么可以说明，我所写的总是那么样的物事，一两年内所出的《夜读抄》和《苦茶随笔》的序跋其实都可以移过来应用，也不必另起炉灶的来写。这又似乎不大好，有点取巧，也有点偷懒。那么还只得从新写起来，恰好在留存的信稿里有几篇是谈到写文章的，可以抄来当作材料。其一，本年六月廿六日答南京阳君书云：

手示诵悉。不佞非不忙，乃仍喜弄文字，读者则大怒或怨不佞不从俗呐喊口号，转喉触讳，本所预期，但我总不知何以有非给人家去戴红黑帽喝道不可之义务也。不佞文章思想拙且浅，不足当大雅一笑，这是自明的事实，唯凡奉行文艺政策以文学作政治的手段，无论新派旧派，都是一类，则于我为隔教，其所说无论是扬是抑，不佞皆不介意焉。不佞不幸为少信的人，对于信教者只是敬而远之，况吃教者耶。国家衰亡，自当负一分责任，若云现在呐喊几声准我免罪，自愧不曾学会画符念咒，不敢奉命也。纸先先生《震庚日记》极愿一读，如拟刊行，或当勉识数行。草草不尽。

红黑帽编竹作梅花眼为帽胎，长圆而顶尖，糊黑纸，顶挂鸡毛，皂隶所戴，在知县轿前喝道曰乌荷。此帽今已不见，但如买杂货铺小灯笼改作，便顷刻可就，或只嫌稍矮耳。其二是十月十七日晚与北平虞君书云：

手书诵悉。近来作文别无进步，唯颇想为自己而写，亦殊不易办到，而能减少为人（无论是为启蒙或投时好起见）的习气总是好事，不过所减亦才分毫之末耳。因此希望能得一点作文之乐趣，此却正合于不佞所谓识字读书唯一用处在于消遣之说，可笑从前不知实用，反以此自苦，及今当思收之桑榆也。

其三是十一月六日答上海有君书云：

来书征文，无以应命。足下需要创作，而不佞只能写杂文，又大半抄书，则是文抄公也，二者相去岂不已远哉。但是不佞之抄却亦不易，夫天下之书多矣，不能一一抄之，则自然只能选取其一二，又从而录取其一二而已，此乃甚难事也。明谢在杭著笔记曰《文海披沙》，讲学问不佞不敢比小草堂主人，若披沙拣金则工作未始不相似，亦正不敢不勉。我自己知道有特别缺点，盖先天的没有宗教的情绪，又后天的受了科学的影响，所以如不准称唯物也总是神灭论者之徒，对于载道卫道奉教吃教的朋友都有点隔膜，虽然能体谅他们而终少同情，能宽容而心里还是疏远。因此我看书时遇见正学的思想正宗的文章都望望然去之，真真连一眼都不瞟，如此便不知道翻过了多少页多少册，没有看到一点好处，徒然花费了好些光阴。我的标准是那样的宽而且窄，窄时网不进去，宽时又漏出去了，结果很难抓住看了中意，也就是可以抄的书。不问古今中外，我只喜欢兼具健全的物理与深厚的人情之思想，混和散文的朴实与骈文的华美之文章，理想固难达到，少少具体者也就不肯轻易放过。然而其事甚难。孤陋寡闻，一也。沙多金少，二也。若百中得一，又于其百中抄一，则已大喜悦，抄之不容易亦已可以不说矣。故不佞抄书并不比自己作文为不苦，然其甘[2]苦则又非他人所能知耳。语云，学我者病，来者方多。辄唠叨写此，以明写小文抄书之难似易，如以一篇奉投，应请特予青眼，但是足下既决定需要创作，则此自可应无庸议了。

以上这些信都不是为《杂记》而写的，所以未必能说明得刚好，不过就凑合着用罢了。我只想加添说一句，我仍旧是太积极，又写这些无用文章，妨害我为自己而写的主义，“畏天悯人”岂不与前此说“命运”是差不多的意思，这一年过去了，没有能够消极一点，这是我所觉得很可悲的。我何时才真能专谈风月讲趣味，如许多热心的朋友所期待者乎。我恐怕这不大容易。自己之不满意只好且搁起不说，但因此而将使期待的朋友长此失望，则真是万分的对不起也。

廿四年十一月十三日，知堂记于北平。

【钟校】

① 1935. 11. 17 初刊《大公报》，题《苦竹杂记题记》。

②“甘苦”原作“廿苦”。

风雨谈小引[1]

◇1935. 12. 6

◇风雨谈

◇第二册有《风雨谈后记》

在《苦竹杂记》还没有编好的时候，我就想定要写一本《风雨谈》。内容是什么都未曾决定，——反正总是那样的小文罢了，题目却早想好了，曰，《风雨谈》。这题目的三个字我很有点喜欢。第一，这里有个典故。《诗经·郑风》有《风雨》三章，其词曰，风雨凄凄，云云，今不具引。栖霞郝氏《诗问》卷二载王瑞玉夫人解说云：

凄凄，寒凉也。喈喈，声和也。瑞玉曰，寒雨荒鸡，无聊甚矣，此时得见君子，云何而忧不平。故人未必冒雨来，设辞尔。　　潇潇，暴疾也。胶胶，声杂也。瑞玉曰，暴雨如注，群鸡乱鸣，此时积忧成病，见君子则病愈。　　晦，昏也。

已，止也。瑞玉曰，雨甚而晦，鸡鸣而长，苦寂甚矣，故人来喜当何如。

郝氏夫妇的说诗可以说是真能解人颐，比吾乡住在禹迹寺前的季彭山要好得多，其佳处或有几分可与福庆居士的说词相比罢。我取这《风雨》三章，特别爱其意境，却也不敢冒风雨楼的牌号，故只谈谈而已，以名吾杂文。或曰，是与《雨天的书》相像。然而不然。《雨天的书》恐怕有点儿忧郁，现在固然未必不忧郁，但我想应该稍有不同，如复育之化为知了也。风雨凄凄以至如晦，这个意境我都喜欢，论理这自然是无聊苦寂，或积忧成病，可是也“云胡不喜”呢？不佞故人不多，又各忙碌，相见的时候颇少，但是[2]书册上的故人则又殊不少，此随时可晤对也。不谈今天天气哈哈哈，可谈的物事随处多有，所差的是要花本钱买书而已：翻开书册[3]，得听一夕的话，已大可喜，若再写下来，自然更妙，虽然做文章赔本稍为有点好笑，但不失为消遣之一法。或曰，何不谈风月？这件事我倒也想到过。有好些朋友恐怕都在期待我这样，以为照例谈谈风月才是，某人何为至今不谈也？风月，本来也是可以谈的，而且老实说，我觉得也略略知道，要比乱骂风月的正人与胡诌风月的雅人更明白得多。然而现在不谈。别无什么缘故，只因已经想定了风和雨，所以只得把月割爱了。横直都是天文类的东西，没有什么大区别，雨之与月在我只是意境小小不同，稍有较量，若在正人君子看不入眼里原是一个样子也。

廿四年十二月六日。

【钟校】

① 1936.1.1 刊《宇宙风》8 期。《风雨谈》，1936.10 北新书局初版。

②“但是”原作“把是”。

③“翻开书册”原作“翻开书画”。

知堂序跋 二

周作人 著文
锺叔河 编订

岳麓书社·长沙·二〇一六

第二册目录

绍兴儿歌述略序[1]

◇1936. 4. 3

◇风雨谈

《西河牍札》之三“与故人”云：

> 初意舟过若下可得就近一涉江水，不谓蹉跎转深，今故园柳条又生矣。江北春无梅雨，差便旅眺，第日熏尘起，障目若雾，且异地佳山水终以非故园不浃寝食，譬如易水种鱼，难免圉困，换土栽根，枝叶转悴，况其中有他乎。向随王远侯归夏邑，远侯以宦迹从江南来，甫涉淮扬躔濠亳，视夏宅枣林榆隰女城茅屋定谓有过，乃与其家人者夜饮中酒叹曰，吾遍游北南，似无如吾土之美者。嗟乎，远游者可知已。

正如人家所说，“西河小牍随笔皆有意趣”，而这一则似最佳，因为里边含有深厚的情味。但是，虽然我很喜欢这篇文章，我的意见却多少有点儿不同。故乡的山水风物因为熟习亲近的缘故，的确可以令人流连记忆，不过这如隔绝了便愈久愈疏，即使或者会得形诸梦寐，事实上却总是没有什么关系了。在别一方面他给予我们一个极大的影响，就是想要摆脱也无从摆脱的，那即是言语。普通提起方言似乎只注重那特殊的声音，我所觉得有兴趣的乃在其词与句，即名物云谓以及表现方式。我尝猜想一个人的文章往往暗中受他方言的支配，假如他不去模拟而真是诚实的表现自己。我们不能照样的说，遍览北南无如吾语之美者，但在事实上，不能不以此为唯一根据，无论去写作或研究，因为到底只有这个是知道得最深，也运用得最熟。所以我们如去各自对于方言稍加记录整理，那不失为很有意义的事，不但是事半功倍，也大有用处，而且实在也正是远游者对于故乡的一种义务也。

不佞乃旧会稽县人也，故小时候所说的是绍兴话。后来在外边居住，听了些杭州话南京话北京话，自己也学说蓝青官话，可是程度都很浅，讲到底，我所能自由运用的还只是绍兴话那一种罢了。光绪戊寅（一八七八）会稽范寅著《越谚》三卷，自序有云：

> 寅不敏又不佞，人今之人，言今之言，不识君子安雅，亦越人安越而已矣。

这一部书我很尊重，这几句话我也很喜欢。辛亥秋天我从东京回绍兴，开始搜集本地的儿歌童话，民国二年任县教育会长，利用会报作文鼓吹，可是没有效果，只有一个人寄过一首歌来，我自己陆续记了有二百则，还都是草稿，没有誊清过。六年四月来到北京大学，不久歌谣研究会成立，我也在内，我所有的也只是这册稿子。今年歌谣整理会复兴，我又把稿子拿出来，这回或有出版的希望。关于歌谣我毫无别的贡献，二十年来只带着一小册绍兴儿歌，真可谓越人安越了。但是实际连这一小册也还是二十年前的原样子，一直没有编好，可谓荒唐矣。现在总须得整理一番，预备出版，不过这很令我踌躇，盖整理亦不是一件容易事也。

我所集录的是绍兴儿歌，而名曰述略，何也。老实说，这有点儿像醉翁之意不在酒的样子，也可以说买椟还珠罢。歌是现成的，述是临时做出来的，故我的用力乃在此而不在彼也。笺注这一卷绍兴儿歌，大抵我的兴趣所在是这几方面，即一言语，二名物，三风俗。方言里边有从古语变下来的，有与他方言可以通转的，要研究这些自然非由音韵下手不可，但正如文字学在声韵以外有形义及文法两部分，方言也有这部分存在，很值得注意，虽然讲到他的转变还要声韵的知识来做帮助。绍兴儿童唱蚊虫歌，颇似五言绝句，末句云：“搭杀像汙介。”这里“搭”这一动作，“汙”这一名物以外，还有“像汙介”这一种语法，都是值得记述的。我们平常以为这种字义与文法是极容易懂的，至少是江浙一带所通用，用不着说明。这在常识上是对的，不过你也不记我也不记，只让他在口头飘浮着，不久语音渐变，便无从再去稽查，而不屑纪录琐细的事尤其是开一恶例，影响不只限于方言，关于自然与人生各方面多不注意，许多笔记都讲的是官场科名神怪香艳，分量是汗牛而充栋，内容却全是没事干干扯淡，徒然糟蹋些粉连纸而已。我想矫枉无妨稍过正，在这个时候我们该从琐屑下手，变换一下陈旧的空气。这里我就谈到第二问题去，即名物，这本来也就包括在上文里边，现在不过单提了出来罢了。十二三年前我在北京大学出版的《歌谣周刊》第三十一期上登过一篇《歌谣与方言调查》，中间曾说：

> 我觉得现在中国语体文的缺点在于语汇之太贫弱，而文法之不密还在其次，这个救济的方法当然有采用古文及外来语这两件事，但采用方言也是同样重要的事情。

辞汇中感到缺乏的，动作与疏状字似还在其次，最显著的是名物，而这在方言中却多有，虽然不能普遍，其表现力常在古语或学名之上。如绍兴呼蘩缕曰小鸡草，平地木曰老弗大，杜鹃花曰映山红，北平呼栝蒌曰赤包儿，蜗牛曰水牛儿②，是也。柳田国男著《民间传承论》第八章“言语艺术”项下论水马儿的名称处有云：

> 命名者多是小孩，这是很有趣的事。多采集些来看，有好多是保姆或老人替小孩所定的名称。大概多是有孩子气的，而且这也就是很好的名字。

我的私意便是想来关于这些名字多说些闲话，别的不打紧，就只怕实在没有这许多东西或是机会，那么这也是没法。至于风俗，应说就说，若无若有，盖无成心焉。

这样说来，我倒很有点像木华做《海赋》，只“于海之上下四旁言之”，要紧的海倒反不说。儿歌是儿童的诗，他的文学价值如何呢？这个我现在回答不来，我也恐怕寥寥的这些小篇零句里未必会有这种东西。总之我只想利用自己知道得比较最多最确实的关于绍兴生活的知识，写出一点零碎的小记，附在儿歌里公之于世，我就十分满足了。歌词都想注音，注音字母发布了将二十年，可惜韵母终于还未制定，这里只好借用罗马字，——序文先写得了，若是本文完全注好，那恐怕还要些时光，这序可以算作预告，等将来再添写跋尾罢。

民国二十五年四月三日，于北平。

【钟校】

① 1936.4.18 初刊《歌谣》2卷3期，收入《风雨谈》。

②“蜗牛曰水牛儿”，“蜗牛”原作“蜗瓜”。

风雨后谈小引[1]

◇1936. 5. 4
◇瓜豆集

写《风雨谈》忽忽已五个月，这小半年里所写的文章并不很多，却想作一小结束，所以从《关于雷公》起就改了一个新名目。本来可以称作《雷雨谈》，但是气势未免来得太猛烈一点儿，恐怕不妥当，而且我对于中国的雷公爷实在也没有什么好感，不想去惹动他。还是仍旧名吧，单加上“后谈”字样。案《风雨》诗本有三章，那么这回算是潇潇的时候也罢，不过我所喜欢的还是那风雨如晦鸡鸣不已的一章，那原是第三章，应该分配给《风雨三谈》去，这总须到了明年始能写也。

廿五年五月四日，知堂。

【钟校】

① 1936. 6. 1 刊《宇宙风》18 期。《风雨后谈》并未成书，本文后录入《瓜豆集》题记中。

风雨谈后记

◇第一册有《风雨谈小引》

◇1936. 9. 10

◇风雨谈

从廿四年十一月到廿五年四月，这半年中又写了好些文章，长短共三十五篇，又集作一册，姑名之曰《风雨谈》。关于这个集子并没有什么特别要声明的事，不过编校之后有一个感觉，便是自己的文章总是那么写不好。自从文学店关了门之后，对于文章与思想的好坏似乎更懂得了一点，以此看人自然更是便利了，但看自己时就很吃亏，永得不到如俗语所说的那种满足。但是我总尽我所能，能力以外也是没有办法。我现在是一个教员，写文章是课馀的玩艺儿，不是什么天职或生意经，但因为是一个教员的缘故，写的文章与在教室所说的同样的负责任，决意不愿误人子弟，虽然白字破句能免与否也本不敢绝对自信。本来文章具在，看官自会明白，这一篇废话可以不说，只因当初目录上列了后记一项，要再请书局删改也似乎不大方便，所以且写这几行聊以敷衍而已。

廿五年九月十日，知堂记于北平苦雨斋。

瓜豆集题记[①]

◇1936.11.1

◇瓜豆集

写《风雨谈》忽忽已五个月，这小半年里所写的文章并不很多，却想作一小结束，所以从《关于雷公》起就改了一个新名目。本来可以称作《雷雨谈》，但是气势未免来得太猛烈一点儿，恐怕不妥当，而且我对于中国的雷公爷实在也没有什么好感，不想去惹动他。还是仍旧名吧，单加上"后谈"字样。案《风雨》诗本有三章，那么这回算是潇潇的时候也罢，不过我所喜欢的还是那风雨如晦鸡鸣不已的一章，那原是第三章，应该分配给《风雨三谈》去，这总须到了明年始能写也。

这是今年五月四日所写，算作《风雨后谈》的小引，到了现在掐指一算，半个年头又已匆匆的过去了。这半年里所写的文章大小总有三十篇左右，趁有一半天的闲暇，把他整理一下，编成小册，定名曰《瓜豆集》，“后谈”的名字仍保存着另有用处。为什么叫作瓜豆的呢？善于做新八股的朋友可以作种种的推测。或曰，因为喜讲运命，所以这是说种瓜得瓜种豆得豆吧。或曰，因为爱谈鬼，所以用王渔洋的诗，豆棚瓜架雨如丝。或曰，鲍照《芜城赋》云，“竟瓜剖而豆分”，此盖伤时也。典故虽然都不差，实在却是一样不对。我这瓜豆就只是老老实实的瓜豆，如冬瓜长豇豆之类是也。或者再自大一点称曰杜园瓜豆，即杜园菜。吾乡茹三樵著《越言释》卷上有“杜园”一条云：

> 杜园者兔园也，兔亦作菟，而菟故为徒音，又讹而为杜。今越人一切蔬菜瓜蓏之属，出自园丁，不经市儿之手，则其价较增，谓之杜园菜，以其土膏露气真味尚存也。至于文字无出处者则又以杜园为訾謷，亦或简其词曰杜撰。昔盛文肃在馆阁时，有问制词谁撰者，文肃拱而对曰，度撰。众皆哄堂，乃知其戏，事见宋人小说。虽不必然，亦可见此语由来已久，其谓杜撰语始于杜默者非。

土膏露气真味尚存，这未免评语太好一点了，但不妨拿来当作理想，所谓取法乎上也。出自园丁，不经市儿之手，那自然就是杜撰，所以这并不是缺点，唯人云亦云的说市话乃是市儿所有事耳。《五代史》云：

兔园册者，乡校俚儒教田夫牧子之所诵也。

换一句话说，即是乡间塾师教村童用的书，大约是《千字文》《三字经》之类，书虽浅薄却大有势力，不佞岂敢望哉。总之茹君所说的话都是很好的，借来题在我这小册子的卷头，实在再也好不过，就只怕太好而已。

这三十篇小文重阅一过，自己不禁叹息道，太积极了！圣像破坏（eikonoclasm②）与中庸（sophrosune）夹在一起，不知是怎么一回事。有好些性急的朋友以为我早该谈风月了，等之久久，心想：要谈了罢，要谈风月了吧!？好象“狂言”里的某一脚色所说，生怕不谈就有点违犯了公式。其实我自己也未尝不想谈，不料总是不够消极，在风吹月照之中还是要呵佛骂祖，这正是我的毛病，我也无可如何。或者怀疑我骂韩愈是考古，说鬼是消闲，这也未始不是一种看法，但不瞒老兄说，这实在只是一点师爷笔法绅士态度，原来是与对了和尚骂秃驴没有多大的不同，盖我觉得现代新人物里不免有易卜生的“群鬼”，而读经卫道的朋友差不多就是韩文公的伙计也。昔者党进不许说书人在他面前讲韩信，不失为聪明人，他未必真怕说书人到韩信跟前去讲他，实在是怕说的韩信就是他耳。不佞生性不喜八股与旧戏，所不喜者不但是其物而尤在其势力，若或闻不佞谩骂以为专与《能与集》及小丑的白鼻子为仇，则其智力又未免出党太尉下矣。

孔子云，知之为知之，不知为不知，是知也。这在庄子看来恐怕只是小知，但是我也觉得够好了，先从不知下手，凡是自己觉得不大有把握的事物决心不谈，这样就除去了好些绊脚的荆棘，让我可以自由的行动，只挑选一二稍为知道的东西来谈谈。其实我所知的有什么呢，自己也说不上来，不过比较起来对于某种事物特别有兴趣，特别想要多知道一点，这就不妨权归入可以谈谈的方面，虽然所知有限，总略胜于以不知为知耳。我的兴趣所在是关于生物学人类学儿童学与性的心理，当然是零碎的知识，但是我唯一的一点知识，所以自己不能不相当的看重，而自己所不知的乃是神学与文学的空论之类。我尝自己发笑，难道真是从“妖精打架”会悟了道么？道未必悟，却总帮助了我去了解许多问题与事情[3]。从这边看过去，神圣的东西难免失了他们的光辉，自然有圣像破坏之嫌，但同时又是赞美中庸的，因为在性的生活上禁欲与纵欲是同样的过失，如英国蔼理斯所说，“生活之艺术其方法只在于微妙地混和取与舍二者而已。”凡此本皆细事不足道，但为欲说我的意见何以多与新旧权威相冲突，如此喋喋亦不得已。我平常写文章喜简略或隐约其词，而老实人见之或被贻误，近来思想渐就统制，虑能自由读书者将更少矣，特于篇末写此两节，实属破例也。

中华民国二十五年十一月一日，著者自记于北平知堂。

【钟校】

① 1936.12.10 刊《谈风》4 期。《瓜豆集》，1937.3 宇宙风社初版。

②“eikonolasm”原作“eikonolasme”。

③“帮助了我去了解许多问题与事情”，“了解许多”原作“了解好许多”。

秉烛谈序①

◇1937. 4. 10

◇秉烛后谈

这本集子本想叫作《风雨后谈》，写信去与出版者商量，回信说这不大好，因为买书的人恐怕要与《风雨谈》相混，弄不清楚。我仔细一想觉得这也说得有道理，于是计算来改一个新名字。可是这一想就想了将近一个月，不说好的，就是坏名字也想不出。这样情形，那么结集的工作只好暂且放下，虽然近半年中写的文章大小共有三十四篇，也够出一本集子了。今日翻看唱经堂《杜诗解》，——说也惭愧，我不曾读过《全唐诗》，唐人专集在书架子上有是有数十部，却没有好好的看过，所有一点知识只出于选本，而且又不是什么好本子，实在无非是《唐诗三百首》之类，唱经之不登大雅之堂，更不用说了，但这正是事实。我看了《杜诗解》中《羌村三首》之一，其末联云：

夜阑更秉烛，相对如梦寐。

我心里说道：有了，我找着了名字了。这就叫作《秉烛谈》吧。本来想起来《文选》里有《古诗十九首》，也有句云：

昼短苦夜长，何不秉烛游。

又陶渊明的《饮酒二十首》中也说：

寄言酣中客，日没烛当秉。

这些也都可以援引，时代也较早，不过我的意思是从《羌村》引起来的，所以仍以杜诗为根据。金圣叹在此处批注云：

更秉烛妙。活人能睡，死人那能睡，夜阑相对如梦，此时真须一人与之剪纸招魂也。

虽然说得新奇可喜，于我却无什么用处，盖我用秉烛只取其与“风雨后谈”略有相近的意境耳。老杜原是说还家，这一层我们可以暂且不管他，只把夜阑更秉烛当作一种境地看也自有情致，况《诗经》本文云：

风雨潇潇，鸡鸣胶胶，既见君子，云胡不瘳。

岂不更有相对如梦寐之感耶。但是这都没有关系，书名只是书名而已，虽然略可表见著者一点癖好，却不能代表书的内容。这《秉烛谈》里的三四十篇文章大旨还与以前的相差无几，以前自己说明得太多了，现在可以不必再多说，总之是还未能真正谈风月。李卓吾著《焚书》卷一《复宋太守》中有云：

> 凡言者言乎其不得不言者也，为自己本分上事未见亲切，故取陈语以自考验，庶几合符，非有闲心事[②]闲工夫欲替古人担忧也。古人往矣，自无忧可担，所以有忧者，谓于古人上乘之谈未见有契合处，是以日夜焦心，见朋友则共讨论。若只作一世完人，则千古格言尽足受用，半字无得说矣。所以但相见便相订证者，以心志颇大，不甘为一世人士也。

这一节说得很好。吾辈岂得与卓吾老子并论，本来也并无谈道之志，何可乱引，唯觉得意思很有点相近，抄来当作一点说明。《说苑》卷三“修本”中有云：

> 晋平公问于师旷曰，吾年七十，欲学恐已暮矣。师旷曰，何不炳烛乎。……老而好学，如炳烛之明。炳烛之明，孰与昧行乎。

此是别一炳烛，引在这里也颇有意思，虽然离题已经很远了。

二十六年四月十日记于北平。

【钟校】

①《秉烛谈》，1940.2北新书局初版，未用此序，它却和《桑下谈序》一道以《两篇小引》为题收入《秉烛后谈》了。

②“闲心事”原作“间心事”。

桑下谈序①

◇1937.6.3

◇秉烛后谈

《后汉书》卷三十下《襄楷传》中说延熹九年楷上疏极谏，有云："或言老子入夷狄为浮屠，浮屠不三宿桑下，不欲久生恩爱，精之至也。"章怀太子注云："言浮屠之人寄桑下者不经三宿，便即移去，示无爱恋之心也。"襄君这话后来很有名，多有人引用，苏东坡诗中有云："桑下岂无三宿恋，尊前聊与一身归。"但是原典出在那里呢？博雅如章怀太子，注中也没有说起，我们更没有法子去查找了。老子化胡本是世俗谬说，后来被道士们利用，更觉得没有意思了，不宿桑下或者出于同样的传说亦未可知，不过他的意思颇好，也很有浮屠气，所以我想这多少有点影踪，未必全是随便说的话，我的书名的出典便在这里。

浮屠不欲久住致生爱恋，固然有他的道理，但是从别一方面说来，住也是颇有意味的事。据《焦氏笔乘》说：

> 右军帖云，寒食近，得且住为佳耳。辛幼安《玉胡蝶》词，试听呵，寒食近也，且住为佳。又《霜天晓角》，明日落花寒食，得且住为佳耳。凡两用之，当是绝爱其语。

大抵释氏积极精进，能为大愿而舍弃诸多爱乐，儒家入道者则应运顺化，却反多流连景光之情耳。又据《觚賸续编》讲诗词的脱换法的一则中云：

> 乐行不如苦住，富客不如贫主，本佛经语，而高季迪《悲歌》则曰贫少不如富老，美游不如恶归。

对于脱换法我别无多少兴趣，这里引用钮君的话就只为了那两句佛经，因为我还没有找到他的直接出处。同是说住而这里云苦住，显示出佛教的色彩，盖寒食前的住虽亦萧寂而实际还有浓艳味在内，此则是老僧行径，不必做自己吊打苦行，也总如陶公似的有瓶无储粟之概吧。这苦住的意思我很喜欢，曾经想借作庵名，虽然这与苦茶同是一庵，而且本来实在也并没有这么一个庵。不过这些都无关系，我觉得苦住这句话总是很好的。所谓苦者不一定要“三界无安犹如火宅”那么样，就只如平常说的辛苦那种程度的意义，似乎也可以了。不佞乃是少信者，既无耶和华的天国，也没有阿弥陀佛的净土，签发到手的乃是这部南瞻部洲的摩诃至那一块地方，那么只好住了下来，别无乐行的大志愿，反正在中国旅行也是很辛苦的，何必更多去寻苦吃呢。诗云，谁谓荼苦，其甘如荠，盖亦不得已，诗人岂真有此奇嗜哉。三年前戏作打油诗有云：“且到寒斋吃苦茶。”不知道为什么缘故，批评家哄哄的嚷了大半年，大家承认我是饮茶户，而苦茶是闲适的代表饮料。这其实也有我的错误，词意未免晦涩，有人说此种微辞已为今之青年所不憭，而不作此等攻击文字，此外亦无可言云云，鄙人不但活该，亦正是受宠若惊也。现在找着了苦住，掉换一个字，虽缺少婉曲之致，却可以表明意思了吧。

前见《困学纪闻》②引杜牧之句云“忍过事堪喜”，曾经写过一篇小文有云：

> 我不是尊奉他作格言，我是赏识他的境界。这有如吃苦茶。苦茶并不是好吃的，平常的茶小孩也要到十几岁才肯喝，咽一口酽茶觉得爽快，这是大人的可怜处。

苦住的意思也就不过如此。我既采取佛经的这个说法，那么对于浮屠的不三宿桑下我应该不再赞成了吧。这却也不尽然。浮屠应当那样做，我们凡人是不可能亦并无须，但他们怕久生恩爱，这里边很有人情，凡不是修道的人当从反面应用，即宿于桑下便宜有爱恋是也。本来所谓恩爱并不一定要是怎么急迫的关系，实在也还是一点情分罢了。住世多苦辛，熟习了亦不无可留连处，水与石可，桑与梓亦可，即鸟兽亦可也，或薄今人则古人之言与行亦复可凭吊，此未必是笃旧[③]，盖正是常情耳。语云：一树之阴亦是缘分。若三宿而起，掉头径去，此不但为俗语所讥，即在浮屠亦复不情，他们不欲生情以损道心，正因不能乃尔薄情也。不佞生于会稽，其后寄居杭州南京北平各地，皆我的桑下也，虽宿有久暂，各有所怀恋，平日稍有谈说，聊以寄意。今所集者为关于越中的一部分，故题此名，并略释如上。故乡犹故国然，爱而莫能助，责望之意转为咏叹，则等于诔词矣，此意甚可哀也。

中华民国二十六年六月三日著者记于北平知堂。

【钟校】

①《桑下谈》未曾出版，本篇收入《秉烛后谈·两篇小引》。

②《困学纪闻》原作《困学记闻》。

③“笃旧”原作“竺旧”。

看书偶记小引[1]

◇1939.4

◇书房一角

近两年无事可做[2]，只看杂书遣日，外国书既买不起，也没有兴趣，所以看的只是些线装书。看了之后，偶然有点意思，便记了下来，先后已有几十条，再给他起了一个总名，叫做《读书偶记》。可是不凑巧，有一天翻看书目，看见上边有一种“读书偶记”，八卷，清赵绍祖著。这部书我没有找到，但是书名既然和他重复，我只得想法子来改。想了几天没有好办法，结果只将读字涂去了，换上一个看字，虽然不免改头换面的不能彻底，却总比雷同要好一点吧。我仔细想想，这字也还改得有道理。读书这不是一件容易事，要是高邮王君那样的人，才能去写《读书杂志》，我们也来看样，难免有点僭妄。我实在只是看点闲书罢了，平常总是说看闲书，没有说读的，如今改了倒很着实[3]。读书人是不容易做的，高的很是了不得，下的也很要不得，若是看书的那便是另一类，客气一点说书的尊一声看官，我们就来充当一下也正不妨吧？

【钟校】

① 1939.4.18 刊《实报》。《看书偶记》(始称《读书偶记》)六十一则，1939.1.1—1940.4.29 初刊《实报》，均收入《书房一角》。

②“近两年无事可做”，“近两年”原作“两近年”。

③“如今改了倒很着实”，“倒很”原作“例很”。

药草堂随笔附记[①]

◇1939.9.8

◇集外文

这两年来不写文章，本来自己并没有话想说，也落得清静，就只苦于朋友们来索稿时无以应酬。好比肠胃病的人，穷饿也正合式，但客人到来还得拿碗白米饭出去，有时不免找出旧棉袄向长生库暂时存放。旧稿长一点的，到得《谈关公》寄出去时已经完了，现在只好抄点陈旧小文，差不多已经近于套裤之类，值不了几文，实在破烂太甚，这个要请大家原谅。

二十八年九月八日。

【钟校】

①《药草堂随笔》五十则，1939.4.9—1940.12.31刊《实报》，后成书改名《药堂语录》。本文刊1939.11.15《学文》1期，为《药草堂随笔之一·凌厚堂》的“附记”，并未收入《药堂语录》。

◇1940.2.26

◇书房一角

书房一角原序[①]

从前有人说过，自己的书斋不可给人家看见，因为这是危险的事，怕被看去了自己的心思。这话是颇有几分道理的，一个人做文章，说好听话，都并不难，只一看他所读的书，至少便颠出一点斤两来了。我自己很不凑巧，既无书斋，亦无客厅，平常只可在一间堆书的房子里，放了几把椅子，接见来客，有时自己觉得像是小市的旧书摊的掌柜，未免有点惶恐。本来客人不多，大抵只是极熟的几个朋友，但亦不无例外，有些熟人介绍同来的，自然不能不见。《儒林外史》里高翰林说马纯上杂览，我的杂览过于马君，不行自不待言。例如《性的心理》，恐怕至今还有许多正统派听了要摇头，于我却极有关系，我觉得这是一部道德的书，其力量过于多少册的《性理》，使我稍有觉悟，立定平常而真实的人生观。可是，偶然女客枉顾，特别是女作家，我看对她的玻璃书厨中立着奥国医师鲍耶尔的著书，名曰《女人你是什么》，便也觉得有点失敬了[2]，生怕客人或者要不喜欢。这时候，我就深信前人的话不错[3]，书房的确不该开放，虽然这里我所顾虑的是别人的不高兴，并不是为了自己的出丑之故，因为在这一点我是向来不大介意的。

我写文章，始于光绪乙巳，于今已有三十六年了。这个期间可以分做三节：其一是乙巳至民国十年顷，多翻译外国作品；其二是民国十一年以后，写批评文章；其三是民国廿一年以后，只写随笔，或称读书录，我则云看书偶记，似更简明的当。古人云，祸从口出。我写文章向来有不利，但这第三期为尤甚，因为在这里差不多都讲自己所读的书，把书房的一角公开给人家看了。可是这有什么办法呢。我的理想只是那么平常而真实的人生，凡是热狂的与虚华的，无论善或是恶，皆为我所不喜欢；又凡有主张议论，假如觉得自己不想去做，或是不预备讲给自己子女听的，也决不随便写出来公之于世，那么其结果自然只能是老老实实的自白，虽然如章实斋所说，自具枷杖供状，被人看出破绽[4]，也实在是没有法子。其实这些文章不写也可以，本来于自己大抵是无益有损的，现在却还是写下去，难道真是有瘾，像打马将似的么？这未必然。近几年来只以旧书当纸烟消遣，此外无他嗜好，随时写些小文，多少还是希望有用。去年在一篇文章的末尾曾说过，深信此种东西于学子有益，故聊复饶舌，若是为个人计，最好还是装痴聋下去，何苦费了工夫与心思来报告自己所读何书乎。我说过文学无用，盖文学是说艺术的著作，用乃是政治的宣传或道德的教训；若是我们写文章，只是以笔代舌，一篇写在纸上的寻常说话而已，不可有作用，却不可无意思，虽未必能真有好处，亦总当如是想，否则浪费纸墨何为，诚不如去及时放风筝之为愈矣。

不佞读书甚杂，大抵以想知道平凡的人道为中心，这些杂览多不过是敲门之砖，但是对于各个的砖也常有些爱着，因此我所说的话就也多趋于杂，不大有文章能表出我的中心的意见。我喜欢知道动物生活，两性关系，原始文明，道德变迁这些闲事，觉得青年们如懂得些也是好事情，有点功夫便来拉扯的说一点，关于我所感觉兴趣的学问方面都稍说及。只有医学史这一项，虽然我很有偏好，英国胜家与日本富士川的书十年来总是放在座右，却不曾有机会让我作一两回文抄公，现在想起来还觉得十分可惜。近来三四年久不买外国书了，一天十小时闲卧看书，都是木板线装本，纸墨敝恶，内容亦多是不登大雅之堂的，偶然写篇文章，自然也只是关于这种旧书的了。这是书房的另一角，恐怕比从前要显得更寒伧了罢。这当然是的，却是未必全是。以前所写较长一点，内容乃是点滴零碎的，现在文章更琐屑了，往往写不到五六百字，但我想或者有时说的更简要亦未可知。因为这里所说都是中国事情，自己觉得别无所知，对于本国的思想与文章总想知道，或者也还能知道少许，假如这少许又能多少借了杂览之力，有点他自己的根本，那么这就是最大的幸运了。书房本来没有几个角落，逐渐拿来披露，除了医学史部分外，似乎也太缺远虑，不过我想这样的暴露还是心口如一，比起前代老儒在《四书章句》底下放着一册《金瓶梅》，给学徒看破，总要好一点，盖《金瓶梅》与《四书章句》一样的都看过，但不曾把谁隐藏在谁的底下也。

廿九年二月廿六日。

【钟校】

①《书房一角》，1944.5新民印书馆出版。

②“有点失敬了”，“失敬”原作“失败”。

③“深信前人的话不错”，“前人”原作“或人”。

④“被人看出破绽”，“看出”原作“看去”。

◇1940. 6. 5

◇药堂语录

药堂语录序[①]

以前我曾想要将随笔小文编成一卷《药堂文录》，终未动手，现在却写语录，这正合着一句古话，叫做落后的进前，进前的落后了。本来照儒释两家的老规矩，语录是门人弟子所记师父日常的言行，扬子云[②]王仲淹自己著书，便很为后人所非薄，我们何必再来学步呢。这所谓语录实在只是一个名字相同而已，内容并无什么近似处，这是该得说明一下的。

我不懂玄学，对于佛法与道学都不想容喙，语还只是平常说话，虽然上下四旁的乱谈，却没有一个宗派，假如必须分类，那也只好归到杂家里去吧。我最初颇想题作常谈，因为这说话如或有百一可取，那就为得其中的一点常识，只可惜刘青园已有《常谈》四卷，李登斋有《常谈丛录》九卷，延荔浦又有诗话曰《老生常谈》。已经有三缺一，便也不好意思再去凑数。这回固然还是雷同，但名同而实异，无甚妨碍。

至于药草堂名本无甚意义，不过要说有也可以说得，盖此处不用别的名称总有些缘故，即此说是意义亦可耳。数年前作《药草堂记》，曾说明未敢妄拟神农，其意亦只是摊数种草药于案上，如草头郎中之所为，可是摆列点药就是了，针砭却是不来的，这也值得说明。我于本草颇有兴趣，所以知道些药料，把他们煎成一碗黑而苦的汤水时当然不愿领教，若是一样样的看来，差不多是些植物标本，不但如此，还有些有味的东西，做在糖里的肉桂薄荷不必说了，小时候还买生药来嚼了便吃，顶平常的是玉竹与甘草，这类味道至今尚未忘却。吾语岂能有此等药味，但得平淡过去，不求为良药，故无须苦口，吾乡人家夏日常用金银花夏枯草二味煎汤代茶，云可清暑，此正是常谈的本色，其或庶几近之，亦是本怀也。

中华民国廿九年六月五日。

【钟校】

①《药堂语录》，1941.5 庸报社出版。

②“扬子云”，原作“杨子云”。

旧书回想记引言[1]

◇1940. 11. 11

◇书房一角

近几年在家多闲，只翻看旧书，不说消遣，实在乃是过瘾而已，有如抽纸烟的人，手嘴闲空，便似无聊，但在不佞则是只图遮眼也。旧书固然以线装书为大宗，外国书也并不是没有，不过以金圆论价，如何买得起，假如我有买一册《现代丛书》的钱，也就可以买一部《藕香零拾》来，一堆三十二本，足够好些日子的翻阅了。从前买的洋书原来是出版不久的新本，安放在架上，有些看过早已忘了，有些还未细看，但总有点爱恋，不肯卖掉或是送人，看看一年年的过去，一算已是二三十年，自然就变成了旧书，正如人也变成老人一样。这种在书架上放旧了的书，往往比买来的更会有意思，因为和他有一段历史，所以成为多少回想的资料。但是这也与书的内容有关系，如或有一部书看了特别佩服或欢喜，那么历史虽短情分也可以很深，有时想到也想执笔记述几行，以为纪念，新旧中外都无一定，今统称之曰旧书，止表示与新刊介绍不同云耳。回想是个人的事，这里免不了有些主观与偏见，不过有一句话可以说明，无论如何总不想越过常识，盖假如没有这个做灯标，读新旧书都要上当，何况作文说话，更将大错而特错，则吾岂敢。日前曾写小文曰《书房一角》，已有做起讲之意，而因循不果，今番似是另起炉灶，实则还是此意思，故重复话今亦不再说也。

二十九年十一月十一日，在北平。

【钟校】

① 1940. 11. 25 刊北平《晨报·文艺》。《旧书回想录》二十八篇，1940. 1. 25—1941. 2. 24 刊《晨报》十二篇，1943. 9. 1—16 刊《古今》十六篇，均收入《书房一角》。

药堂语录后记

◇1941. 3. 24

◇药堂语录

近数年来多读旧书，取其较易得，价亦较西书为稍廉耳，至其用处[①]则不甚庄严，大抵只以代博弈，或当作纸烟，聊以遣时日而已。余不能吸纸烟，十几岁时曾买刀牌孔雀品海诸烟，努力学吸，历久终未学会，以至于今，殆为天分所限耶。常见人家耽吸，若甚有滋味，心甚羡之而无可如何，则姑以闲书代之，无可看时亦往往无聊赖，有似失瘾，故买书之费竟不能省，而其费实或超过烟价，有时将与雪茄相比矣。读一部书了，偶有一部分可喜，便已满足，有时觉得无味，亦不甚嫌憎，对于古人何必苛求，但取其供我一时披读耳，古人云只图遮眼，我的意思亦止如此。读过之后或有感想，常取片纸记其大概，久之积一二百则，有友人办日报者索取补白，随时摘抄寄与，二三年来原稿垂尽矣。《庸报》社索去者有四五十则，日前来信云拟搜集为一册，亦便答应。此种文字新陈两非，不入时眼，印成书本亦少有人读，恐终辜负报社的好意。但是有一件事，可以代作广告者，不佞虽未受五戒，生平不打诳语，称之曰语录，自信可无惭愧者也。

中华民国三十年三月二十四日，知堂题记。

【钟校】

①“至其用处”，原作“用至其处”。

药味集序①

◇1942. 1. 24

◇药味集

鄙人学写为文章，四十馀年于兹矣。所写的文字，有应试之作，可不具论，有论文批评，有随笔，皆是写意之作，有部分的可取，近来觉得较有兴味者，乃是近于前人所作的笔记而已。其内容则种种不同，没有一定的界限。孔子曰，吾少也贱，多能鄙事。鄙人岂敢高攀古人，不过少也贱则相同，因之未能求得一家之学，多务杂览，遂成为学艺界中打杂的人，亦不得已也。若言思想，确信是儒家的正宗。昔孔子诲子路，知之为知之，不知为不知，是知也。鄙人向来服膺此训，以是于汉以后最佩服疾虚妄之王充，其次则明李贽，清俞正燮，于二千年中得三人焉。疾虚妄的对面是爱真实，鄙人窃愿致力于此，凡有所记述，必须为自己所深知确信者，才敢着笔，此立言诚慎的态度，自信亦为儒家所必有者也。因此如说此文章思想皆是国粹，或云现代化的中国固有精神，殆无不可。我很怕说话有点近于夸大，便不足取，但是这里实在是很谦虚的说的，只因不愿虚伪的谦逊，故或不免过于率直耳。自丁丑至庚辰此四年中，陆续写有六十馀篇，兹因书局之需，择取其三分之一，得二十一篇，公之于世，题名曰《药味集》。拙文貌似闲适，往往误人，唯一二旧友知其苦味，废名昔日文中曾约略说及，近见日本友人议论拙文，谓有时读之颇感苦闷，鄙人甚感其言。今以药味为题，不自讳言其苦，若云有利于病，盖未必然，此处所选亦本是以近于闲适之文为多也。

中华民国三十一年一月二十四日，作者自序于知堂。

【钟校】

① 1942.7 刊《古今》5 期。《药味集》，1942.3 新民印书馆初版。

桑下丛谈小引[①]

◇1943.3.8

◇书房一角

余生长越中，十八岁以后，流浪在外，不常归去，后乃定居北京，足迹不到浙江盖已二十有五年矣。但是习性终于未能改变，努力说国语而仍是南音，无物不能吃而仍好咸味，殆无异于吃腌菜说亨个时，愧非君子，亦还是越人安越而已。偶见越人著作，随时买得一二，亦未能恣意收罗，但以山阴会稽两邑为限，得清朝人所著书才三百五十部，欲编书目提要，尚未成功。平常胡乱写文章，有关于故乡人物者，数年前选得三十篇，编为《桑下谈》，交上海书局出版，适逢战祸，未知其究竟。今又抄录短文为《桑下丛谈》一卷，只是数百字的笔记小品，但供杂志补白之用耳。古人云，浮屠不三宿桑下，恐发生留恋也，鄙人去乡已久，而犹喋喋不已，殊为不达，深足为学道之障。二十七年冬有诗云：

禹迹寺前春草生，沈园遗迹欠分明，偶然拄杖桥头望，流水斜阳太有情。

旧友匏瓜庵主人其时在上海，见而悯之，示以诗云：

斜阳流水干卿事，未免人间太有情。

此种缺点非不自知，但苦于不能改，或亦无意于改。二十六年九月寄废名信中云，自知如能将此种怅惘除去，可以近道，但一面也不无珍惜之意，觉得有此怅惘，故对于人间世未能恝置，此虽亦是一种苦，目下却尚不忍即舍去也。桑下未必限于故乡，由此推广正亦无边，惟乡里自当为其起点耳。

民国癸未三月八日。

【钟校】

①《桑下丛谈》四十四则收入《书房一角》。

一蒉轩笔记序[①]

◇1943.4.5

◇集外文

一蒉轩者，书斋名，小时候常闻先君说及，盖是曾祖八山公所居，与兰花间相对。吾家老屋在会稽东陶坊，地名东昌坊口，张宗子《快园道古》中记东昌坊贫子薛五官事，毛西河文集中叙与罗萝村揖别东昌坊，可知在明季已如此称，近来乃闻为妄人改号鲁镇，今亦不知其如何究竟矣。先君去世已四十八年，与老屋别亦二十五年矣。一蒉轩虽改筑后亦阴湿多蚊，不能久坐，未曾读书其中，今并屋亦不存，而记念仍在，甚爱此名，乃沿用之，其实轩固未有，只刻有石章曰“一蒉轩”而已。轩名出于《论语》，案《子罕九》中一章云：

子曰：譬如为山，未成一蒉，止，吾止也；譬如平地，虽覆一蒉，进，吾往也。

今本蒉字从竹，何氏《集解》：包曰，土笼也，朱氏《集注》同。黄式三《论语后案》乃云：

《说文》，蒉，草器，而无从竹之篑字。《汉书》何武诸传赞，以一蒉障江河，注蒉织草为器，所以盛土，是包注蒉训土笼，即是蒉字。又《礼乐志》引《论语》，未成一匮。《王莽传》，纲纪咸张，成不一匮。颜氏两注俱云，匮者织草为器，所以盛土。是蒉又通作匮。匮假借字，篑讹字。

今从其说，用从草之蒉字，《说文》段氏注引《孟子》曰，不知足而为屦，吾知其不为蒉也。由此可以推知蒉之形状，大略盖如簸箕畚斗耳。朱氏《集注》又云：

《书》曰，为山九仞，功亏一蒉。夫子之言盖出于此。

案此二语见于《旅獒》，乃是伪书。朱骏声《尚书古注便读》卷四上注其出处云：

譬如为山，未成一蒉，《论语》文也。掘井九仞，《孟子》文也。但七尺曰仞，周尺当今六寸，九仞不及四丈，何足为山。且孔子譬语，今用之竟去譬字。

据此可知一蒉之语其出处即在《论语》，别无更古的根据，至其教训则如《集注》所说，学者自强不息，则积少成多，中道而止，则前功尽弃，其止其往，皆在我而不在人也。鄙人今无此轩而用轩名，理由亦甚简单，其一以此名为先人所有，得以承袭，其二则意含警策，起人惧思，而草鞋似的土笼，形甚质朴谦退，用却实在，此物此志亦殊可爱重耳。

以上是说一蒉轩的名字。但是，《一蒉轩笔记》与别的名称的笔记有什么异同可说么？这未必然。自己的文章自然知道的最清楚，一面也诚如世俗所说，有时难免会觉得好，在别人不觉到的地方，但其实缺点也顶明白，所谓如人饮水，冷暖自知也。我所写的随笔多少年来总是那一套，有些时候偶然检点，常想到看官们的不满意，没有一点新花头，只是单调，焉得不令人厌倦。但是思想转变不是容易事，又听说宣传的效力发生在反复重叠上，因此又觉得那一套也未始不是办法，虽然本没有怎么要想宣传，虽然所说的多含有道德的意义。我在《雨天的书》自序里承认自己是道德家，虽反对人家跟班传话似的载道，自己却仍是随时随地的传道，因为所传是出于私见的道理，故一时亦曾以为即是言志。写自序时是民国乙丑，于今已是十八年了，结果还是别无进步，也少改变，诚恐于单调之外加上顽固，《一蒉轩笔记》写得较晚，则其特色或者亦只在此，即其色调或更较浓厚而已。

我写文章大概总是眼高手低的一路，因此自己觉得满意的几乎没有一篇。并不是什么谦虚客气，实在只是平常标准定的稍高，而自己短长也知道的稍清楚，结果便自如此。至于对人大抵也是一样。丁丑秋冬间翻阅古人笔记消遣，一总看了清代的六十二部，共六百六十二卷，坐旁置一簿子，记录看过中意的篇名，计六百五十八则，分配起来一卷不及一条，有好些书其实是全部不中选的。比较选得多的为刘献廷《广阳杂记》五卷，俞正燮《癸巳存稿》十五卷，郝懿行《晒书堂笔录》六卷，王侃《衡言》《放言》《江州笔谈》共八卷，李元复《常谈丛录》九卷，玉书《常谈》四卷，马时芳《朴丽子》正续四卷，其次则顾炎武《日知录》，尤侗《艮斋杂说》，梁清远《雕丘杂录》，如屈大均、李斗以记事物多所采取，则又别一例也。文章的标准本来也颇简单，只是要其一有风趣，其二有常识。常识分开来说，不外人情与物理，前者可以说是健全的道德，后者是正确的智识，合起来就可称之曰智慧，比常识似稍适切亦未可知。风趣今且不谈，对于常识的要求是这两点：其一，道德上是人道，或为人的思想。其二，知识上是唯理的思想。我相信中国道德政治上有两样思想，甲是为人民，孟子所谓民为贵的思想；乙是为君主，韩公所谓天王圣明臣罪当诛是也。乙虽后起，但因帝制关系，几千年来深入士大夫的心里，急切不易除去。甲虽一时被压倒，但根本极久远，是中国人的固有思想，少数有识之士随时提倡，有野火烧不尽，春风吹又生之概。到了现在，民国早已成立，在中国最适合，最旧也最新的，无疑地是这民为贵，人为第一的仁的思想。无论思想应得如何的自由，在民国的道德与政治思想上总不能再容颂扬专制的分子，凡有志述作者对于此点当别无异见。其次中国文章中向来神异的成分太多，讲报应，如逆妇变猪、雷击字纸衬鞋底，谈变化，如腐草化为萤、雀入大水为蛤，说教训，如枭食母、羔羊跪乳。这些关于自然物的传讹，当然是古已有之，不足为怪，但是有见识的人也未必信。汉的王充便已不信雷公，晋的陶弘景说桑虫不能化果蠃，直至近代还是相信这些奇迹的读书人在我看来不能不算是低能了。怪事异物说了非不好玩，但这须得如东坡姑妄言之的态度，也自有一种风趣，是佳妙的轻文艺，只可惜极少见，至少在清朝一朝里，可以说比有常识的还要少。做文章并不一定要破迷信，但自己总不可以迷信，譬如在学堂听得点生理知识的人，原不必带在口边随处卖弄，不过他知道无论怎样的炼，总之无路通过横膈膜，再从颅骨钻孔出去，以这态度去谈炼[2]气，怎么样说都好，我相信那就得了，如文章写得通达，即可算是及格，我愿把他记入那簿子里去。这些条件仔细想来并不怎么苛，只是这样的人不很多，则是如孟子所说，是不为也，非不能也。自己写文章当然不敢不勉，因为条件中消极的意味相当的强，所以还比较好办，不像对于人家的未免多有不客气的挑剔，这大抵也就止是谨耳。对于世俗通行以至尊信的事理不敢轻易随从，在自己实在是谨慎，但在世俗看来未必不就是放肆，这是无可如何的事，老百姓所谓没有法子是也。有些平易讲理的文章，往往不讨好，便是这个缘故，虽然也会得少数识者之理解，却是没有什么力量。个人既是这样的意见，能力也有所限，自然难有新的成就。这里借机会略为说明对于文章的要求，若是自己的文章原来还是旧的那一路，这未见得悉与要求相合，唯消极方面总时时警戒，希望不触犯也。一蒉轩是新的名字，理应解释一番，笔记则并非新的文章，本无再加说明之必要，现在只是顺便说及，而乃占了三分之二的字数，已是太多，不可不赶紧结束矣。

中华民国三十二年四月五日记。

［附记］　去年夏天松枝君游历至绍兴，访东昌坊口则已无有，盖改名鲁镇云。咸亨酒店本在东昌坊口，小说中不欲直言，故用代名，今反改地名从之，可谓妄矣。在南京闻浙东行政长官沈君言，绍兴现今各乡有徐锡麟镇蔡元培镇等名称，则其荒诞又更加一等，似亦为别处所未有也。

六月十日又记。

【钟校】

①《一蒉轩笔记》后改名《药堂杂文》出版，另有序。本文1943.6.20刊《华北作家月报》6期。

②"炼气"原作"练气"。

◇1943. 9. 10

◇集外文

如梦记译者附记[①]

上文系二十九年八月二十日所写，曾收入《药堂语录》，盖已是三年前事矣。那本红面小书在我手边，则已历三十三四年之久，虽是常常想起，却总未能决心着手，至于今日。翻译不易，才力不及，这理由是容易明白的。但是，为什么还是想要翻译的呢？在日本有过明治维新，虽已是过去的事，但中日两国民如或有互相理解之可能，我想终须以此维新精神为基础。我们在明治时代留学日本的人，对于那时自然更多有怀念，文泉子此书写儿童生活与明治风俗，至为可喜，又与我有不少情分，因此总想译述出来，虽然自己深知这是很不易的事。语学与文才俱优的可以委托的人，找起来未必没有，只是他们所知的大抵是近今更西洋化了的日本，对于明治时代恐怕有点隔膜，有如请西装的青年陪了穿茧绸夹袍的老人谈话，这其间有三四十年的空气间隔着，难得谈的投机的。我之所以不顾能力不足，或闲暇不多，终于决定自己来动手者，其原因即在于此。文章译得很粗糙，未能把本来的趣味恰好的传达出来，但是凭了平时对于东京与明治时代写生文与《如梦记》的好感，总之想以理解之心，运笨拙的笔，一句句的写下来，至于力不从心，那是没法子的事。全书共计九章，希望每月能译出一章来，那么到了明年夏天，全部译完了，可以出一小册单行本子。假如我在文学上有野心的话，这就是其一，此外是想把希腊神话的注释做成，这已写了一部分三万字，下馀的大约也还有十万字之谱吧。这工作中途搁下来，一转眼就已是五个年头，想起来更有岁月不居之感，亦正是所谓如梦也。

民国癸未九月十日。

【钟校】

① 1943.12 刊《艺文杂志》1 卷 6 期。

书房一角新序

◇1943.9.24

◇书房一角

本书所收凡四部分，即是一、《旧书回想记》二十八则，二、《桑下丛谈》四十四则，三、《看书偶记》六十一则，四、《看书馀记》五十八则，共计一百九十一则也。《药堂语录》后记所云读书消遣，读过之后或有感想，常取片纸记其大概，久之积一二百则，便是这些东西，其五十则编为《语录》，已于年前付刊，如将这些合算起来，那么这二百馀篇已差不多完全了。其中也还有些比较太枯燥，或是写得太率直的，留下了不曾编入。不过这里可以说一句话，我所写的于读者或无兴趣，那是当然的，至于强不知以为知的那么说诳话，我想是没有。至于知道得不周全，说错的话，那自然是不免的。语云，人非圣人，孰能无过。又云，过则勿惮改。此一节甚希望在读者能加以指教，在著者亦不敢不加勉也。

民国癸未九月，旧历秋分节[①]，知堂记于北京。

【钟校】

① 民国癸未秋分节即1943. 9. 24。

药堂杂文序[①]

◇1944.1.8

◇药堂杂文

本集所收文共二十七篇，计民国廿九年作十五篇，近两年所作十二篇，最初拟名《一蒉轩笔记》，今改定为《药堂杂文》。编好之后重阅一过，觉得这些杂文有什么新的倾向么？简单的回答一个字，不。照例说许多道德的话，这在民国十四年《雨天的书》序里已经说明，不算新了。写的文章似乎有点改变，仿佛文言的分子比较多了些。其实我的文章写法并没有变，其方法是，意思怎么样写得好就怎么写，其分子句法都所不论。假如这里有些古文的成分出现，便是这样来的，与有时有些粗话俗字出现正是同一情形，并不是我忽然想做起古文来了。说到古文，这本来并不是全要不得的东西，正如前清的一套衣冠，自小衫裤以至袍褂大帽，有许多原是可用的材料，只是不能再那样的穿戴，而且还穿到汗污油腻。新文学运动的时候，虽然有人嚷嚷，把这衣冠撕碎了扔到茅厕里完事，可是大家也不曾这么做，只是脱光了衣服，像我也是其一，赤条条的先在浴堂洗了一个澡，再来挑拣小衣衬衫等洗过了重新穿上，开衩袍也缝合了可以应用，只是白细布夹袜大抵换了黑洋袜了罢，头上说不定加上一顶深茶色的洋毡帽。中华民国成立后的服色改变，原来也便是这样，似乎没有什么可以奇怪的地方。朝服的舍利狲成为很好的冬大衣，蓝色实地纱也何尝不是民国的合式的常礼服呢。不但如此，孔雀补服做成椅靠，圆珊瑚顶拿来镶在手杖上，是再好也没有的了，问题只是不要再把补服缀在胸前，珊瑚顶装在头上，用在别处是无所不可的。我们的语体文大概就是这样的一副样子，实在是怪寒伧的，洋货未尝不想多用，就生活状况看来还只得利用旧物，顶漂亮的装饰大约也单是一根珊瑚杖之类罢了。假如这样便以为是复古，未免所见太浅，殆犹未曾见过整体的古文，有如乡下人见手杖以为是在戴红顶了。还有一层，值得特别指出的是，现今的语体文是已经洗过了一个澡来的，虽然仍旧穿的是大衫小衫以至袍子之类，身体却是不同了。这一点是应当看重的，我看人家的文章常有一种偏见，留意其思想的分子，自己写时也是如此。在家人也不打诳话，这些文章虽然写得不好，都是经过考虑的，即使形式上有近似古文处，其内容却不是普通古文中所有。语云，文学即是宣传。今写序文，如此声明一下，有似起首老店的广告，亦正合式，或当不至为读者们所笑也。

民国癸未十二月三十日。

【钟校】

①《药堂杂文》，1944.1 新民印书馆初版。

风雨后谈序[①]

◇1944.1.15

◇立春以前

民国廿六年的春天，编杂文稿为一册，继《风雨谈》之后，拟题名为《风雨后谈》，上海的出版书店不愿意，怕与前书相溷，乃改名《秉烛谈》。现在又有编集的计画，这里所收的二十篇左右都是廿六年所写，与《秉烛谈》正相连续，所以便想利用前回所拟的名称，省得从新寻找很不容易。名曰《后谈》，实在并不就是续篇，然而因为同是在那几年中所写，内容也自然有点儿近似。譬如讲一件事情，大抵多从读什么书引起，因此牵扯开去，似乎并不是先有一个主意要说，此其一。文字意趣似甚闲适，此其二。这是鄙人近来很久的缺点，这里也未能免。小时候读贾谊《鹏鸟赋》，前面有两句云，庚子日斜兮鹏集余舍，止于坐隅兮貌甚闲暇。心里觉得希罕，这怪鸟的态度真怪。后来过了多少年，才明白过来，闲适原来是忧郁的东西。喜剧的演者及作者往往过着阴暗的生活，也是人间的实相，而在社会方面看来，有此种种闲适的表示，却又正是人世尚未十分黑暗的证据。我曾谈论明末的王思任，说他的一生好像是以谑为业。他的谑其初是戏笑，继以讥刺，终为怒骂，及至末期，不谑不笑骂，只是平凡的叹息，此时已是明朝的末日也即是谑庵的末日近来了。由此观之，大家可以戏谑时还是天下太平，很值得庆贺也。不佞深幸能够得有闲暇写此闲适的杂文，与国人相见，此乐何极，文字好坏盖可暂且勿论矣。

中华民国三十三年一月十五日，知堂记。

【钟校】

①《风雨后谈》后改名《秉烛后谈》出版，另有序。本文收入《立春以前》。

青灯小抄小引[①]

◇1944. 2. 11

◇集外文

三年前的春天，在一册小书的后记中我曾这样的说，近数年来多读旧书，取其较易得，至其用处则大抵只当作纸烟，聊以遣时日而已。余不能吸纸烟，常见人家耽吸，若甚有滋味，心甚羡之而无可如何，则姑以闲书代之，无可看时亦往往无聊赖，有似失瘾，故买书之费不能节省，而其费实或超过烟价，有时将与雪茄相比矣。这话说了之后荏苒过了三个年头，现在引用便觉得大有修订之必要，旧书的价没有废纸涨的那么快，而烟价更是突飞孟晋，所以现今看书实在要比抽烟经济得多了。法定的烟量是每天二十支，前门定价一元八角，那么两合共计三元六角，假如这是可以明买到手的话。我近日在看蔡云的《吴歈百绝》，除日本刻辑录不全本外，得到了同治壬申苏氏刻本，光绪中石印姚氏抄本，姚本计价北币四元，苏本则花了南钞二十元，正与前门之价相合。照这个样子，我们大可来得一日一册，或以三四十元买十册一函，供一旬之消遣，亦颇不恶，何况此又是看了依然在者耶。这两日又在读江马三枝子所著的《飞驒的女人们》，这是《女性丛书》之一，价格不过日金一圆七八，我看过几种都很佩服，这样书便可一日买两册，而一册还可供两天阅读，则又似乎有囤积之可能矣。从前曾经写过一首狂诗云：

未必花钱逾黑饭，依然有味是青灯。偶逢一卷长恩阁，把卷沉吟过二更。

其时得到了二三种傅节子的藏书，写了这几句，现在就可以拿来算作有诗为证。以买烟钱买书，在灯右观之，也是很有意思的事，偶有感想随时写下，还是向来的旧习惯，却加上了一个新名称，小抄云者言其文短少，若云有似策论场中的怀页，虽亦无不可，但未免有点鱼目混珠之嫌矣。

【钟校】

① 1944.2.11 刊《实报》，但《青灯小抄》专栏似在 2.24 刊出《之二·崇祯遗诗》后未再刊出，后来亦未成书。

秉烛后谈序[1]

◇1944.4.6

◇立春以前

《秉烛后谈》一卷，所收文二十四篇，除《关于阿Q》外，皆二十六年所作。那一年里写的文章很多，《药味集》中选收四篇，《秉烛谈》中收有十七篇，合计共有四十五篇，此外稿子遗失的如《藏砖小记》等，也还有四五篇吧。本书原意想定名为《风雨后谈》，但是从内容看来，这都是《秉烛谈》以后所写的东西，因缘较近，所以改用今名，好在《秉烛谈》原序也附录在后边，正可以当作一个公共的小引罢。我把本书的目录复看一遍，想起近两年内所写二十几篇的文章来，比较一下，很有感慨，觉得年纪渐大，学无进益，闲适之趣反愈减退，所可叹也。鄙人执笔为文已阅四十年，文章尚无成就，思想则可云已定，大致由草木虫鱼，窥知人类之事，未敢云嘉孺子而哀妇人，亦尝用心于此，结果但有畏天悯人，虑非世俗之所乐闻，故披中庸之衣，着平淡之裳，时作游行，此亦鄙人之消遣法也。本书中诸文颇多闲适题目，能达到此目的，虽亦不免有芒角者，究不甚多，回顾近年之作乃反不逮，现今纸笔均暴贵，何苦多耗物力，写些不入耳的正经话，真是人己两不利矣。因复阅旧稿，而得到反省，这件事却是有益，因为现今所写不及那时的好，这在自己是一种警戒，当思改进，而对于读者可以当作广告，又即是证明本书之佳胜也。

民国甲申，清明节后一日雨中，知堂记。

［附记］　去年春天将旧稿二十四篇编为一集，定名为《风雨后谈》，已写小序，后来因为觉得这些文章都是在《秉烛谈》之后所写，所以又改名为《秉烛后谈》，序文另写，而仓猝未曾印在书里，现在一起收在这里，序虽有两篇，书则本来只是一册而已。

三十四年一月三十日。

【钟校】

①《秉烛后谈》，1944.9新民印书馆初版。序文“仓猝未曾印在书里”，后收入《立春以前》。

我的杂学引言①

◇1944. 4. 30

◇苦口甘口

小时候读《儒林外史》，后来多还记得，特别是关于批评马二先生的话。第四十九回高翰林说：

若是不知道揣摩，就是圣人也是不中的。那马先生讲了半生，讲的都是些不中的举业。

又第十八回举人卫体善卫先生说：

他终日讲的是杂学。听见他杂览到是好的，于文章的理法他全然不知，一味乱闹，好墨卷也被他批坏了。

这里所谓文章是说八股文，杂学是普通诗文，马二先生的事情本来与我水米无干，但是我看了总有所感，仿佛觉得这正是说着我似的。我平常没有一种专门的职业，就只喜欢涉猎闲书，这岂不便是道地的杂学，而且又是不中的举业，大概这一点是无可疑的。我自己所写的东西好坏自知，可是听到世间的是非褒贬，往往不尽相符，有针小棒大之感，觉得有点奇怪，到后来却也明白了。人家不满意，本是极当然的，因为讲的是不中的举业，不知道揣摩，虽圣人也没有用，何况我辈凡人。至于说好的，自然要感谢，其实也何尝真有什么长处，至多是不大说诳，以及多本于常识而已。假如这常识可以算是长处，那么这正是杂览应有的结果，也是当然的事，我们断章取义的借用卫先生的话来说，所谓杂览到是好的也。这里我想把自己的杂学简要的记录一点下来，并不是什么敝帚自珍，实在也只当作一种读书的回想云尔。

民国甲申四月末日。

【钟校】

① 1944.5.1 刊《华北新报》。《我的杂学》各篇本来只有序号，未加题目，后来收入《知堂随想录》时，才由作者逐篇加题。

我的杂学结语[①]

◇1944. 7. 5
◇苦口甘口

我写这篇文章本来全是出于偶然。从《儒林外史》里看到杂览杂学的名称，觉得很好玩，起手写了那首小引，随后又加添三节，作为第一分，在杂志上发表了。可是自己没有什么兴趣，不想再写下去了，然而既已发表，被催着要续稿，又不好不写，勉强执笔，有如秀才应岁考似的，把肚里所有的几百字凑起来缴卷，也就可以应付过去了罢。这真是成了鸡肋，弃之并不可惜，食之无味那是毫无问题的。这些杂乱的事情，要怎样安排得有次序，叙述得详略适中，固然不大容易，而且写的时候没有兴趣，所以更写不好，更是枯燥，草率。我最怕这成为自画自赞。骂犹自可，赞不得当乃尤不好过，何况自赞乎。因为竭力想避免这个，所以有些地方觉得写的不免太简略，这也是无可如何的事，但或者比多话还好一点亦未可知。总结起来看过一遍，把我杂览的大概简略的说了，还没有什么自己夸赞的地方，要说句好话，只能批八个字云，国文初通，常识略具而已。

我从古今中外各方面都受到各样影响，分析起来，大旨如上边说过，在知与情两面分别承受西洋与日本的影响为多，意的方面则纯是中国的，不但未受外来感化而发生变动，还一直以此为标准，去酌量容纳异国的影响。这个我向来称之曰儒家精神，虽然似乎有点笼统，与汉以后尤其是宋以后的儒教显有不同，但为得表示中国人所有的以生之意志为根本的那种人生观，利用这个名称殆无不可。我想神农大禹的传说就从这里发生，积极方面有墨子与商韩两路，消极方面有庄杨一路，孔孟站在中间，想要适宜的进行，这平凡而难实现的理想我觉得很有意思，以前屡次自号儒家者即由于此。佛教以异域宗教而能于中国思想上占很大的势力，固然自有其许多原因，如好谈玄的时代与道书同尊，讲理学的时候给儒生作参考，但是其大乘的思想之入世的精神与儒家相似，而且更为深彻，这原因恐怕要算是最大的吧。

这个主意既是确定的，外边加上去的东西自然就只在附属的地位，使他更强化与高深化，却未必能变化其方向。我自己觉得便是这么一个顽固的人，我的杂学的大部分实在都是我随身的附属品，有如手表眼镜及草帽，或是吃下去的滋养品如牛奶糖之类，有这些帮助使我更舒服与健全，却并不曾把我变成高鼻深目以至有牛的气味。我也知道偏爱儒家中庸是由于癖好，这里又缺少一点热与动，也承认是美中不足。儒家不曾说“怎么办”，像犹太人和斯拉夫人那样，便是证据。我看各民族古圣的画像也觉得很有意味，犹太的眼向着上是在祈祷，印度的伸手待接引众生，中国则常是叉手或拱着手。我说儒家总是从大禹讲起，即因为他实行道义之事功化，是实现儒家理想的人。近来我曾说，中国现今紧要的事有两件，一是伦理之自然化，二是道义之事功化。前者是根据现代人类的知识调整中国固有的思想，后者是实践自己所有的理想适应中国现在的需要，都是必要的事。此即是我杂学之归结点，以前种种说话，无论怎么的直说曲说，正说反说，归根结底的意见还只在此，就只是表现得不充足，恐怕读者一时抓不住要领，所以在这里赘说一句。

我平常不喜欢拉长了面孔说，这回无端写了两万多字，正经也就枯燥，仿佛招供似的文章，自己觉得不但不满而且也无谓。这样一个思想径路的简略地图，我想只足供给要攻击我的人，知悉我的据点所在，用作进攻的参考与准备，若是对于我的友人这大概是没有什么用处的。写到这里，我忽然想到，这篇文章的题目应该题作“愚人的自白”才好，只可惜前文已经发表，来不及再改正了。

民国三十三年，七月五日。

【钟校】

① 1944.9.16 刊《古今》55 期。

苦口甘口自序[1]

◇1944.7.20

◇苦口甘口

今年夏天特别酷热，无事可做，取旧稿整理，皆是近一年中所写，共有二十一篇，约八万馀字，可以成一册书，遂编为一集，即名之曰《苦口甘口》。重阅一过之后，照例是不满意，如数年前所说过的话，又是写了些无用也无味的正经话。难道我的儒家气真是这样的深重而难以湔除么。我想起顾亭林致黄梨洲的书中有云：

> 炎武自中年以前，不过从诸文士之后，注虫鱼、吟风月而已。积以岁月，穷探古今，然后知后海先河，为山覆蒉，而于圣贤六经之旨，国家治乱之原，生民根本之计，渐有所窥。

案此书《亭林文集》未载，见于《梨洲思旧录》中，时在清康熙丙辰，为读《明夷待访录》后之复书，亭林年已六十四，梨洲则六十七矣。黄顾二君的学识我们何敢妄攀，但是在大处态度有相同者，亦可无庸掩藏。鄙人本非文士，与文坛中人全属隔教，平常所欲窥知者，乃在于国家治乱之原，生民根本之计，但所取材亦并不废虫鱼风月，则或由于时代之异也。此种倾向之思想大抵可归于唯理派，虽合理而难得势，平时已然，何况如日本俗语所云，无理通行，则道理缩入，这一类的文章出来，结果是毫无用处，其实这还是最好的，如前年写了一篇关于中国思想问题的文章，曾被人评为反动，则又大有祸从口出之惧矣。我于文集自序中屡次表示过同样的意见，对于在自己文章中所有道德的或是政治的意义很是不满，可是说过了也仍不能改，这回还是如此。近时写《我的杂学》，因为觉得写不好，草率了事，却已有二十节，写了之后乃益了解，自己历来所写的文章里面所有的就只是这一点东西，假如把这些思想抽了去，剩下的便只有空虚的文字与词句，毫无价值了。我一直不相信自己能写好文章，如或偶有可取，那么所可取者也当在于思想而不是文章。

总之我是不会做所谓纯文学的，我写文章总是有所为，于是不免于积极，这个毛病大约有点近于吸大烟的瘾，虽力想戒除而甚不容易，但想戒的心也常是存在的。去年九月以后我动手翻译日本坂本文泉子的《如梦记》，每月译一章，现在已经完毕，这是近来的一件快意的事。我还有《希腊神话》的注释未曾写了，这个工作也是极重大的，这五六年来时时想到，赶做注释，难道不比乱写无用无味的文章更有价值么？我很怕被人家称为文人，近来更甚，所以很想说明自己不是写文章而是讲道理的人，希望可以幸免，但是昔者管宁谓邴原曰，潜龙以不见成德，言非其时，皆取祸之道，则亦不甚妥当。天下多好思想好文章，何必尽由己出，鸠摩罗什不自著论，而一部《大智度论》，不特译时想见踌躇满志，即在后世读者亦已可充分了解什师之伟大矣。假如可以被免许文人歇业，有如吾乡堕贫之得解放，虽执鞭吾亦为之，只是目下尚无切实的着落处，故未能确说，若欣求脱离之心则极坚固，如是译者可不以文人论，则固愿立刻盖下手印，即日转业者也。

民国甲申，七月廿日，知堂记于北京。

【钟校】

① 1944.12.1刊《风雨谈》16期。《苦口甘口》，1944.11太平书局初版。

希腊神话引言[1]

◇1944.8.20

◇立春以前

《希腊神话》，亚坡罗陀洛斯原著，今从原文译出，凡十万馀言，分为十九章。著者生平行事无可考，学者从文体考察，认定是西历一世纪时的作品，在中国是东汉之初，可以说正是扬子云[2]班孟坚的时代。瑞德的《希腊晚世文学史》卷二关于此书有一节说明云：

> 在一八八五年以前，我们所有的只是这七卷书中之三卷，但在那一年有人从罗马的梵谛冈图书馆里得到全书的一种节本，便将这个暂去补足了那缺陷。卷一的首六章是诸神世系，以后分了家系叙述下去，如斗加利恩，伊那科斯，亚该诺耳及其两派，贝拉思戈斯，亚忒拉斯，亚索坡斯。在卷二第十四章中我们遇到雅典诸王，德修斯在

内，随后到贝罗普斯一系。我们见到忒洛亚战争前的各事件，战争与其结局，希腊各主帅的回家，末后是阿狄修斯的漂流。这些都简易但也颇详细的写出，如有人想得点希腊神话的知识，很可以劝他不必去管那些现代的著述，最好还是一读亚坡罗陀洛斯。

这里给原书作广告已经很够了，颇有力量，可是也还公平实在，所以我可以不再多说话了。其实我原来也是受了这批评的影响，这才决定抛开现代的各参考书而采用这册原典的。这神话集的好处，叙述平易而颇详明，固然是其一。是希腊人自编，在现存书类中年代又算是较早的，这一点也颇重要，是其二。

关于希腊神话，以前曾写过几篇小文，说及那里边的最大特色是其美化。希腊民族的宗教其本质与埃及印度本无大异，但是他们不是受祭司支配而是受诗人支配的，结果便由诗人悲剧作者画师雕刻家的力量，把宗教中的恐怖分子逐渐洗除，使他转变为美的影像，再回向民间，遂成为世间唯一的美的神话。罗马诗人后来也都借用，于是神人的故事愈益繁化，至近代流入西欧，反有喧宾夺主之势，就是名称也多通用拉丁文写法，英法各国又各以方音读之，更是见得混乱了。我们要看希腊神话，必须根据希腊人自己所编的，罗马人无论做得如何美妙，当然不能算在内，亚坡罗陀洛斯虽已生在罗马时代，但究竟是希腊人，我们以他的编著为根据，我觉得这是最可信赖的地方。

我发心翻译这书还在民国廿三年，可是总感觉这事体重难，不敢轻易动笔。廿六年夏卢沟桥变起，闲居无事，始着手移译，至廿七年末，除本文外，又译出弗来若博士《希腊神话比较研究》，哈利孙女士《希腊神话论》，各五万馀言，作本文注释，成一二两章，共约三万言。廿八年以来中途停顿，倏已六载，时一念及，深感惶悚。注释总字数恐比本文更多，至少会有二十万字吧，这须得自己来决定应否或如何注释，不比译文可以委托别人，所以这完全是我个人的责任，非自己努力完成不可的。为得做注释时参考的必要，曾经买过几本西书，我在小文中说及其中的一种云：

> 这最值得记忆的是汤普生教授的《希腊鸟类名汇》，一九三六年重订本，价十二先令半。此书系一八九五年初版，一直没有重印，而平常讲到古典文学中的鸟兽总是非参考他不可，在四十多年之后，又是远隔重洋，想要搜求这本偏僻的书，深怕有点近于妄念吧。姑且托东京的丸善书

店去一调查，居然在四十年后初次出了增订版，这真是想不到的运气，这本书现在站在我的书厨里，虽然与别的新书排在一起，实在要算是我西书中珍本之一了。

我到书橱前去每看见这本书，心里总感到一种不安，仿佛对于这书很有点对不起，一部分也是对于自己的惭愧与抱歉。我以前所写的许多东西向来都无一点珍惜之意，但是假如要我自己指出一件物事来，觉得这还值得做，可以充作自己的胜业的，那么我只能说就是这神话翻译注释的工作。本文算是译成了，还有馀剩的十七章的注释非做不可，虽然中断了有五年半，却是时常想到，今年炎夏拿出关于古希腊的书本来消遣，更是深切的感觉责任所在，想来设法做完这件工事。现在先将原文第一章分段抄出，各附注释，发表一下，一面抄录过后，注释有无及其前后均已温习清楚，就可继续做下去，此原是一举两得，但是我的主要目的还在于后者，前者不过是手段而已。我的愿望是在一年之内把注释做完，《鸟类名汇》等书恭而敬之的奉送给图书馆，虽然那时就是高阁在书架上看了也并无不安了，但总之还是送他到应该去的地方为是。

不佞少时喜弄笔墨，不意地坠入文人道中，有如堕民，虽欲歇业，无由解免，念之痛心，历有年所矣。或者翻译家可与文坛稍远，如真不能免为白丁，则愿折笔改业为译人，亦彼善于此。完成神话的译注为自己的义务工作，自当尽先做去，此外东西贤哲嘉言懿行不可计量，随缘抄述，一章半偈，亦是法施，即或不然，循诵随喜，获益不浅，尽可满足，他复何所求哉。

民国三十三年八月二十日记。

【钟校】

① 1944.10刊《艺文杂志》2卷10期，后收入《立春以前》。《希腊神话》的译事至五十年代始得完成；译本则在译者生前始终未能出版。

②“扬子云”原作“杨子云”。

苦茶庵打油诗的前言后记[①]

◇1944.9.10

◇立春以前

（一）前言

民国二十三年的春天，我偶然写了两首打油诗，被林语堂先生拿去在《人间世》上发表，硬说是“五十自寿”，朋友们觉得这倒好嬉子，有好些人寄和诗来，其手写了直接寄在我这里的一部分至今都还保存着。如今计算起来已是十个年头荏苒的过去了，从书籍的抽屉里把这些手迹从新拿出来看，其中有几位朋友如刘半农、钱玄同、蔡孑民诸先生现今都已不在，半农就在那一年的秋间去世，根据十年树木的例，墓木当已成抱了，时移世变，想起来真有隔生之感。有友人问，今年再来写他两首么。鄙人听了甚为惶悚，唯有采取作揖主义，连称不敢。为什么呢？当年那两首诗发表之后，在南方引起了不少的是非口舌，闹嚷嚷的一阵，不久也就过去了，似乎没甚妨害，但是拨草寻蛇，自取烦恼，本已多事，况且众口铄金，无实的毁谤看似无关重要，世间有些重大的事件往往可由此发生，不是可以轻看的事情。鄙人年岁徒增，修养不足，无菩萨投身饲狼之决心，日在戒惧，犹恐难免窥伺，更何敢妄作文诗，自蹈覆辙，此其一。以前所写的诗本非自寿，唯在那时所作，亦尚不妨移用，此次若故意去做，不但赋得难写得好，而且也未免肉麻了。还有一层，五十岁是实在的，六十岁则现在可以不是这样算，即是没有这么一回事。寒斋有一块寿山石印章，朱文九字云“知堂五十五以后所作”，边款云庚辰禹民，系民国二十九年托金彝斋君所刻。大家知道和尚有所谓僧腊者，便是受戒出家的日子起，计算他做和尚的年岁，在家时期的一部分抛去不计，假如在二十一岁时出家，到了五十岁则称曰僧腊三十。五十五岁以后也便是我的僧腊，从那一年即民国二十八年算起，到现在才有六年，若是六十岁，那岂不是该是民国八十八年么。六十自寿诗如要做的话，也就应该等到那时候才对，现在还早得很呢，此其二。

以上把现今不写打油诗的话说完了，但是在这以前，别的打油诗也并不是不写。这里不妨抄录一部分出来。这都是在事变以后所写的。照年代说来，自民国二十六年十一月至三十二年十月，最近一年间并没有著作。我自称打油诗，表示不敢以旧诗自居，自然更不敢称是诗人，同样地我看自己的白话诗也不算是新诗，只是别一种形式的文章，表现当时的情意，与普通散文没有什么不同。因此名称虽然是打油诗，内容却并不是游戏，文字似乎诙谐，意思原甚正经，这正如寒山子诗，他是一种通俗的偈，其用意本与许多造作伽陀的尊者别无不同，只在形式上所用乃是别一手法耳。我所写的东西，无论怎么努力想专谈或多谈风月，可是结果是大部分还都有道德的意义，这里的打油诗也自不能免，我引寒山禅师为比，非敢攀高，亦只取其多少相近，此外自然还有一位邵康节在，不过他是道学大贤，不好拉扯，故不佞宁愿与二氏为伍，庶可稍免指摘焉。打油诗只录绝句，虽有三四首律诗，字数加倍，疵累自亦较多，不如藏拙为愈，今所录凡二十四首。

（二）后记

这些以诗论当然全不成，但里边的意思总是确实的，所以如只取其述怀，当作文章看，亦未始不可，只是意少隐曲而已。我的打油诗本来写的很是拙直，只要第一不当他作游戏话，意思极容易看得出，大约就只有忧与惧耳。孔子说，仁者不忧，勇者不惧。吾侪小人诚不足与语仁勇，唯忧生悯乱，正是人情之常，而能惧思之人亦复为君子所取，然则知忧惧或与知惭愧相类，未始非人生入德之门乎。从前读过《诗经》，大半都已忘记了，但是记起几篇来，觉得古时诗人何其那么哀伤，每读一过令人不欢。如《王风》“黍离”云，知我者谓我心忧，不知我者谓我何求，悠悠苍天，此何人哉。其心理状态则云中心摇摇，终乃如醉以至如噎。又“兔爰”云，我生之初，尚无为，我生之后，逢此百罹，尚寐无吪。《小序》说明原委，则云君子不乐其生。幸哉我们尚得止于忧惧，这里总还有一点希望，若到了哀伤则一切已完了矣。

大抵忧惧的分子在我的诗文里由来已久，最好的例是那篇《小河》，民国八年所作的新诗，可以与二十年后的打油诗做一个对照。这是民八的一月廿四日所作，登载在《新青年》上，共有五十七行，当时觉得有点别致，颇引起好些注意。或者在形式上可以说，摆脱了诗词歌赋的规律，完全用语体散文来写，这是一种新表现。夸奖的话只能说到这里为止，至于内容那实在是很旧的，假如说明了的时候，简直可以说这是新诗人所大抵不屑为的，一句话就是那种古老的忧惧。这本是中国旧诗人的传统，不过他们不幸多是事后的哀伤，我们还算好一点的是将来的忧虑，其次是形式也就不是直接的，而用了譬喻，其实外国民歌中很多这种方式，便是在中国，《中山狼传》里的老牛老树也都说话，所以说到底连形式也并不是什么新的东西。鄙人是中国东南水乡的人民，对于水很有情分，可是也十分知道水的利害，《小河》的题材即由此而出。古人云，民犹水也，水能载舟，亦能覆舟。法国路易十四云，朕等之后有洪水来。其一戒惧如周公，其一放肆如隋炀，但二者的话其归趋则一，是一样的可怕。把这类的思想装到诗里去，是做不成好诗来的，但这是我诚恳的意思，所以随时得有机会便想发表，自《小河》起，中间经过好些文诗，以至《中国的思想问题》，前后二十馀年，就只是这两句话，今昔读者或者不接头亦未可知，自己则很是清楚，深知老调无变化，令人厌闻，唯不可不说实话耳。打油诗本不足道，今又为此而有此一番说明，殊有唐丧时日之感，故亦不多赘矣。

民国甲申，九月十日。

【钟校】

① 1944.10.1 刊《杂志》14 卷 1 期。《苦茶庵打油诗》作于 1937—1943 间，收入《立春以前》，今只录前言后记并加标题。

十堂笔谈小引[①]

◇1944. 12. 10
◇立春以前

陶渊明所作杂诗之六有句云，昔闻长者言，掩耳每不喜，奈何五十年，忽已亲此事。这种经验大抵各人都曾有过，只是没有人写出来，而且说的这么亲切。其实这也本来是当然的，年岁有距离，意见也自然不能没有若干的间隔。王筠《教童子法》中有一则云：

> 桐城人传其先辈语曰，学生二十岁不狂，没出息，三十岁犹狂，没出息。

这两句话我很喜欢，古人说，狂者进取，少年时代不可无此精神，若如世间所称的一味的少年老成，有似春行秋令，倒反不是正当的事。照同样的道理说来，壮年老年也各有他当然的责务，须得分头去做，不要说陶公诗中的五十，就是六七十也罢，反正都还有事该做，没有可以休息的日子，庄子曰，息我以死，所以唯年寿尽才有休息。但是，说老当益壮，已经到了相当的年纪，却从新纳妾成家，固然是不成话，就是跟着青年跑，说时髦话，也可以不必。譬如走路，青年正在出发，壮年爬山过水已走了若干程，老年走的更多了，这条路是无穷尽的，看看是终于不能走到，但还得走下去。他走了这一辈子，结果恐怕也还是一无所得，他所得的只有关于这路的知识，说没有用也就没有用，不过对于这条路上的行人未必全然无用，多少可以做参考，不要听也别无妨碍。老年人根据自己的经历，略略讲给别人听，固不能把前途说得怎么好，有什么黄金屋或颜如玉，也不至于像火焰山那么的多魔难，只是就可以供给旅行者的参考的地方，想得到时告知一点，这也可说是他们的义务。我们自己有过少年时代，记起来有不少可笑的事，在学堂的六年中总有过一两回几乎除了名，那时正是二十前后，照例不免有点狂，不过回想起当时犯过都为了公，不是私人的名利问题，也还可以说得过去。当时也听了不少的长者的教训，也照例如陶公所云掩耳不喜，这其实是无怪的，因为那些教训大抵就只是诲人谄耳，不听倒是对的，在此刻还历之年想起四十年前长老的话，觉得不大有什么值得记忆，更不必说共鸣了。这样看来，五十之年也是今昔很有不同，并不是一定到了什么年龄便总是那么的想的。一个人自以为是，本来是难免的，总之不能说是对，现在让我们希望，我们的意见或者可以比上一代的老辈稍好一点，并不是特别有什么地方更是聪明了，只是有一种反省，自己从前也有过青年时期，未曾完全忘记，其次是现今因年岁阅历的关系，有些意见很有改变了，这颇有可供后人参考的地方，但并没有一种约束力，叫人非如此不可。因为根据这个态度说话，说的人虽然觉得他有说的义务，听的人单只有听的权利，不听也是随意，可以免去掩耳之烦，盖唯有长者哓哓而谈，强迫少年人坐而恭听，那时才有掩耳之必要也。昔冯定远著《家戒》二卷，卷首题词中有云：

> 少年性快，老年谆谆之言，非所乐闻，不至头触屏风而睡，亦已足矣，无如之何，笔之于书，或冀有时一读，未必无益也。

冯君写家戒，说的是这么明达，我们对青年朋友说话，自然还该客气，仔细想来，其实与平辈朋友说话也无什么不同，大抵只是话题有点选择而已，至于需要诚实坦白本是一样，说的繁简或须分别，但是那也只是论理当如是，却亦不能一定做到也。

民国三十三年十二月十日十堂自记。

【钟校】

① 1944. 12. 18 刊《新民声》。

立春以前后记[①]

◇1945. 2. 28

◇立春以前

《立春以前》是我的散文集之第二十二册。自民国十二年《自己的园地》出版以后，至今亦已有二十二年，算是每年平均出书一册，也还不多。但是这一册里的文章二十几篇，差不多全是半年中所写，略有十万字左右，那就不能算写得少了吧。这个原因本来也很简单，因为我从前说过，以看书代吸纸烟，近来则又以写文章代看书，利用旧存稿纸笔墨，随时写几页，积少成多，倏忽成册。纸烟吸过化为烟云，书看了之后大半忘记，有点记得的也不久朦胧地成了尘影，想起来都似乎是白花了的，若是做文章则白纸上写黑字，总是可以留存得住，虽然这本身有无价值自然还是一个问题。话虽如此，既然写下来了，如有机会，收集起来设法出版，那也是人情之常，以前的二十一册都已如此的印出来了，这回可以说是照例而已，别的说明原来是无须的，所以这里就不多说了。

我写文章也已不少，内容杂得可以，所以只得以杂文自居，但是自己反省一下，近几年来可以找出两个段落，由此可看得出我的文章与思想的轨道。其一，民国廿九年冬我写一篇《日本之再认识》，正式声明日本研究店的关门，以后对于不懂得的外国事情不敢多开口，实行儒家的不知为不知的教训。其二，民国卅一年冬我写一篇《中国的思想问题》，离开文学的范围，关心国家治乱之源，生民根本之计，如顾亭林致黄梨洲书中所说，本国的事当然关切，而且也知道得较多，此也可以说是对于知之为知之这一句话有了做起讲之意吧。

我对于中国民族前途向来感觉一种忧惧，近年自然更甚，不但因为已亦在人中，有沦胥及溺之感，也觉得个人捐弃其心力以至身命，为众生谋利益至少也为之有所计议，乃是中国传统的道德，凡智识阶级均应以此为准则，如经传所广说。我的力量极是薄弱，所能做的也只是稍有论议而已，却有外国文士见了说这是反动，我听了觉得很有意义，因此觉得恐怕我的路是走得不错的，因为冷暖只有自家知，有些人家的非难往往在己适成为奖励也。以前杂文中道德的色彩，我至今完全的是认，觉得这样是好的，以后还当尽年寿向这方面努力，虽然我这传统的根据却与世界的知识是并行的，我的说话永久不免在新的听了以为旧，在旧的听了以为新，这是无可如何的事。因为如此，我又感觉我的路更没有走错，盖那些人所想象的路大抵多是错的也。

我重看这集子的目录，所惭愧的只是努力不够，本来力量也自然不很大。我写文章虽说是聊以消遣，但意思却无不是真诚的，校读一过，觉得芜杂原不能免，可是对于中国却是多少总有益的吧。说到文章，实在不行的很，我自己觉得处处还有技巧，这即是做作，平常反对韩愈方苞，却还是在小时候中了毒，到老年未能除尽，不会写自然本色的文章，实是一件恨事。立春之后还未写过一篇文章，或者就此暂时中止，未始非佳，待将来学问有进步时再来试作吧。

民国三十四年二月二十八日，知堂记于北京。

【钟校】

①《立春以前》，1945.8 太平书局初版。

往昔三十首后记[①]

◇1947. 1. 20

◇集外文

去年五月末自北平移南京，居于老虎桥，长夏无事，偶作小诗，并为人题画，前后半年，得诗数十，其中有《往昔》一题，凡五续，共三十首，别录为一卷。兴之所至，随意写出，初无格律，亦多出韵，本不可以诗论，但期达意而已。情动于中而形于言，咏叹淫泆，乃成为诗，而人间至情，凡大哀极乐，难写其百一，古人尚尔，况在鄙人，深恐此事一说便俗，非唯不能，抑亦以为不可者也。此三十首多说史地杂事，稍附意见，多已见于旧日小文中，亦无甚新意，其与旧作有殊者，唯在形式似诗耳。若即此以为是诗，则唐突诗神，亦已太甚矣。

一九四七年一月二十日，知堂记于南京。

【钟校】

①《往昔三十首》收入《知堂杂诗抄》，作者生前未出版。

丙戌岁暮杂诗后记[1]

◇1947. 1. 20

◇集外文

前作《往昔》凡五续，得五言古诗三十首。续有所作，体制相同，题材无定，因以杂诗名之。既成十一首，而旧历改岁，遂亦暂作结束。余所作本非诗，而亦复非散文，本意仿偈颂体写之，亦殊有风致，唯无韵以范围之，觉得太无限制，且如意思浅少，漫然下笔，画虎不成，反为可笑，故不敢为耳。今虽每篇有韵，亦只约略取其近似者用之，上去声或通押，盖此本但以语音为准，而非根据韵书者也。

三十六年一月二十日，知堂记。

【钟校】

①《丙戌岁暮杂诗》收入《知堂杂诗抄》，作者生前未出版。

关于希腊神话[1]

◇1947.7.10

◇希腊的神与英雄

希腊神话世称美之神话，最大原因乃由希腊宗教没有经典，没有主教，各庙宇的祭师只管祭礼以及乩示的事，并不说教，其神史的编述属于诗人画家，神学的讨论则属于哲学家。宗教的原始时期总有些怪异的东西，牛首蛇身的形相，食人兽婚的行事，种种事物，起人恐怖，在希腊亦本不能免，但经了诗人的手渐以改观，或转为美化，如果耳共的头，锯牙圆目之面具，终乃成为哀愁不幸的女子相，虽然看见了令人化为石头还是一样。又如克洛诺斯怕他的子女要抢他的王位，一个个地都吞下肚去，亦是原始的野蛮遗迹，可是在神话中成为一个插话，饶有滑稽之趣，盖已由宗教而转入文艺范围，不似希伯来的神话放在圣书当中，耶和华总保着一副严厉面孔，即使见于诗画，亦还是宗教诗、宗教画，在我们隔教的人未能如何赏识也。

宙斯的多妻其一半原因是古代的习惯，后世的希腊喜剧家与文人，对于他这件事常取宽假的态度，友谊地加以嘲笑，但尚有一半原因，则宙斯本人不负其责，说也奇怪，其责任反在编述神话的诗人们身上了。希腊古时各地方都市林立，各自有其建立的历史与开创的英雄，而此英雄们的谱系照例必推本于神话，大抵以宙斯为父，及希腊文化渐以统一，地方传说悉容纳于神话之中，于是各地独立之御妻的名分发生不安，不得不列于天后赫拉之次，世系表所记共有十二人，实在只其荦荦大者而已。宙斯与赫拉反目传说，赫拜思妥斯之伤足传说，均由此而兴，此在人间世当为谣言与风说，而希腊的神与人不以为忤，终且认为神话上的一分子，亦是很有意思的事。

爱的女神亚柏洛地德，据荷马史诗所说，本是宙斯与地阿呐的女儿，本书四十二章《战神打仗》所说即以此为依据，唯荷马以后的人又望文生义，从亚柏洛地德的名字联想到水泡，复谓她系生自海中泡沫，——克洛诺斯反抗乌拉诺斯的时候，一镰刀割下乌拉诺斯的男根来，血液滴落海中，发生水泡，爱的女神乃由此化生，这是做谐诗的朋友的创意，却也流传下来，本书第一章里已经说及，与后文不甚一致。

还有小呃罗斯，罗马人称之曰库披陀，今人据英语则呼之为久辟特，算作亚柏洛地德的儿子，但第一章及末章又说他是混沌之初便已存在，也是一点不一致。这是怎么的呢？据说亚柏洛地德本是外国女神，由巴比伦、埃及方面渐渐侵入的，虽然希腊诗人也欢迎她加入阿棱坡斯的家族，可是她终是一个外方人，不受神人的重视。希腊人是很了不起的民族，但他也有他的缺点，奴隶制度而外，还有一件便是男女不平等。这一点倒是与中国人有点相同的，他娶一个门第相当的女子为妻，放在家里摆门面，却另外找妾与妓去消遣作乐。讲到爱与美，他们并不以女性为对象，却往男性中间找去，所以爱的女神不是他们所要礼拜的，所要的乃是爱的男神，呃罗斯就是了。他的本相是一个少年武士，把他说成顽皮的小孩乃是后来的事，现在我们所熟知的小爱神正是罗马时代的库披陀，第四十四章爱与心的故事即本于罗马亚浦刘斯的大著《变形记》，是世界闻名的作品，亦是希腊神话故事中出色的一章，不过论其时代则很是后起，一面是柏拉图神秘思想的末流，一面已有基督教思想的空气，所以本书著者也就我田引水，在卷末说他们二人永生不死，加以传扬。

还有一个是那田野牛羊之神潘，他在希腊本是一位小神，上不得阿棱坡斯山，曾经帮助希腊人打败波斯，在雅典特别有他的位置，在洞穴以外，也并没有一座像样的庙宇，但是后来因为他的名字潘在希腊语中解作一切，所以后人渐渐把他提高起来，末了遂当作代表的大神，大潘的死的故事显然是古代基督教徒所造，但放在这里作整个神话的结束，倒也是很合适的事。但是，潘是不死的，他以及其他一切田野间的小神在现代希腊还是存在，只要读本书著者劳斯的《在希腊诸岛》一文可以知道。

宗教里有些恐怖，希腊神话诗人们给我们除去，转化为美与笑，所以成为世界的美的神话，有益于人间。假如这在现今人心上全已消灭，那么潘虽独存亦复何益，人们所感到的殆亦只潘的恐怖而已乎。

丁亥五月二十二日，在南京。

［案］　大潘死了的故事，殆亦事出有因，但传讹耳。希腊神话里沛耳舍波呐的传说是象征春天的复归的，冬时春去表示哀伤，及冬尽春来，大众欢喜庆祝，后来地阿女索斯继起，也是表现这个意思。最后则有亚陀尼斯，原是从斐尼基传入，更具有西亚细亚的岁时宗教的色彩，末了则是现代人所共知的耶苏基督了。这大神又叫嗒慕士，原系闪族的言语，这里当作舵工

的名字，算他是斐尼基人，倒也是很巧妙地相适合的。有人推测当时船只经过，岸上正在举行哀悼节的时候，大家叫道："嗒慕士，潘默伽斯，得那思开！"意思是说"最大的嗒慕士死啦！"这最大或一切大这字，潘默伽斯，如分开为两字，则可以解作大潘，故读作"嗒慕士呵，大的潘死了。"这个解说颇为合理，可以证明普鲁塔耳戈斯所记录的这条传说，虽出传讹，却并不全是假托的。

【钟校】

① 曾刊《希腊的神与英雄》"译后附记"之（一）。

儿童杂事诗序[1]

◇1947. 8. 5

◇集外文

今年六月偶读英国利亚的诙谐诗，妙语天成，不可方物，略师其意，写儿戏趁韵诗，前后得十数首，亦终不能成就。唯其中有三数章，是别一路道，似尚可存留，即本编中之甲十及十九，又乙三是也。因就其内容，分别为儿童生活、儿童故事两类，继续写了十日，共得四十八首，分编甲乙，总名之曰《儿童杂事诗》[2]。后又续有所作，列为丙编，乃是儿童生活诗补，亦二十四首，唯甲编以岁时为纲，今则以名物分类耳。我本不会做诗，但有时候也借用这个形式，觉得这样说法，别有一种味道，其本意则与用散文无殊，无非只是想表现出一点意思罢了。寒山曾说过，“分明是说话，又道我吟诗”。我这一卷所谓诗，实在乃只是一篇关于儿童的论文的变相，不过现在觉得不想写文章，所以用了七言四句的形式，反正这形式并无什么关系，就是我的意思能否多分传达也没有关系。我还深信道谊之须事功化。古人云，为治不在多言，但力行何如耳。我辈的论或诗，亦只是道谊之空言，于事实何补也。

三十六年[3]八月五日，知堂记于南京。

【钟校】

①《儿童杂事诗》，作者生前未能出版，有自写多本传世。此据1954.1.30写本。

② 以下三十九字所据本无，据别本补入。

③“三十六年”，此指民国三十六年，即1947年。

丁亥暑中杂诗后记[①]

◇1947.8.27

◇集外文

七月下旬移居东独居，稍得闲静，而天气特炎热，唯借阅杂书，聊以消夏。间或写五言杂诗，初得《黑色花》《鬼夜哭》二首，总题云《新古典诗》。其时方写儿童杂事诗，故暂搁置。阅十许日，复写《女人国》《中山狼》，性质尚相似；唯以后则渐以杂糅，殊少古典之气息矣。乃改题曰《暑中杂诗》，计自大暑以至处暑，一个月中，共得三十二首，因录为一卷。此种俳谐诗，本是姑妄言之的性质，不会得有多少思想感情藏在里面。其中唯《花牌楼》一题三章，差为用意之作，但在见过我的杂文的人看去，亦只是将散文中有过的有些意思变为韵语的形式而已，以云新的意味，殆未尝有也。新的感想，岂尔易得，即使有之，亦何必寄之于消暑的杂诗中耶?

卅六年八月廿七日，知堂记。

【钟校】

①《丁亥暑中杂诗》收入《知堂杂诗抄》，作者生前未出版。

杂诗题记[①]

◇1947.9.20

◇集外文

我于前清光绪甲午（一八九四）年进寿氏三味书屋读书，傍晚诵唐诗以代对课，为读旧诗之始。辛丑（一九〇一）以后，在南京水师学堂，不知从何时起学写古诗，今只记得有写会稽东湖景色者数语，如云：

岩鸽翻晚风，池鱼跃清响。

又云：

潇潇几日雨，开落白芙蓉。

此盖系暂任东湖学堂教课，寄住湖上时所作，当是甲辰（一九〇四）年事。昔有稿本，题曰《秋草闲吟》，前有小序，系乙巳年作，今尚存。唯诗句悉已忘却，但记有除夕作中有云：

既不为大椿，便应如朝菌。一死息群生，何处问灵蠢。

又七绝末二句云：

独向龟山望松柏，夜乌啼上最高枝。

龟山在故乡南门外，先君殡屋所在地也。丙午（一九〇六）年由江南督练公所派遣日本留学，至辛亥归国，此六年未曾着笔，唯在刘申叔所办之《天义报》上登过三首，其词云：

为欲求新生，辛苦此奔走。学得调羹汤，归来作新妇。

不读宛委书，却织鸳鸯锦。织锦长一丈，春华此中尽。

出门怀大愿[2]，竟事不一映。款款坠庸轨，芳徽永断绝。

此盖讽刺当时女学生之多专习工艺家政者，诗虽是拟古，实乃已是打油诗的精神矣。

民国二年（一九一三），范爱农君以愤世自沉于越中，曾作一诗挽之，现在已全不记得，虽曾录入记范爱农的一篇小文中。六年至北京，改作白话诗，多登在《新青年》及《每周评论》上面，大概以八年中所作为最多。十年秋间，在西山碧云寺养病，也还写了些，都收集在《过去的生命》一卷中。后来因为觉得写不好，所以就不再写了。这之后偶然写作打油诗，不知始于何时，大约是民国二十年（一九三一）前后吧，因为那时曾经于无花果枯叶上写二十字寄给在巴黎的友人，诗云：

寄君一片叶，认取深秋色。留得到明年，唯恐不相识。

这里有本事，大意暗示给他恋爱的变动，和我本是无关也。又写给杜逢辰君的那一首“偃息禅堂中”的诗，也是二十年一月所作。但是真正的打油诗，恐怕还要从二十三年的“请到寒斋吃苦茶”那两首算起吧。这以后做了不少，其稍重要的，曾录出二十四首，收入《苦茶庵打油诗》那篇杂文之中。关于打油诗，其时有些说明，现在可以抄录一部分在这里：

我自称打油诗，表示不敢以旧诗自居，自然更不敢称是诗人。同样地，我看自己的白话诗，也不算是新诗，只是别一种形式的文章，表现当时的情意，与普通散文没有什么不同。因此名称虽是打油诗，内容却并不是游戏；文字似乎诙谐，意思原甚正经。这正如寒山子诗，它是一种通俗的偈，用意本与许多造作伽陀的尊者别无殊异，只在形式上所用乃是别一手法耳。

又云[3]：

这些以诗论当然全不成，但里边的意思总是诚实的。所以如只取其述怀，当作文章看亦未始不可，只是意稍隐曲而已。我的打油诗，本来写的很是拙直，只要第一不当它作游戏语，意思极容易看得出，大约就只有忧与惧耳。

这回所收录的共有一百几十首，比较的多了，名称则曰杂诗，不再叫作打油了，因为无论怎么说明，世间对于打油诗，终究不免仍有误解，以为这总是说浑话的，它的过去历史太长了，人家对于它的观念，一时改不过来，这也是没法的事。反正我所写的，原不是道地的打油，对于打油的名字，也并不真是衷心爱好，一定非用不可，当初所以用这名称，本是一种方便，意在与正宗的旧诗表示区别，又带一些幽默的客气而已，后来觉得不大合适，自可随时放弃，改换一个新的名号。我称之曰杂诗，意思与从前解说杂文时一样，这种诗的特色是杂，文字杂，思想杂。第一它不是旧诗，而略有字数韵脚的拘束；第二也并非白话诗，而仍有随意说话的自由，实在似乎是所谓三脚猫，所以没有别的适当的名目。说到自由，自然无过于白话诗了，但是没有了韵脚的限制，这便与散文很容易相混至少也总相近，结果是形式说是诗而效力仍等于散文。这是我个人的经验，固然由于无能力之故，但总之白话诗之写不好在自己是确实明白的了。

白话诗的难做的地方，我无法去补救，回过来拿起旧诗，把它的难做的地方给毁掉了，虽然有点近于削履适足，但这还可以使用得，即是以前所谓打油诗，现今称为杂诗的这物事。因为文字杂，用韵只照语音，上去亦不区分，用语也很随便，只要在篇中相称，什么俚语都不妨事，反正这不是传统的正宗旧诗，不能再用旧标准来加以批评。因为思想杂，并不要一定照古来的几种轨范，如忠爱，隐逸，风怀，牢骚，那样去做，要说什么便什么都可以说；但是忧生悯乱，中国诗人最古的那一路思想，却还是其主流之一。在这里，极新的又与极旧的碰在一起了。正如杂文比较的容易写一样，我觉得这种杂诗，比旧诗固不必说，就是比白话诗也更为好写。有时候感到一种意思，想把它写下来，可是用散文不相宜，因为事情太简单，或者情意太显露，写在文章里便一览无馀，直截少味，白话诗呢又写不好，如上文所说，末了大抵拿杂诗来应用，此只出于个人的方便，本来不足为训，这里只是说明理由事实而已，原无主张的意思，自然更说不上是广告也。

我所做的这种杂诗，在体裁上只有两类。以前作七言绝句，仿佛是牛山志明和尚的同志；后来又写五言古诗，可以随意多少说话，觉得更为适用，则又似寒山子的一派了。可是事实上并不如此，他们更近于偈，我的还近于诗，未能多分解放，只是用意的诚实则是相同，不过一边在宣扬佛法，一边乃只是陈述凡人之私见而已。诸诗都是聊寄一时的感兴，未经什么修改，自己觉得满意的很少；但也有一两篇写得还好，有如《岁暮杂诗》中之《挑担》一首，似乎表示得恰切，假如用散文或白话诗，便不能说得那么好，或者简直没法子说。不过这里总多少有些隐曲，有的人也未必能一目了然，但如说明，又犯了俗的病，所以只能那样就算了。又如《丙戌岁暮》末尾云：

行当濯手足，山中习符水。

《暑中杂诗》中《黑色花》云：

我未习咒法，红衣师喇嘛。

又《修禊》一首末云：

恨非天师徒，未曾习符偈。不然作禹步，撒水修禊事。

这些我都觉得写得不错。同诗中述南宋山东义民吃人腊往临安，有两句云：

犹幸制熏腊，咀嚼化正气。

这可以算是打油诗中之最高境界，自己也觉得仿佛是神来之笔，如用别的韵语形式去写，便决不能有此力量，倘想以散文表出之，则又所万万不能者也。关于人腊的事，我从前说及了几回，可是没有一次能这样的说得决绝明快，杂诗的本领可以说即在这里，即此也可以表明它之自有用处了。我前曾说过，平常喜欢和淡的文字思想，但有时亦嗜极辛辣的，有掐臂见血的痛感。此即为我喜那英国狂生斯威夫德之一理由，上文的发想或者非意识的由其《育婴刍议》中出来亦未可知，唯索解人殊不易得，昔日鲁迅在时最能知此意，今不知尚有何人耳。

《花牌楼》一题三章，后记中已说明是用意之作，唯又如在《往昔》后记中所云：

> 情动于中，而形于言，咏叹淫泆，乃成为诗。而人间至情，凡大哀极乐，难写其百一，古人尚尔，况在鄙人；深恐此事一说便俗，非唯不能，抑亦以为不可者也。

这三首诗多少与上文所说有所抵触，但是很悭的写下去，又是五十年前的往事，勉强可以写成那么一点东西，也就是不很容易了。有些感怀之作，如《中元》及《茶食》《鲁酒薄》等，与《往昔》中之《东郭门》《玩具》与《炙糕担》是一类。杂文中亦曾有《耍货》《卖糖》等篇，琐屑的写民间风俗、儿童生活，比较的易作，也就不大会得怎么不成功。此外又有几篇，如《往昔五续》中之《性心理》，《暑中杂诗》之《女人国》《红楼梦》以及《水神》，凡与妇女有些相关的题目，都不能说得很清楚，盖如《岁暮杂诗》之《童话》篇中所云：

染指女人论，下笔语枝离。隐曲不尽意，时地非其宜。

昔时写杂文，自《沟沿通信》以来，向有此感慨，今在韵文中亦复如此，正如孟德斯鸠所言，帝力之大，有如吾力之为微矣。

但是这问题虽是难，却还是值得，而且在现今中国，也是正当努力的。杂诗的形式虽然稍旧，但其思想应具有大部分新的分子，这才够得上说杂，而且要稍稍调理，走往向前的方向。有的旧分子，若是方向相背，则是纷乱而非杂，所以在杂的中间没有位置，而是应当简单的除外的。直截的说，凡是以三纲为基本的思想，在现今中国都须清算。写诗的人就诗言诗，在他的文字思想上，至少总不当再有这些痕迹。虽然清算并不限于文字之末，但有知识的人，总之应首先努力在这一点上，与旧人有最大的区别。中国古来帝王之专制，原以家长的权威为其基本（家长在亚利安语义云主父，盖合君父而为一者也），民为子女，臣则妾妇，不特佞倖之侍其君为妾妇之道，即殉节

（兼男女两性而言）之义，亦出于女人的单面道德。时至民国，此等思想本早应改革矣，但事实上则国犹是也，民亦犹是也，与四十年前固无以异。即并世贤达，能脱去三纲或男子中心思想者，又有几人？今世竞言民主，但如道德观念不改变，则如沙上建屋，徒劳无功。而当世倾向，乃正是背道而驰，漆黑之感，如何可言。虽然，求光明乃是生物之本性，谓光明终竟无望，则亦不敢信也。鄙人本为神灭论者，又尝自附于唯理主义，生平无宗教信仰之可言，唯深信根据生物学的证据，可以求得正当的人生观及生活的轨则，三十年来，此意未有变更，《暑中杂诗》之《刘继庄》一首中有四句云：

生活即天理，今古无乖违。投身众流中，生命乃无涯。

此种近于虚玄的话在我大概还是初次所说，但其实这也还是根据生物的原则来的，并不是新想到的意思。我的意思，是看重殉道或殉情的人，却很反对所谓殉节，以及相关的一切思想，这也即是我的心中所常在的一种忧惧，其常出现于文诗上，正是自然也是当然的事。这几篇不成其为诗的杂诗，文字既旧，其中也别无什么新的感想，原不值得这样去说明议论它，现在录为一编，无非敝帚自珍之意罢了。上边的这些话，也就只是备忘录的性质，俗语云，好记性不如烂笔头，此之谓也。

三十六年九月二十日知堂自记。十二月八日大雪节重录讫[4]。

【钟校】

①“杂诗”后定名《知堂杂诗抄》，作者生前未能出版。此据郑子瑜抄本，以谷林（劳祖德）抄本校过。

②“出门怀大愿”，“怀大愿”一作“有大希”。

③“又云”以下引文四行郑抄本无。

④ 落款郑抄本作：“一九四七年九月二十日知堂自记。”

希腊女诗人萨波序言①

◇1949.8.2

◇希腊女诗人萨波

介绍希腊女诗人萨波到中国来的心愿，我是怀的很久了。最初得到一九〇八年英国华耳敦编《萨波诗集》，我很喜欢，写了一篇古文的《希腊女诗人》，发表在以前的《小说月报》上边。这还是民国初年的事，荏苒二十年，华耳敦的书已经古旧了，另外得到一册一九二六年海恩斯编的集子，加入了好些近年在埃及发现，新整理出来的断片，比较更为完善。可是事实上还是没有办法，外国诗不知道怎么译好，希腊语（而且是萨波的）之美也不能怎么有理解，何况传达，此其一。许多半句几个字的断片，照译殊无意味，即使硬把全部写了出来，一总只有寥寥几页，订不成一本小册子，此其二。末了又搜求到了一九三二年韦格耳的《勒斯婆思的萨波，她的生活与其时代》，这才发现了一种介绍的新方法。他是英国人，曾任埃及政府古物总检查官，著书甚多，有《法老史》三册，《埃及王亚革那顿、女王克勒阿帕忒拉、罗马皇帝宜禄各人之生活与其时代》，关于希腊者只此一书。这是一种新式的传记，特别也因为萨波的资料太少的缘故吧，很致力于时代环境的描写，大概要占十分之八九，但是借了这做底子，他把萨波遗诗之稍成片断的差不多都安插在里面，可以说是传记中兼附有诗集，这是很妙的办法。一九一二年帕忒利克女士的《萨波与勒斯婆思岛》也有这个意思，可是她真的把诗另附在后面，本文也写得简单，所以我从前虽然也觉得可喜，却不曾想要翻译它。近来翻阅韦格耳书，摘译了其中六篇，把萨波的生活大概说及了，遗诗也十九收罗在内，聊以了我多年的心愿，可以算是一件愉快的事。有些讲风土及衣食住的地方，或者有人觉得繁琐，这小毛病当然也可以说是有的，但于知人论世上面大概亦不无用处，我常想假如有人做杜少陵或是陆放翁的新传，不知他能否在这些方面有同样的叙述，使我们知道唐宋人日常的起居饮食，可以推想我们诗人家居的情状，在我是觉得这非常可以感谢的。所有这种问题都是原著者的事，于我无干，我的工作是在本文以外，即是附录中的那些萨波的原诗译文，一一校对海恩斯本的原文，用了学究的态度抄录出来，只是粗拙的达旨，成绩不好，但在我却是十分想用力的。既无诗形，也少诗味，未必值得读，但是介绍在《诗经》时代的女诗人的诗到中国来，这件事总是值得做的。古典文学即是世界文学遗产的一部分，我们中国应当也取得一份，只是担负的力气太小，所以也分到得太少罢了。

一九四九年八月二日，在上海。

【钟校】

①《希腊女诗人萨波》，1951.8上海出版公司初版。

希腊女诗人萨波例言

◇1949. 8. 5
◇希腊女诗人萨波

一、本书介绍古代希腊女诗人萨波，以诗为主，以生活为副。但在实际上，因为诗不好译，又遗文散逸，所存多是断简残篇，难成卷帙，所以夹杂在生活中间，长短共八十节，诗集中重要的差不多都收罗在内了。

一、本文六篇，均取自英国韦格耳（Arthur Weigall）著《萨波传》中，全书太繁冗，故其馀未译出。有可补充的材料，收入各篇后附录甲中。文中所录萨波[①]的诗，另照诗集原文校译，列为附录乙，此系原诗真面目，可资参考处当不少。

一、《关于萨波》一文系编者所写，将其生活简要的叙述[②]一下，对于几个问题亦稍加研究[③]，附于卷端。

一、人地名译音务期正确，以两国对音为原则，即是说勉力以中国字去表现希腊语音，不用第三国读法。古希腊文已是死言语，究竟古人如何发音，至今已不可知，（现代希腊人虽然仍用旧字母，已经读得很特别了，如 b 字读作 v 之类，）但欧洲学者大抵有一假定读法，今悉从之。所谓第三国读法，即用了英美人的读法去读以罗马人拼法所拼的字，如尼开（Niké）拼作 Nice，便读为“柰西”（不是“柰司”已是很好了），基耳开（Kirké）拼作 Circé，读为“首西”，即亚柏罗地德亦读作“亚孚罗大替”了。古典的专名经罗马人拼写，沿用至今，容易误读，准名从主人之例，都应一一改正才对。

一、对音原拟各音规定一定的汉字，但难以实现，因为往往有音无字，不能不迁就用近似的替代，又如 l、r 音，中国字无法区别，也只能混写作一个字了。

一、人地名中国早有译音者，今多仍之，不加改译，如雅典、荷马、梭格拉底[4]、柏拉图、亚列士多德之类，但哥林多、以弗所、昔昔利等，今亦改为科林朵思、厄贝索思、西基利亚了。

一、萨波用故乡方言自称泼萨巴（Psappha），今依通称为萨波（Spphō），此处萨字读入声更为正确。最初介绍她的名字到中国来的实是梁任公，他在所办的《新小说》上，大概是《新中国未来记》吧，引有英国拜轮的《哀希腊歌》，依据日本语译音，有“萨芷波歌声高”之语，算起来已是距今四十多年前的事了。

【钟校】

①“萨波”原作“波萨”。

②“叙述”原作“设述”。

③“研究”原作“研空”。

④“梭格拉底”原作“校格拉底”。

希腊的神与英雄译本序[①]

◇1949.10.27

◇希腊的神与英雄

这是一本写给儿童们看的希腊神话故事书，原名《古希腊的神、英雄与人》，英国人劳斯所著，一九三四年出版。现在译成中文，简称为《希腊的神与英雄》。

希腊神话是世界文学遗产的一部分，古代的神话，与小孩爱听的童话，民间流传的故事，以及原始民族的传说，实质都是一样，可以说是人类幼稚时期的小说。希腊神话本质特别美妙，又为希腊古代的诗文戏曲所取材，通过了罗马文学，输入欧洲，经了文艺复兴的消化，已是深深地沁进到世界文学的组织里去了。所以现今说起希腊神话来，这并不是希腊一国，或是宗教一方面的物事，乃是世界文学的普通知识的一部，想要理解西欧文学固然必须知道，就是单当作故事看也是很有意思的。我曾见中国报纸上登载斯大林的一篇演说，说共产党不离开人民永不会失败，引用安泰阿斯因为是地母的儿子，在他身子和地相接触的时候杀不死他的故事做比喻，可见在苏联今日这些故事也是很熟习普遍的了。此乃是英雄赫拉克莱斯第十一件工作取金苹果的故事里的一个插话，在希腊神话中也是有名的一节，这书里原本略掉了，我很觉得有点可惜。

著者劳斯是英国的一个古典学者，曾译注过好些古典文学，又通新希腊语，译有现代作家蔼夫达利阿谛斯的一册小说集，名曰《在希腊诸岛》。他的古典文学的知识不必说了，据他本书的小序说，这些故事都曾讲给十一二岁的小孩们听过，经过他们的批评加以修改，所以格式文体也是没有问题的了，现在的问题只是中文译的不能怎么恰好而已。别的不说，文句生硬，字义艰深，小学生不容易自己读懂，这是最大的缺点。有人介绍原书，说自八岁至八十岁的儿童读了当无不喜欢，我这译本只好请八十以内的小孩读了，再去讲给八岁以上的小孩听去吧。还有一点，著者不但深知今昔的希腊，而且还懂得神话这东西，这一点虽然近乎是小事情，但是由我看去，却是十分难得的。

中国向来很少希腊神话的译书，以前只有郑西谛先生曾经出过两册，现在恐怕也早已绝版了吧。我这里能够添加一小册上去，不能不算是很光荣的一件事。

一九四九年十月，在北京，译者。

【钟校】

①《希腊的神与英雄》，1950.11文化生活出版社初版。

希腊的神与英雄译后附记①

◇1949. 10. 31

◇希腊的神与英雄

一九四七年春夏之交，曾经化了两个月工夫，将这册书译成中文，后边抄集讲过的关于希腊神话的话，不论散文与诗，附记以备参考。这部稿子经友人介绍交给一家书局出版，可是不久被火烧毁，不复存在了。今年夏秋之间，又由别的友人劝说，叫我重新翻译，可是重译的事殊少兴味，所以拖延了好久，直至近时才动手工作，到得完工已是立冬前后了。这个译本与前本比较不知优劣如何，但是据自己的意思来说，大概意思的误解或者可以少一点儿，若是文句，因为兴趣较薄的缘故，恐怕要写得更差了也未可知。那些附录多是旧作，这回便都省去，只有两节是那时新添的，凑巧草稿也还存留，所以就抄在下面。至于此外注释的话，说起来也一言难尽，只好因陋就简罢了。

一九四九年十月三十一日。

［附一］关于人地名的译音

本书系从英文原本译出，但其中人地名均依照原音对译，不用英文读法。原著者在卷首的人地名表上也曾说明，云拼写这些名字，都如希腊人所写那么样，但有些英国通用已久的字也仍照旧，我这里却全都统一了，一律用大陆式的拼读法，以求比较近真。（但如荷马、雅典等，也有例外。）希腊神话由于文学美术的中介，于文艺复兴前后入英国，又由罗马文化的间接的关系，所有人地名均沿用拉丁文的拼法。本来罗马人翻译希腊专名除末尾 os 改成 us 之外，一概都一一对音，也自正确。无如英文读法自己生了变化，由本来的一字母一音转变成多样读音，因此读起拉丁译希腊字来弄得牛头不对马嘴了。例如胜利女神，便是那画作背上有大鸟翼，一手拿着棕榈叶，一手高举桂叶冠的，希腊人称之曰尼开，现代大陆式的对音是 Nike，两母音皆是长音，罗马人不用 K 字，则写作 Nice，英文读法不免成为奈西，再一转便将为奈司了。我们中国人反正对于 Nike 或 Nice 都是一样的初会面，别无什么情分可言，便自可简单的采用了正确的新的拼法。

又罗马人本来没有神话，但是他征服了希腊之后，看中了这些文化遗产，于是把它也拿了过去，换上他们自己所有的男神女神的名字，到了中古时代，这又由罗马流入西欧，所以最初希腊神话里的神名差不多都是罗马的，如大神宙斯为鸠比得，战神亚莱斯为玛耳斯，使者赫尔美斯为麦鸠利，只有亚坡隆一个没有变，仍叫作亚坡罗，末尾也稍不同。直至现代希腊神话研究兴起，这才渐渐改了过来，本书中不必说那都是用的希腊原名。第四十四节中阨罗斯原书因为熟习起见写作久辟特，现在已改为阨罗斯了。

［附二］宙斯的十二妻

原书末附众神世系表，颇便参考，唯旁行斜上，译成烦杂的汉名排列为难，今但抄译宙斯的妻子于下：

（1）美帖斯　生雅典那。

（2）德米斯　生岁时三神女，运命三神女。

（3）欧吕诺美　生美惠三神女。

（4）台美退耳　生沛耳舍波呐。

（5）木呐摩叙呐　生艺文九神女。

（6）莱妥　生亚坡隆与亚耳德米斯。

（7）赫拉　生赫培、亚莱斯、蔼来都亚与赫拜思妥斯。亚莱斯生哈耳摩尼亚，嫁与卡特摩斯，生伊诺、舍默莱、亚高蔼与奥妥诺蔼。

（8）迈亚　生赫耳美斯。

（9）舍默莱　生地阿女索斯。

（10）亚耳克默呐　生赫拉克莱斯。

（11）欧洛沛　生拉达曼都斯与米诺斯。

（12）达那蔼　生沛耳修斯。

尚有地阿呐表中未收，据荷马说是亚柏洛地德的母亲。

【钟校】

①《希腊的神与英雄》，1950.11文化生活出版社初版。本文原有附录五节，其（一）（四）（五）已按写作时间单独入编，（二）（三）则继续作为本文的［附一］和［附二］。

关于希腊的神与英雄[①]

◇1949. 11. 1

◇希腊的神与英雄

这本书因为翻译过两遍，所以可以说弄得很有点清楚了。它的好处我可以简单地举出两点来：其一是诙谐。基督教国人讲异教的故事，意识地或非意识地表示不敬，以滑稽的形式发现出来，原是可以有的，加上英国人的喜幽默，似乎不能算是什么特别，但是这里却有些不同。如第四十二节《战神打仗》中所说，希腊诗人常对神们开一点玩笑，但他们是一个和气的种族，也都能够好意地接受了。这本是希腊的老百姓的态度，他们自己是如此，所以以为神们也是一样。著者的友谊的玩笑乃是根据这种人民的诗人的精神和手法而来，自然与清教徒的绅士不是一路的。其二是简单。简单是文章的最高的标准，可是很不容易做到。这书里讲有些故事却能够达到几分，说得大一点这是学得史诗的手法，其实民间文学的佳作里也都是有的。例如第四十四节爱与心的故事，内容颇是复杂，却那么剪裁下来，粗枝大叶的却又疏劲有致，是很不容易的事。又如关于忒洛亚的十年战争，说起来着实头绪纷烦，现在只用《不和的金苹果》等三节就把它结束起来，而且所挑选的又是那几个特别好玩的场面，木马一段也抛弃了，这种本事实在可以佩服。总之在英美人所做的希腊神话故事书中，这一册实是最好的，理由有如在序文中所说，原著者是深悉神话与希腊两方面的人，故胜过一般的文学者也。

一九四九年十一月一日，在北京记。

【钟校】

① 原刊《希腊的神与英雄》，为“译后附记”之（五）。

补树书屋旧事缘起[1]

◇1952.1

◇鲁迅的故家

前几时有一位在东北远处的中学教员写信来问我，鲁迅“抄碑文”的目的何在，方法如何等等，我仔细的写了一封信回答了他。话虽如此，也不见得能说得仔细，那是民国初年的事情，年代相隔颇久了，有如书桌的一只多年不用的抽屉，里边收着的东西多半忘记了，抽开来翻一下，才能慢慢的回想出来。因了谈抄碑文，我把绍兴县馆的一段旧事记了起来，因为抄碑的工作都是在县馆的补树书屋所做的，有些事情比较记得清楚的，略记数则，总名便叫作“补树书屋旧事”。

绍兴县馆原名山会邑馆，是山阴会稽两县的会馆，绍兴府属八县另有会馆在虎坊桥，名为越中先贤祠，清末废除府制，府城内的山会两县合并为绍兴县，这邑馆也就改称为绍兴县馆了。不明白是什么缘故，有些人不喜欢绍兴这名称，鲁迅也是一人，他在文章中常称这县馆为S会馆，人问籍贯也总只说是浙江。虎坊桥的会馆名为越中先贤祠，难道李越缦等人也是这个意思么？前清时因为部吏和师爷的关系，绍兴人在北方民间少有好感乃是实情，但鲁迅等人的讨厌绍兴的名称或者还是因为小康王的关系，在杭州设了小朝廷，还要摆架子自称绍兴，把这庸俗的年号硬给人做地名，这的确是有点可厌的。

【钟校】

①《补树书屋旧事》十五则，1952.1-2刊《亦报》，后收入《鲁迅的故家》，1953.3上海出版公司初版。

鲁迅的故家总序[①]

◇1952. 2. 29

◇鲁迅的故家

上海出版公司要将我所写的《百草园杂记》印成单行本，这事我没有不赞成的道理，只是依照了友人的意见，从别的杂文中间选取相关的若干篇，编为第二部分，名曰《园的内外》，又把《鲁迅在东京》和《补树书屋旧事》那两部分加在里边，作为附录。

这一册书共总有一百多篇文章，差不多十万字，写时也花了四五个月工夫，但是它有一个缺点，这是陆续写了在《亦报》上发表的，缺少组织，而且各部分中难免有些重复之处，有的地方也嫌简略或有遗漏，现在却也不及补正了，因为如要订补，大部分就需要改写过，太是费事了，我想缺少总还不要紧，这比说的过多以至中有虚假较胜一筹吧。

至于有些人物，我故意略过的也或有之，那么这里自然更无再来加添之必要了。

一九五二年二月二十九日，周遐寿记于北京。

【钟校】

①《鲁迅的故家》，1953.3上海出版公司初版。

在奥利斯的伊菲革涅亚译序[①]

◇1952. 4. 20
◇欧里庇得斯悲剧集

我翻译这本悲剧是以英国赫德阑（C. E. S. Headlam）的编订本为根据的。此书于一八八九年出版，我所用的系一九三一年重版本，由罗念生先生替我借来，我这里要谢谢他。赫德阑系根据客耳希荷夫（A. Kirchhoff）本，严密地依照原文，这是一种很大的好处，但有时候我也不得不暂时离开它，觉得别的如《勒布（Loeb）丛书》中韦（A. S. Way）氏本更可以说得清楚点，虽然那些改字也不一定可靠，却是照着翻译了。本文还是两月前写了的，搁了这些时间才又来写注释，未免有点生疏了，写的不很顺手，大抵只把神话故事上的典故略为一说，至于字义的异同这里便不及列举了。译文与注释重阅一过，都觉得不满意，但是做完一件工作的愉快照例是有的，这也可以算是笔耕者的一种慰藉吧。

一九五二年四月二十日，周遐寿。

【钟校】

①《欧里庇得斯悲剧集》，1957—1958人民文学社初版。

呐喊衍义开端[①]

◇1952. 2

◇鲁迅小说里的人物

《呐喊》是个好题目，可以写出许多的文章来。这个意思我早已有了，也想来试一下，可是拖了好几年不曾下笔，因为那个题目想不好。这总不好说，新一点是“关于呐喊”吧，说索隐呢？例如《红楼梦索隐》，但这里边所有的人物与事迹并不多，也不怎么隐晦，无须那么费了力气来索。我曾想到用“呐喊讲章”的名称，这两个字的确不差，却又怕有误会，以为是夸夸其谈的在讲章旨、节旨，谈得比本篇原文更长，印出来徒耗物力，要看的人也不会多的。最后我才想到了这演义的名字，乃发心来写，称之曰“呐喊演义”。这个名称也并非没有缺点，第一是它有《三国演义》等说部在先，好像是把《呐喊》里的小说再拉长来讲，有如茶馆里的讲《聊斋》，但是很明显的这是不可能的事。其次或者有人要联想到宋明人的“大学衍义”，那种内圣外王的大著，我怎么追得上，更没有鱼目混珠的意思。好吧，我还自写我的衍义，这只是像《四书典林》之类，假如用了庸俗的旧书来比方，讲说一点相关的人地事物四项的故事，有没有用处不能知道，但不是望着题目说空话，所以与“味根录”之类是有些不同的。我只是凭了我所知道和记得的说来，不及查考鲁迅日记等书，做考证是别一种工作，应当有别的适当的人去做才好。（鲁迅的小说集在《呐喊》之外还有《彷徨》，对于《彷徨》，且待这个写完时再来衍义吧。）

【钟校】

①《呐喊衍义》共九十一则（前二十九则 1952.2-3 刊《亦报》，后全部收入《鲁迅小说里的人物》，1954.4 上海出版公司初版。

乌克兰民间故事凡例

◇1952. 5. 1
◇乌克兰民间故事

一、这里所根据的是英国培因（R. N. Bain）所编译的《哥萨克童话与民话》（*Cossack Fairy Tales and Folk Tales*）一九〇二年新版。培因只知道他是大英博物院员，懂得外国语很多，从他所译的书看来，所懂的有匈牙利、波兰、罗马尼亚、俄国、乌克兰、丹麦等各国语。他译自乌克兰文的书似只此一种，或者英文的哥萨克童话也只有他这一册，亦未可知。

二、据原序说明，他根据库利式的《南俄罗斯志》（彼得堡出版）、路特千科的《南俄罗斯民间故事》（基辅出版）和特拉果玛诺夫的《小俄罗斯民间传说与故事》（同前）三书选译了二十七篇，长短不一，有普通的故事（Kazka），有小故事（Kazochika），只有两页长。

现在又从这里挑取了十二篇，有些加上了基督教分子太多的，都未选入。有一篇讲僵尸的很是特别

（虽然在中国志异书中多有），可惜拉扯着圣密哈耳，也只好割爱了。又《金拖鞋》一篇，系《灰娘》（*Cinderala*）故事的转变，但显系从西欧传入，很有宫廷文学的气味，与别篇的素朴不同，很可以资比较，今亦暂从略。

小故事选了两篇，以见一斑。

三、童话这名称容易误解今不用，只称故事或民间故事。民俗学中分所有故事为三类，一神话（Mythos），关于天地开辟，神人行事，文化和物类起源等事，二传说（Saga），关于地方人物的事迹，三童话（Märchen），内容与一二相似，但无一定的时地与人名，也不信为史实，只是讲了听得好玩的。这第三种现在用了日本输入的新名词称之曰童话，其实这并不是只有儿童要听的故事，尤其不是儿童读物，它的原意是"希奇事儿"，所以上边可以加上民间二字，若是如文去硬解释"民间童话"的意义，就很有点讲不通了。为得免除误解起见，这里一律不用，改称为民间故事，附带说明于此。

乌克兰民间故事序言[①]

◇1952.5.10

◇乌克兰民间故事

我们谈乌克兰民间故事，不能不从果戈理（N. V. Gogol）说起，因为乌克兰是他的故乡，他自己是一个哥萨克人，他最能理解并尊重乌克兰的歌谣与故事的价值。他的大著《死魂灵》是成于晚年，但是他的早年著作也并不是不重要，他在那里便给他故乡的历史与人与地做了很大的纪念。

乌克兰亦称小俄罗斯，或南俄罗斯，是一个大草原，大家知道它是苏联的谷仓，但是这也就规定了它的历史和人民的性格。这是一个平原，所以是四通八达的，北边是大俄罗斯，西边是波兰，南边是克里米亚，东边是北高加索，这两面都是鞑靼族，波兰是天主教国民，在希腊正教的信徒看来也是外道。在十三世纪上半，成吉思汗的儿子拔都侵入俄国，夺取了乌克兰首府基辅，后来在伏尔加河畔建设了钦察汗国起来。十四世纪中，白俄罗斯的该地明王解放了南俄一带，乌克兰逐渐统一，哥萨克人也从此出现了。据说这里民族成分很是复杂，有的是波兰的亡命，有的是从鞑靼和土耳其来的，逃亡出来，什么都没有，什么都不怕，能够吃苦冒险，这边也让自由加入，就只有一个条件，必须信仰希腊正教。这些人便叫作哥萨克，有人说这字源出于土耳其语，但未知其详。

果戈理曾经想写过一部六册的乌克兰史，没有写成，但在引论上有云：

> 在三个敌对的民族遇着的地方是以人骨作肥料，人血来浇灌的。一次鞑靼族的侵入就毁坏了种地人的整个工作，草地与稻田被马蹄踏坏，或被火烧掉了，房屋拆成白地，住民逃散，或是和牛羊一起被赶出去当俘虏。这是一个恐怖的地方，因此那里只能造成一种能战的人民，结合坚固，强悍凶猛，他们的整个生存就是专为战争，训练了去作战的。

他们的目标当然是保护乡土，但又一目的乃是抵抗外道，因此他们的时代与情形仿佛与西欧的十字军武士有点相像。但是如果戈理所说，这却是并不相同的：

> 他们并没有罗马公教（即天主教）骑士的那种严峻，他们并不立什么誓愿，或是斋戒，他们对于自己不加什么限制，或克制情欲，却只是像他们所住地方特聂伯耳河中的岩石似的屹立不屈，在他们狂暴的酒宴快乐的中间把全个世界都忘记了，有些亲密的结社，像在强盗集团所有的一样的东西，联结他们在一起。他们一切都是共有：酒，食，住所。一个永久的恐惧，永久的危险，引起他们对于生的轻视。哥萨克对于一斗的好酒比他自己的死生更是关心。这个边界上的公民，只看他着了半鞑靼半波兰的服装，这多么显明地标示出边区的精神，——亚洲式的骑在马上跑着，一会儿没在深草里了，一会儿像老虎从埋伏地出来似的那么快地跳了起来，或者忽然从河和池塘里钻出来，都带着污泥，对于鞑靼人是一个恐怖的影像。

这些武士守护着那草原，阻住亚洲的外道民族，不让侵入欧洲，一面也把社会建设起来，据说在十六世纪初头村镇生活已经很整齐了。因为是边界地区的关系，男子都有从军的义务，哥萨克的风气普遍各地，犁与剑二者差不多是各家必备的东西。又据果戈理说，就在平常时候，年青的单身汉子已常潜过边境，去掠夺鞑靼族的妻女来，同他们结婚。他说道：

> 因为这混合的结果，他们的脸相当初各不相同的，有了一个共同的模型，大抵近于亚洲式的。于是出现了这么一个民族，信仰和地域是属于欧洲的，可是在别一方面，关于生活，习惯和服装，却全是亚洲的了。这是这么的一个民族，在那里世界的两极端接触着：欧洲的谨慎与亚洲的不关心，素朴与狡狯，紧张的努力与最大的懒惰和随便，希望发展完全与对于完全显得冷淡的态度。

这样一个民族的生活是够紧张也够伟大的了。

果戈理自己是乌克兰地方的人，他的祖父是札波罗什的哥萨克部队的书记官，不但本身是其中的一人，而且长于讲他们的故事给他的孙子听。果戈理要给自己的故乡写一部历史，纪念那永久在活动的民族，因了他们的邻人，地理的位置和生活的危险的缘故，即使天性本来懒散，也被逼迫不得不前去干那大的事业。他查看古史，搜集歌谣故事，结果那六大本并不下笔，却写了一篇故事，乃是讲十六世纪哥萨克头领搭拉斯布耳巴（Taras Bulba）的。这故事在第二次增订出版的时候也只是十二节，不过一百多页，批评家却说它是哥萨克的史诗，虽然长短相去很远，有人把它与荷马相比，实际上也并不是没有关系的。它的原本还要短，本来收在果戈理的《庄园的晚上》的第二集中，那两集里共有小说十二篇，这一篇差不多是历史小说，写乌克兰近古的时代与人，其他都是写乌克兰近代的地与人，但是一样的富有民间故事的色彩。果戈理很爱他本乡的民歌，在给友人的书信里说道：

民歌呵，你是我的快乐和我的生命！我怎么地爱你呀。我所翻读的史书，放在这些清晰的活史书旁边，显得多么没有血色呀！我没有民歌不能生活，这把一切事情表示得更为清晰，过去的生活和过去的人。小俄罗斯的歌谣是它的一切，它的诗，它的历史，和它的祖坟。不曾深入它里边去的人，不会懂得俄国的这一部分殊胜地方的过去的。

关于传说故事，他也在小说中常常说及，这大都是他的祖父讲给他听的：

我的祖父（愿他在天上安乐，在别个世界上吃有罂粟子和蜜的白面蒸饼！）会讲故事，讲得非常好。在他讲故事的时候，我就坐在我的座位上一动都不动，直听着他讲。那些古代的奇事，关于

> 札波罗什（即哥萨克）人和波兰人的侵略战，古代英雄波尔科瓦等人的勇敢事迹，也还不及讲古时事迹的那些传说更有意思，这常使得我沿着脊梁发出寒战，我的头发都直竖起来。有时候我的恐慌那么的大，一切东西在我望去都像是莫名其妙的什么怪物。

《庄园的晚上》两集中便显现出这些传说故事的影响，乡土气息与神异分子混在一起，他描写乌克兰夜间的美，草原与村落的美，在这背景里复述一节民间的传说，我们可以推想有的或者是他祖父所讲的吧。最好的倒是那篇《五月夜》，列夫科和他的爱人汉娜讲哥萨克伯长的女儿投水的故事，她的后母是个妖婆，化了黑猫想去害她，后来父亲又把她赶了出来，她遂投池中溺死，成为水妖，找列夫科帮她找后母报仇，就是一篇好的民间故事。此外还有三四篇，也以妖婆为材料，这些都是基督教色彩很浓厚，据我们看来，不及没有撒但以前的古时的故事好了。（许多民间故事根本上就都是那么地古老。）但是他在别的两篇，如《旧式的财主》和《两个伊凡打架的故事》里，他同时描写了人们日常的愚蠢与无聊，这差不多已是《死魂灵》一路的著作了。

我们在这里选译了几篇乌克兰民间故事，聊作果戈理去世百年的纪念，也就请他说明乌克兰与故事的特色和价值，省得我们瞎子摸象似的来任意地说了。

启明，一九五二，五，一〇。

【钟校】

①《乌克兰民间故事》，1953.11 香港大公书局初版。本文首刊《星岛日报·文艺双周刊》180 期，题为《果戈理故乡的民间故事》。

俄罗斯民间故事凡例

◇1952.5.22
◇俄罗斯民间故事

一、本书所依据的是英国倍因（R. N. Bain）编译的《俄罗斯童话》（*Russian Fairy Tales*，一九〇一），但是这中、英文的名称都容易误会，不很适用，中文童话似乎是说儿童读物，事实上却并不是的，英文原意云仙家故事。这种小神仙却是除西欧以外在别的地方并不出现。倍因所根据的乃是柏烈伟（P. N. Polevoi）的《俄罗斯民间故事》（*Narodhuiya Russkiya Skazki*），现在也就用这个名称，庶几名实相符，一目了然。

二、俄国民间故事在前世纪中已经收集，由阿法那西也夫（Afanasiev）编辑，著名于世，柏烈伟从这中间选取了三十六篇，编为一册，于一八七四年出版，以便阅读，倍因又从其中选择了二十四篇，本书所收十二篇，正是它的一半。柏烈伟书中还有三分之一未见英译，不知道怎么样，但若是就倍因的书来说，这里所译出的十二篇可以说是精华部分，足以代表这类故事的好处了。倍因曾说，对于日耳曼的 Marchen 和俄罗斯的 Skazki 同样熟悉的学者，说到故事的富于空想与风趣，无不推重后者，远在前者之上，这话正是很的确的。

三、民间故事是旧时代旧社会的产物，内中常有宗教和封建分子遗留，但故事中的神往往只是口头语，可以用正义或公道替代，贵族富商都是打倒的对象，沙皇差不多全是庸俗得可笑，民间故事如不经文人加工修饰，它的健全性仍是存在，这在斯拉夫系故事中更明了地可以看出。

俄罗斯民间故事序言[①]

◇1952.6.10
◇俄罗斯民间故事

介绍民间故事是用不着多说话的。民间文艺即是原始的文艺，歌谣是最古的诗，故事是最古的小说，尽管有人加以轻视，它的地位却总是确定实在的。这本是民众集体创作，不经过刻板纪录，纯是口耳相传，所以生动流畅，有它活泼的生命，内容与形式都是老百姓所喜闻乐见的，民族风格和民族气派这一句名言用在这里可以说正是恰好。在西欧各国，十六七世纪中宫廷文学很占势力，文人拿了这些材料来加工，可能使它变了样子，可是留在民间的还是健在，永远保持着它的特性。从那里取得源泉，正常地发展起来，这便可以成为真正的文艺。如在俄国的前世纪，他们排除了西欧的模拟作风，从本国民间出发，普希金和涅克拉索夫的诗，果戈理和谢德林的小说，都是如此，他们与民间文艺的关系是很显著的事。我译了一册《乌克兰民间故事》，是果戈理故乡的出品，这里再译了一册俄国的故事，有几篇可能是那几位文人所曾经听说过的。这些故事富于空想与风趣，诚有如英译者所说，远超过日耳曼的作品，但更重要的是在社会的意义上亦是如此，在王公神怪的队伍中间，穆日克（农民）的立场与态度很是确定，这也与西欧是很不相同的一个要点吧。

岂明，一九五二年六月十日。

【钟校】

①《俄罗斯民间故事》，1952.11 香港大公书局初版。

鲁迅小说里的人物总序[①]

◇1953.10.24

◇鲁迅小说里的人物

去年春天，还在给上海《亦报》写小文章，动手来编《呐喊衍义》，虽然只发表了极小一部分，但仍是继续着写，大概费了两个月的工夫，一总写了一百三十多节。这里分作两部，前部是关于《呐喊》的，后部是关于《彷徨》以及《朝华夕拾》，所以虽是两个头，实在却可以叫作《三衍义》的。我写这些文章的目的是纪事实，本来与写《百草园》是一样的，不过所凭借的东西不同，一个是写园及其周围，一个是写两部小说里的人物时地。小说是作者的文艺创作，但这里边有些人有模型可以找得出来，他的真相如何；有些物事特别是属于乡土的，土物方言，外方人不容易了解，有说明的必要；此外因时地间隔，或有个别的事情环境已经变迁，一般读者不很明了的，也就所知略加解说。这几项都是事实，因此我的工作只是记述而不是造作，就只怕见闻不周，记忆不足，说的或有错误，希望知道得更确实的朋友能够给与补正，但是要想找熟悉四五十年前绍兴事情的朋辈已经很不容易，我也曾这样找过，可是结果是很失望的。

《朝华夕拾》本来并不是小说，虽然也不是正式的自传，为便宜计也就收在里边，因为分量不多，不能独立，所以就并在《彷徨》部分里去了。原来《朝华夕拾》里说的事实很不少，论理可以自成一卷，但是有许多都已在《百草园》里说过了，这里所说只是馀下的那一部分而已。不但是《夕拾》，便是那两部小说里的人物，有好些也都在《百草园》里说过，因此如说《鲁迅的故家》可以作本书的补遗，这话可以说得，若是说本书可以作《故家》的补遗，也是一样的可以这么说的。

关于《夕拾》中在南京学堂的一段注解得很简略，因为以前曾写了一篇《学堂生活》，虽是说我自己的，但情形大抵相似，所以作为一个附录，加在后边。近时翻阅旧日记，看见有不少关于鲁迅的记事，也抄录了出来，当作另一个附录，虽然，这如附在《故家》后面，自然更为适当。日前偶看俞阶青先生的《诗境浅说》，联想到《曲园课孙草》，忽然记起鲁迅在三味书屋读《课孙草》的事情来。寿镜吾先生教他读这书，大概已经教他“开笔”作文了，后来“满篇”之后才叫洙邻先生批改，这事本来应当写在第三节《戊戌二》里边的，可是当时遗忘了。上文所说记忆不足的事可见是实在的。但是现在在还没有完全忘却以前，能够记下这一点来，也正是很幸运的吧。

一九五三年十月二十四日，著者记。

【钟校】

①《鲁迅小说里的人物》，1954.4上海出版公司初版。

旧日记中的鲁迅缘起[①]

◇1953

◇鲁迅小说里的人物

在鲁迅的一生中，早年的研究资料最为缺乏。现在所能见到的，只有他自己的一册《朝华夕拾》，原名《旧事重提》，其中记戊戌（一八九八）年以前家居时事六篇，南京一篇，东京二篇而已。别人所写的回忆也并不多，因为这一时期的末了几年去今也有四十五年以上，在那时和他有接触的人至今还存在的已经不多，而且年纪差不多也过了古稀了吧。日前找出旧日记来翻看，却见有些说及鲁迅的地方，虽是平凡琐屑，乃是当时的笔记，与日后追述的不同。这些日记起自前清光绪戊戌（一八九八）至乙巳（一九〇五）年止，中间时常断缺，现在抄出关系鲁迅部分，必要处少加说明，够不上说在研究上有什么价值，它的特别的地方就只如上文所说，这是五十年前的纪录，其真实性总是很可靠的了。

【钟校】

①《旧日记中的鲁迅》共二十五则，1953.12.28寄出版社，后收入《鲁迅小说里的人物》为“附录一”。

日本狂言选后记

◇1954.8.20

◇日本狂言选

◇第一册有《狂言十番序》

日本“狂言”有三派。大藏流起于大藏弥兵卫，其门下有山胁元宣，称和泉守，沿为和泉流。鹭流后起，长命权之丞颈长，居于海边，绰号曰鹭，故名。但这只是演出者的派别，至于作者姓名则未能详知，普通称为民间作品，较为得实。

一九二六年我曾根据芳贺矢一编的《狂言二十番》（鹭流）及山崎麓编的《狂言记》（和泉流），译了十篇出版，名为《狂言十番》。后又得到芳贺增订本《狂言五十番》，今从这里边新译鹭流的九篇，从《狂言记》译出和泉流的五篇，与旧译本合编一册，共计二十四篇，以见日本狂言之一斑。本来《狂言记》所收，连同《外编》五卷，共有二十卷，合计两百篇，加上鹭流的，数目很不少，论理还该可以多选几篇，但是实际上内容多是大同小异，篇数过多反而容易显得单调，这一小册虽然所选不过全数十分之二，但是我相信这也可以作为代表了。

书内插图，均采自《狂言五十番》，作者未详。封面一图系根据山口蓼洲所绘《狂言百番》图复制。

译者，一九五四年八月。

【钟校】

①《日本狂言选》，1955.4人民文学出版社初版。

鲁迅的故家新版后记[①]

◇1954. 10. 20

◇鲁迅的故家

这本书的写成与出版全是偶然的，最初给上海的《亦报》写稿，每天写一段，几乎没有什么结构，而且内容以事实为主，不杂议论，这个限制固然很有好处，但同时也就有了一个缺点。五六十年前左右的事实，——因为我最初是想只讲到庚子为止的，——单靠记忆怎么能行？有些地理的位置，历史的年代，有可查考的还可以补订，家庭个人的事情便无法核对，因为有关系的人八九都是不在了。但是我总还怀着这么一个希望，有哪一位读者给我帮助，能够正误补阙，使这缺点多少补救一点过来。这个愿望却幸能达到一部分，因为我在今年春间得有机会和仁房义支的族叔冠五先生通信，承他指示出几处错误，还有好些补充，使我能写成这一节后记，在我是很欣幸，对于读者也正是很有益处的。冠五叔谱名凤纪，字官五，后改冠五，小名曰朝，是藕琴叔祖的儿子，他在陕西生长，于一九〇一年回家，和我们一同住在新台门里，直至一九一九年台门卖掉为止。他是我们叔辈，但年纪比较要小两三岁，所以在好些年中，朝叔叔差不多是我们的顶好朋友，在《百草园》中本该讲到他，但是我始终想以庚子为界限，所以把关于他的话搁置起来了。他看了《故家》之后，提出些可珍重的意见，依原书页数写下，现在也就照样的抄录，随时加上一点必要的案语，以供读者参考。

［编者按：以下抄录部分删去。］

【钟校】

①《鲁迅的故家》1957.8人民文学出版社新版。

日本狂言选引言[①]

◇第一册有《狂言十番序》

◇1954. 12. 5

◇日本狂言选

“狂言”是日本中古的民间喜剧。这时期相当于中国明朝，即公元十四世纪后半至十六世纪，正是西欧的文艺复兴时代。在日本历史上，这是武士专政七百年间的中段，在源氏镰仓幕府与德川氏江户幕府的中间，足利氏世袭将军，幕府设在室町，所以称为室町时代。这时代的文学普通称作武士文学。

这武士文学的代表作品是近于历史演义的战记，以及悲剧类的谣曲。战记种类很多，最有名的《平家物语》是讲平源两家争夺政权的殊死斗，结果是平氏全族的灭亡，沉没在九州的海里。谣曲则是歌咏英雄美人的事迹的。

与谣曲相并发生的，便是这里所译的喜剧类的狂言了。这戏剧发生的历史还未能详知，但是出于所谓“猿乐”，那是没有问题的了。据说猿乐这名字乃是散乐的传讹，原是隋唐时代从中国传过去的杂剧，内容包括音乐歌舞，扮演杂耍各项花样，加上日本固有的音曲。这些歌舞杂耍音曲，在民间本来流行着。这时候大概又受着中国元曲若干的影响，便结合起来，造出一种特殊的东西。这最初叫作“猿乐之能”，能便是技能，后来改称为“能乐”，那脚本即是谣曲。谣曲是悲剧，其中又反映着佛教思想，所以它只取了猿乐中比较严肃的一部分，原来还有些轻松诙谐的一部分收容不进去，这便分了出来，独自成功一种东西，就是狂言这种喜剧了。

狂言与谣曲同出一源，所以也称作“能狂言”，照例在演能乐的时候，在两个悲剧中间演出，不但可以让能乐主角来得及改换装饰，也叫观众看得不单调。但是话虽如此，狂言的性质还是独立的，而且与谣曲相对，更显出它的特质来。谣曲用的是文言，它集合中国日本和佛教文学上的词藻典故，灵活的安排成一种曲词，需要文化有程度的人才能了解，狂言则全是当时的口语，与四百年后的今日当然颇有不同，但根本上还是相通的，这在语言研究上也有它很大的价值。至于内容上，两者的不同更是显著了。谣曲的脚色都是正面的，英雄勇将，名士美人，都各有他们的本色，至于高僧大德那自更不必说了。狂言里的角色正和这些相反。武士是时代的宠儿，坐在幕府里代做天皇的将军便是他们的头儿，其次是占有多数土地的“大名”（译文中称作侯爷），他手下还有许多武士，都是骑在人民头上的，如说平民对他们“不敬”，便可以斩杀勿论。他们实际上是人世间的虎狼，可是在狂言里出现时，却都显得有点像是猪狗了。太平享乐消磨了他们的凶悍气，武士变得怯懦，荒唐愚蠢。例如侯爷出门没人跟随，强迫过路人给他捧刀，等到那人拔刀在手，便都吓坏了，蹲在地上学斗鸡和不倒翁的样子（《两位侯爷》）。或者出去赏花，学做吟诗模样，却全都搞错了（《侯爷赏花》）。又或和蚊子精摔跤，被吹得两眼发昏，跌倒在地（《蚊子摔跤》）。和尚们都由名僧变成了贼秃，大抵因为犯了色戒，被徒弟揭发，弄得下不了台（《骨皮》等）。头陀在日本称“山伏”，是神道教的修炼法术的人，也是庸碌无用，偷吃柿子，被人家侮弄（《柿头陀》），有的还连看见一只蟹和一只猫头鹰，也都没有什么办法。鬼神本来是可怕的，这里也都成了喜剧的脚色，雷公从空中失脚落地，跌坏了腰骨，要庸医给他打针，而且打得啊啊的叫唤，这才能够飞上天去

（《雷公》）。蓬莱岛的鬼于过节时到人间来，迷恋女人，被骗去了一切宝贝，末了给豆子打了出来（《立春》）。《连歌毗沙门》是一篇圆满结局的喜剧，主角毗沙门出台来也是小丑似的样儿，用矛来切开梨子，恐怕锈了，问信徒们要磨刀费，又说梨子流出许多汁水来，算作他的所得，这虽然都说是玩笑话，但却讽刺了主角毗沙门的市侩口气。此外如夫妇反目（《石神》），翁婿打架（《船户的女婿》）等也收作材料。

这里有一件值得注意的事情，便是狂言与民间故事的关系。如上边所说，有许多事都是社会上的实相，不过由作者独自着眼，把它抓住了编写下来，正如民间笑话情形相同。一方面有愚蠢无能的人，一方面也有狡狯的，趁此使乖作弊，狂言里的大管家即是一例，对面也就是侯爷那一类了。我们说到笑话，常有看不起的意思，其实是不对的，这是老百姓对于现实社会的讽刺，对于权威的一种反抗。日本儒教的封建学者很慨叹后世的“下克上”的现象，这在狂言里是表现得很明显的。

日本的民间故事与笑话后来演变成为“落语”，发达很早，狂言有好些篇看来便是从此取材的。本书中所收的《三个残疾人》，《人变马》，《附子》，《狐狸洞》，《骨皮》，《工东噹》以及《养老水》，可能都属于这一类。狂言的特质是滑稽，但是这安排得很有工夫，不显得恶俗，特别很少色情的成分。正当的民间文学是壮健的，这正是一个很好的例。

译者，一九五四年十二月。

【钟校】

①《日本狂言选》，1955.4人民文学出版社初版。

浮世澡堂译后记[①]

◇1955. 10. 12

◇浮世澡堂

我译这《浮世澡堂》两编四卷，是当作日本古典文学作品办理的，竭力想保留它原来的意味，有时觉得译文不够彻透，便只好加注说明。这四卷书里，一共有了注六百条，真是太多了，虽然我自己觉得有地方还有点不够。这里我想解说一句，读者中间有只要看故事的，走马看花的读一遍就好，这些注没有用处，就请跳过去好了，若是想要当作外国古典作品去了解它的读者，在译文中碰着不大明了的地方，查一下注解可以得到一点帮助。注已经不少了，可是现在还要来补充一点，说明两三件事。

其一是关于澡堂的。在本文与注中已零星说及，这里再来比较概括的一讲。据久松祐之著《近世事物考》云：

> 天正十九年辛卯（一五九一）夏，在今钱瓶桥尚有商家时，有人设澡堂，纳永乐钱一文许入浴，是为江户汤屋之始。其后至宽永（一六二四至四一）时，自镰仓河岸以至各处均有开设，称风吕

屋。又有汤女者，为客去垢洗发，后乃渐成为妓女，庆安（一六四八至五一）时有禁令，此事遂罢。

讲澡堂里面的情形的，在寺门静轩著《江户繁昌记》二编中有《混堂》一篇，用俳谐体汉文所写，颇为详细。第一节总说云：

混堂或谓汤屋，或呼风吕屋。堂之广狭盖无常格，分划一堂作两浴场，以别男女，户各一，当两户间作一坐处，形如床而高，左右可下，监此而收钱戒事者谓之番头。并户开牖，牖下作数衣阁，牖侧构数衣架，单席数筵，界筵施阑。自阑至室中霤之间尽作板地，为洗澡所，当半通沟，以受馀汤。汤槽广方九尺，下有灶爨，槽侧穿穴，泻汤送水，近穴有井，辘轳上水。室前面涂以丹雘，半上牖之，半下空之，客从空所俯入，此谓柘榴口，牖户画以云物花鸟，常闭不启，盖蓄汤气也。别蓄净汤，谓之陆汤，爨奴秉杓，谓此处曰呼出，以奴出入由此也。奴曰若者，又曰三助，今皆僭呼番头，秉杓者曰上番，执爨者曰爨番，间日更代。又蓄冷水，谓之水舟，浮斗任斟。陆汤水舟，男女隔板通用焉。小桶数十，以供客用，贵客别命大桶，且令奴摩澡其脊，及睹其至，番公析报，客每届五节，投钱数缗酬其劳云。堂中科目大略如左，曰官家通禁宜固守也，男女混浴之禁最宜严守，须切戒火烛，甚雨烈风收肆无定期，老人无子弟扶持者，谢浴焉，病人恶疾并不许入，且禁赤裸入户，用手巾罩颊者。月、日、行事白。

篇中又描写浴客情状，亦颇巧妙，大部分却与《浮世风吕》相似，盖三马著书四编成于文化九年（一八一二），静轩书则在天保五年（一八三四）出版，承袭情形显然可见。如云：

外面浴客，位置占地，各自磨垢。一人拥大桶，令爨奴巾背。一人挟两儿，慰抚剃头，弟手弄陶龟与小桶，兄则已剃在侧，板面布巾，舒卷自娱。就水舟漱，因睨窥板隙，盖更代藩士（上京值班的武士），踞隅前盆，洗濯犊鼻，可知旷夫。男而女样，用糠精涤，人而鸦浴，一洗径去。醉客嘘气，熟柿送香，渔商带腥，干鱼曝臭。一环臂墨，若有所掩，满身花绣，似故示人。一拔振衣，不欲受汶汶也，赤裸左侧，恶能浼乎。浮石摩踵，两石敲毛，披衣剪爪，于身拾虱。

又云：

水泼桶飞，山壑将颓，方此时也，汤滑如油，沸垢煎腻，衣带狼藉，脚莫容投。女汤亦翻江海，乳母与愚婆喋喋谈，大娘与小妇聒聒话。饱骂邻家富贵，细辨伍间长短。讪我新妇，诉我旧主。金龙山观音，妙法寺高祖，并涉及其灵验，邻家放屁亦论无遗焉。

此系同时代文人所写，很足以供参考，补注文之不足，其有琐屑学三马的叙述，古文别扭，今且从略。

其二是关于落语的。落语在日本成为一个定名，在中国可以说即是“笑话”，不过现在没有这一种专门的“说话人”罢了。原版的《浮世风吕》在标题上头写着两个字道“诨话”，这就表明它是从笑话的系统里出来的。又在卷头一页插画里，下半画着伙计坐在帐台上的情形，（两旁的一幅对子却非日本所有，乃是从《清俗纪闻》卷二抄来的，虽然不知道中国浴堂在清朝是否如此，）上半刻着作者的一段声明，后来编订的人不把它算在本文中间，其实却是很有意义的。原文十三行，今译录于下：

一天晚上在歌川丰国的寓里，听到三笑亭可乐的落语。照例的能说会道，善通人情，诙谐无比，只可惜其趣向仅能陈述十分之一。旁有书肆中人，同我们一起感觉欢笑，忽发欲望，提议以此浴堂的故事为本，省去花街柳巷的事情，却增补些俗事的可笑部分，请为编写。乃应其所需，先试写男堂之部为前编二卷。

这里更是明白的说明所受落语的影响，而这说话人便是有名字的三笑亭可乐。据三田村氏说，江户旧有笑话书，有人在路旁摆摊说笑话的，也有两个人对说像是中国的“相声”的，但是独说较长的笑话，而且在屋里的，这在江户成立很晚，而开始的人就是这位可乐。他本来是木梳店的一个工人，本名是又五郎，宽政十年（一七九八）在下谷的一个庙里，同了两三个朋友初次试办，只搞了五天就中止了。到了文化元年（一八〇四）才又在下谷广德寺前的孔雀茶屋，开办夜讲，这以后似乎成功了，但文化六年三马写前编那年，听到可乐的落语还是在朋友家里，这以后才有专演说书落语等杂耍的“寄席”，到了文化十二年，江户市中一总已有七十五处，可见那一时期的落语的势力了。

落语即是诨话，因为笑话到末尾着落处，有一紧要结束语，使人发笑，这便叫作“落”，所以名为落语。在寄席说落语的情形，我们还是来借用《江户繁昌记》里的话吧，因为这是当时人的见闻，所以很是真实。原文第三节云：

落语家一人上，纳头拜容，篦铺剃出，（案此云剃头铺的徒弟,)儒门塾生,谓之前座。旋尝汤滑舌本,帕以拭喙,(原注,折帕大如拳,)拭一拭,左右剪烛,咳一咳,纵横说起。手必弄扇子,忽笑忽泣,或歌或醉,使手使目,踦膝扭腰,女样作态,伧语为鄙,假声写娼,虚怪形鬼,莫不极世态,莫不尽人情,落语处使人绝倒捧腹不堪。剃出始下,此为一出,名此时曰中入。(案即戏半休息。)于是乎忍便者如厕,食烟者呼火,渴者令茶,饥者命果。技人乃悬物卖阄。早见先生上座,亲方(案如曰老头子,原称同业同帮的头儿,今指落语大家,即前座的师父辈)是也。三尺喙长,辩惊四筵,今笑妙于向笑,后泣妙于前泣,亲方之粹,剃出何及,人情穿凿,世态考证,弟子固不若焉尔。

静轩后七十五年,森鸥外著《性的生活》,写十一岁时在寄席听落语的情形云:

刚才饶舌着的说话人起来弯着腰,从高座的旁边下去了。随有第二个说话人交替着出来。先谦逊道,人是换了,却也换不出好处来。又作破题道,爷们的消遣就是玩玩窑姐儿。随后接着讲工人带了一个不知世故的男子到吉原去玩的故事。这实在可以说是吉原入门的讲义。我听着心里佩服，东京这里真是什么知识都可以抓到的那样便利的地方。我在这时候，记得了元宝领受这句奇妙的话。但是这句话我以后在寄席之外永远没有遇着过，所以这正是在我的记忆上加以无用的负担的言词之一。

算起来这是明治三年（一八七〇）的事，距今也已有八十五年了。

三马这部《浮世风吕》，加上那别一部《浮世床》，所以如三田村氏所说，可以说是日本的落语小说。他借了澡堂作为舞台，让那些男男女女，老老少少，走上台来，对唱说白，表现自己，利用说话人的经验手法，是很巧妙的做法。他又依照书肆中人的说话，省去了花街柳巷的事情，更显出新的机杼来。堀舍次郎（双木园主人）在《江户时代戏曲小说通志》中说得对：

文化六年所出的《浮世风吕》是三马著作中最有名的滑稽本。此书不故意以求人笑，然诙谐百出，妙想横生，一读之下虽髯丈夫亦无不解颐捧腹，而不流于野鄙，不陷于猥亵，此实是三马特绝的手腕，其所以被称为斯道之泰斗者盖亦以此也。

但是这落语小说在本质有它的短处，这是无可如何的事情。因为笑话不能说得太长，日本演落语一则不知道要多少时间，我总想不能多过十分钟吧，因此无法写成长篇的小说，要用好些小篇连接起来，又苦于断断续续的，没有贯穿的线索。本书每编差不多就要有十个以上的场面，只因为内容好玩，所以勉强撑住的。可是，这如拖得太长了，就难免要显出单调来，这在作者本来也是很明了的。三马最初写的是前编两卷，这表明他原意只想来写两篇就完了，但是因为前编生意不坏，所以接下去写了二编，后两年里又刊出了三、四编，后边广告上还说有五、六、七编陆续出版，结果不曾实现，虽然在四编出书之后他还活了九年，直到四十七岁时这才去世。由此可知作者自己知道，这书不能尽续下去，那三四编已经是后来增加，照他本来计划大概原只是前后编男女堂各两卷罢了。这回翻译最初也曾想把四编全部译出，因为译注工作繁重，分量太多了，恐怕读者要感觉单调，也不大好，所以只以前两编为限，如果将来有全译的要求，那时当再来考虑这个问题。

其三是关于武士的。日本有批评家说《浮世风吕》只是逗笑，至少对于武士没有表示什么讽刺。这批评是正确的，但是替三马设想，这澡堂的舞台上实在没有用武之地，这是可以了解的事。不过一般的想来，日本笑话上的确也少有挖苦武士的。在社会事实上曾经有过市民（町人）与武士的冲突，所谓市井侠客（町奴）与旗下侠客（旗本奴）的斗争一时很是猛烈，经政府弹压这才逐渐下火，市井侠客首领幡随院长兵卫的故事至今脍炙人口，在歌舞伎上是顶有声名的一出戏。事情过去了，但是游侠的风气还留遗在市井间，特别在博徒与水龙队员那里，本书前编第十四段与醉汉争吵的豪杰可以说是这一路的人物，而那个醉汉虽然不明说，可能代表武士这一流人的吧。在室町幕府时代（十五六世纪）日本狂言里还写过些傻侯爷怯武士，那时幕府奖励能乐狂言，所以似不妨说，而且看的统治阶级以为是在说“他们”，与自己是不相干的，到了江户时代，德川幕府更聪明了，一味提倡儒教，一切“下克上”的表现是不能容许的了。笑话里边偶尔有一两则，如“座笑土产”中“新刀”，其文云：

> 有人得到一把新刀，招集朋友说，今天晚上去试这把刀，大家都来看吧。走到人迹稀少的地方，看见在桥上躺着的一个乞丐，映着月光看去，倒是个胖胖的家伙。喊，就试斩那个家伙吧。说着嗖的拔出刀来，拍的一下砍着，大家散开又聚到一起来。主人说，不用这么逃，是斩着了吧？回

答说，的确斩着，而且砍着了桥板了。喊，那么去看一下吧！回转来到了桥边，站在乞丐的前后，那乞丐蠢蠢的爬起来喝道，又来打我了么？

这里不但讥笑新刀之钝，武士之怯，一面也表示武人横暴的痕迹，即是“试斩”。晚上拿了新刀，在路上等独身人经过，把他杀了用以试刀，如遇着武士当然要抵抗，不免互有杀伤，所以这牺牲当然是落在平民身上了。这种笑话到底还是少数，而且它之所以被赏识，还是由于嘲笑钝刀与怯人，仍旧是当作自己以外的“他们”的事情去看的。

不过日本的讽刺文学到底也不曾放过了武士，这班老爷们在讽刺诗川柳上是一个好主题，虽然大都限定于上京值班的乡下武士。他们土头土脑，穿着浅蓝布里子的衣服，到吉原去逛窑子，到上野浅草的茶摊去吊膀子，到处碰钉子，给予川柳作家许多好材料。可是这乃是属于别一个项目，现在可以略掉不说下去了。

一九五五年十月。

【钟校】

①《浮世澡堂》，1958.9人民文学出版社初版。

浮世澡堂引言

◇1955. 10. 13

◇浮世澡堂

式亭三马的《浮世澡堂》，与十返舍一九的《东海道徒步旅行》（原名《东海道膝栗毛》），是日本江户时代古典文学中滑稽本的代表著作。

日本文学自古代以至“明治维新”（一八六八），照例分作三个大段落。其一是奈良平安时代。日本皇室政府初在奈良，至八世纪末迁都平安，即现今西京，直至十二世纪末，这一段落以建都地方为名，这是王政时期，政治文化都在贵族阶级的手里，所以这一期又称为贵族文学时代。当时发生和发达的文学，最初是传说历史、长短和歌，随后是散文日记传奇，最有名的《源氏物语》五十四帖便是这时期的产品。其二是镰仓室町时代。这时皇室仍在平安，可是经过平源两家争权内战，政权下移，源赖朝推倒平氏，在镰仓建立幕府，以将军身份代行天皇职权，至十四世纪上半经过南北之战，足利尊氏立为将军，幕府设在室町，直至十六世纪末才又改革。这四百年间发达的文学除和歌外，有讲打仗的军记物语，戏曲方面是谣曲与狂言，因为主权在于武人，所以称为武士文学时代。其三照例以幕府所在地为名，即是江户时代。德川家康把幕府设在远离京都的关东，避开贵族文化的薰染，又利用儒教钳制思想，一般对于人民压得更紧了，可是他一面又有办法对付诸侯，制定“参觐交代”，分封在外的军阀须得隔年到江户来，给幕府办事，这样便免去了尾大不掉的弊害，在德川治下起不了内战，这给将军很大的安心，同时国内平静，工商业发达，一般商民也抬起头来了。民间富庶，固然也使幕府更有搜括的机会，可是经济文化的实权逐渐落入平民的手中，他们依据了自己文艺娱乐的需要，创造起来，所以这二百多年间政治最是反动专制，可是这却是平民文学时代了。

关于江户文学的内容，我们又得分开来说，因为这中间又要分作上方文学与江户文学这两节。平安是日本旧京，大阪也就在京都近旁，所以京阪方面与关东相对，称作上方，即是上边的意思。德川时期的工商业发展首先是在大阪，所以这上期的文艺差不多是由大阪的商民主持的。武士是统治阶级，在政治上无论是怎么的骑在平民头上，但是到了手头空乏，要想向商人通融，虽然表面还不见得肯低头，可是商民却要昂起头来，对武士不大看得起了。大阪人的诨号至今叫作赘六，一说便是那时商人的夸世的话，说武士的弓、箭、甲、胄、刀、枪这六件事物，在他都是赘物，是一个例子。文艺上的改革是，由俳谐连歌发生了俳句，谣曲变成了净琉璃，有近松门左卫门那样的巨匠来担任作剧，小说也由宫廷与战场的物语变为浮世草子，即是社会小说，井原西鹤的声名至今还独一无二。但是江户是幕府的所在地，虽然在京都人看来是东夷之类，却也不客气的繁盛起来，结果是接着上方兴起了它独自的文学艺术。戏剧于净琉璃外兴起了歌舞伎，绘画则脱离了汉画的派别，由浮世又平（即是口吃的又平）开创了浮世绘，自称是大和绘师，诗歌方面不但完成了俳句，还由杂俳蜕化出来讽刺诗川柳，到现在都还有生命。小说方面不去继承以前的系统，却从头搞起，从连环图画似的小册子起首，造成了各式各样的作品，总名叫作草双纸，滑稽本就是其中的一种。

草双纸这名称看去很有点别扭，据日本史家考究，说这该是“草草纸”。“草纸”古时常作书册解，平安时代有著名的随笔《枕草纸》，第一个“草”字意思是说粗糙的低级的，原意云妇孺所用的通俗书本，只因两个草字碰在一起不大好，所以把第二个字改作同音的“双”字了。这其中最先出来是所谓“赤本”，即是红书皮，在十八世纪前后早已出现，内容差不多都是童话故事，以图为主，空处写几句说明或说白，接着是“黑本”，书皮用黑色，加入些报仇打仗等材料，这是第一批。第二批是“青本”，本来是蓝皮书，只因青中带黄，所以又通称“黄表纸”，这也是画上加说，可是对象已由妇孺而转向大人了。这类书的第一种是恋川春町的《金金先生繁花梦》，系借用卢生的黄粱梦故事的，上下两册，每册五页，图各十面。黄表纸的特色是内容的解放，取材很广，又一改以前黑本那种平铺直叙的写法，写得更有曲折，而且运用诙谐机智，说得更有风趣，投合时代的嗜好。那时吉原游里十分兴旺，黄表纸有许多便专来写那里的情形，称为洒落本。“洒落”本来是中国语，这里却有漂亮时髦的意思，便是说叙说时髦人的，因为篇幅比较长了，把纸张放大一点，于是在形式上称为“中本”，以别于那些小本子。从这洒落本里省去了“花街柳巷的事情”，只留存那些诙谐材料，结果即成为“滑稽本”，翻过来偏重那些男女情事，又另成功了一种别的小说，这名为“人情本”，代表著作有为永春水的《梅历》。春水原是三马的门人，《梅历》在近代一直禁止翻印，被当作江户文学中淫书之一。比中本更大一点的有合卷，是三马开始设计的，即是把从前的小本五册合作一卷，发行二卷一部，便有以前十册的分量，于发表长篇是很方便的。这之后又从合卷演化出“读本”，成为专门阅读的小说，图画只是绣像，成了附属品，这是一个很大的变化，可以说已经脱出了赤本等的系统了。

江户文学里的小说一类，不去直接学中国明朝的成绩，直接的搞起演义来，却是从头另起炉灶，这是特别的一点，同时又似乎和浮世绘的绘师相呼应，甘心自居于戏作，在名字上边往往加上“江户戏作者”的称号，也是很有意义的。德川幕府标榜程朱的儒学，一味提倡封建的三纲道德，文艺方面也就自然着重劝惩主义，这是很顺当的路子。江户文人虽然不曾明白表示，但对于政府的文艺方针的不协力是很明显的，自称戏作，可以说是一种消极的抵抗吧。从这个意义上来看，《八犬传》的作者曲亭马琴虽是有名，虽是目空一世，但其价值比山东京传或式亭三马总还不及吧。

式亭三马本姓菊地，名泰辅，亦或写作太助，安永五年（一七七六）生于江户，文政五年（一八二二）卒，年四十七。小时候在书店里当徒弟，得阅读当时小说书，二十岁时学写黄表纸，以后大抵每年都有著作，据记录所作约共有一百十五部。

一　黄表纸及合卷，九十八种，

二　洒落本，五种，

三　中本（滑稽本在内），二十一种，

四　读本，一种，

五　杂书，十种。

这些著作中间还以滑稽本为佳，其中《浮世澡堂》四编九卷及《浮世理发馆》三编六卷称最，足为代表。

关于三马个人，后世有不少记载，但顶写得好，也该顶可信赖的，应推《浮世澡堂》四编末尾的一篇跋文，署名的金龙山人即是三马的门人之一，后来以“人情本”出名的为永春水。其文曰：

式亭主人者，予鸠车竹马之友也。性素拙于言辞，平时茶话尤为迟钝，故人称为无趣的人，且是无话的人。贾客而是骚人，背晦而又在行，居在市中而自隐，身在俗间而自雅。语言不学江湖，妄吐之乎者也，形容不仿风流，丝毫都不讲究。豪杰的结交，敬而远之，时流的招待，辞而不到。既非阴物，亦非阳气，不偏不倚，盖是中通之好男子也。偶对笔砚，则滑稽溢于纸上，诙谐走于笔下。呜呼，洒落哉，洒落哉！茂叔胸中，式亭腹内，恰如光风霁月云尔。花川户的隐士，金龙山人书。

黄山谷云，周茂叔胸中洒落，如光风霁月。这里拿来应用得恰好，虽然在日本语里洒落这字还可以有俏皮和爱打扮等意味。

周作人。

明清笑话四种引言[①]

◇1956. 1. 3

◇明清笑话四种

◇第一册有《苦雨斋笑话选序》

笑话在中国经籍上出现得相当的早，这是在东周末期，约当公元前三百五十年，最显著的出在《孟子》上面。我们说最显著，只因它收在《四书》中间，以前有人诵读，所以知道者比较多，虽然在先秦的子书里也有不少。我们先来从它的第二三篇中举出两个例来吧：

宋人有闵其苗之不长而揠之者，芒芒然归，谓其人曰，今日病矣，予助苗长矣。其子趋而往视之，苗则槁矣。

今有人日攘其邻之鸡者。或告之曰，是非君子之道。曰，请损之，月攘一鸡，以待来年。

此外在第四篇中，有很有名的一则故事，这便是所谓《齐人》的那一章：

齐人有一妻一妾而处室者。其良人出，则必餍酒肉而后返，其妻问所与饮食者，则尽富贵也。其妻告其妾曰，良人出则必餍酒肉而后返，问其与饮食者尽富贵也，而未尝有显者来，吾将瞷良人之所之也。早起，施从良人之所之，遍国中无与立谈者，卒之东郭墦间之祭者，乞其馀，不足，又顾而之他，此其为餍足之道也。其妻归，告其妾曰，良人者所仰望而终身也，今若此！与其妾讪其良人，而相泣于中庭。而良人未之知也，施施从外来，骄其妻妾。

这篇叙述得很精细，是上好的一篇笑话，在经书中也很显得突出，所以一向为读书人所注意。关于子书，我想可以举出《韩非子》来作代表，它的主意是在陈说道理，但是与《战国策》等方法有点相同，不少地方利用寓言，可是有些也显然乃是笑话，如《内储说下》中云：

燕人惑易，故浴狗矢。燕人其妻有私通于士，其夫早自外而来，士适出。夫曰，何客也？其妻曰，无客。问左右，左右言无有，如出一口。其妻曰，公惑易也！因浴之以狗矢。

另有一说，说得更是详细，文云：

燕人李季好远出，其妻私有通于士。季突至，士在内中，妻患之。妾曰，令公子裸而解发，直出门，吾属佯不见也。于是公子从其计，疾走出门。季曰，是何人也？家室皆答曰，无有。季曰，吾见鬼乎？妇人曰，然。（此处应有季曰二字，）为之奈何？曰，取五牲之矢浴之。季曰，诺！乃浴以矢。

本篇内又有一则云：

卫人有夫妻祷者，而祝曰，使我无故得百束布！其夫曰，何少也？对曰，益是，子将以买妾。

又《外储说左上》中亦有几篇，今举其一为例：

郑人有欲买履者，先自度其足，而置之其坐。至之市，而忘操之，已得履，乃曰，吾忘持度。反归取之，及反市罢，遂不履。人曰，何不试之以足？曰，宁信度，无自信也。

这些故事在本文里，本来与寓言一样，利用了来证明一种议论，但是一看就可明瞭，在用人事作材料上，在诙谐讽刺的性质上，分辨出来这是笑话的一类。由此可以证明，直至去今二千三四百年以前，已经有这类的笑话流传，而且哲人文士也都不菲薄它，却去拿来使用，作为著书的资料，这是很有意思的事情，我们所值得注意的。

汉魏以来散文愈益发达，而陈说事理，多趋重正言法语，利用故事的风气似渐以消歇。但是别一方面，佛经的翻译工作渐盛，经中多用譬喻，这也就输入过来了。鲁迅在《痴华鬘题记》（一九二六年）中云：

尝闻天竺寓言之富，如大林深泉，他国艺文，往往蒙其影响，即翻为华言之佛经中，亦随在可见。佛藏中经，以譬喻为名者，亦可五六种，唯《百喻经》最有条贯。其书具名《百句譬喻经》，《出三藏记集》云，天竺僧伽斯那从《修多罗藏十二部经》中抄出譬喻，聚为一部，凡一百事，为新学者，撰说此经。萧齐永明十年九月十日，中天竺法师求那毗地出，以譬喻说法者也。王君品青爱其设喻之妙，因除去教诫，独留寓言，又缘经末有尊者僧伽斯那造作痴华鬘竟语，即据以回复原名，仍印为两卷。[案：书名原意云为痴人所编的华鬘。古时采集花叶作圈，戴头上或套颈间，用作装饰，或以馈赠，因引伸用以称诗词选集，中世英国人亦尚称为伽阑特（Garland），不失本意。]

鲁迅向来看重这部《百喻经》，在一九一四年间特地从藏中抄了出来，捐资重刻木板，这回又给作题记，为之介绍。法国汉学者沙畹曾从汉译佛经中选出故事五百篇，法译行世，我们还没有这一种结集，现成的经典中只有这《百喻经》算是最为便利了。这里边有一部分是寓言，好些乃是笑话，有的与中国的很是相像。现在这里来几个例吧。卷上第四十《宝箧镜喻》云：

昔有一人，贫穷困乏，负人债无可偿，即便逃避。至空旷处，值箧满中珍宝，有一明镜，着珍宝上，以盖覆之。贫人见已，心大欢喜，即便发之。见镜中人，便生惊怖，叉手语言，我谓空箧，都无所有，不知有君，在此箧中，莫见瞋也。

这与《笑府选》第九一《看镜》相类似。又同卷五十《医治脊偻喻》云：

譬如有人，猝患脊偻，请医疗治。医以酥涂，上下着板，用力痛压，不觉双目，一时并出。

此与《笑得好选》[②]第四二《医驼背》又正是一样。(六朝前后所译佛经，受骈体文的影响，多用四字为句，今点句多从之，虽然如从意思上看，有时二三句可以联读。)

据上边所说的看来，在中国古籍上笑话颇占有地位，可是不知怎的，后来有点不行了。《隋书·经籍志》上载有魏邯郸淳所撰的《笑林》三卷，今已散逸，只在《古小说钩沉》中辑存若干条，唐朝虽曾有侯白的《启颜录》，但那大概与当时的《朝野佥载》相近，不是真正的笑话集了。别一方面，却兴起了种杂记，只是零碎的记录项目，性质上与笑话相近，仿佛是笑话的目录，这便是所谓《杂纂》。最早称唐李义山著，其次有宋王君玉的《杂纂续》，苏东坡的《杂纂二续》，明朝有黄允交的《杂纂三续》，均见于明刻《说郛》中。明末徐树丕在《活埋庵道人识小录》中，收有《风俗粲》一卷，实即是杂纂四续。清韦光黻著有《杂纂新续》，顾禄有《广杂纂》各一卷，收在顾氏所刻《颐素堂丛书》中。

李义山的《杂纂》，《新唐书》上不著录，但《直斋书录解题》中有之，以为系李商隐作，可见在宋朝已有此说了。鲁迅在《中国小说史略》上说道："书皆集俚俗常谈鄙事，以类相从，虽止于琐缀，亦颇穿世务之幽隐，盖不特聊资笑噱而已。"由此可知它的长处虽是在于记录风俗人情，但也可以资笑噱，如《杂纂》中不相称，煞风景，恶模样，无所知，愚昧诸项，与《笑倒选》附载的《半庵笑政》中《笑资》所说很是相像，不过它只是列目，不曾演成故事而已。

唐宋以后文风称极盛，但笑话却几乎没有了，至少我们未能见到，这大概只是存在民间口头，不曾有人写了下来。等到明朝，我们才又有了笑话集，现在就我们所知道的，收集了四种，连清初在内，来说明一下。本来笑话书此外也还有，但是这四种有一个特色，便是我们知道作者的真姓名[3]，这与后来一般匿名的很有不同，便是可以说这不是不负责任的著作。

这四者之中，第一种值得说的是赵南星的《笑赞》。他又著有散曲一卷，名《芳茹园乐府》，都署名清都散客。一九三四年卢冀野集合重刊，名为《清都散客二种》，有小引云：

> 清都散客者，高邑赵南星之别署。南星字梦白，号鹤侪，万历二年举进士，除汝宁判官，寻迁户部主事，调吏部考功，历文选员外郎，以疏陈四大害，触时忌乞归。万历中再起为考功郎中，主京察，要路私人贬斥殆尽，遂被严旨落职。光宗立，起为太常少卿，继迁左都御史，天启初任吏部尚书，终以进贤嫉恶，忤魏忠贤，削籍戍代州，天启七年卒。南星籍东林，与邹元标顾宪成世称三君。所著有《笑赞》、《芳茹园乐府》。尤侗云，高邑赵鹤侪冢宰一代正人也，予于梁宗伯处见其所作填歌曲，乃杂取村谣俚谚，耍弄打诨，以泄其肮脏不平之气。所谓杂取村谣俚谚者，乐府如是，《笑赞》亦如是，此其所以不见

重于士夫而转流播于里巷欤，爰合二种，刊以行世。

卢君重刊这两种的意思很好，只可惜所依据的原印本中缺烂太多，几乎每则都有缺字，不可连读，很是气闷。在这以前，北京星云堂也印过一册《笑赞》，系张寿林君所编，断缺正是一样。我侥幸能够见到完本，乃是在一九四三年顷，偶尔借得这两种的比较早印本，虽然字迹也有漫漶处，而大致还可辨认，于是各抄了一本下来。《乐府》全部中只有两处，尚缺少半个字，《笑赞》则第二六《南风诗》中缺了一行计十三字，但是因为在赞语中，还无甚妨碍。《乐府》抄本，因为解放后卢君到北京来，曾来看过我，我知道他在刻印前人乐府散曲，便送给了他，他也很是喜欢，可惜他南归不久就便去世了，不曾刻得。《笑赞》则留在手头，觉得颇可珍重，这回能够作为《明清笑话四种》的压卷，是很可喜的事情。赵君谥称忠毅，的是正人君子，他所编的笑话虽然有些也很尖锐，可是并无什么猥亵的分子，这是很不易得的，所以我们可以全部录存，不必经过什么淘汰。要吹毛求疵的话，那末这只可以说，里边的并不全是纯粹笑话，因为有些有人名如王安石苏东坡的乃是史传上的笑谈，即使有的也出于虚构，但既然说得有名有姓，（这也以知名人为限，平常说张三李四，或如韩非子的李季即李老四，也仍然以虚说的真笑话论，）当然要算是别一种类了。这个情形我们也是知道，但是因为赵梦白的这书少见难得，为了保留它的本相起见，所以舍不得删削，只好办得通融一点罢了。

第二种是冯梦龙的《笑府》。冯梦龙字子猷，别号墨憨斋主人，《笑府》十三卷，就署的是这个名字。他是明末的秀才，用这别号编著小说戏曲甚多，其时代在李卓吾金圣叹之间，地位则在二者之上，是明季俗文学的一个主帅。他的著述有《墨憨斋传奇》十种，又《喻世明言》，《警世通言》，《醒世恒言》等，共计古今短篇小说一百四十篇，成为后世有名的所谓《三言》。此外杂著还不少，他编有《古今谈概》一书，集史传笑谈之大成，至清初经人删改，名《古笑史》，有李笠翁的序文。《笑府》则与《谈概》相反，并非实人实事，纯系假作，以嘲笑为目的，乃是真正的笑话。《笑府》后亦经人改编为《笑林广记》，署名游戏道人，不知姓名，不复可凭，而原本亦遂不传，只知道日本内阁文库及大连前满铁图书馆各有一种，无从得见。今只以日本旧木刻选本二种为依据，其一有二卷，一只一卷，题风来山人删译。风来山人为日本十八世纪的天才作家，译虽未知真伪，但其声名正足与墨憨斋抗衡，故书坊遂借用其名亦未可知。二本内容多不同，今参酌抄录，猥亵类有太甚者，不得已暂从割舍。

第三种是《笑倒》。这本是《山中一夕话》中十种之一，题着咄咄夫的别号，但是我们从他的《半庵笑政》上知道真姓名是陈皋谟，字献可，所以也收入集中了。陈皋谟的事迹无可考，但看《一夕话》的各项序文，可以推定他是明朝的遗老，在清初所写的，因为如顾亭林所说，吴越遗老文多放恣，可以为证，因此，那序上的戊戌也可能就是顺治末年了吧。

第四种是石成金的《笑得好》。石成金天基也是清初人，所著有《传家宝全集》，康熙时刻，一总有二十册以上吧。他的特色是在于编造笑话，（自然也有些是用旧有的资料，不过经他改作过了，特别更是尖刻些。）却仍同明朝人一样写上自己的姓名，目的是说劝善惩恶，有些却又讲的特别下作，这是有点儿矛盾的，因此他的原作虽是有初集二集各一卷，我们所选取的可是很不多了。

要了解中国笑话的特质，从中间去看出老百姓的真正的爱憎来，理想的办法是搜集通行的民间故事，把笑话的一部分抽出来，加以整理。不过现在没有这种资料，那末也只好利用既成的书本，虽然这是经文人加工过的，而且中间又是间隔了不少的年代。从这里我们所抄集的三百五十多篇笑话上看来，也可以举出几点来说，但是这有的乃是属于过去的，因为这里反映出来的是过去的社会与生活，——自然有些状况或其影响也可能在现今还存续着。

第一点我们可以看出来，笑话里所嘲骂的有许多不通的塾师和庸医。这本来是过去中国社会上的一个大问题，教育与卫生都搞不好，结果误人子弟，害死病人，使得大家痛心疾首，在笑话上便首先表现出来了。这个根源是和以前的科举制度分不开的。自从明朝规定以八股取士，“万般皆下品，惟有读书高。”大家都向着这条路奔去，读通了的及第上进，可以做官，真实本领也只会做文诗罢了。读不通的结果别的事都不会做，只好去教读或行医，骗饭来吃，以极无用的来担任这两项重大任务，为害真真不小。这个情形现在已有改变，而且关于塾师读破句认别字，多系根据经书，对于现代读者也恐有点隔膜了。第二点可说得的是，吝啬的，特别是不请客或吃白食的人，很成为嘲笑的对象，此外则是说大话的，怕老婆的也都在内。第三点是嘲笑愚昧的，这一项里包括着民间故事的《呆女婿》一类，数量应当不小，虽然我们所抄的还不见那么多。第四点是说官府的事，这集里收录得很少，但《笑赞》里附录的《孟黄鼬传》把贪官说的淋漓尽致，《笑府选》第一四九说有长面人被马鞍的失主错认，旁人劝他不如认赔，若是经官定是断给失主，说昏官又真是巧妙得很了。此外有些嘲笑妇女以及残废的，在笑话中当属于下乘，虽是不能免，却是不值得来说了。

这集子里所收笑话的著述者，有赵梦白那么的贤哲，也有石天基那么的庸俗人，他的自称传家宝全集的格言只是“苟全性命于乱世”，但统观全部笑话，却都说的不差：我们只看那《笑赞》第五一的“打差别”，与《笑得好选》第八的“割股”，对于强有力的封建道德，特别是父为子纲，夫为妻纲这两项，敢于举起指头来，实在是很不容易的事，即此可以看出中国笑话里的明朗性与健康性来了。

一九五六年一月三日，编订者记。

【钟校】

①《明清笑话四种》，1958.3人民文学出版社初版。

②《笑得好选》，原作“笑得得选”。

③“作者的真姓名”，“作者”原作“他者”。

鲁迅的青年时代序言①

◇1956. 11. 1
◇鲁迅的青年时代

今年十月值鲁迅去世二十周年纪念，有些报刊来找到我，叫写纪念文字，我既不好推辞，也实在觉得有点为难。这个理由很是简单明了的。因为我以前所写关于鲁迅的文章，一律以报告事实为主，而这事实乃是“事物”的一类，是硬性的存在，也是有限度的。我对报刊的同志们说，请大家原谅，写不出什么文章来，因为我没有写文章的资本了。我写那些旧文章的资本都是过去的事实，而那样的资本却有一定的限量，有如钞票似的，我所有的一札有一定的数目，用掉一张便少一张，自己不可能来制造加添的。各位都谅解我的意思，但还是要叫我写，我也不好再硬辞，只得答应下来，结果便是这几篇文字。承中国青年出版社的盛意，肯给我印成小册子，这是我所感谢的，但如上文所说，这些文章或者内容不大充实，要请读者原谅，只是空想乱说的话那我可以保证是没有的。不过话又说了回来，这比起我以前所写的或者有地方还较为得要领些，不是那么的散漫，有地方也供给了些新的事实，虽然这分量不多。《西北大学简报》上登载一篇我的女儿所写的纪念文，里边说到有些小事情，例如鲁迅不爱理发一节，颇能补足我的缺漏，也就抄来附在里边了。除了这些新写的文章以外，我又把旧稿三篇找了出来，作为附录，加在末尾。其中一篇是《阿Q正传》在《晨报副刊》上发表完了的时候，又两篇则是鲁迅刚去世后所写，也都有纪念的性质，重印出来，或者可以稍供读者的参考。

一九五六年十一月一日记于北京。

【钟校】

①《鲁迅的青年时代》，1957.3中国青年出版社初版。

日本民间故事译者前言[1]

◇1958.2
◇集外文

介绍外国的民间故事，本来用不着什么说明。民间故事正如人们所说，是人类最早的小说，小说没有人不喜欢听的，而且它的结构单纯，听了容易了解。也有些经过民间长时间的流传，特别精炼，或是因了“说话人”的加工，显得更是流丽而细致。这些都是因了各该民间故事的展开而自然发露出来，无烦预先指出的。我这里单就日本的民间故事，来说几句话。

第一，它在世界的民间故事中间不能算最好，自然也不算最坏的。好的如希腊，因为是属于古代的了，已经不称民间故事而叫神话故事了，虽然严格的讲来，神话与民间故事也很有差别。又如苏联的，俄罗斯与乌克兰的民间故事，也都十分精彩，胜于日耳曼系的故事。此外，阿拉伯系的如《一千零一夜》，由于加工之故，非常精巧。这些特色在日本都没有，它是近时才从老百姓口头收集起来的质朴的故事，以故事论，或者比不上前面所说的几国，但还自有它的特色，因为它说明了它本国的情形。

第二，我的翻译是向来主张直译式的，便是多保留它原有的特殊的色彩。我不主张把一句话译成四平八稳的，个个字说得十分明白，我把留下来一二分不明白的东西，来加注解说明它，这样便可将本来的色彩多保住一点。我们介绍外国的东西，原是想把本来不知道的多知道一点，若是从头不预备，或是懒得去了解，那么我们讲知道的本地事情好了。鲁迅平常反对把俄国人名缩短，如托尔斯泰为陶斯道，克鲁泡金为柯伯坚之类。他说："你们如觉得名字还讨厌难记，那么别管他，且去谈自己熟知的张三李四好了。"

还有一层，民间故事固然是原始的小说，但一面也是社会的写实，有许多民俗保存在里边，这些东西一不小心便像唯他命丙样易于消失。因此我也顺便说一声，这故事的原本乃是根据柳田国男所编的一本书，日本几十年中自从岩谷小波起，编写童话的人真是不可胜计，都各自有立场，未可一笔抹杀，但是从民俗学的立场看只有柳田氏的算是最好。我原来不想多说明，但实在已是说了不少，应该赶紧打住了吧。

【钟校】

①《日本民间故事》1958.3.1—4.12在《新民报晚刊》共刊出五篇，此为其一。

绍兴儿歌集小引[①]

◇1958. 4

◇集外文

辛亥（一九一〇）年秋天我从东京回绍兴，开始搜集本地的儿歌童话，民国二年（一九一三）任县教育会长，利用会报作文鼓吹，可是没有效果，只有一个人寄过一首歌来。我自己陆续抄了有二百馀则，还都是草稿，没有誊清过。六年（一九一七）四月来到北京，不久北京大学歌谣研究会成立，我也在内，所有的贡献也只是这册稿子，登记“浙三”号，几年之后该会无形解散，我便收了回来。二十五年（一九三六）一月歌谣研究会二次重兴，催促我整理旧稿，赶快出版，当时我拟了一个计划，想对于言语、名物、风俗，稍加详细说明，改编为《绍兴儿歌述略》，不觉荏苒二十多年，仍旧是那一册稿子。前年有友人劝我，乘鲁迅逝世二十周年，把它编出来，也可以做一种纪念，因为里边的歌谣都是鲁迅所热心的，有的是他儿时所唱过的，这是很值得做的工作。但是我去年病后，精神不继，不能照原定计划来记述，现在只因陋就简的加以整理，姑且把它编印出来，以供读者的参考，此外也别无奢望了。

一九五八年四月记于北京。

【钟校】

① 据手稿录存。

希腊神话引言二[①]

◇1958. 5. 15

◇集外文

希腊神话是世界文学遗产的一部分。古代的神话，与小孩爱听的童话，民间流传的故事，以及原始民族的传说，实质都是一样，可以说是人类幼稚时期的小说。希腊神话本质特别好，又为希腊古代的诗文戏曲所取材，通过了罗马文学，输入欧洲，经了文艺复兴的消化，已是深深地沁进到世界文学的组织里去了。所以现今说起希腊神话来，这并不是希腊一国，或是宗教一方面的物事，乃是世界文学的普通知识的一部，想要理解西欧文学固然必须知道，就是单当作故事看也是很有意思的。我曾见中国报纸上登载斯大林的一篇演说，说共产党不离开人民永不会失败，引用安泰俄斯因为是地母的儿子，在他的身子和地相接触的时候杀不死他的故事做比喻，可见在苏联今日这些故事也是很熟习普遍的了。后来又听说维辛斯基在联合国会议上批评英国的狡猾态度，说他是两面人耶奴斯（Janus），那又是罗马神话里的人物，用罗马字写年月的时候，写到“正月”就要遇着他的，不意却在这位政治家口中听到，更觉得是很有意义的事。

现在来给希腊神话做广告，其实都是多馀的，因为他的牌子是经过了两千多年的考验，大众周知的了，重要的是拿出货色来，这里多少有点麻烦。东西各古国的神话传说多存在经典里，印度与犹太都写了许多，唯独希腊与中国相像，没有他们的圣书，这也是一件好事，可是因此使我们找不到神话的定本，一直只好看西欧人随便编纂的书了。古代希腊有史诗，却单是讲一件事，只有赫西俄多斯（Hesiodos）的《诸神世系》（*Theogonia*）有集成的意思，但共总才有一千行，究竟太少一点，接着起来有散文史家，初期是讲故事，应该很有意思，可惜都已失传，总算万幸留存了九卷，史家之父赫洛陀妥斯（Herodotos）即希罗多德的《史记》。我们追踪下去，到了公元前一世纪中才算找到了这阿坡罗多洛斯（Apollodoros）的《书藏》（*Bibliothêkê*），他的时代不很早了，但据现代学者的研究，他这神话集却很可信用，盖是依据斐瑞库得斯（Pherekydês）而作，斐瑞库得斯是赫洛多托斯的前辈，所著故事书十卷已逸，但据逸文，看来大都与《书藏》相合，可以为证。我们不得见斐瑞库得斯的书，现在，尚能得到阿坡罗多洛斯的述作，也是很可喜幸的了，虽然时代上要迟四百年，内容上有些缺少，但总之是希腊人自己所写的，我们觉得可以凭信。不知道什么缘故，他对于罗马文人转述的神话，不加注意，简直不一引用，这可以算是对的，因为这样保存了希腊人自己的神话，不至于被别国的传说所渗杂了。这一点也是他的特色，虽然是或者出于无意识的。

关于本书，茀来则有评论云：

《书藏》可以说是希腊神话及英雄传说的一种梗概，叙述平易，不加修饰，以文学中所说为依据，作者并不说采用口头传说，在证据上及事实的可能上也可以相信，他并不采用，这样几乎可以确说他是完全根据书卷的了。但他选择最好的出处，忠实地遵从原典，只是照样记述，差不多没有敢想要说明，或调解原来的那些不一致或矛盾。因此他的书保存着文献的价值，当作一个精密的记载，可以考见一般希腊人对于世界及本族的起源与古史之信念。作者所有的缺点，在一方面却变成他的长处，去办成他手里的这件工作。他不是哲学家，也不是词章家，所以他编这本书时既不至于因了他学说的关系想要改窜材料，也不会为了文章的作用想要加以藻饰。他是一个平凡的人，他接受本国的传说，简直照着字面相信过去，显然别无什么疑虑。许多不一致与矛盾他都坦然地叙述，其中只有两回他曾表示意见，对于不同的说法有所选择。赫斯珀里得斯的金苹果，他说，并不在利彼亚，如人们所想，却是在远北，从北风那边来的人们的国里，但是关于这奇怪的果子和看守果子的百头龙的存在，他似乎还是没有什么怀疑。他又告诉我们，在雅典那与波塞冬关于占领阿提刻的有名的竞争事件上，宙斯所指定审判这事的人，并不如人们所说，是刻克洛普斯与克剌那俄斯，也不是厄律西克同却是十二神明本人自己。

阿坡罗多洛斯如何密切地依从他的典据，只须将他的叙述与他所引用的现存原书一比较便可明白。他从我们见得到的那些作者的著作里那么忠实地去复述或节录，这使我们也信用接受他关于作品已佚的人们的记述。在这些人中间最重要的或者是斐瑞库得斯，他在公元前五世纪的上半生存于雅典，著有一部讲希腊神话传说的长篇散文著作，这在许多书中大概最适于为阿坡罗多洛斯的《书藏》的模型与基础。不幸斐瑞库得斯的著作散失了，因为假如我们未从现存的少许断篇判断，那似乎是一个希腊神话传说资料的宝库，用了使我们至今欣悦的赫罗多托洛斯的那种简单诚实的笔法写了出来。他所包括的范围，他所用叙述的方法，大部分与我们的著者相合。他讲诸神世系，讲神们与巨人的战争，普洛里透斯、赫剌克勒斯、阿耳戈斯与克瑞忒的传说，阿耳戈船的航程，阿耳卡狄亚、拉科尼亚与阿提刻的部落或家族的传说，又像阿坡罗多洛斯一样，他似乎很注意于世系的事。阿坡罗多洛斯时常引用他的意见，我们可以相信他从这有学问的前辈一定是得益不浅。

本书翻译凡有两次，第一次是一九三八年，第二次是一九五〇年，这是第二遍的译本，现本略加整理，译音一律改从《希腊悲剧集》所用的字，虽不甚准确，以归一规。

一九五八年五月十五日，译者记。

【钟校】

① 题目原无“二”字，因1944已有《希腊神话引言》，故题作《希腊神话引言二》。《希腊神话》，译者生前未出版。

◇1959.1.30

◇古事记

古事记引言[①]

◇第一册有《汉译古事记神代卷引言》

日本最早的古典文学，称为奈良朝文学，著名的只有两种，散文有《古事记》，韵文总集有《万叶集》。奈良朝七代天皇，自元明女帝和铜三年（公元七一〇）迁都平城，至桓武天皇延历三年（公元七八四）再迁，七十四年间以现今奈良为首都，所以有此名称。而事情极有凑巧的，安万侣奉敕编纂《古事记》，在和铜四年九月，一方面《万叶集》的主要作者大伴家持，有人说他便是编集的人，也于延历四年八月去世了。这两部书恰好正与这一朝相终始了。

奈良朝文化全然是以中国文化为主的，在推古女帝时圣德太子摄政，定宪法十七条，政治取法隋唐，宗教尊崇佛法，立下根基，为二十年后"大化革新"

的发端。第三十六代孝德天皇改元“大化”（公元六四五），于次年下改革的诏旨，以后天皇也有了谥号，这年号与谥法两件中国特别办法的采用，于日本历史上留下不可磨灭的痕迹。最重要的是文字的借用。宫廷政治与宗教（佛教）上用的全然是汉文，当时社会上有势力的人大抵有相当的汉文化，能写作像样的诗文，安万侣的《上古事记表》便是一篇很好的六朝文，而孝谦女帝的天平胜宝三年（公元七五一）所编的《怀风藻》里所收汉诗一百二十馀篇，作家至有六十四人之多，可以知道这个大概了。但是这种借用的文字，假如想用了来做文艺作品，那是不可能的事情，于是在利用汉字偏旁，造作日本字母（假名）之前，不得不暂时借用整个汉字来拼音的方法，写成一种奇怪的文体。不过这也不是新的发明，中国翻译佛经里便有这一体，即全篇的咒语固然如此，此外经中重要语句，也时常这样的保存原文的音译，如《妙法莲华经》中《普门品》中的“阿耨多罗三藐三菩提”，即是一例。奈良朝的文学作品，便是以这种文体写作出来的。

《古事记》三卷，据原序所说，是和铜四年（公元七一一）九月开始编集，于次年正月完成的。编集的人是安万侣，口授的是舍人稗田阿礼，而最初审定的乃是第四十代的天武天皇。所以安万侣的工作只是在于编写，不过这工作也是不可看轻的，盖事属初创，有许多困难的事情，《上古事记表》中说得好，特抄原文如下：

> 然上古之时，言意并朴，敷文构句，于字即难，已因训述者，词不逮心，全以音连者，事趣更长。是以今或一句之中，交用音训，或一事之内，全以训录，即辞理叵见以注明，意况易解更非注。

今录《古事记》第一节的后半，以见一斑：

> 次国稚如浮脂而，久罗下那州多陀用币琉之时（琉字以上十字以音），如苇牙因萌腾之物而，成神名，宇麻志阿斯诃备比古迟神（此神名以音），次天之常立神（训常云登许，训立云多知），此二柱神亦独神成坐而隐身也。

书成九年之后，第四十四天皇元正女帝的养老四年（公元七二〇），《日本书纪》三十卷成功，安万侣也参与其工作，由舍人亲王监修，这是一部汉文的日本历史，就书名看来，也可以知道这是国际性质的，但因此有这一个缺点，便是如日本国学者所说，里边有的是“汉意”，至少如作为文学看，其价值不如《古事记》的纯粹了。这正如《怀风藻》尽管是像样的汉诗，但是要看文学上的日本诗歌，也不得不去找《万叶集》来看，正是同一个道理。

《古事记》的内容，是由两种材料混合编成，这便是序文里所引天武天皇的诏书中所说，帝纪与本辞。所谓帝纪就是记载历代天皇的历史，凡天皇御名，皇居，治天下，后妃，皇子皇女，升遐，御寿，山陵这些事实，在大葬的时候当作诔词去念的。现在虽然没有传本，但在那时代，恐怕已经有汉文记载存在，叫作什么《帝王本纪》之类。至于本辞，也称作旧辞，那是别一种性质的东西，用现代的名称来说，即是神话，传说，或民间故事。这是古代口头流传的文学，讲述奇妙的故事，凡是诸神行事的是神话，属于英雄的是传说，若是同样故事而说的不是专属神或人的，便是民间故事了。天武天皇诏书里，虽说“撰录帝纪，讨核旧辞，削伪定实，欲流后叶”，意思是二者并重，但实际是未能达到目的，犹如把竹片接到木头上去，完全是两截，没法子融接得来。不过，这却是正好的。《古事记》的价值，不在作为一部史书上，它的真价乃是作为文学书看，这是一部记录古代传说的书，在公元八世纪时所撰集，这个年代在亚洲各国不算很早，但在日本却是第一部古书了。在那么早的时候，来敕撰一种故事书，事实是不可能的，只能在历史书的幌子底下，才能生产出来，而《古事记》就真是这样出来的。三卷中第一卷完全是神话，所记是神代的事情，第二三卷是记人皇的事情，自神武天皇至推古天皇，凡三十三代，除单纯的帝纪以外，所有故事都是传说的性质，内容虽相似，但所讲的主人公乃是人而不是神了。三十三代中间，仅神武天皇等十三代，于帝纪之外，有本辞的材料，成为中下卷的内容，其他二十代便没有故事，只剩枯燥无味的帝纪，而且那有本辞做装饰的十三代，其帝纪也是同样的枯燥，所以《古事记》三卷的价值，完全在于旧辞，即是神话与传说，帝纪一部分乃是应有的枝干，有了这枝干才能作为挂上新衣的钩子，这许多传说乃能说得有条理有系统，而不是一部杂乱无章的传说集了。古来有一句话，叫作“买椟还珠”，这《古事记》里的帝纪正是史实的珠子，但我们觉得有兴趣的，却在那些附加的装饰，正合得上那句买椟还珠的古话了。

把《古事记》当作日本古典文学来看时，换句话说，就是不当它作历史看，却当作一部日本古代的传说集去看的时候，那是很有兴趣的，不过要简单的说明，却不是容易的事。一国的神话与传说，有些是固有的，有些是受别国的影响的。日本受印度、中国的影响很深，在《古事记》里很明显的看得出来，如第一五七节“天之日矛”，便很有印度故事的色彩，连言语也有关系，其自中国的为第一〇六节的御真木天皇，一六三节的圣帝之御世，一七四节的雁生子，都有歌功颂德的模仿痕迹，若其出于自己创造者便很不相同了。日本传说自有其特色，如天真、纤细、优美，但有些也有极严肃可怕的，例如第一三八节的仲哀天皇的仓卒晏驾，即是一例。那是日本固有宗教的“神道教”的精神，我们想了解日本故事以至历史的人所不可不知道，然而也就是极难得了解清楚的事情。

周作人，一九五九年一月三十日。

【钟校】

①《古事记》，1963. 2 人民文学出版社初版。

如梦记译本序[①]

◇1959.4.1

◇集外文

《如梦记》一卷九篇，文泉子著，明治四十二年（一九〇九）日本东京出版。文泉子本名坂本四方太，生于明治六年（一八七三），大学国文科出身，追随正冈子规，为新派有名“俳人”之一，写了许多“写生文”，大正六年（一九一七）卒，年四十五岁。在明治末年日本文坛上盛行着法国自然主义的潮流，子规等新派俳人是俳句的革新家，可是也感受着时代思潮，成为他们的提倡写生的一种机缘。所谓写生即是主张写实，不像旧式诗人那么公式地说假话，却要实地去看去听，把所感到的事物写下去，这像有真实的生命。写生，是新派俳句的新的手法，可是也可用于散文，这就叫写生文，它可以独立，于练习俳句上也很有益。所以他们的杂志虽是讲俳句的，也登载好些写生文，这《如梦记》便是在里边登过，再印行单行本的。古来日本俳人多兼擅文章，松尾芭蕉即是最好的例，那时这一派里正冈子规以下，夏目漱石，高滨卢子，坂本文泉，长冢节都写许多散文，夏目的《我是猫》，高滨的《俳谐师》，长冢的《土》乃是有名的小说，坂本的这一卷《如梦记》虽然不是正式的小说，但是用写生文来记述他童年的回忆，也正是文学上所有的一种式样，同样的值得加以赏玩。书中所记大概是十岁以前的事，在明治维新初期，新旧事物混杂在一起，或者与中国的民国前后有点相似，有许多奇妙的事情值得记载，这里就只觉得太简少一些，有点可惜，但是这也是难怪的。写生文虽说是重在写实，但它到底还被俳句影响所牵掣，他们最忌“词费”，不肯长篇大幅地去描写，所以简短是当然的事。后来夏目的学生中勘助著有《银茶匙》，上下两卷，叙写从幼小时直到中学时代，更为精细，虽不是写生文派，却可以说是大部的《如梦记》，此外就不见其比了。坂本的这本小册子很少见，在出版的次年偶然在东京冷僻的小书店里得到了一册。

本书题名在著者自序中译作《梦一般》，比较近于白话，但是原名 *Ywme no gotoshi*，是文言口气的，直译应是《如梦》，现在便保存它这个原意，只是加上一个记字，说起来较为顺口，自序中亦均改正，以免歧出，虽然在那边如说《梦一般》似乎要好一点。

知堂记。

【钟校】

① 本文1943.12刊北京《艺文杂志》，1959.4.1刊香港《星岛晚报》。《如梦记》译文单行本作者生前未能出版。

浮世理发馆引言[①]

◇1959.8.1
◇集外文

式亭三马的《浮世澡堂》与《浮世理发馆》，以及十返舍一九的《东海道徒步旅行》（原名《东海道膝栗毛》），是日本江户时代的古典文学中滑稽本的代表著作。

《浮世澡堂》前年由我译出了前后两编共四卷，这回译成了《浮世理发馆》初二编共计五卷，其三编系别人续作，所以这里略去了。前回关于江户时代文学以及滑稽本的发生情形，略为加以说明，但也有当时忘记说及的，所以特加补说。这所说的就是所谓气质物。这种文学品种真是“古已有之”，希腊在公元前四百年的时候，已经有这种东西，这便是忒俄佛剌斯托斯，所著有《人品》一卷，凡三十篇，写各种不同的性格，流传后世。十七八世纪时传至欧洲，英法各国各有仿作，日本未必受过这种影响，同时有江岛其碛著有《世间儿子气质》及《世间女儿气质》等，为气质物著名的著作。其碛承井原西鹤的浮世草纸流派，改而写有种种特性的类型，江户的三马于作《浮世澡堂》的三年前即文化三年（一八〇六）作《酩酊气质》，以后接续作《四十八癖》，经一八一二至一八一八年共著四编，及此类尚多，可见作者于此事甚感兴趣，在《浮世澡堂》与《浮世理发馆》也便多用这种手法。其次是三马利用笑话做材料，在《浮世澡堂》题目下横书“诨话”二字，自己表明这个关系，但是在那里边大抵使用落语的结构，使得各段都有一个着落，显出可笑来。但这里直接使用笑话做资料，例如第十二段“长六的猫”便是民间笑话之一了，又如第二十一段的“女人的笑话”，乃是各个小笑话的集成，江户人喜欢弄这种文字的游戏，可是转译出来却是没有什么趣味了。《浮世理发馆》所写的只是来理发的客人，或是日常无事也来闲坐的闲汉，没有像澡堂里面出入的人花样繁多，男男女女，尽有好玩的事可以描写，因此未免显得有些单调，虽然理发馆里有主人鬓五郎，是经常在里边的，可以做一条线索，贯串到底，只是他毕竟是陪衬人物，不能担任主要脚色的。理发馆中没有女人小儿，这也使得减色不少，于是作者苦心安排，无中生有地写出“婀娜文学”“泷姑的乳母”和末节“女客阿袋”这三段文字来。此外又将社会上的杂事也拉到故事里来，如写巫婆关亡的情形，至有两场，而一是写一只花狗，一是写被妖怪拐了去的老头子的。于了解特殊的风俗之外，也很有滑稽的风趣。初编卷中描写上方商人也是很着力的，这是江户戏作中的好材料，因为借此写江户工人与上方商人比武，结果是上方人出丑了，鬓五郎在这回的书上，总算卖了气力，替江户人争了气。本编中净是长篇的讲谈，显得颇少活泼之趣。如论“阿柚的戒名”，差不多是作者对一件事情的批评，但里边很有点独立的意见，不过借了钱右卫门的口来发表罢了。又“谈论女人”这一段，在理发馆是常见的实事，因此可以说是适当的材料，但这却是受了上方文学的影响，西鹤在贞享三年（一六八六）著《好色五人女》，第三卷中有“姿色的关官”一节，叙说在京都四条河原的茶店的情形。这样地说来，那气质物的原祖也是上方的东西，那么在这一点上江户前的三马未免输了一年了。

文字的游戏是日本人所很喜欢的玩艺儿，而在滑稽本上面尤其是不能免的，因此翻译上也就特别觉得困难。但是既然担当了这个差使，也只有如俗语所说，有如“蛤蟆垫床脚”，竭力来支撑，而无如力不从心，未能加工得很漂亮，特别是注解原想减少，但结局还是不能办到，比起《浮世澡堂》来是有增无减，因为参考不够，有些风俗习惯还未能必要地予以释明，这是我对自己的工作所感觉不满意的事。

一九五九年八月一日。

【钟校】

①《浮世理发馆》，1989.11人民文学出版社初版。

知堂杂诗抄前序[①]

◇1960.1.28

◇集外文

我向来不会做旧诗，也并没有意思要去做它，然而结果却写了这一册。我本不预备发表，向人请教，现在却终于印了出来。这全是偶然的事情。古人有言，情动于中而形于言，言之不足，故嗟叹之，嗟叹之不足，故永歌之，永歌之不足，不知手之舞之足之蹈之也。我哪里有这种不知手之舞之足之蹈之的材料，要来那末苦心孤诣的来做成诗呢？也就只有一点散文的资料，偶尔想要发表罢了。拿了这种材料，却用限字用韵的形式，写了出来，结果是一种变样的诗，这东西我以前称之曰打油诗，现今改叫杂诗的便是。称曰打油诗，意思是说游戏之作，表示不敢与正式的诗分庭抗礼，这当初是自谦，但同时也是一种自尊，有自立门户的意思，称作杂诗便心平气和得多了。这里包括内容和形式两重，正如题记中所说，有如散文中的那种杂文，仿佛是自成一家了。但这也是后加的说明，当初不过有点意思，心想用诗的形式记了下来，这内容虽然近于散文，可是既称为诗，便与诗有一点相同的地方，便是这也需要一点感兴。古人说，诗穷而后工，工不工也难预约，总之这与所处的时地是很有关系的，在黑暗时代里感触更多，也就写的不少，到了环境改变这就不同了，在解放以后便连一篇也没有写过，所以这些东西乃全是在南京老虎桥所作的。上边所说偶然成集的事情，便是如此。这诗的中间有一部分是《儿童杂事诗》，共计七十二首，一九五〇年曾经在上海《亦报》上发表，此外《往昔》三十首亦自成片段，却尚未发表过。本来这种东西欲出斯出，能事已毕，也别无敝帚自珍的意思，但友人知道我有这作品，特别是那两样稍成片段的，辄来信索观，只好花了好些工夫，自来抄录，虽然我的时间不很珍贵，但也是一种负担，于是有人怂恿付诸印刷。其中第一位侨居新加坡的郑子瑜先生，彼此尚未见过面，只因大家都看重《人境庐诗》的关系，因而认识了，他曾提议出版，可是机缘不曾成熟，故而作罢，但是他的好意是很可感激的。第二位便是朱省斋先生，他先前创办《古今》半月刊的时候曾经相识，现侨居香港，经他介绍在新地出版社出版，使这十馀年前的旧作，得与今日的读者见面，在我可以省抄写之烦，这是十分可以感谢的事了。这里便是偶尔印了出来的经过。前后事情既已交代清楚，我这自序的职任也就完了。

一九六〇年一月二十八日，知堂记于北京。

［附记］　《老虎桥杂诗》[①]原稿本来有六部分，第一分《忠舍杂诗》性质杂乱，第六分系题画诗九十四首，多应需之作，今悉从删削。

【钟校】

①《知堂杂诗抄》曾题名《老虎桥杂诗》，后仍恢复原名，作者生前未能出版，此据手稿。

知堂乙酉文编题记[①]

◇1960.2.16

◇知堂乙酉文编

右散文十七篇，本系《乙酉文编》原稿的一部分，在一九五二年冬天编成后，久藏箧底。三年前曹聚仁先生北游见访，出以相示，承他带至香港，在杂志上发表若干篇，后来集印为一册，即《过去的工作》便是。馀下的这一部分，他又为整理出版，就使用这《乙酉文编》的名称。曹先生的种种厚意，实在很可感谢的。说起乙酉年来，这已经是十五年前的事，社会情形既今昔不同，那么有些感慨牢骚已经失时效，这是要请读者原谅，而在作者却又很引为大幸的。讲到名物和民俗的几篇，在这里或者分量并不多，但是有读者偏爱这些，在解放后我也还写许多简短的，给报刊补白，今年挑选较成片段的，辑了一本《草叶集》，大约在三四月里也可以和读者见面了。

一九六〇年二月十六日，知堂记于北京。

［附］乙酉文编附记②

右本文二十七篇，均系乙酉年（一九四五年）中所写。当时预备结集，以一篇《过去的工作》为名，那篇文章即作为跋语。今年从故纸中取出，加以整理，加上两篇附录，订为一部两册以便披览，改题云《乙酉文编》。

【钟校】

①《知堂乙酉文编》，1961.2香港三育图片文具公司初版。

②1952.11.8作，《知堂乙酉文编》与《过去的工作》均未收，据手迹录入。

知堂回想录缘起[①]

◇1960. 12. 9

◇集外文

我的朋友曹聚仁先生[②]，前几时写信给我，劝我写自叙传，我听了十分惶恐，连回信都没有写，幸而他下次来信，也并不追及，这才使我放了心。为什么这样的“怕”写自叙传的呢？理由很是简单，第一是自叙传很难写。既然是自叙传了，这总要写得像个东西，因为自叙传是文学里的一品种，照例要有诗人的“诗与真实”掺和在里头，才可以使得人们相信，而这个工作我是干不来的。第二是自叙传没有材料。一年一年的活了这多少年岁，到得如今不但已经称得“古来稀”了，而且又是到了日本人所谓“喜寿”，（喜字草书有如“七十七”三字所合成，）那么这许多年里的事情尽够多了，怎么说是没有呢？其实年纪虽是古稀了，而这古稀的人乃是极其平凡的，从古以来不知道有过多少，毫没有什么足以称道的，况且古人有言，“寿则多辱”，结果是多活一年，便多有一年的耻辱，这有什么值得说的呢。

话虽如此，毕竟我的朋友的意思是很可感谢的。我虽然没有接受他原来的好意，却也不想完全辜负了他，结果是经过了几天考虑之后，我就决意来写若干节的《知堂回想录》[3]，也就是一种感旧录，本来旧事也究竟没甚可感，只是五六十年前的旧事[4]，虽是日常琐碎事迹，于今想来也多奇奇怪怪，姑且当作“大头天话”（儿时所说的民间故事）去听，或者可以且作消闲之一助吧。

时光如流水，平常五十年一百年倏忽的流过去，真是如同朝暮一般，而人事和环境依然如故，所以在过去的时候谈谈往事，没有什么难懂的地方，可是现在却迥不相同了。社会情形改变得太多了，有些一二十年前的事情，说起来简直如同隔世，所谓去者日以疏，来者日以亲，我想这就因为中间缺少连络的缘故。老年人讲故事多偏于过去，又兼讲话唠叨，有地方又生怕年青的人不懂，更要多说几句，因此不免近于烦琐，近代有教养的青年恐不满意，特在此说明，特别请原谅为幸。

【钟校】

①《知堂回想录》，曾自定名《药堂谈往》，作者生前一直未能出版。此据作者手稿，下同。

②“曹聚仁先生”，手稿原作“陈思先生”，《后序》已改，从改。

③《知堂回想录》，手稿原为《药堂谈往》，《后序》已改，从改。

④“五六十年前的事”，手稿原无“前”字。

知堂杂诗抄序[①]

◇1961.4.20

◇集外文

近日依照曹聚仁先生的提议，开始写《药堂谈往》，写到丙午年到日本去，已经有十万字的样子，大概到五四时节，总该有二十万字了罢。我不想学名人写自叙，一半扯谎，就是说真实之外还有诗，所以不免枯燥，但有时跑野马，那也是难免的，只要野马跑得好，不十分跑出埒外，原来是很好玩的，但是那很要费工夫去斟酌罢了。为的找寻材料，我把从戊戌至乙巳年的旧日记拿出来重新看了一遍，除找了些年月根据以外，发现好些幼稚不堪的旧诗，都是题记中好材料。现在抄录几首在这里。如《庚子送灶即事，和戛剑生作》云：

角黍杂猊糖，一樽腊酒香。反嗤求富者，岁岁供黄羊。

又辛丑正月廿五日送鲁迅往南京，和《别诸弟》三首原韵云：

一片征帆逐雁驰，江干烟树已离离。苍茫独立增惆怅，却忆联床话雨时。

小桥杨柳野人家，酒入愁肠恨转加。芍药不知离别苦，当阶犹自发春花。

家食于今又一年，羡人破浪泛楼船。自惭鱼鹿终无就，欲拟灵均问昊天。

在甲辰年的日记里边，又找到一首诗，我在题记曾引用一部分，因为全篇记不得了，现在把原文录后，这是十二月廿九日即是除夕的日记：

岁又就阑，予之感情为如何乎，盖无非一乐生主义而已。除夕予有诗云，“东风三月烟花好，秋意千山云树幽，冬最无情今归去，明朝又得及春游。”可以见之。

然予之主义非仅乐生，直并乐死，小除诗云：“一年倏就除，风物何凄紧。百岁良悠悠，白日催人尽。既不为大椿，便应如朝菌。一死息群生，何处问灵蠢。”可以见之。

在这同时，也并找到了诗稿《秋草闲吟》的一篇序文，其文云：

〔编者按：《秋草闲吟序》见前，兹不复录。〕

题记里所说的，“独向龟山望松柏，夜乌啼上最高枝”，大概也是那时候所作，但是上半却已经忘记了。

我这里的杂诗抄和那《秋草闲吟》是两个时期的作品，后者是二十二岁以前所作，虽然很是幼稚浅陋，但的确是当作诗去做的，可是做不好，这是才力所限，是没法的事，前者则原来就是打油诗，从那所谓五十自寿的两首歪诗起头，便是五十岁以后的事情了。这些诗虽然称作打油，可是与普通开玩笑的游戏之作不同，所以我改叫它做杂诗，这在题记里说的很清楚了，所以现在也不多赘。这以前的话差不多只是凭了新得的材料，来给题记做一些补遗罢了。

现在再来关于这杂诗抄出版的事说明一下，却只有很简单的一句话，便是这完全由于郑子瑜先生的好意帮忙，杂诗抄才有出版的希望。这些杂诗全是十多年前所写的东西，本来也不值得多耗废纸墨来印刷它，可是郑先生却热心的给设法，我想印出来也好，可以给要看的人去看，省得抄录之劳，于是便贸然答应了。诗抄里所收的虽然全是无聊的东西，自己看了也不满意，但是郑先生斡旋出版的事，总是值得感谢，就是他不知道为什么看中了这些不成东西的打油诗，似乎未免要于他的明鉴有损，那又是我所觉得很是惶恐的了。

一九六一年四月二十日知堂记于北京，时年七十有七。

【钟校】

① 据作者手稿。

木片集小引①

◇1962. 7. 30

◇集外文

前几年给上海广州的晚报写了些小文章，共总得数十篇，承出版社好意为选择一部分出版，这是很可感谢的。书名最初拟名为《鳞爪集》，但太是普通了，怕和别人重复，改用《草叶集》呢，又与惠特曼的诗集相混，所以最后决定《木片集》这个名称，因为古人所谓竹头木屑，也可以有相当的用处，但恐怕是简牍上削下来的，那么这便没有什么用，只好当作生火的柴火罢了。

所写的文章大抵是就我所知道的，或是记得的，记这一点下来，至于所不很熟悉的则不敢去触动它，仍旧是守以不知为不知的教训。

关于动物有些不是直接的知道，也是根据书本，如讲鳄鱼的大半系依据英国柏耳（M. Burr）的《鳄鱼与鼍鱼》（*Crocodiles and Alligators*），讲猫头鹰的是斯密士（R. B. Smith）的《鸟生活与鸟志》（*Bird life and Bird lore*），在《苦茶随笔》中有一篇《猫头鹰》，也说到我自己养猫头鹰的经验。

一九六二年七月三十日，周启明记于北京。

【钟校】

①《木片集》，1962. 12 百花文艺出版社已准备付印，但终于未能出版，此据校样。

知堂回想录拾遗小引[①]

◇1962. 9. 29

◇集外文

这里要感谢曹聚仁先生，他劝我写文章，要长一点的，以便报纸上可以接续登载；但是我有什么文章可写呢？从前有过这样一句话，凡是自己所不了解的东西，便都不能写，话说过有好多年了，但是还想遵守着它。可是现在要问什么东西是我所了解的呢？这实在是没有。我躺着思索，那么怎么办呢，一身之外什么都没有，有什么东西可写呢？这时候忽尔恍然大悟，心想“有了”，这句话如说出来时简直象阿基末得在澡堂的一声大叫了！因为我是小时候学过做八股的，懂得一点虚虚实实的办法，想到一身之外没有办法，那么我们不会去从一身之内着想么？我一生所经历的事情，这似乎只有我知道得最清楚，然则岂不是顶适当的材料了么?

材料是有了，但是怎么写呢?平常看那些名士文人的自叙传或忏悔录，都是文情俱胜，华实并茂，换句话说就是诗与真实调和得好，所以成为艺术的名著，如意大利的契利尼，法国的卢梭，俄国的托尔斯泰等。近来看到日本俳人芭蕉的旅行记，这是他有名的文章，里边说及在市振地方，客栈里遇着两个女人，乃是妓女，听见她们夜里谈话，第二天出发请求同行，说愿以法衣之故发大慈悲，赐予照顾，(芭蕉其时盖是僧装,)以自己也行止无定谢绝了，但是很有所感，当时做了一句俳句道:“在同一住家里也睡着游女，——胡枝子和月亮。”还说道:“告诉了曾良，把它纪录了。”曾良是芭蕉的弟子，和他一起旅行的，也是个俳人，近来他的旅行日记也发见了，可是却没有记着这一条。他的日记也记的很是仔细，说芭蕉在市振左近的河里把衣服弄湿了，晒了好一会儿，记的很详细，却不见有游女同宿这件事，也并不记录着那一首俳句。这是怎么的呢?芭蕉研究者荻原井泉水解说得好，他说我们以前不知道，种种揣摩臆测，附会解释，实在上了芭蕉的当，要知道这不是普通的纪行文，乃是纪行文体的创作，以文学作品言实是不朽的名著。这话实在是不错的，后世有人指摘卢梭和托尔斯泰的不实，契利尼有人甚至于说他好说诳话大话，然而他们的著作不愧为不朽，因为那是里边的创作部分，也就是诗。西洋的诗字的原义即是造作，有时通用于建筑，那即是使用实物的材料，从无生出有来，所以诗人的本领乃是了不得的。古代有些作者很排斥诗人，听说柏拉图的理想国里不让他们进去，后来路喀阿诺斯便专门毁谤他们造谣，把荷马史诗说成全是诳话，这是不足为奇的事。十九世纪的王尔德很叹息浪漫思想的不振，写一篇文章曰《说诳的衰颓》，即是说没有诗趣，我们乡下的方言谓说诳曰“讲造话”，这倒是与做诗的原意很相近的。要有诗趣便只好说诳，而这说诳却并无什么坏意思，只是觉得这样说了于文章上更有意思，或是当初只是幻想着，后来却仿佛成为事实，便写了进去，与小孩子的诳话有点相同，只要我们读者知道真实里还有诗，便同获原一样感觉又上了作者的一个大当，承认自己是个傻子，这也就好了。

我在这里说了一大篇的废话，目的何在呢？那无非想来说明回想录不是很好写的东西，可是读回想录也并不是怎么容易的一件事情。回想录要想写得好，这就需要能懂得做诗，即使不是整个是诗人，也总得有几分诗才，才能够应付豫如。但是关于这个问题，我却是碰了壁。我平常屡次声明，对于诗，我是不懂的，虽然明知是说诳话的那些神话，传说童话一类的东西，却是十分有兴趣。现在因为要写回想录，却是条件不够，那么怎么好呢？——我想，这也是容易办的。好的回想录既然必须具备诗与真实，那么现在是只有真实而没有诗，也何妨写出另一种的回想录来，或者这是一种不好的回想录亦未可知。一个平凡人一生的记录，适用平凡的文章记下来，里边没有什么可取的，就只是依据事实，不加有一点虚构和华饰，与我以前写《鲁迅的故家》时一样，过去八十年间的事情只有些缺少而没有增加，这是可以确说的。现在将有些零碎的事情，当时因为篇幅长短关系，不曾收入在内的，就记忆所及酌量补记，作为拾遗加在后边。

【钟校】

① 手稿题作《拾遗甲》，“小引”二字写在正文的开头。

知堂回想录后记

◇1962. 11. 30

◇集外文

我写那篇《我的杂学》，还是在甲申（一九四四）年春夏之交，去今也已有十八九年，有些事情已经变了样子了。其一是胜利之后，经国民党政府的劫收，没有什么值钱的东西，只是一只手表和一小方田黄的图章，朱文曰圣清宗室盛昱，为特务所掠，唯书物悉荡然无存，有些归了图书馆，有些则不可问矣。所以文中所记的书籍，已十不存一，萧老公云，自我得之，自我失之，亦复何恨，昔曾写《旧书回想记》，略记汉文旧籍，正可补此处之缺。其二则是解放之后，我的翻译工作大有进展，《我的杂学》第六节中所说两种的希腊神话，都已翻译完成，并且两者都译了两遍，可以见我对于它们的热心了。《古希腊的神与英雄与人》于一九五〇年在上海出版，印行了相当的册数，后来改名《希腊神话故事》，又在天津印过，因为这虽是基督教国人所写，但究竟要算好的，自己既然写不出，怎么好挑剔别人呢？至于那部希腊人所自编的神话集，因初次的译稿经文化基金编译会带往香港去了，弄得行踪不明，于一九五一年从新翻译，已经连注释一起脱落，但是尚未付印，日本高津春繁有一九五三年译本，收在《岩波文库》中。此外还译出些希腊作品，已详上文一八四节[①]以下《我的工作》里边，这里不重述了。日本的滑稽本也译了两种，有《浮世澡堂》即是《浮世风吕》，我翻译了两编四卷，已于一九五八年出版，《浮世床》则译名《浮世理发馆》，全书两编五卷，也是已经译出了。

我开始写这《知堂回想录》[②]，还是在一年多以前，曹聚仁先生劝我写点东西，每回千把字，可以继续登载的，但是我并不是小说家，有什么材料可这样的写呢？我想，我所有的唯一的材料就是我自己的事情，虽然吃饭已经吃了七八十年，经过好些事情，但是这值得去写么？况且我又不是创作家，只知道据实直写，不会加添枝叶，去装成很好的故事，结果无非是白花气力。可是当我把这意思告诉了曹先生之后，他却大为赞成，竭力撺掇我写，并且很以我的只有事实而无诗的主张为然，我听了他的话，就开始动笔。

我当初以为是事情很是简单，至多写上几十章就可完了，不料这一写就几乎两年，竟拉长到二百章以上，约计有三十八万字的样子，我自己也不知道哪里有这许多话可讲，只觉得有些地方已经很节约了，因为过去的琐屑事对于现代青年恐怕没有趣味，有的是[3]年代久远所以忘怀了，没有能够记述清楚。还有一层，是凡我的私人关系的事情都没有记，这又不是乡试朱卷上的履历，要把家族历记在上面。与其记那些，倒是家乡的岁时习俗，我是觉得很有意思，颇想记一点下来，可是这终于没有机会插到里边去，而且在我族叔观鱼先生的那本书里有一个附录，是《绍兴的风俗习尚》，已够好了，不必再来多事。此外有些不关我个人的事情，我也有故意略掉的，这理由也就无须说明了，因为这既是不关我个人的事，那么要说它岂不是“邻猫生子”么？

古来圣人教人要“自知”，其实这自知着实不是一件容易的事情。说以不知为不知似乎是不难，但是说到知，到底[4]知的是什么，便很有点不明白了。即如上文所说的“杂学”，里边十之八九只不过是对于这个有点兴趣，想要知道罢了，实在只写得“起讲”的且夫二字，要说多少有点了解还只有本国的文字和思想。因为深知八股与八家文与假道学的害处，翻过来寻求出路，便写下了那些杂学的文章，实在也不知道自己所走的路是走的对不对。据我自己的看法，在那些说道理和讲趣味的之外，有几篇古怪题目的如《赋得猫》、《关于活埋》、《荣光之手》这些，似乎也还别致，就只可惜还有许多好题材，因为准备不能充分，不曾动得手，譬如八股文、小脚和鸦片烟都是。这些本该都写进《我的杂学》里去，那些物事我是那么想要研究，就只是缺少研究的方便。可是人苦不自知，那里我联想起那世界有名的安徒生（H. C. Andersen）来。他既以创作童话成名，可是他还怀恋他的蹩脚小说《两个男爵夫人》，晚年还对英国的文人戈斯（E. Gosse）陈诉说，他们是不是有一天会丢掉了那劳什子（指童话），回到《两个男爵夫人》来呢？我的那些文章说不定正是我的《两个男爵夫人》，虽然我并无别的童话，这也正是很难说呢。

一九六二年十一月三十日。

【钟校】

①“一八四节”，手稿原作“一八三节”。

②《知堂回想录》，手稿原留空白。

③手稿此处衍“是”字，已删。

④“到底”，手稿原作“到么”。

知堂回想录后序

◇1966. 1. 3

◇集外文

这篇文章，应该名叫后记的，但是我查看《回想录》的目录，却已有一节后记了，而且这乃是一九六三年的一月所写，距今是整整的三年，我也不记得里边说的是些什么了，所以只能把我现在所写改换一下叫做后序，反正所改换的只是一个名目，里边所写的无非我想说的这几句话。这话可以分作三点来说。——关于三点有个笑话，很值得记录它一下，以前维新很讲究演说这一套的时候，演说者开头总说所要讲的共有几点，说三点或是五点，而阐说一点的时间往往费的很多，因此听者很感苦恼，听说共有几点就很头痛。有的讲演者知道了这个情形，便来改良一下，说所要讲的只有几点，不说出数目来，可是这一下却更糟了，说数目时使人苦恼，不说时使人恐慌了，因为不知道他所说的究竟共有若干，是十点或是八点呢。不过我所说者很是简单，干脆就是三点，所费的时间一总不会超过一小时，虽然我这开头似乎有点拉长的样子，与回想录的全体相像，很有些噜嗦。

且说第一点，我要在这里首先谢谢曹聚仁先生，因为如没有他的帮忙，这部书是不会得出版的，也可以说是从头就不会得写的。当初他说我可以给报纸写点稿，每月大约十篇，共总一万字，这个我很愿意，但是题目难找，材料也不易得，觉得有点为难，后来想到写自己的事，那材料是不会缺乏的，那就比较的容易得多了。我把这个意思告知了他，回信很是赞成，于是我开始写《知堂回想录》[①]，陆续以业馀的两整年的工夫，写成了三十多万字，前后寄稿凡有九十次，都是由曹先生经手收发的。这是回想录的前半的事情，即是它的诞生经过。但是还有它的后半，这便是它的出版，更是由于他的苦心经营，乃得有成。我于本书毫无敝帚自珍的意思，不过对他那种久要不忘的待人的热心，办事的毅力，那是不能不表示感佩的。这大约可以说是蒋畈精神的表现吧。

第二点是说这回想录写得太长了。这长乃是事实，没有法子可以辩解，而且其实如要写得详尽，恐怕这还可以加上两倍，至少有一百万字，这便是一种辩解。因为年纪活得太多了，所以见闻也就不少，要拉杂的不加选择的说起来，话就是说不完的。我平常总是这么想，人不可太长寿，普通在四十以后死了最是得体，这也不必听兼好法师的教训才知道，可是人生不自由，就这一点也不能自己作主，不知道这是怎么干的，一下就活到八十（其实现在是实年八十一了），实在是活得太长了。从前圣王帝尧曾对华封人说道，“寿则多辱”，这虽是一时对于祝颂的谦抑的回答，其实是不错的。人多活一年，便多有些错误以及耻辱，这在唐尧且是如此，何况我们呢。但是话要说回来，活到古来稀的长寿虽然并不一定是好事，可是也可以有若干的好处。即如我不曾在日军刺客光临苦雨斋的那时成为烈士，活到解放以后，得以看见国家飞跃的进步，并且得以参加译述工作，于一九六二年七月至一九六五年五月这三年中间，译成了路吉阿诺斯（Loukianos）对话集一卷，凡二十篇，计四十馀万字。这是我四十年来蓄意想做的工作，一直无法实现的，到现在总算成功了。这都是我活到了八十岁，所以才能等到的，前年，《新晚报》上有过我的一篇杂文，叫作《八十心情》，足以表达我那时的情意。

第三点也是最末的一点，是我关于自叙传里的所谓诗与真实的问题的。这“真实与诗”乃是歌德所作自叙传的名称，我觉得这名称很好，正足以代表自叙传里所有的两种成分，所以拿来借用了。真实当然就是事实，诗则是虚构部分或是修饰描写的地方，其因记忆错误，与事实有矛盾的地方，当然不算在内，唯故意造作的这才是，所以说是诗的部分，其实在自叙传中乃是不可凭信的，应该与小说一样的看待，虽然也可以考见著者的思想，不过认为是实有的事情那总是不可以的了。古代希腊叫诗人为“造作者”，意思重在创造，哲学者至有人以诗人为说诳的人，加以排斥，这并没有错，英国文人王尔德作文云《说诳之衰歇》(*The Decay of Lying*)，叹近代诗思的颓废，便不讳言说诳；日本人翻译易说诳为“架空”，这有点近于粉饰，如孔乙己之讳偷书为“窃书”了。自叙传总是混合这两种而成，即如有名的卢梭和托尔斯泰的《忏悔录》，据他们研究里边也有不少的虚假的叙述，这也并不是什么瑕疵，乃是自叙传性质如此，读者所当注意，取材时应当辨别罢了。因为他们文人天性兼备诗才，所以写下去的时候，忽然触动灵机，诗思勃发，便来它一段诗歌的感叹，小说的描写，于是这就华实并茂，大著告成了。也有特殊的天才，如伊太利的契利尼者，能够以彻头彻尾的诳说作成自叙传，则是例外不可多得的。我这部回想录根本不是文人自叙传，所以够不上和他们的并论，没有真实与诗的问题，但是这里说明一声，里边并没有什么诗，乃是完全只凭真实所写的。这是与我向来写文章的态度全是一致，除了偶有记忆不真的以外，并没有一处有意识的加以诗化，即是说过假话。可是假如有人相信了我的这句话，以为所有的事情都真实的记录在里边，想来找到一切疑难事件的说明，那未免是所愿太奢了，恐怕是要失望的。我在上边说过，如果详尽的说明，那就非有一百万字不可，这第一说是没有这纸面。我写的事实，虽然不用诗化，即改造和修饰，但也有一种选择，并不是凡事实即一律都写的。过去有许多事情，在道德法律上虽然别无问题，然而日后想到，总觉得不很愉快，如有吃到肥皂的感觉，这些便在排除之列，不拟加以记录了。现在试举一例。这是民国二年春间的事，其时小儿刚生还不到一周岁，我同了我的妻以及妻妹，抱了小儿到后街咸欢河沿去散步。那时妇女天足还很少，看见者不免少见多怪。在那里一家门口，有两个少女在那里私语，半大声的说道，“你看，尼姑婆来了。”我便对她们摇头赞叹说，“好小脚呀，好小脚呀!”他们便羞的都逃进门去了。这一种本领，我还是小时候从小流氓学来的手法，可是学做了觉得后味很是不好，所以觉得不值得记下来。此外关于家庭眷属的，也悉不录，上边因为举例，所以说及。其有关于他人的事，有些虽是事实，而事太离奇，出于情理之外，或者反似《天方夜谈》里头的事情，写了也令人不相信，这便都从略了。我这里本没有诗，可是却叫人当诗去看，或者简直以为是在讲“造话”了。绍兴方言谓说诳曰讲造话，造话一语却正是“诗”的本原了。但因此使我非本意的得到诗人的头衔，却并不是我所希望的。我是一个庸人，就是极普通的中国人，并不是什么文人学士，只因偶然的关系，活得长了，见闻也就多了些；譬如一个旅人，走了许多路程，经历可以谈谈，有人说“讲你的故事罢”，也就讲些，也都是平凡的事情和道理。他本不是水手辛八，写的不是旅行述异，其实假如他真是遇过海上老人似的离奇的故事，他也是不会得来讲的。

一九六六年一月三日，知堂记于北京。

【钟校】

① 手稿无“录”字。

知堂序跋

三

周作人 著文
锺叔河 编订

岳麓书社·长沙·二〇一六

第三册目录

【补遗】

鲁迅译造人术跋语[1]

◇1906.6

◇集外文

萍云曰：《造人术》，幻想之寓言也。索子译《造人术》，无聊之极思也。彼以世事之皆恶，而民德之日堕，必得有大造鼓洪炉而铸冶之，而后乃可行其择种留良之术，以求人治之进化，是盖悲世之极言，而无可如何之事也。

夫世果有新造物主欤？夫人而知其不然矣，然我则以为实有之。世界之女子，负国民母人之格，为祖国诞育强壮之男儿，其权直足与天地参，是造物之真主也。呜呼！抟土为人[2]，创造世界，造化之恩何足贵？自今世天文学之发明，而新造物主之徽号，乃不能不移之以赠我女子。人生而为造物主，快哉！

吾国二万万之女子，二万万之新造物主也。文明种子，于是乎萌芽；祖国人才，于是乎发育。昔有一造物主，而天地清明；今吾国有二万万焉，其结果之宏大，又安可量！华严世界，会心不远，区区造人术，又何足道也。

【钟校】

①《造人术》，索子（鲁迅）译，1906.7刊《女子世界》2年4、5期。

②“抟土为人”，原作“搏土为人”。

蜕龛印存序①

◇1916. 5. 21
◇集外文

印盖始于周秦，入汉弥盛，所以封物以为验，故其文止于官守名氏。后世喜事，益多其制，向壁刊勒，古法荡然。元吾丘子行力主汉法，世稍稍景附，乃复见《尔雅》之风，至于今不绝。夫秦书八体，五曰摹印，施于印玺，汉氏因之。今秦鉨希有，而汉印时见一二，审其文字，大都方正勾曲，绸缪凑会，又能体字画之意，有自然之妙，视盘旋圆转，以曲线取胜者，相去盖远。又古之印章，执政所持，作信万国，故铸凿之事，必有世守之法度，可为后来准的。铁书之宗汉铜，固非徒以泥古故也。

岁丙辰三月，张梓生示《蜕龛印存》一卷，云是山阴杜君泽卿之所作也。用心出手，并追汉制，神与古会，盖粹然艺术之正宗。尝闻艺术由来，在于致用，草昧之世，大朴不雕，以给事为足，已而渐见藻饰，然犹神情浑穆，函无尽之意，后世日有迁流，仍不能出其封域。故欧土言图绘雕刻者，必溯希腊，凡玉物之浮雕，土缶之彩绘，不以沉埋掩其辉光，以较后之名世著作，且隐然为之先导。饰文字为观美，虽华夏所独，而其理极通于绘事，是知以汉法刻印，允为不易之程，夫岂逞高心，以为眇论哉。予于杜君未相见，唯读其书，窃熹抱守遗阙，不以世论失其故常，有同志者，因序之云。

【钟校】

①《蜕龛印存》，杜兆霖（1876—1933，字泽卿）作。本文1917.4刊《叒社丛刊》4期。

江阴船歌序[①]

◇1919. 9. 1

◇谈龙集

今年八月间，半农从江阴到北京，拿一本俗歌给我看，说是在路上从舟夫口里写下来的。这二十篇歌谣中，虽然没有很明瞭的地方色与水上生活的表现，但我的意思却以为颇足为中国民歌的一部分的代表，有搜录与研究的价值。

民歌（Volkslied. Folksong）的界说，按英国Frank Kidson说，是生于民间，并且通行民间，用以表现情绪或抒写事实的歌谣（《英国民歌论》第一章）。中国叙事的民歌，只有《孔雀东南飞》与《木兰》等几篇，现在流行的多半变形，受了戏剧的影响，成为唱本（如《孟姜女》之类）。抒情的民歌有《子夜歌》等不少，但经文人收录的，都已大加修饰，成为文艺的出品，减少了科学上的价值了。“民间”这意义，本是指多数不文的民众；民歌中的情绪与事实，也便是这民众所感的情绪与所知的事实，无非经少数人拈出，大家鉴定颁行罢了。所以民歌的特质，并不偏重在有精彩的技巧与思想，只要能真实表现民间的心情，便是纯粹的民歌。民歌在一方面原是民族的文学的初基，倘使技巧与思想上有精彩的所在，原是极好的事；但若生成是拙笨的措词，粗俗的意思，也就无可奈何。我们称赞《子夜歌》，仍不能蔑视这舟夫的情歌：因为这两者虽是同根，现在却已分开，所以我们的态度也应该不同了。

抒情的民歌中，有种种区别，田间的情景与海边不同，农夫与渔人的歌也自然不同。中国的民歌未经收集，无从比较；但据我在故乡所见，民众的职业虽然有别，倘境遇不甚相远，歌谣上也不发生什么差异。农夫唱的都是一种“鹦哥戏”的断片，各种劳动者也是如此；这鹦哥戏本是堕落的农歌，加以扮演的，名称也就是“秧歌”的转讹：这一件小事，很可以说明中国许多地方的歌谣，何以没有明瞭的特别色彩，与思想言语免不了粗鄙的缘故。

民歌的中心思想专在恋爱，也是自然的事。但词意上很有高下，凡不很高明的民歌，对于民俗学的研究，虽然一样有用，从文艺或道德说，便不免有可以非难的地方。绍兴“秧歌”的扮演，至于列入禁令，江浙通行的印本《山歌》，也被排斥。这册中所选的二十篇，原是未经著录的山歌，难免也有这些缺点。我想民间的原人的道德思想，本极简单，不足为怪；中国的特别文字，尤为造成这现象的大原因。久被蔑视的俗语，未经文艺上的运用，便缺乏了细腻的表现力；简洁高古的五七言句法，在民众诗人手里，又极不便当，以致变成那个幼稚的文体，而且将意思也连累了。我看美国何德兰（Hendland）的《孺子歌图》，和日本平泽平七（H. Hirazawa）的《台湾之歌谣》中的译文，多比原文尤为明瞭优美，这在译界是少有的事，然而是实在的事。所以我要说明，中国情歌的坏处，大半由于文词的关系。倘若有人将他改作如《妹相思》等，也未始不可收入古人的诗话；但我们所要的是“民歌”，是民俗研究的资料，不是纯粹的抒情或教训诗，所以无论如何粗鄙，都要收集保存。半农这一卷的《江阴船歌》，分量虽少，却是中国民歌的学术的采集上第一次的成绩。我们欣幸他的成功，还要希望此后多有这种撰述发表，使我们能够知道“社会之柱”的民众的心情，这益处是溥遍的，不限于研究室的一角的。所以我虽然反对用赏鉴眼光批评民歌的态度，却极赞成公刊这本小集，做一点供国人自己省察的资料。

中华民国八年九月一日。

【钟校】

①《江阴船歌》，刘半农辑录。本文1920.4刊《学艺》2卷1号，1923.1刊《歌谣》6号，题作《中国民歌的价值——江阴船歌序》。

人的生活译本序①

◇1921.7.6
◇集外文

李宗武君将他与毛咏棠君合译的《人的生活》寄给我看，说将要出版，嘱我作一篇小序。我想武者小路君的思想，书中已经明白的表示，两君热心于新村运动，这译稿又经再三斟酌，其信达之处，读者自能了解，不必待我的赘说。我现在只略加历史的解题，聊以塞责罢了。

《人的生活》于一九二〇年出版，内计文四篇。《人间的义务》《现代的劳动与新村的劳动》是两篇论文，曾在去年春间的《改造》等杂志上发表。《未能力者的同志》，一九一五年作，是一篇剧本，写一般有志未逮的青年的心理，先前曾收在《向日葵》集内，跋里关于这篇略有几句说明：

> 《未能力者的同志》，是写对于他人及自己的运命没有能力的人们的集会情形的。心想做好的事，却没有这力量，——在或一意味上，现今的人类正是未能力者，这话也可以说得。至少在这册书（案指《向日葵》）里的大半的人物，都可以当

未能力者看的。

《新浦岛的梦》也是剧本，曾载在一九一七年七月份的《我等》上面，题下有“为新村作”一行小字。日本传说中有浦岛太郎的故事，仿佛中国的刘阮入天台的样子，记一个渔夫到龙宫去的事情。《新浦岛》便是一种翻案，寄托作者的新村思想的。浦岛是理想家的代表，也想在世界上建起龙宫，这龙宫虽然没有如画里的龙宫那样美丽，但在世上无论何处都可以实现的。浦岛说：

> 我相信现在全世界都朝着这方向进行。种种的运动都朝着这方向。这样，我想没有不成功的道理。但要使这事实现，我不愿意借憎恶与暴力的帮助。用了这样贱视人间的信仰的手段去筑起那样的世界，我总是想避免的。我想只借了人间里面高贵的力，造成这事业，取还对于人间的信仰。

这一节话，很能说出新村的理想与和平的精神，也差不多可以说是人的生活的标语了。

一九二一年七月六日，在北京西山，周作人记。

【钟校】

①《人的生活》，日本武者小路实笃原著，李宗武、毛咏棠合译，1922中华书局初版。

希腊岛小说集序[译文][1]

◇1921.8.16

◇永日集

◇英国劳斯原作，原题《在希腊诸岛》

在田野的希腊，至今仍有诃美洛思（Homeros）时代的风气馀留着，而尤以游人少到的爱该亚（Aigaia）诸岛为然。这不但是那优美流利的言语，虽然颇有改变，却令人想起六音步诗（Hexameter）的波动，纵或没有他的庄严；便是那人民的生活思想，也起源于不可记忆的古昔。在每座荒山上，有一个友迈阿思（Eumaios）在他的牧舍（Mandra）里，带着几只凶猛的系铃的狗，他们都认生客为敌人；阿迭修斯（Odysseus）航海，坐在一只船里，同我们在希腊陶罇上所见的一样，船头上画着这样的一副大眼睛，也正如古时；沛纳洛贝（Penelope）[2]在手织机上织布或鲜艳的绒毯；一样的简单的饮食，一样的开放的款待；神女（Nereid）们出现于溪边山上，哈隆（Charōn）来叫死者同行。这也不是怎么久远的事，那瞎眼的诃美洛斯们在乡间踯躅而行，唱古代的英雄诗，来报答人家的欢迎；只是现在他们的题目并非忒罗亚（Troia），却是希腊对土耳其的自由之争罢了。

你的主人到大门口来欢迎你。你走进屋里，外面都是盲墙，但在里面是房屋向院子开着窗户，或者旁边还有一带露廊。在门口，他们给你捧出面盆和手巾来，家里的儿子或女儿倒水在你的手上。你坐在方凳或长椅上，主妇亲自端出一盘的糖食，——一小瓶美味的果酱，你从这里舀出一瓢，依照规矩祝伊的健康，伊也回答。以后便是吃饭，女人们伺候你和你的主人；末后是乳香酒，盛在小瓶子里，和蒲陶无花果或瓜类一同拿上来；一个食客，一半是仆役，一半是朋友，是主人的同族，接连的替你斟这有力的醇酒，他自己也有时可以尝到。他坐在角上，很恭敬的加入谈话；外边一两个更卑的仆役，站着听屋内的情形。你的主人很是好奇，他要知道你是什么人，住在哪里，多少收入，是否有妻，如没有，便问何以没有，总之关于你的一切，而且他自己也一样的肯告诉你。你愿意停留，也是欢迎的，而且照例这决不想到报酬。就是穷人也常愿留你作客。有一次，在离雅典（Athenai）不远的地方，我雇了一个人和骡子，旅行半日，略略争论之后，我们议定价钱三个特拉赫玛

(Drachma)，大约值十八便士。这个契约，加上一啐的酸酒，便签定了。他问我道，“你在那里吃面包呢?”我说，“我想，便在这里。”就是指这咖啡店。“来，同我吃去。”他答说。于是我便同我的骡夫吃了早饭，我们吃的食物是很简单的，但是很丰富，而且殷勤的相劝：盐鱼，面包，干酪，酒，无花果，蒲陶，装在一个木盘里，我们便斜靠的坐在地板上；牧师的食前祷告，说得很长，尽可以用在市长大人的宴会上。我旅行回来的时候，他又坚执的请我吃饭，这回是几大片黑面包和一个很大的生葱头。

在山冈间，滂（Pan）③是还没有死；即使他或者睡着了，总之神女④是醒着的。形状是很美的女人，(民间俗语里说，“美如神女”，或云，“丑如运命女神”。)穿着白衣，披着长的黑发，他们寻孤独的牧人或旅客和他说话；他如不能拒绝他们，那是祸祟到了。回答是极危险：他们使他变哑，或者使他一个支体偏枯，无论如何总加害于他。一个老人，他是，一所古话的栈房，曾经告诉我，一夜里他看着羊，听到神女的声音，好像许多铃声，自此以后他再也听不清楚，因为她们使他变聋了。要使她们无害，你用黑柄的刀在你周围画一个圈子，她们便不能走进这里面来。树林的神女和女泉的神女也不曾去；只要看圣井上的小庙，或是那树和她所受的布片及葱头的贡品[5]。

在全国里，几乎每个田野，都有荒废的神祠或简单的围场，各有它的守护的圣徒；这令人想起古代希腊田庄里，特地给滂和神女们所留起的角落来。这些地方又多有东罗马的遗迹留存，所以我们不难相信，这里面至少也有若干是以先礼拜滂的地方。他们在地图上并不标出，只在地方传说里有人知道；倘可以将他们所供的圣徒名字造成一个表，应当能够明瞭他们的起源。他们的大多数是奉圣处女（Panagia）的，我们从这名字里去听出古神的回响，或者不是过于空想，如我们看见兑美推尔（Dēmētēr）怎样的变成圣地米忒利（Dimitri），蔼来初亚（Eileithyia）[6]怎样的变成圣勒夫忒利（Lephteri）。

那三个运命女神[7]仍旧纺着她们的无情的线；她们在初生婴孩的头上写下他的定命，洗礼的夜间倘不给这姊妹们设备食物，这人家便要交恶运了！恶眼[8]也须永远防备，它如落在你的上头，不可疏忽，须三次唾[9]在你的胸里，正如他们在谛阿克利多斯（Theokritos）的时代所做一般。你死的时候，这是哈隆（Charon）凶笑着来带你去的[10]。试听他们的这一篇的挽歌[11]：

为什么山顶是这样黑？为什么暗云环绕着他？

这是狂风打他么？这是暴雨鞭他么？
也不是狂风打他，也不是暴雨鞭他，
这是大哈罗斯（Charos）走过，带着死人过去。
少年他赶在前面，老人跟在后边，
柔弱的小儿们排在他的鞍前。

这些可怕的力，他们同先前一样设法和解。试进有名的礼拜堂去，那里挂着许多小小的许愿的臂膊，腿，胸脯与脸的模型。在那里，同在亚斯克勒坡斯（Asclepios）的庙里一般，当大祭日的前夜，病人都睡着，希望圣者的福佑[12]。那地方正像一所兵房，在侧堂里是更无落足之处，因为那些被褥线毯，瓦罐铁锅，污秽的小孩和一切家用杂物；在雕刻的僧座上，他们两排的睡着。有许多奇迹降于他们，我们可以相信并不亚于蔼比陶罗斯（Epidauros）的那些神异的疗治。

但是没有运命，没有哈隆，也没有疾病的恐怖，能够使希腊人忧郁。他应着必要而作工，去得他生活的食料。冬天里他倘若不得不到山上去，他将板一般硬的一张羊皮裹了身子，勉强敷衍过去；温和的天气来了，他坐在太阳下晒着，吃果子和干酪，喝他的淡酒，消磨他大半的光阴在搓卷烟草里，烟卷里边却几乎都是纸片。到了晚上，他坐在咖啡店里，享受最近的闲谈，充满着生气活现的谈话，笑声，嘲弄，故事；他不很过度的醉酒，而且也只是偶然，激动起来，至于使用他装在腰包里的短刀和手枪。

本地圣徒的祭日到了，或者是蒲陶收获的时候，应该祝福蒲陶，那时早晨日出，全村的人都聚会在礼拜堂里。门外系着许多驴骡，小贩商人各做生意；门里面立着露顶的男人，女人带着面巾，礼拜堂满了，馀下的挤在院子里；牧师说他的祈祷，一个侍者提着香炉，在人丛里四面挥荡；新果子的供品祝福过了，一筐一筐的面包和蒲陶拿出来，各人都取一点。那虔信的人，直到那时为止，不吃他园里的蒲陶。他们礼拜，他们处理一天的事务；晚间他们往海边去，在那里有音乐和跳舞使他们愉快到天黑，或者直到夜里，倘若适值是有月亮。男人与女人都加入这礼拜里边，他们还未教育的成为不信，而且他们的跳舞的热心也不见得弱于他们的信仰。希腊人将常常跳舞，正如英国人将唱一出滑稽的歌，在他愉快的时候。

这富于阳光的土地和这种快活而且豁达的人民的美，虽在今日[13]也还牵引人的思想向着他们。我们想望再去攀登那崎岖的山路，看着竹鸡拍拍的从我们脚下飞起，或者鹰在岩石间翔舞；晚上卧在无云的天空下，听着那些以生命充满空中的无数的嗡嗡飞着的东西，和不远的岸边的海的呻吟，感着拂拂的晚风离了陆地吹去；而且在这一切未经为现代生活里的丑所触过的事物之中，梦想这世界还要更年青三千年，忒罗亚方才攻下；还一半期望听到滂的吹箫，在那边的山谷里。

傍着低语的川流，傍着动摇的苇丛。[14]

[译记][15] 这篇本是劳斯（W. H. D. Rouse）所译《希腊岛小说集》的序文，因为他说新希腊的人情风土很是简要有趣，可以独立，所以我将它译出来了。劳斯是研究古代希腊文学的，他在英国编订的希腊古典著作颇多。他作这篇文章还在一八九七年，但我们可以相信希腊现在大略也是如此，因为二三十年的时日，在民族文化的变化上是毫无影响的，虽然在都市上可以造成多少今昔的差异。希腊自六世纪以后，叠经斯拉夫民族的混入，十五世纪又受土耳其的并吞，但国民思想却仍然是希腊的，“有诃美洛思时代的风气馀留着”。我们并不以为这样那样是国粹，可以怎么宝贵，不过因为民族的殊异的文化是个人与社会的遗传的结果，是自然而且当然的。我们如要知道一国的艺术作品，便有知道这特异的民众文化的必要。一个人的思想艺术无论怎样的杰出，但是无形中总受着他的民族的总文化的影响，——利益或是限制。这是一个

不可否认的事实，所以我们不可看轻他；但若过于推重，如爱尔兰诗人雅支（W. B. Yeats）将他所记的民俗题名曰《开耳忒的微光》（*The Celtie Twilight*），却也觉得太过了。

希腊是古代诸文明的总汇，又是现代诸文明的来源，无论科学哲学文学美术，推究上去无一不与他有重大的关系。中国的文明差不多是孤立的，也没有这样长远的发展。但民族的古老，历史上历受外族的压迫，宗教的多神崇拜，都很相像，可是两方面的成绩却大有异。就文学而论，中国历来只讲文术而少文艺，只有一部《离骚》，那丰富的想象，热烈的情调，可以同希腊古典著作相比，其馀便鲜可称道。中国的神话，除了《九歌》以外，一向不曾受过艺术化，所以流传在现代民间，也不能发出一朵艺术的小花。我们并不以为这多神思想的传统于艺术是必要的，但是这为原始艺术根源的圣井尚且如此浑浊枯竭了，其他的情绪的干枯也就可以想见，于文艺的发生怎能没有关系呢。中国现在文艺的根芽，来自异域，这原是当然的；但种在这古国里，吸收了特殊的土味与空气，将来开出怎样的花来，实在是很可注意的事。希腊的民俗研究，可以使我们了解希腊古今的文学；若在中国想建设国民文学，表现大多数民众的性情生活，本国的民俗研究也是必要，这虽然是人类学范围内的学问，却于文学有极重要的关系。

一九二一年八月十六日译者附记。

【钟校】

① 原为英国劳斯作《希腊岛小说集序》，译文 1921. 10. 10 刊《小说月报》12 卷 10 号，1929 收入《永日集》，1950 收入《希腊的神与英雄》为“译后附记”之（四），并删去了所有的原注。

② 原注：友迈阿思是阿迭修思漂泊十年后回家时所遇见的牧羊人，沛纳洛贝是阿迭修思的妻，俱见诃美洛斯史诗《阿迭修斯故事》（*Odysseia*）中。

③ 原注：滂在古代希腊神话里，本是牧神，后来因为他的名字与希腊语“一切”这一个字同音，所以改变作大神了。布鲁达克（Plutarchos）说，耶稣降生的一年，有人在海边听得呼声“大的滂死了！”于是满山都是哭声。但是基督教代异教而兴，异教的神却并不死，只是改名换姓，仍受人的礼拜。旧日滂的神祠，改作“滂那吉亚”——一切圣——即圣处女的庙，至今还是存在。

④ 原注：神女在古代希腊总称宁菲（Nymphai），分作海的神女（Nereides）河的神女（Naiades）山的神女（Oreiades）树的神女（Dryades）诸种，只是女性的精灵，没有什么恶意，在现代希腊总称之曰 Neraides，古文宁菲一语只存其原义作新妇解，不复用了。对于神女的那些恐怖，大约也是改为基督教以后所加上的。

⑤ 原注：布片是病人所献，求病愈的。依感应魔术的法则，支体

有病，将金属或泥蜡模造这支体献在庙里，可以祛魔愈病。但是贴身的衣也可代用，因为衣服也算是全身的一部分，而且染有病气，所以可为病体的代表。

⑥ 原注：兑美推尔意云地母，古代希腊生命之神。蔼来初亚意云来助者，是帮助妇女生产的女神。勒夫忒利系蔼娄尺洛思（Eleutheros）之转，与蔼来初亚音相近。

⑦ 原注：运命女神（Moirai）凡三人：一名纺者，持纺锤，司绩生命之丝；一名拈阄，持册，司注写个人的定命；一名无私，持剪，司截生命之丝。形状衰丑如老女人。现代希腊民间很畏惧她们，尊称之曰好主母们（He Kalokyrades）。小儿生后三日，她们来注定他的命运，写在他额上，所以俗称面上黑子作“运命的字”。那天晚上，开门，设桌椅饮食，或陈列珍宝，欢迎她们的来。倘触犯她们，便要发怒将恶运给与小儿。

⑧ 原注：恶眼（To Kako Mati）是一种普遍的迷信，相信能够用了眼光伤害人畜。谛阿克利多斯《牧歌》第六中说及此事，以三唾为禳解，又或说道，“大蒜在你眼里！”或云，“你吃你的头！”或举拳向上，急往下伸，将大拇指及小指张开，均能防御恶眼，使这祸祟归于作法的人。

⑨“唾”原作“睡”。

⑩ 原注：哈隆在古代希腊神话里是渡死人往冥间的舟夫，但在现代称作哈罗斯，变成勾魂主者，占了古代冥王“不见”（Hades）的地位了。

⑪ 原注：英国洛生（T. C. Lawson）的《现代希腊民俗与古代希腊宗教》中亦引此歌，但其后尚有七行，今补译于下：

小儿们攀着向他喊，老人们叫着向他请求：

“善的哈罗斯，在什么村里停下，停在凉快的泉边，

“在那里让少年们举起石头，让老人们喝点水，

“在那里让小儿们去采美丽的花朵。”

“不，我不在什么村里停下，也不停在凉快的泉边，

“恐怕母亲们来汲水，要看见她们的小儿，

“恐怕夫妇又要会见，不能再分离了。”

⑫ 原注：这种疗法称作 Enkoimesis，意思便是“睡在里边”，平常总是一夜，但也有长住几个月的。据说神经关系的病，用这信仰治疗，也间或有治好的。

⑬ 原无“日”字，今增。

⑭ 原注：此行原系古希腊文，盖系古诗成句。

⑮ 此二字为编者所加。后来译者将本篇收入《希腊的神与英雄》时删去了译记。

旧梦序[①]

◇1923. 4. 8

◇自己的园地

大白先生的《旧梦》将出版了，轮到我来做一篇小序。我恐怕不能做一篇合式的序文，现在只以同里的资格来讲几句要说的话。

大白先生我不曾会见过，虽然有三四年同住在一个小城里。但是我知道他的家世，知道他的姓名——今昔的姓名，知道他的学业。这些事我固然知之不深，与这诗集又没有什么大关系，所以不必絮说，但其中有应当略略注意者，便是他的旧诗文的功夫。民国初年，他在《禹域新闻》发表许多著作，本地的人大抵都还记得；当时我的投稿里一篇最得意的古文《希腊女诗人》（讲 Sappho 的文章），也就登在这个报上。过了几年，大白先生改做新诗，这部《旧梦》便是结果，虽然他自己说诗里仍多传统的气味，我却觉得并不这样：据我看来，至少在《旧梦》这一部分内，他竭力的摆脱旧诗词的情趣，倘若容我的异说，还似乎摆脱的太多，使诗味未免清淡一点，——虽然这或者由于哲理入诗的缘故。现在的新诗人往往喜学做旧体，表示多能，可谓好奇之过。大白先生富有旧诗词的蕴蓄，却不尽量的利用，也是可惜。我不很喜欢乐府调词曲调的新诗，但是那些圆熟的字句在新诗正是必要，只须适当的运用就好，因为诗并不专重意义，而白话也终是汉语。

我于别的事情都不喜讲地方主义，唯独在艺术上常感到这种区别。大白先生是会稽的平水人，这一件事于我很有一种兴味。当初《禹域新闻》附刊《章实斋文集》《李越缦日记抄》之类，随后订为《禹域丛书》，我是爱读者之一，而且自己也竭力收罗清朝越中文人的著作，这种癖性直到现在还存留着。现在固未必执守乡曲之见去做批评，但觉得风土的力在文艺上是极重大的，所以终于时常想到。幼时到过平水，详细的情形已经记不起了，只是那大溪的印象还隐约的留在脑里。我想起兰亭、鉴湖、射的、平水、木栅那些地方的景色，仿佛觉得朦胧地聚合起来，变成一幅“混合照相”似的，各个人都从那里可以看出一点形似。我们不必一定在材料上有明显的乡土的色彩，只要不钻入哪一派的篱笆里去，任其自然长发，便会到恰好的地步，成为有个性的著作。不过我们这时代的人，因为对于褊隘的国家主义的反动，大抵养成一种“世界民”（Kosmopolites）的态度，容易减少乡土的气味，这虽然是不得已却也是觉得可惜的。我仍然不愿取消世界民的态度，但觉得因此更须感到地方民的资格，因为这二者本是相关的，正如我们因是个人，所以是“人类一分子”（Homarano）一般。我轻蔑那些传统的爱国的假文学，然而对于乡土艺术很是爱重：我相信强烈的地方趣味也正是“世界的”文学的一个重大成分。具有多方面的趣味，而不相冲突，合成和谐的全体，这是“世界的”文学的价值，否则是“拔起了的树木”，不但不能排到大林中去，不久还将枯槁了。我常怀着这种私见去看诗文，知道的因风土以考察著作，不知道的就著作以推想风土；虽然倘若固就成见，过事穿凿，当然也有弊病，但我觉得有相当的意义。大白先生的乡土是我所知道的，这是使我对于他的诗集特别感到兴趣的一种原因。

我不能说大白先生的诗里有多大的乡土趣味，这是我要请他原谅的。我希望他能在《旧梦》里更多的写出他真的今昔的梦影，更明白的写出平水的山光，白马湖的水色，以及大路的市声。这固然只是我个人的要求，不能算作什么的，——而且我们谁又能够做到这个地步呢。我们生在这个好而又坏的时代，得以自由的创作，却又因为传统的压力太重，以致有非连着小孩一起便不能把盆水倒掉的情形，所以我们向来的诗只在表示反抗而非建立，因反抗国家主义遂并减少乡土色彩，因反抗古文遂并少用文言的字句：这都如昨日的梦一般，还明明白白的留在我的脑里，——留在自己的文字上。

以上所说并不是对于大白先生的诗的批评，只是我看了《旧梦》这一部分而引起的感想罢了。读者如想看批评，我想最好去看那卷首的一篇“自记”，——虽然不免有好些自谦的话：因为我想，著者自己的话总要比别人的更为可信。

一九二三年四月八日。

【钟校】

①《旧梦》，刘大白著诗集。本文 1923. 4. 12 刊《晨报副镌》，4. 17 刊《民国日报·觉悟》及收入《自己的园地》均题作《旧梦》。

农家的草紫序①

◇1924. 1. 12

◇集外文

新诗现今已经不很时鲜，小诗尤其为举世所诟病，在这个时候何植三君想印行他的诗集，实在是不很凑巧。但是据我想来，也自有其可以发表的理由，所以我对于他编集的意思是很表赞同的。

现代新诗之不能满人意，大抵都是承认的，其实这也是当然的事，不值得什么悲观与叹息。我们屈指计算新诗之产生，前后不过八年，这七八年在我们看去虽是一大段时间，但在文化发达的路程上原算不得什么；我们倘若不明白这个道理，期望每年出十个诗人，每月出百篇佳作，不但太性急，也不免望太奢了。我们只要看出这新诗改造的路不曾走错，现在一时的消沉是不足介意的，只须更向前走去，自然可以走到别一个新的境地。我觉得新诗的第一步是走了，也并没有走错，现在似乎应走第二步了：我们已经有了新的自由，正当需要新的节制。不过这第二步怎样走法，我也还说不来，总之觉得不是那些复古的倾向，如古风骚体或多用几个古字之类；反正第二步是跟着第一步走的，真正在那里走的人，各人都会去自己试验出来。所以凡是诚实地做诗的人，无论力量大小，都于新诗的发达上有所供献，有发表的价值，不必问这诗集有几天的寿命。至于小诗的是非，本没有千古不易的定理，诗学书上未曾规定一首诗的长度，起码几行几字才算合格：要论好坏，只能以艺术的优劣，或趣味的同异为准。我不能说小诗都是好的，但也不相信小诗这件东西在根本上便要不得，所以那世俗的笼统的诟病只是一种流行的话，不足凭信。

何君的诗如何，要请读者自己去评骘，我们个人的褒贬都是无用的。我只觉得其中有一点，可以提出一说，这便是诗中的乡土气。在好些小篇里，把浙东田村的空气，山歌童谣的精神，表现出来，很有趣味。或者别处的人不能这样明白地感到也未可知，但至少在大江以南的总能够看出来罢。

一九二四年一月十二日，周作人，在北京。

【钟校】

①《农家的草紫》，何植三著，1929.11 亚东图书馆出版。

两条腿序[1]

◇1925.2.9

◇雨天的书

《两条腿》是一篇童话。文学的童话到了丹麦的安徒生（Hans Christian Andersen）已达绝顶，再没有人能够及他，因为他是个永远的孩子，他用诗人的笔来写儿童的思想，所以他的作品是文艺的创作，却又是真的童话。爱华尔特（Carl Ewald）虽然是他的同乡，要想同他老人家争这个坐位，当然是不大有希望：天下那里还有第二个七十岁的小孩呢？但《两条腿》总不愧为一篇好的文学的童话，因为有它自己的特色。

自然的童话妙在不必有什么意思，文学的童话则大抵意思多于趣味，便是安徒生有许多都是如此，不必说王尔德（Oscar Wilde）等人了。所谓意思可以分为两种，一是智慧，一是知识。第一种重在教训，是主观的，自劝戒寄托以至表述人生观都算在内，种类颇多，数量也很不少，古来文学的童话几乎十九都属此类。第二种便是科学故事，是客观的；科学发达本来只是近百年来的事，要把这些枯燥的事实讲成鲜甜的故事也并非容易的工作，所以这类东西非常缺少，差不多是有目无书，和上面的正是一个反面。《两条腿》乃是这科学童话中的一种佳作，不但是讲得好，便是材料也很有戏剧的趣味与教育的价值。

《两条腿》是讲人类生活变迁的童话。文化人类学的知识在教育上的价值是不怕会估计得太多的，倘若有人问儿童应具的基本常识是些什么，除了生理以外我就要举出这个来。中国人的小学教育，两极端的是在那里讲忠孝节义或是教怎样写借票甘结，无须多说，中间的总算说要给予他们人生的知识了，但是天文地理的弄上好些年，结果连自己是怎么活着的这事实也仍是不明白。这种办法，教育家在他们的壶卢里卖的是什么药我们外行无从知道，但若以学生父兄的资格容许讲一句话，则我希望小孩在高小修业的时候，在国文数学等以外，须得有关于人身及人类历史的相当的常识。不过现在的学校大抵是以职业和教训为中心，不大有工夫来顾到这些小事，动植物学的知识多守中立，与人的生理不很相连，而人身生理教科书又都缺一章，就是到了中学人还是不泌尿的，至于人类文化史讲话一类的东西更不是课程里所有，所以这种知识只能去求之于校外的读物了。我现在有两个女儿，十二年来我时时焦虑，想预备一本性教育的故事书给她们看，现今“老虎追到脚后跟”，却终于还未寻到一本好书，又没有地方去找教师或医生可以代担这个启蒙的责任，（我自己觉得实在不大有父范的资格，）真是很为难了。讲文化变迁的书倒还有一二，如已译出的《人与自然》就是一种有用的本子，但这是记录的文章，适于高小的生徒，在更幼小的却以故事为适宜。《两条腿》可以说是这种科学童话之一。

《两条腿》是真意义的一篇动物故事。普通的动物故事大都把兽类人格化了，不过保存它们原有的特性，所以看去很似人类社会的喜剧，不专重在表示生物界的生活现象；《两条腿》之所以称为动物故事却有别的意义，便因它把主人公两条腿先生当作一只动物去写，并不看他作我们自己或是我们的祖先，无意有意的加上一层自己中心的粉饰。它写两条腿是一个十分利己而强毅聪敏的人，讲到心术或者还在猩猩表兄之下，然而智力则超过大众，不管是好是坏这总是人类的实在情形。《两条腿》写人类生活，而能够把人当作百兽之一去看，这不特合于科学的精神，也使得这件故事更有趣味。

这本科学童话《两条腿》现在经李小峰君译成汉文，小朋友们是应该感谢的。所据系麦妥思（A. Teixeira de Mattos）英译本，原有插画数幅，又有一张雨景的画系丹麦画家原本，觉得特别有趣，当可以稍助读者的兴致，便请李君都收到书里去了。

十四年二月九日，于北京记。

【钟校】

①《两条腿》，丹麦爱·华尔特原著，李小峰译。本文1925.3.9刊《语丝》17期。

竹林的故事序[1]

◇1925.9.30

◇谈龙集

冯文炳君的小说是我所喜欢的一种。我不是批评家，不能说他是否水平线以上的文艺作品，也不知道是哪一派的文学，但是我喜欢读他，这就是表示我觉得他好。

我所喜欢的作品有好些种。文艺复兴时代说猥亵话的里昂医生，十八世纪讲刻毒话的爱耳兰神甫，近代做不道德的小说以及活剖人的心灵的法国和瑞典的狂人，……我都喜欢读。不过我不知怎地总是有点“隐逸的”，有时候很想找一点温和的读，正如一个人喜欢在树阴下闲坐，虽然晒太阳也是一件快事。我读冯君的小说便是坐在树阴下的时候。

冯君的小说我并不觉得是逃避现实的。他所描写的不是什么大悲剧大喜剧，只是平凡人的平凡生活，——这却正是现实。特别的光明与黑暗固然也是现实之一部，但这尽可以不去写他，倘若自己不曾感到欲写的必要，更不必说如没有这种经验。文学不是实录，乃是一个梦：梦并不是醒生活的复写，然而离开了醒生活梦也就没有了材料，无论所做的是反应的或是满愿的梦。冯君所写多是乡村的儿女翁媪的事，这便因为他所见的人生是这一部分，——其实这一部分未始不足以代表全体：一个失恋的姑娘之沉默的受苦未必比蓬发薰香，着小蛮靴，胸前挂鸡心宝石的女郎因为相思而长吁短叹，寻死觅活，为不悲哀，或没有意思。将来著者人生的经验逐渐进展，他的艺术也自然会有变化，我们此刻当然应以著者所愿意给我们看的为满足，不好要求他怎样地照我们的意思改作，虽然爱看不爱看是我们的自由。

冯君著作的独立的精神也是我所佩服的一点。他三四年来专心创作，沿着一条路前进，发展他平淡朴讷的作风，这是很可喜的。有弗罗倍耳那样的好先生，别林斯奇那样的好批评家，的确值得也是应该听从的，但在中国哪里有这些人；你要去找他们，他不是叫你拿香泥塑一尊女菩萨，便叫你去数天上的星，结果是筋疲力尽地住手，假如是聪明一点。冯君从中外文学里涵养他的趣味，一面独自走他的路，这虽然寂寞一点，却是最确实的走法，我希望他这样可以走到比此刻的更是独殊的[2]他自己的艺术之大道上去。

这种丛书，向来都是没有别人的序的，但在一年多前我就答应冯君，出小说集时给做一篇序，所以现在不得不写一篇。这只代表我个人的意见，并不是什么批评。我是认识冯君，并且喜欢他的作品的，所以说的不免有点偏，倘若当作批评去看，那就有点像“戏台里喝彩”式的普通评论，不是我的本意了。

一九二五年九月三十日，于北京。

【钟校】

①《竹林的故事》，冯文炳著。本文 1925. 10. 12 刊《语丝》48 期，收入《谈龙集》后又收入《苦雨斋序跋文》。

②“独殊的”原作“独殊地”。

歌谣与妇女序[1]

◇1925.10.5

◇集外文

歌谣的研究与神话传说一样有好几方面。这都是有长远的历史而现在流传于民间的，所以具有一种特异的性质，即是，他可以说是原始文学的遗迹，也是现代民众文学的一部分；我们可以从那里去考查馀留着的蛮风古俗，一面也可看出民间儿女的心情，家庭社会中种种情状，作风俗调查的资料。有些有考据癖的朋友，把歌谣传说的抄本堆在书桌上，拉长了面孔一篇篇的推究，要在里边寻出高尚雅洁的文章的祖宗，或是找出吃人妻兽，拜树迎蛇等荒唐的迹象，写成一篇文论，于文化史的研究上放一道光明，这是一种办法，是我所极尊重的。或者有人拿去当《诗经》读，说这是上好的情诗，并且看出许多别的好处来，我虽然未必是属于这一派，但觉得这种办法也是别有意思。

在这二者之外，或不如说二者之间，还有一种折中的方法，从歌谣这文艺品中看出社会的意义来，实益与趣味两面都能顾到，在中国此刻歌谣研究刚才开始的时候，这类通俗的办法似乎是最为适当而且切要。

刘经庵君所编的《歌谣与妇女》可以说是第三类[2]的代表著作。我知道刘君最初是在北京大学歌谣研究会。那时他在卫辉，寄来几百首的河北歌谣，都是他自己采集的[3]，后来在燕京大学才和他会见[4]。刘君努力于歌谣采集事业，也并热心于研究，《歌谣与妇女》即是成绩之一。他的办法是聚集各处关于妇女生活的歌谣，分别部类，加以解说，想从这民间风诗中间看出妇女在家庭社会中的地位，以及她们个人身上的苦乐。这是一部歌谣选集，但也是一部妇女生活诗史[5]，可以知道过去和现在的情形——与将来的妇女运动的方向。

中国妇女向来不但没有经济政治上的权利，便是个人种种的自由也没有，不能得到男子所有的几分，而男子自己实在也还过着奴隶的生活，至于所谓爱的权利在女子自然更不必说了。但是这种不平不满，事实上虽然还少有人出来抗争，在抒情的歌谣上却是处处无心的流露，翻开书来即可明了的看出，就是末后的一种要求我觉得在歌谣唱本里也颇直率的表示着；这是很可注意的事，倘若有人专来研究这一项，我相信也可成就一本很有趣味更是很有意思的著作。

北京大学搜集歌谣已有六七年了，因为没有宣传机关，知道的人很少，寄稿也就不多，到了《歌谣周刊》出后，这才有些成绩。刘君这部书出去，希望能够引起大家研究的兴趣，于文化与妇女诸问题外更注目于歌谣，使我们的歌谣传说搜集的事业得些助力，能有较好的成就，那是我最大的喜悦了。

一九二五年十月五日，于北京，周作人记。

【钟校】

①《歌谣与妇女》，刘儒君（经庵）编著。本文 1925.11.9 刊《燕大周刊》82 期。

②“第三类”原作“这三类”。

③“都是他自己采集的”，“都”后原衍“都”字，已删。

④“才和他会见”，“和”原作“知”。

⑤“但也是一部妇女生活诗史”，原无“是”字，今增。

扬鞭集序[1]

◇1926.5.30

◇谈龙集

半农的诗集将要出版了，我不得不给他做一篇小序。这并不是说我要批评半农的诗，或是介绍一下子。我不是什么评衡家，怎么能批评，我的批评又怎能当作介绍：半农的诗的好处自有诗在那里作证。这是我与半农的老交情，使我不得不写几句闲话，替他的诗集做序。

我与半农是《新青年》上做诗的老朋友，是的，我们也发谬论，说废话，但做诗的兴致却也的确不弱，《新青年》上总是三日两头的有诗，半农到欧洲去后也还时常寄诗来给我看。那时做新诗的人实在不少，但据我看来，容我不客气地说，只有两个人具有诗人的天分，一个是尹默，一个就是半农。尹默早就不做新诗了，把他的诗情移在别的形式上表现，一部《秋明集》里的诗词即是最好的证据。尹默觉得新兴的口语与散文格调，不很能亲密地与他的情调相合，于是转了方向去运用文言。但他是驾御得住文言的，所以文言还是听他的话，他的诗词还是现代的新诗，他的外表之所以与普通的新诗稍有不同者，我想实在只是由于内含的气分略有差异的缘故。半农则十年来只做新[2]诗，进境很是明了，这因为半农驾御得住口语，所以有这样的成功，大家只须看《扬鞭集》便可以知道这个情实。天下多诗人，我不想来肆口抑扬，不过就我所熟知的《新青年》时代的新作家说来，上边所说的话我相信是大抵确实的了。

我想新诗总是要发达下去的。中国的诗向来模仿束缚得太过了，当然不免发生剧变，自由与豪华的确是新的发展上重要的原素，新诗的趋向所以可以说是很不错的。我不是传统主义（Traditionalism）的信徒，但相信传统之力是不可轻侮的。坏的传统思想，自然很多，我们应当想法除去他。超越善恶而又无可排除的传统，却也未必少，如因了汉字而生的种种修辞方法，在我们用了汉字写东西的时候总摆脱不掉的。我觉得新诗的成就上有一种趋势恐怕很是重要，这便是一种融化。不瞒大家说，新诗本来也是从模仿来的，他的进化是在于模仿与独创之消长。近来中国的诗似乎有渐近于独创的模样，这就是我所谓的融化。自由之中自有节制，豪华之中实含清涩，把中国文学固有的特质因了外来影响而益美化，不可只披上一件呢外套就了事。这或者是我个人的偏见也未可知，我总觉得艺术这样东西虽是一种奢侈品，但给予时常是很吝啬的，至少也决不浪费。向来的新诗恐怕有点太浪费了，在我这样旧人——是的，我知道自己是很旧的人，有好些中国的艺术及思想上的传统占据着我的心，——看来，觉得不很满意。现在因了经验而知稼穑之艰难，这不能不说是文艺界的一个进步了。

新诗的手法，我不很佩服白描，也不喜欢唠叨的叙事，不必说唠叨的说理，我只认抒情是诗的本分，而写法则觉得所谓“兴”最有意思，用新名词来讲或可以说是象征。让我说一句陈腐话，象征是诗的最新的写法，但也是最旧，在中国也“古已有之”。我们上观国风，下察民谣，便可以知道中国的诗多用兴体，较赋与比要更普通而成就亦更好。譬如《桃之夭夭》一诗，既未必是将桃子去比新娘子，也不是指定桃花开时或是种桃子的家里有女儿出嫁，实在只因桃花的浓艳的气分与婚姻有点共通的地方，所以用来起兴，但起兴云者并不是陪衬，乃是也在发表正意，不过用别一说法罢了。中国的文学革命是古典主义（不是拟古主义）的影响，一切作品都像是一个玻璃球，晶莹透澈得太厉害了，没有一点儿朦胧，因此也似乎缺少了一种馀香与回味。正当的道路恐怕还是浪漫主义——凡诗差不多无不是浪漫主义的，而象征实在是其精意。这是外国的新潮流，同时也是中国的旧手法；新诗如往这一路去，融合便可成功，真正的中国新诗也就可以产生出来了。

我对于中国新诗曾摇旗呐喊过，不过自己一无成就，近年早已歇业，不再动笔了，但暇时也还想到，略有一点意见，现在乘便写出，当作序文的材料，请半农加以指教。

民国十五年五月三十日，于北京。

【钟校】

①《扬鞭集》，刘半农著。本文 1926. 6. 7 刊《语丝》82 期。

②“只做新诗”，原无“新”字，今增。

希腊神话引言[译文][①]

◇英国哈利孙女士原作

◇1926.8.2

◇谈龙集

诗人席烈（Shelley）曾说过最可记念的话："我们都是希腊人，我们的法律，我们的宗教，我们的艺术，都在希腊生根的。"这是真的，但是有一个大的减折。我们的宗教不是生根于希腊的；这从东方来传给我们，虽然在这上面西方以及希腊的精神也很有影响。希腊触着什么东西，都使他变化。所以我们的宗教虽是东方的，却欠了希腊一笔深厚而永久的债，要计算这一笔债，便是现在放在我们面前的这愉快的工作。

但是我们第一要明白，我们的题目，不是希腊罗马的宗教，而是希腊罗马的神话。各种宗教都有两种分子，仪式与神话。第一是关于他的宗教上一个人之所作为，即他的仪式；其次是一个人之所思索及想像，即他的神话，或者如我们愿意这样叫，即他的神学。但是他的作为与思索，却同样地因了他的感觉及欲求而形成的。心理学告诉我们，——我们这里最好是引柳巴（Leuba）教授的话，——意识生活的单位不单是思想，不是感情，不是意志，但是“三者一致对于同一目的而行动”，不过这还须首先明白，意志是属于第一位的。“意识生活是常向着或物，想即刻或最后去得到或免避的。”宗教也只是这意识生活的活动之某一形式罢了。宗教的冲动，单只向着一个目的，即生命之保存与发展。宗教用两种方法去达到这个目的，一是消极的，除去一切于生命有害的东西，一是积极的，招进一切于生命有利的东西。全世界的宗教仪式不出这两种，一是驱除的，一是招纳的。饥饿与无子是人生的最重要的敌人，这个他要设法驱逐他。食物与多子是他最大的幸福，希伯来语的“福”字原意即云好吃。食物与多子这是他所想要招进来的。冬天他赶出去，春夏他迎进来。

这个原始宗教的活动，这些驱除或招纳的仪式，这个“求生的意志”之各种表现，是全世界如此的；希腊罗马人也有之，正与印第安红人及南海岛民一样。那么在希腊罗马有什么是他特别的呢？我们的负债在那里呢？这就引我们到宗教的别一面，即神话那边去了。

× ×

人在那里行仪式，实行驱除或招纳之礼的时候，他一面也在思索或想像着；在他心里，起来一种影像，无论怎样朦胧，一种心中的图像表示他的所作为所感觉的东西。这样的影像怎么起来的呢？在这里心理学跑进来帮助我们了。

人是一个影像制造者，但这正是人类的特权。在大多数的动物都依了所谓本能行事，他们的行动是机械地直跟着知觉发生，几乎化学作用似的那样迅速与确实。人类的神经系统却更为复杂了，知觉并不立刻变为行动，其间似有可容选择的馀暇。正在这知觉与反应中间之刹那的停顿时期，我们的影像，即我们的想像，观念，实际上我们的全个心的生活，才建立起来。我们并不立刻反应，即我们并不立刻得到所需要的东西，所以我们先独自描画我们的需要，我们创造出一个影像，倘若反应是即刻发生的，我们便不会有影像，没有再现，没有艺术，也没有神学。影像之清楚活现与否，当视影像制造者之天分而异。在有些人，影像是模胡，错乱，平淡的，在别人则或是清晰，活现，有力。这是希腊人的极大天才，与罗马人截然不同的，便是他们是影像制造者，即 Iconists（造像者）。在希腊神话里我们供奉着那世上绝无仅有的最有天才的民族所造的影像，而这些影像也就是那民族的未得满足的欲望之结果与反映。

× ×

几十年以前，大家普通都拿罗马的名字去叫希腊诸神。我们叫雅典那（Athena）为密涅发（Minerva），爱罗思（Eros）为邱匹德（Cupid），坡塞同（Poseidon）为涅普条因（Neptune）。这个不好的习惯幸而现在已消灭了。我们现在知道，在罗马人从希腊借去神话以前，他们是没有什么严密意义的所谓“神”的。他们有渺茫的非人格的鬼物似的东西，他们并不称之曰诸神（Dei），只称之曰诸威力（Numina）。罗马人照严密意义说来决不是造像者，他们民族的天才不在这里；他们并不人格化，不创造出人格，因此他们不能讲关于个人的故事，不能创作“神史”；他们没有什么或竟没有神话。

罗马的“威力”是没有人的特性的。他没有性别，至少他的性别是无定的。这是怎么随便，只须参考古时的祈祷文，便可明瞭，文中说祷告于精灵“无论是男是女”（Sive mas sive femina）。这些渺茫的精灵或“威力”与特别地点相关，为人所敬畏，近于恐怖而非爱慕。他的分类是并不依据性格而以他的职务为准，这个工作的范围又精细地规定，他职司管辖某处地点及人间的某种活动，这“威力”数目众多几乎与活动种类之多一样。譬如有古尼那（Cunina），专看守小儿的摇篮，厄杜利亚（Edulia）与坡提那（Potina）教他吃和喝，斯泰提利奴思（Statilinus）教他站立，等等。实在那“威力”不过是一种活动的影像，他决不是一个人格，虽然他或者是人格化的初步。

即使那些“威力”是超人间的，在管辖罗马人的生活，能引起敬畏与依赖的意思，他们却总不是人性的，也不是人形的，在诗歌与雕刻上也没有过人形化的表示。伐耳罗（Varro）告诉我们，——我们没有更好的文献了，——“一百七十年来（基督前七五三年罗马建都之日起计算）罗马人祀神不用偶像。”他又说，——他这批评，很奇怪地偏于一面，而且是彻底地罗马式的：“那些将图像介绍到国内来的人，除去了恐怖而拿进了虚伪来了。”希腊人从宗教上拿去了恐怖，这确实是他们的极大的功绩。在纯粹讲实际的人看来，造像者往往容易成为一个说诳者。

希腊人自己也有点明白，他们是造像者。有一个伟大的希腊人曾经用了简单的言语告诉我们，影像是怎么造成的，谁是影像制造者。赫洛陀多思（Herodotos）留下这一番话来，他在外国旅行，特别是到过了埃及，有所感触，遂回想到本国宗教的特质。他说（卷二之五三）：

> 关于各个神道之起源，是否他们从头便已存在，他们各个的形状如何，这些知识实在还只是近日的事。我想诃美洛思（Homeros）与赫西阿陀思

(Hesiodos) 去我们才四百年，这正是他们初为希腊人编著诸神的世系，给予诸神的称号，规定各个的管辖及其权力，记述各个的形状。

赫洛陀多思不知道，也不能知道，诸神乃是人间欲望之表白，因了驱除与招纳之仪式而投射出来的结果。他所知道的是，多谢他的比较研究，希腊诸神比较地晚出，在这些有人格的完成的诸神之前，尚有更古的时期，其神与希腊所谓神者迥不相同，没有明白的人格以及特别的品性与行述，但只是茫漠无名的精灵，与罗马的“威力”仿佛。他知道在诃美洛思时代以前曾有别一民族住在希腊，他们的神，倘若这可以称为神，与诃美洛思所说的截不相同。赫洛陀多思说，“昔时贝拉思戈人祀神，呼而告之。但他们不给神以称号，亦无名字。”

原始的贝拉思戈人与更有文化的希腊人一样，崇拜一种神明，他们祭祀，有仪式。但是对着什么祭祀呢，他们没有明白的观念。他们的神未曾分化，没有人形，他们没有专名，如宙斯（Zeus）或雅典那，而且也没有表德的称号如“大震神”或“黑眼神女”，他们不是人而是物或力。比较宗教学指示给我们看，正如赫洛陀多思最初对于希腊的观察一样，到处都是如此，直到较迟的时代，人才对于其所崇拜之物给予完全的人格。人格是与兽形或人形之给予同时发生的。在人形化（Anthropomorphism）及兽形化（Theriomorphism）之前，我们别有一个精气信仰（Animism）的时代，那时的神是一种无所不在的不可捉摸的力。到了人把他规定地点，给予定形，与他发生确定的关系的时候，这才变成真的神了。只在他们从“威力”变成个人的时候，他们才能有一部神话。

造成完全的人格化的原因我们此刻且不多谈，在我们研究各神的时候有些原因将要说及。现在所应注意的乃是只有一个神成了正确的神，即个人时，这才能造成行述，即神史。我们的工作是关于神话。贝拉思戈人的神是非人格的，他们没有神史；罗马的“威力”也是如此，他们是非人格的，也没有神史。所谓罗马神话，即阿微丢思（Ovidius）所传之神话，实在只是希腊神话搬运过来，转变成罗马的形式罢了。我们对于罗马神话的负债即可承认并且清偿了，因为这实际上是等于没有。若与罗马的仪式来一对照，罗马的神话是并不存在的。罗马人很富于宗教心，很感到他们对于不可见之力的依赖；但他们不是造像者，影像制造者，神话家，直到后来很迟，且受了希腊的影响，才有神话。他们民族的天分与这件事是不相容的。

赫洛陀多思说，“诸神是诃美洛思与赫西阿陀思所编造的。”诗人给予他们称号，特殊的权力，以及形状。在赫洛陀多思看来，诃美洛思是一个人；在我们看来，诃美洛思是史诗传统的全体，诗人之民族即古代希腊人的传统的书。希腊民族不是受祭司支配而是受诗人支配的，照“诗人”（Poetes）这字的原义，这确是“造作者”，艺术家的民族。他们与别的民族同样地用了宗教的原料起手，对于不可见的力之恐怖，护符的崇拜，未满足的欲望等；从这些朦胧粗糙的材料，他们却造出他们的神人来，如赫耳美思（Hermes），坡塞同，台美退耳（Demeter），赫拉（Hera），雅典那，亚孚罗迭谛（Aphrodite），亚耳台米思（Artemis），亚坡隆（Apollon），提阿女梭思（Dionysos），宙斯。

[附记][②]　这已是一年前的事了，我译了哈利孙（Jane Harrison）女士的《希腊神话》第三章的一节，题名曰《论鬼脸》，登在第四十二期的《语丝》上。译文末尾附有说明，其中有这几句话：

> 原书在一九二四年出版，为《我们对于希腊罗马的负债》（*Our Debt to Greece and Rome*）丛书的第二十六编。哈利孙女士生于一八五〇年，是有名

的希腊学者，著有《希腊宗教研究序论》《古代艺术与仪式》等书多种。这本《希腊神话》，虽只是一册百五十页的小书，却说的很得要领，因为他不讲故事，只解说诸神的起源及其变迁，是神话学而非神话集的性质，于了解神话上极有用处。

这是我的爱读书之一。这篇引言，我久想翻译，但是因循未果，只抄录了讲鬼脸的一节，不觉荏苒又是一年多了。今日天热无聊，听不知何处的炮声如雷，不无枨触，姑译此消遣，比自己作文或较不费力，虽然或者有地方也未始不更费力。内容不知是否稍欠通俗，不过据我的偏见，这些也是常识的一部分，我们常人所应知道一点的。译文急就，恐有错误处，容日后再行校正。

民国十五年八月二日灯下，记于北京西北城。

【钟校】

①《希腊神话》，英国哈利孙女士原著。引言译文1926.8.28刊《语丝》94期，收入《谈龙集》后又收入《知堂文集》。

②“附记”二字为编者所加。

初夜权序言［译文］①

◇日本废姓外骨撰

◇1926. 10. 14

◇谈龙集

距今三年半前，即大正十一年的十月中，有一个少年绅士来访，拿了一张名片，上写“介绍某君，乞赐接谈，法学博士吉野作造”。会见之后问其来意，答说，“我本是东京高等工业学校的毕业生，可是学过的工业却不高兴干了，想转到文学方面去，承吉野先生照顾，于大正八年进了帝国大学文学部，专攻社会学，到了明年春间须得提出毕业论文，想做一篇初夜权之社会学的研究，关于初夜权的外国的材料大略已经搜集了，本国的却还没有，去问吉野博士，他叫我来向先生请教，所以冒昧地跑来求见。”我于是便就浅识所及，略说二三，又将参考书也借给他，过了四五个月，他来访时说，“托先生的福，已经好好地毕业，成了文学士了。”并且还说那个论文承户田、今井两位先生称赞，说是近来少见的优秀之作云。

此后因了上边所说的关系我便告诉他，想把这论文拿来出版，卖给我罢；交涉的结果，用了三百块钱买了来，就是这本书。钱货交清之后，将要付印了，因为种种事情的缘故，暂时中止，这部稿本前后三年埋没在箧底里。直到近时，有一个本家存姓宫武尚二，办了一个“无名出版社”，想刊行洋装书，问我有没有什么东西可以让他出版。我说，“那么，这个印了出来怎么样?”把这书的原稿找了出来。他很高兴，说，“就印这个罢。当作无名出版社的第一着的事业，赶快发表出去罢。但是，叔叔，这个出版没有什么要紧么?”我说，“这不是堂堂的大学毕业论文么?倘若是发表不得的东西，帝国大学教授们那里会给他审查优等的分数呢?况且，这不是社会学上必要的研究问题么?以前的内务部或者难说，现在是许多新进学者所在的内务部了，你放心做去可也。但是，虽然这边已经买收了著作权，可以保证于出版上别无窒碍，不过原著者毕业后就做了某私立大学的讲师，(现在也还在那里，)照顾他的学长是一个极其正经的人，这样论文发表出去之后，或者要请他走路也说不定，所以他请求在这本书上不要写出真姓名来；我当时笑他‘真是胆小的人呀!’但是已经答应了他，所以这回要你自己当编辑兼发行人，担负一切的责任。”在这个条件之下，我就将原稿交给他了。近日他又来说，“就要出版了，叔叔，务必请你写一篇序文。”我于是历叙以上的颠末，证明这乃是有权威的稀世的学术书，并不是那些自称性欲学研究大家泽田顺次郎辈所做的钩引登徒子的翻译的诲淫书的同类的东西。

大正十五年三月二十日，废姓外骨。

［案］ 外骨本姓宫武，今废姓，开设“半狂堂”，著有《笔祸史》《私刑类纂》《赌博史》《猥亵风俗史》等书，二十许种。偶阅二阶堂招久（假名?）的《初夜权》，见外骨序文颇是别致，便译出如上。末尾骂泽田顺次郎，似太偏隘。泽田编著性欲学书最早，并不一定是钩引登徒子的，找出现尚留存的《变态性欲论》一看，觉得可以代为证明。

《初夜权》系 Jus primae noctis 的译语，指古代一种礼俗，在结婚时祭司或王侯得先占有新妇数日。大抵初民有性的崇拜，对于处女视为有一种“太步”(Tabu)，含有神圣与毒害之意味，凡夫所不能当，故必先以圣体——无论是神，祭司或王等破除之，始不为害，可以结婚了。当初在施术者为一种职司上的义务，浸假而变为权利，盖信仰改变，严肃的仪式转为强迫的劳役，渐的为崩坏之源，以至于革除，唯遗迹留存，在各民族婚俗上，犹明了可见。中国初夜权的文献未曾调查，不知其详，唯传说元人对于汉族曾施行此权。范寅编《越谚》卷上载童谣《低叭》一章，其词曰：

低叭低叭，（唢呐声）

新人留歹，（歹读如 ta，语助词）

安歹过夜，

明朝还俉乃。（俉乃读如 n-na，即你们）

注云，“此宋末元初之谣。”据绍兴县视学陈曰淀君说，德政乡谣如下：

低带低带，

新人留歹；

借我一夜，（我读作 nga，即我们）

明朝还乃。

云蒋岸桥地方昔有恶少啸聚，有新妇过此，必劫留一夜，后为知县所闻，执杀数人，此风始戢。所说本事大抵不可凭。唯古俗废灭，而民族意识中犹留馀影，则因歌谣而可了知者也。又浙中有闹房之俗，新婚的首两夜，夫属的亲族男子群集新房，对于新妇得尽情调笑，无所禁忌，虽云在赚新人一笑，盖系后来饰词，实为蛮风之遗留，即初夜权之一变相。此种闹房的风俗不知中国是否普遍，颇有调查之价值。族人有在陕西韩城久寓者，云新娘对客须献种种技艺，有什么“蝴蝶拜”的名目，如果不误，则北方也有类似的习俗也。

十五年十月十四日，岂明。

【钟校】

①《初夜权》，日本二阶堂招久著，废姓外骨序。序的译文，1926.10.30刊《语丝》103期。

发须爪序[1]

◇1926.11.1

◇谈龙集

我是一个嗜好颇多的人。假如有这力量，不但是书籍，就是古董也很想买，无论金，石，瓷，瓦，我都是很喜欢的。现在，除了从旧货摊收来的一块“凤皇砖”，一面“石十五郎镜”和一个“龟鹤齐寿”的钱以外，没有别的东西，只好翻弄几本新旧书籍，聊以消遣，而这书籍又是如此的杂乱的。我也喜看小说，但有时候又不喜欢看了，想找一本讲昆虫或是讲野蛮人的书来看，简直是一点儿统系都没有。但是有一样东西，我总是喜欢，没有厌弃过，而且似乎足以统一我的凌乱的趣味的，那便是神话。我最初所译的小说是哈葛德与安度阑合著的《红星佚史》（*The World's Desire*, by H. R. Haggard and Andrew Lang），一半是受了林译《哈氏丛书》的影响，一半是阑氏著作的影响。我在东京的书店买到了“银丛书”（*The Silver Library*）中的《习俗与神话》（*Custom and Myth*）《神话仪式与宗教》（*Myth*，*Ritual and Religion*）等书，略知道人类学派的神话解释，对于神话感得很深的趣味，二十年来没有改变。我不能说什么是我的职业，虽然现在是在教书，但我可以说我的趣味是在于希腊神话，因为希腊的是世界的最美的神话。我有时想读一篇牧歌，有时想知道蜘蛛的结婚，实在就只是在圈子里乱走，我似乎也还未走出这个圈子。

我看神话或神话学全是为娱乐，并不是什么专门的研究。但有时也未尝没有野心，想一二年内自己译一部希腊神话，同时又希望有人能够编译或著述一部讲文化或只是宗教道德起源发达的略史。我平常翻开芬兰威斯忒玛耳克（E. Westermarck）教授那部讲道德观念变迁的大著，总对他肃然起敬，心想这于人类思想的解放上如何有功，真可以称是一部“善书”。在相信天不变道亦不变的中国，实在切需这类著作，即使是一小册也好。能够有人来做，表示道德是并非不变的，打破一点天经地义的迷梦，有益于人心世道实非浅鲜。我以前把这件事托付在研究社会学的朋友身上，荏苒十年，杳无希望，因为那些社会学者似乎都是弄社会政策的，只注意现代，于历史的研究大抵不着重的。这件事好像是切望中国赶快成为一个像样的民主国，急切不能成功，本来也是难怪的，虽然也难免略略地失望。但是这两年来，绍原和我玩弄一点笔墨游戏，起手发表《礼部文件》，当初只是说“闲话”，后来却弄假成真，绍原的《礼部文件》逐渐成为礼教之研究，与我所期望于社会学家的东西简直是殊途而同归，这实在是很可喜的。我现在所要计划的是，在绍原发刊他的第几卷的论文集时我应当动手翻译我的希腊神话。

绍原是专攻宗教学的。我当绍原在北京大学时就认识他。有一天下课的时候，绍原走来问我日本的什么是什么东西，领我到图书馆阅览室，找出一本叫做《亚细亚》的英文月报翻给我看，原来是什么人译的几首“Dodoitsu”，日本人用汉字写作“都都逸”，是近代的一种俗歌。我自己是喜欢都都逸的，却未必一定劝别人也去硬读，但是绍原那种探查都都逸的好奇与好事，我觉得是很可贵的，可以说这就是所以成就那种研究的原因，否则别人剃胡须，咬指甲，干他什么事，值得这样注意呢。绍原学了宗教学，并不信那一种宗教，虽然有些人颇以为奇（他们以为宗教学者即教徒，）其实正是当然的，而且因此也使他更适宜于做研究礼教的工作，得到公平的结论。绍原的文章，又是大家知道的，不知怎地能够把谨严与游戏混和得那样好，另有一种独特的风致，拿来讨论学术上的问题，不觉得一点儿沉闷。因为这些缘故，我相信绍原的研究论文的发刊一定是很成功的。有人对于古史表示怀疑，给予中国学术界以好些激刺，绍原的书当有更大的影响：因为我觉得绍原的研究于阐明好些中国礼教之迷信的起源，有益于学术以外，还能给予青年一种重大的暗示，养成明白的头脑，以反抗现代的复古的反动，有更为实际的功用。我以前曾劝告青年可以拿一本文法或几何与爱人共读，作为暑假的消遣，现在同样的毫不踌躇地加添这一小本关于发须爪的迷信——礼教之研究的第一卷，作为青年必读书之一，依照了我个人的嗜好。

民国十五年十一月一日，于北京苦雨斋。

【钟校】

①《发须爪》，江绍原著。本文 1926. 11. 13 刊《语丝》105 期，收入《谈龙集》后又收入《苦雨斋序跋文》。

陶庵梦忆序[①]

◇1926. 11. 5

◇泽泻集

平伯将重刊《陶庵梦忆》，叫我写一篇序，因为我从前是越人。

光绪二十三年（一八九七年）祖父因事系杭州府狱，我跟着宋姨太太住在花牌楼，每隔两三天去看他一回，就在那里初次见到《梦忆》，是《砚云甲编》本，其中还有《长物志》及《槎上老舌》也是我那时所喜欢的书。

张宗子的著作似乎很多，但《梦忆》以外，我只见过《於越三不朽图赞》《琅嬛文集》《西湖梦寻》三种，他所选的《一卷冰雪文》曾在大路的旧书店中见过，因索价太昂未曾买得。我觉得《梦忆》最好，虽然文集里也有些好文章，如《梦忆》的纪泰山几乎就是《岱志》的节本，其写人物的几篇也与《五异人传》有许多相像。《三不朽》是他的遗民气的具体的表现，有些画像如姚长子等未免有点可疑，但别的大人物恐怕多有所本，我看王谑庵像觉得这是不可捏造的，因为它很有点儿个性。

《梦忆》大抵都是很有趣味的。对于“现在”，大家总有点不满足，而且此身在情景之中，总是有点迷惘似的，没有玩味的馀暇，所以人多有逃现世之倾向，觉得只有梦想或是回忆是最甜美的世界。讲乌托邦的是在做着满愿的昼梦，老年人记起少时的生活也觉得愉快，不，即是昨夜的事情也要比今日有趣：这并不一定由于什么保守，实在是因为这些过去才经得起我们慢慢地抚摩赏玩，就是要加减一两笔也不要紧。遗民的感叹也即属于此类，不过它还要深切些，与白发宫人说天宝遗事还有点不同，或者好比是寡妇的追怀罢。

《梦忆》是这一流文字之佳者，而所追怀者又是明朝的事，更令我觉得有意思。我并不是因为民族革命思想的影响，特别对于明朝有什么情分，老实说，只是不相信清朝人——有那一条辫发拖在背后会有什么风雅，正如缠足的女人我不相信会是美人。

《梦忆》所记的多是江南风物，绍兴事也居其一部分，而这又是与我所知道的是多么不同的一个绍兴。会稽虽然说是禹域，到底还是一个偏隅小郡，终不免是小家子相的。讲到名胜地方原也不少，如大禹的陵，平水，蔡中郎的柯亭，王右军的戒珠寺，兰亭等，此外就是平常的一山一河，也都还可随便游玩，得少佳趣，倘若你有适当的游法。但张宗子是个都会诗人，他所注意的是人事而非天然，山水不过是他所写的生活的背景。说到这一层，我记起《梦忆》的一二则，对于绍兴实在不胜今昔之感。

明朝人即使别无足取，他们的狂至少总是值得佩服的，这一种狂到现今就一点儿都不存留了。不知从什么时候起的，绍兴的风水变了的缘故罢，本地所出的人才几乎限于师爷与钱店官这两种，专以苛细精干见长，那种豪放的气像已全然消灭，那种走遍天下找寻《水浒传》脚色的气魄已没有人能够了解，更不必说去实行了。他们的确已不是明朝的败家子，却变成了乡下的土财主，这不知到底是祸是福！"城郭如故人民非"，我看了《梦忆》之后不禁想起仙人丁令威的这句诗来。

张宗子的文章是颇有趣味的，这也是使我喜欢《梦忆》的一个缘由。我常这样想，现代的散文在新文学中受外国的影响最少，这与其说是文学革命的还不如说是文艺复兴的产物，虽然在文学发达的程途上复兴与革命是同一样的进展。在理学与古文没有全盛的时候，抒情的散文也已得到相当的长发，不过在学士大夫眼中自然也不很看得起。我们读明清有些名士派的文章，觉得与现代文的情趣几乎一致，思想上固然难免有若干距离，但如明人所表示的对于礼法的反动则又很有现代的气息了。

张宗子是大家子弟，《明遗民传》称其“衣冠揖让，绰有旧人风轨”，不是要讨人家欢喜的山人，他的洒脱的文章大抵出于性情的流露，读去不会令人生厌。《梦忆》可以说是他文集的选本，除了那些故意用的怪文句，我觉得有几篇真写得不坏，倘若我自己能够写得出一两篇，那就十分满足了。但这是歆羡不来，学不来的。

平伯将重刊《陶庵梦忆》，这是我所很赞成的：这回却并不是因为我从前是越人的缘故，只因《梦忆》是我所喜欢的一部书罢了。

民国十五年十一月五日，于京兆宛平。

【钟校】

①《陶庵梦忆》，明张岱著。本文 1926.12.18 刊《语丝》110 期，收入《泽泻集》后又收入《苦雨斋序跋文》。

海外民歌译序[①]

◇1927.3.30

◇谈龙集

我平常颇喜欢读民歌。这是代表民族的心情的，有一种浑融清澈的地方，与个性的诗之难以捉摸者不同，在我们没有什么文艺修业的人常觉得较易领会。我所喜读的是，英国的歌词（Ballad），一种叙事的民歌，与日本的俗谣，普通称作“小呗”（Ko-uta）。小呗可以说是纯诗，他的好处，——自然是在少数的杰作里，如不怕唐突“吾家”先王，很有乐而不淫哀而不伤的意思。但是，讲到底这还是他的江南的儿女文学的风趣，使我恋慕，正如我们爱好《子夜歌》一样。歌词都是叙事诗，他的性质仿佛在弹词与“节诗”之间，不过弹词太长太有结构了，而节诗又太流畅，的确是近代的出品。我爱歌词是在他的质素，有时又有点像韵文的童话；有些套语，在个人的著作中是很讨嫌的，在这类民歌上却觉得别有趣味，也是我所喜欢的一点。他讲到女人总是美的，肌肤是乳白，眼睛是夏日似的明亮，脚是小的，（请中国人不要误会，）问事总是问三遍，时日是十二个月零一日，就是文句也差不多有定式，例如——

安尼，我要亲你的面颊，

我要亲你的下巴颏儿。

中国弹词也有这种倾向，我随手从《再生缘》卷一中引用这四句：

公子一观心骇异，慌忙出位正衣冠，问声宝眷何来此，请把衷情诉一番。

这正是一个好例，虽然我不大喜欢，因为似乎太庸熟了。还有一层，这样句调重叠下去，编成二三十册的书，不知有几万行，自然不免令人生厌。歌词却总不很长，便不会有这种毛病，而且或者反成为他的一个特色了。

我在这两样民歌之外，还借了英语及世界语的译本，看过一点各国的东西，有些我觉得喜欢的，用散文译了几首，后来收录在《陀螺》里边。不过我看这些歌谣，全是由于个人的爱好，说不出什么文艺上的大道理，或是这于社会有怎样用处。我所爱读的是恋爱与神怪这两类的民歌，别的种类自然也不是没有，反正现在也无须列举。读情诗大约可以说是人之常情，神怪便似乎少有人喜欢了，这在标榜写实主义以及文学革命的现代应该是如此，虽然事实未必如此。我说，现在中国刮刮叫地是浪漫时代，政治上的国民革命，打倒帝国主义，都是一种表现，就是在文学上，无论自称哪一派的文士，在著作里全显露出浪漫的色彩，完全是浸在“维特热”——不，更广泛一点，可以说“曼茀勒德（Manfred）热”里面。在这样一个时代，惊异是不大会被冷落的，那么，我的爱好也就差不多得到辩解了，虽然我的原因还别有所在。我对于迷信是很有趣味的，那些离奇思想与古怪习俗实现起来一定极不能堪，但在民谣童话以及古纪录上看来，想像古今人情之同或异，另有一番意思。文人把歌谣作古诗读，学士从这里边去寻证古文化，我们凡人专一且不能，却又欲兼二，变成“三脚猫”而后已，此是凡人之悲哀，但或者说此亦是凡人之幸运，也似乎未始不可耳。

半农是治音韵学的专家，于歌谣研究极有兴趣，而且他又很有文学的才能，新诗之外，还用方言写成民歌体诗一卷，这是大家都知道的。他选集国外民歌，译成汉文，现在汇成一集，将要出板了，叫我写一篇序，说是因为我也是喜欢民歌的。我想，我是一个“三脚猫”，关于民歌没有什么议论可发，只好讲一点自己的事情，聊以敷衍，至于切题的说明须得让半农自己出手。但是我有一句介绍的话可以负责声明：半农这部《海外民歌》的确选也选得呒啥，译也译得不错。有几首民歌曾经登在《语丝》上面，见过的人自会知道；如有人不曾见到呢，那么买这部民歌选去一看也就知道了。总之半农的笔去写民谣是很适宜的：《瓦缶》一集，有书为证。

中华民国十六年三月三十日于北京西北城之苦雨斋。

【钟校】

①《海外民歌》，刘半农选译。本文 1927. 4. 9 刊《语丝》126 期。

潮州畲歌集序[①]

◇1927.4.3

◇谈龙集

民国三年一月我在《绍兴县教育会月刊》上发过这样的一个启事：

> 作人今欲采集儿歌童话，录为一编，以存越国土风之特色，为民俗研究儿童教育之资料。即大人读之，如闻天籁，起怀旧之思，儿时钓游故地，风雨异时，朋侪之嬉戏，母姊之话言，犹景像宛在，颜色可亲，亦一乐也。第兹事体繁重，非一人才力所能及，尚希当世方闻之士，举其所知，曲赐教益，得以有成，实为大幸。

我预定一年为征集期，但是到了年底，一总只收到一件投稿！在那时候大家还不注意到这些东西，成绩不好也是不足怪的，我自己只得独力搜集，就所见闻陆续抄下，共得儿歌二百章左右，草稿至今还放在抽屉里。六年四月到北京来，北京大学的朋友开始征集歌谣，我也跟着帮忙，因为懒惰，终于没有把自己的草稿整理好，但因了刘半农、常维钧诸君的努力，这个运动很有发展，征集成绩既佳，个人辑录的地方歌谣集也有好几种完成了，如顾颉刚、常维钧、刘经庵、白启明、钟敬文诸君所编的都是，这部林培庐君的《畲歌集》乃是其中最新出的一种。

歌谣是民族的文学。这是一民族之非意识的而且[②]是全心的表现，但是非到个人意识与民族意识同样发达的时代不能得着完全的理解与尊重。中国现在是这个时候么？或者是的，或者不是。中国的革命尚未成功，至今还在进行，论理应该是民族自觉的时代；但是中国所缺少的，是彻底的个人主义，虽然尽有利己的本能，所以真正的国家主义不会发生，文艺上也可以虚空地提倡着民众文学，而实际上国民文学是毫无希望。在这个年头儿，社会上充满着时新，正如忽而颓废，忽而血泪一般，也会忽而歌谣地欢迎起来，但那是靠不住的，不但要改变，而且不是真的鉴赏。搜集歌谣的人此刻不能多望报酬，只好当作他的嗜好或趣味的工作，孤独地独自进行，又或如打着小鼓收买故旧的人，从尘土中挑选出“鸡零狗碎”的物件，陈列在摊上，以供识货者之拣择，——倘若卖不去，便永久留在店头做做装饰也好。关于这一点，大抵现在搜集歌谣的人都有了觉悟，我所认识的几位中间十九如此，差不多是悃愊无华，专心一意地做这件事，而林君之坚苦卓绝尤为可以佩服。不过在现今这个忙碌的世界上，我虽然佩服林君的苦功，承认这部歌集的有价值，却不能保证，至少在这圣道战争的几年里，这能够怎样为国人所懂得，——虽然于将来的学术文艺界上的供献总是存在的。

中华民国十六年四月三日，于北京记。

【钟校】

①《潮州畲歌集》，林培庐编。本文1927.4.9刊《语丝》126期。

②“而且是全心的表现”，原无“且”字，今增。

蒙氏教育法的研究序①

◇1927.10.4

◇集外文

中国人很有点奇怪，他把自己的性命与儿童都一样地看得不大值钱。前清时子弟读书，目的自然是在正路功名，第一重要的是学帖括，应科举，等到屡试不售，不得不变换方向，改为学幕或学生意，万一连这个也弄不好，于是便走最后一着——去行医，坐馆教书！这并不是夸张的话，在民国四五年顷，吾乡六七块钱一月的小学教师里，失业的杂货铺伙计的数目实在不会比不第秀才少，以前的情形更可想而知了。乡间的医生大都还是在谈五行气化，用“锡”一块做药引，教师虽然不至于完全“都都平丈我”，但依旧是登皋比秉戒尺气像，其不“误人子弟”者盖几希的了；中国的死亡率之高我们如将一半归功于那些许多所谓功倖良将的大夫们，那么低能率之高也就不能不说是那些不知儿童为何物的教师诸子的功劳了。

儿童这样东西原是古已有之的，但历来似乎都不知道，虽然他们终日在大人们的眼前，甚至如几道严复先生所说，充满街巷，辗转于车尘马迹间。直至很近的近世，而且还在夷地，这才被人家发见，原来世上有一种所谓儿童的物事，与人及女人的发见并称为三大发见之一。这种发见本来与一切的发见一样，并不怎么希奇，只是把原来就在那里就是如此的东西看见了而已，但是这一看见不打紧，却不免因此总发生了若干的大小影响。少数的明智的教育家与学者承认儿童是灵长类的一种小动物，并不是缩小了的成人，把他另眼看待，其结果是发生了幼稚园的制度与儿童学的研究。多谢人类的保守性，不知是从倦怠呢还是从愚蠢出来的，不准社会上发现过激的变化，使父师还得保持他们平日的威严，于是成功一种捏捏放放的半智半愚的教育，虽然在我们将子女当作家畜看的中国已经觉得新的有点可怕了。儿童明明是驹或犊似的Live stock，教师只是看管厮养罢了（这是所以称为Pedagogue=Paidagogs的缘故，可见是与古典时代的意见很合的），现在却忽然改变，说小儿是一粒花木的种子，要人去顺从了它的天性加以培养，不准去妄动他，旧日的“看鸭”先生现今非变为郭橐驼一流的园艺家不可了。道统治下的中国人不能容易收纳或了解这种意思与办法，正是很自然而无足怪的。

近来义大利的蒙德梭利女士又发表了她的教育法[②]，最初介绍的仿佛记得是钱稻孙先生，揭载在《教育部月刊》上面。虽然对儿童的空想方面稍欠注意，如英国加伐威尔教授也曾说及，他的[③]“儿童之家”的教育法总是极好的，于活动及感觉各方面的练习实在最适于实用，但不知怎地我们的好谈实用主义的教育家也不很注意，大约至少有十足十年不听见社会上说起蒙氏教育法的名字了。日前张雪门先生拿了他所编的一本书来给我看，这才又令我记了起来。张先生的爱小孩与研究学问是有名的，你去问孔德南分校的学生那位“外面的老先生”，他们是无不佩服而且喜欢的，张先生的幼稚园研究又是已经很有成绩。今年暑假期间，张先生把自己关在书房里整整地关了一个夏天，后来开出门来，手里便拿着这一卷书，即是《蒙氏教育法的研究》。这令我发生三种感想：第一是我们白过了这个暑假，什么文字都没有能做，相形之下不免惭愧。第二是对于张先生的小不敬，在现今这个中国，儿童的运命只配由落第文童失业店伙去管的时代，只要有一根部颁戒尺便足了吾事，而张先生讲福禄贝尔不够，还要来谈蒙德梭利，岂不叫人笑他迂阔？第三，话又说了回来，蒙氏教育法到底是很好的，可以说是儿童界的福音，特别是在此刻现在的中国，张先生肯这样刻苦地把他介绍提倡，无论被人家笑为迂阔也好不理也好，总之是很有意义，值得佩服的事：所以这第三点便是表示我佩服之至意了。

民国十六年十月四日，即丁卯重九日，于北京内右四区。

【钟校】

①《蒙氏教育法的研究》，张雪门编。本文 1927. 10. 22 刊《语丝》154 期。

②“她的教育法”原作“它的教育法”。

③“他的”原作“它的”。

花束序[①]

◇1927. 12. 5

◇永日集

法国迭崇（Dijon）大学教授拉姆贝尔（Ch. Lambert）用世界语所写的《花束》（*Bukedo*），是一本很有意思的书，现在经友人王鲁彦君译为中文，就要出版了。这书里一总有三篇论文，都与文艺学术很有关系。第一篇是讲古希腊人在天医庙求治病的事情。亚斯克勒比阿思（Asklepios），本是亚坡隆（Apollon）的儿子，他的父亲有“派恩”（Paion）的别名，与牡丹有关，知道用粉丹皮止血，给战神医过金疮的，所以他确是世医，有起死回生的本领，一方面却招了冥王之怨，经他的祖父宙斯大神一个掌心雷把他打死了。但是他终于成了医神，受后人的香火，在蔼比道洛思地方的庙最为著名，几乎成为古代人民的医院，每年有许多人去睡在庙里，等候尊神到梦中来开方子或行手术，给他们医治这些疑难杂症。这个名称叫做“睡庙”（Enkoimesis），直译起来是“睡在里边”，是一种很古的信仰疗法，据德国玛格奴思（Hugo Magnus）博士教授在《医学上的迷信》里说，希腊喜剧家亚列思多法纳斯（Aristophanes）的《财神》（*Ploutos*）里，便已讽刺过这种习俗，这已是二千四百年前的事了。拉姆贝尔根据了考古学的材料，把它记录出来，成为一篇实益与趣味混和的文字。基督教得势之后，睡庙的办法变为睡礼拜堂了，希腊德诺思岛的圣母最有效验，《希腊现代民俗与古宗教》的作者洛孙（J. O. Lawson）亲见堂中睡满了病人，一九一七年希腊王君士但丁病时，大主教还曾把圣像迎到宫里去过哩。这类迷信在欧洲也有，中国书上所说的到于忠肃祠求梦，以及江浙老妪的“宿山”等，也是同一类，不过不限定是治病罢了。

第二三篇论文都与文艺相关，其一是讲印度名剧《沙恭达罗》（*Sakuntala*），其二是论法国童话《林中睡美人》的。关于《沙恭达罗》，我们且引用曼殊和尚在《文学因缘》序上的话当作说明：

> 沙恭达罗者印度先圣毗舍密多罗（Viswamitra）女，庄艳绝伦，后此诗圣迦梨陀娑（Kalidasa）作剧曲，纪无能胜王（Dusyanta）与沙恭达罗慕恋事，百灵光怪。千七百八十九年 William Jones 始译以英文，传至德，Goethe 见之惊叹，难为譬说，遂为之颂，则《沙恭达罗》[②] 一章是也。

> Eastwick 译为英文，衲重移译，感慨系之。印度为哲学文物源渊，俯视希腊，诚后进耳，其《摩诃婆罗多》（*Mahabrata*）、《罗摩衍那》（*Ramayana*）二章，衲谓中土名著虽《孔雀东南飞》《北征》《南山》诸什，亦逊彼闳美，而今极目五天，荒丘残照，忆昔舟经锡兰，凭吊断塔颓垣，凄然泪下，有“恒河落日千山碧，王舍号风万木烟”句，不亦重可哀耶。

著者把这个《沙恭达罗》介绍给我们，又论及印度的戏曲，这于我们素不留心亚洲文艺的人是很有益，也是很有意味的。

《睡美人》的故事本是满天飞的，但是第一个把她捉住，将她的花容描在纸上的乃是十六世纪法国的贝洛耳（Ch. Perrault）先生。他那一本小书《过去时光的故事》出世之后，学艺界上发生了些重要的变化，一种是安徒生（Andersen）派的文学童话之创作，一种是格列姆（Grimm）派的民间故事之搜集，以及这些故事之学术的整理与解释。即如那《睡美人》，既可作老老少少娱乐的读物，又可以从仙女，法术，长眠，英雄各节作民俗学的考究，得到极有兴趣的新发见，实在是从前的人所没有见到的。但是，这种考究也比较地还是很新的学问，安特路阑

(Andrew Lang）发刊他的《神话仪式与宗教》至今才四十年，有些人似乎还不大相信他的话。《花束》的著者仿佛也还是气像学派的门徒，容易“到处看出太阳”或是露水，这在我外行的个人看来觉得是不大很对的。正当的解说恐怕要推阑氏，在他所校订的《贝洛尔故事集》的序论里。

中国近来渐渐有人来从世界语译书了，但向来所译的都是小说或诗歌，翻译论文这还算是第一次罢？使人家知道世界语所写的除小说诗歌以外还有很有兴味的论文，使人家更进一步去读这些论文，这于世界语运动很有关系，是极好的事。鲁彦的书初译成，我就说给他写一篇小引，但是一直拖延至今，原稿又已不在手头，所说的话有些或与原书有点参差亦未可知，地名人名的音译更不免分歧，这都要请鲁彦原谅的，至于序文之做得不行，那是更不用说了[③]。

民国十六年十二月五日，北京，周作人。

【钟校】

①《花束》，法国拉姆贝尔原著，王鲁彦译。本文 1927.12.31 刊《语丝》4 卷 3 期。

②“沙恭达罗”，原作“沙恭达纶”。

③“那是更不用说了”，“那是”原作“都是”。

医学周刊集序[①]

◇1927. 12. 25

◇永日集

古代的医术与宗教是混在一起的，中国统称巫医，至今还称医卜星相，古希腊也是如此，Pharmakeia 一字可以作医术讲，也就是法术（Magic）的名称，这正与化学和炼金术，天文学和占星术是同样的关系。古人同野蛮人一样，对于自然及人生的变化感到极大的惊异，但不明了其间的物质的因果关系，所以一切推原于超自然之神力，生老病死是人生最大的难题，就当然地第一加上了宗教的解释。德国马格奴斯博士（Dr. Hugo Magnus）在所著《医学上的迷信》一书里把这些事情说的很明白，他以为在科学未发生以前这可以说是当然，但如在医学成立，知道生理及病理的现像均由于自然之因累，与鬼神无关，那时还要宗教或法术的治疗，这就成为十足的迷信了。西方医术自公历前五世纪中希腊希坡克拉德斯（Hippokratēs）出世，成立学术的基础，昔日宗教的疗法退居于迷信的地位，经过二千馀年的演进，论理本应渐就消灭了，但是事实却不尽然，正如原书序上所说，“荒唐的迷信至今还是存在，二十世纪亦将以此大受将来的非难。”至于中国，这本是希奇古怪的地方，在古今的艺术家哲学家中间确有些很高明的思想，但一方面乌烟瘴气的迷信也很不少，没有正统的教会的监督，没有正式的祭师的指导，却自能流传蔓延，人生的一切活动几乎无一不受其影响，医术也自然不在例外，而且这些迷信的分布并不限于民间，即智识阶级亦在其内，尤可异者则中国医师本身也还不能脱去这种迷信，或者更进一步而为医学上的迷信之宣传者，则显然是巫医合一了。友人疑古玄同君藏有中医小册子数种，都是这类的宣传品，我只见《存粹医话》卷四，有陆晋笙医士著《论人身上生雉雀蝙蝠蛤蛇龟鳖等动物[2]》一文，以为“人身而生动物，似乎奇异，实不足奇”，末云，“凡此皆明乎五行之气化者始得知之，若不讲五行，不究气化，徒沾沾于某方某药治某病，是形而下者谓之艺，目之曰医术则可，形而上者谓之道，名之曰医道则不可。”这是一个很好的例，证明中国的医学没有脱离迷信的把握，而且医生自己还是一个术士。我们若是冷淡地看，说随他去也罢，反正不过少医活几个人，未始不讲得过去；但事实没有这样简单，——像这最能实证的生理及病理的学术方面还容留得下迷信，别的方面可想而知，政治道德以及一切人生活动自然也为迷信所主宰，社会上蛮风的复活或遗留又是当然的了，这实在是不容轻轻地看过的事。提倡科学，破除迷信，这句老生常谈实在是救国条陈里的最要的一条。丙寅医学社诸君发行《医学周刊》，我在《世界日报》上常常见到，虽然对于医学全然是个外行，却觉得这个意思很好，可以说是于世道人心大有益处，因为这与我的救国条陈颇有点相合。我常见医家门口有一块匾，文曰“是乃仁术”，心想这倒很可以拿来题在周刊上面，因为他不但是疗治去求诊的人的疾病，还想疗治一般自以为无病的人的呆病。这回《医学周刊》将汇印成书，叫我题几个字，但是我不好意思真写一块匾送过去，所以只好撰了这几句闲话，聊以塞责云尔。

中华民国十六年十二月二十五日，北京。

【钟校】

①《医学周刊集》，由《世界日报·医学周刊》辑集，丙寅医学社编。

②“动物”，原作“种物”。

曼殊画谱序[译文][1]

◇日本河合氏原作

◇1928

◇集外文

月离中天云逐风，雁影凄凉落照中[2]，我望东海寄归信，儿到灵山第几重[3]

吾儿少不聪明，兼多疾病，性癖爱画，且好远游。早岁出家，不相见者十馀年，弹指吾儿年二十四矣。去夏始得卷单来东省余，适余居乡，缘悭不遇。今夏重来，余白发垂垂老矣。及检其过去帖，见其友刘子所赠诗，有云：

享君黄酒胡麻饭[4]，贻我白门秋柳图[5]，只是有情抛不了，袈裟赢得泪痕粗[6]。

余询知其为思我及其姊，亦下泪语之曰："吾儿情根未断也。"今吾儿又决心将谒梵土，审求梵学；顾儿根器虽薄弱，余冀其愿力之庄严。为诗一绝，以坚其志。会唐土何震女士，集示吾儿零星诸作，以是因缘，泚笔志之，固无碍于体例也。

河合氏于西户部之茅舍。

【钟校】

① 原题“译河合氏曼殊画谱序”。序文作者河合氏为苏曼殊之母，文经曼殊友人刘某校阅。刊北新书局 1928. 12 初版《苏曼殊全集》。

② 河合氏原注：吾儿画此景独多。

③ 河合氏原注：儿尝作《灵山振衲图》。

④ 刘氏原注：上人虽不饮，每过我家，必强以一啜云。

⑤ 刘氏原注：与上人同客金陵，上人手缋是图，精妙无伦。

⑥ 刘氏原注：不知是何故。

杂拌儿跋[①]

◇1928. 5. 16

◇永日集

北京风俗于过年时候多吃杂拌儿，平伯取以名其文集。杂拌儿系一种什锦干果，故乡亦有之，称曰梅什儿，唯繁简稍不同，梅什儿虽以梅名，实际却以糖煮染红的茭白片和紫苏为主，半梅之类乃如晨星之寥落，不似杂拌儿之自瓜子以至什么果膏各种都有也。平伯借它来做文集的名字，大约是取它杂的意思，集内三十二篇文章，确有五分之一的样子是有考据性质的，但是，正如瓜子以至果膏究竟还是同样的茶食，这些文章也与别的抒情小品一样是文学的作品。平伯所写的文章自具有一种独特的风致。——喔，在这个年头儿大家都在检举反革命之际，说起风致以及趣味之类恐怕很有点违碍，因为这都与“有闲”相近。可是，这也没有什么法儿，我要说诚实话，便不得不这么说。我觉得还应该加添一句：这风致是属于中国文学的，是那样地旧而又这样地新。

我以前在重刊本《梦忆》序上曾经说过：

> 现代的散文在新文学中受外国的影响最少，这与其说是文学革命的还不如说是文艺复兴的产物，虽然在文学发达的程途上复兴与革命是同一样的进展。在理学与古文没有全盛的时候，抒情的散文也已得到相当的长发，不过在学士大夫眼中自然也不很看得起。我们读明清有些名士的文章，觉得与现代文的情趣几乎一致，思想上固然难免有若干距离，但如明人所表示的对于礼法的反抗则又很有现代的气息了。

唐宋文人也作过些性灵流露的散文，只是大都自认为文章游戏，到了要做“正经”文章时便又照着规矩去做古文；明清时代也是如此，但是明代的文艺美术比较地稍有活气，文学上颇有革新的气像，公安派的人能够无视古文的正统，以抒情的态度作一切的文章，虽然后代批评家贬斥它为浅率空疏，实际却是真实的个性的表现，其价值在竟陵派之上。以前的文人对于著作的态度，可以说是二元的，而他们则是一元的，在这一点上与现代写文章的人正是一致。现在的人无论写什么都用白话文，也就是统一的一例，与庚子前后的新党在《爱国白话报》上用白话，自己的名山事业非用古文不可的绝不相同了。以前的人以为文是“以载道”的东西，但此外另有一种文章却是可以写了来消遣的；现在则又把它统一了，去写或读可以说本于消遣，但同时也就是传了道了，或是闻了道。除了还是想要去以载道的老少同志以外，我想现在的人的文学意见大抵是这样，这也可以说是与明代的新文学家的意思相差不远的。

在这个情形之下，现代的文学——现在只就散文说——与明代的有些相像，正是不足怪的，虽然并没有去模仿，或者也还很少有人去读明文，又因时代的关系在文字上很有欧化的地方，思想上也自然要比四百年前有了明显的改变。现代的散文好像是一条湮没在沙土下的河水，多少年后又在下流被掘了出来；这是一条古河，却又是新的。我读平伯的文章，常想起这些话来，现在便拿来写在后边，算作一篇题记。久病初起，胡涂的头脑更加胡涂，有些话说的不得要领，愿平伯勿笑也。

民国十七年五月十六日，周作人，于北京。

【钟校】

①《杂拌儿》，俞平伯著。本文收入《永日集》后又收入《苦雨斋序跋文》。

桃园跋[①]

◇1928. 10. 31

◇永日集

议论人家的事情很不容易，但假如这是较为熟识的人，那么这事更不容易，有如议论自己的事情一样，不知怎么说才得要领。《桃园》的著者可以算是我的老友之一，虽然我们相识的年数并不太多[②]，只是谈论的时候却也不少，所以思想上总有若干相互的了解。然而要问废名君的意见到底是如何，我就觉得不能够简单地说出。从意见的异同上说，废名君似很赞同我所引的说蔼理斯是叛徒与隐逸合一的话，他现在隐居于西郊农家，但谈到有些问题他的思想似乎比我更为激烈；废名君很佩服狭斯比亚，我则对于这个大戏曲家纯是外行，正如对于戏曲一样[③]。废名君是诗人，虽然是做着小说；我的头脑是散文的，唯物的。我所能说的大略就是这一点。

但是我颇喜欢废名君的小说，这在《竹林的故事》的序上已经说过。我所喜欢的第一是这里面的文章。《笑府》载乡人喝松萝泉水茶称赞茶热得好，我这句话或者似乎有同样的可笑。“然而不然”。文艺之美，据我想形式与内容要各占一半。近来创作不大讲究文章，也是新文学的一个缺陷。的确，文坛上也有做得流畅或华丽的文章的小说家，但废名君那样简炼的却很不多见。在《桃园》中随便举一个例，如三十六页上云：

> 铁里渣在学园公寓门口买花生吃。
>
> 程厚坤回家。
>
> 达材想了一想，去送厚坤？——已经走到了门口。
>
> 达材如入五里雾中，手足无所措，——当然只有望着厚坤喊。……

这是很特别的，简洁而有力的写法，虽然有时候会被人说是晦涩。这种文体于小说描写是否唯一适宜我也不能说，但在我的喜含蓄的古典趣味（又是趣味!）上觉得这是一种很有意味的文章。其次，废名君的小说里的人物也是颇可爱的。这里边常出现的是老人，少女与小孩。这些人与其说是本然的，无宁说是当然的人物；这不是著者所见闻的实人世的，而是所梦想的幻景的写像，特别是长篇《无题》中的小儿女，似乎尤其是著者所心爱，那样慈爱地写出来，仍然充满人情，却几乎有点神光了。年青的时候读日本铃木三重吉的《千代纸》中几篇小说，我看见所写的幻想的少女，也曾感到仿佛的爱好。在《桃园》里有些小说较为特殊，与著者平常的作品有点不同，但是，就是在这里，例如张先生与秦达材，他们即使不讨人家的喜欢，也总不招人家的反感，无论言行怎么滑稽，他们的身边总围绕着悲哀的空气。废名君小说中的人物，不论老的少的，村的俏的，都在这一种空气中行动，好像是在黄昏天气，这时候朦胧暮色之中一切生物无生物都消失在里面，都觉得互相亲近，互相和解。在这一点上废名君的隐逸性似乎是很占了势力。

说了好些话终于是不得要领。这也没法，也不要紧，我在上边已经说过，这是不会得要领的。而且我本来不是来批评《桃园》和废名君，不过因为曾经对废名君说给他在《桃园》后面写一篇小文，现在写这一篇送给他以了旧欠罢了。

十七年十月三十一日，于北平市，岂明。

【钟校】

①《桃园》，废名（冯文炳）著。本文收入《永日集》后又收入《苦雨斋序跋文》。

②“太多”原作“大多”。

③“一样”原作“一切”。

聊斋鼓词六种序[1]

◇1928. 11. 21

◇永日集

回想小时候所读的书总有好些不能忘记的印像，其一就是蒲留仙的《聊斋志异》。最初读小说自然都是白话的，但到了《三国志演义》作一结束，一面便转到文言的小说里去，《聊斋志异》在次序上与价值上都是第一部，所以至今想起来还是很有兴趣。他是继承六朝的志怪与唐朝的传奇文而集大成的，不过在传奇文方面他是的确成功了，志怪的短篇了无特色，不及《阅微草堂》远甚，在《聊斋》中只可以[2]说是失败之作。传奇文中我觉得《婴宁》一类的东西做得最好，《促织》与《罗刹海市》等倒还在其次。他写狐鬼和人一个样子，除了说明她们本相的地方以外，几乎没有什么妖气，我想在青年读者羡慕之馀，以为狐鬼亦佳者当复不少，所以他这实在是狐鬼的人化，俗传此书本名"狐鬼传"，专以讽刺人间者，未免是齐东野人之语了。我又记得题词中有这两句："姑妄言之姑听之，豆棚瓜架雨如丝。"我很喜欢这种态度，这是一种文学的心情，不汲汲于功利，但也不是对于人事完全冷淡，只是适中地冷静处之罢了。

今年秋天淄川马君以抄本见示，我才知道蒲留仙还著有这些鼓词。现在所见者只有六篇，据说还有几种一时找不到，所以没有收入，但即此六篇也尽够表明蒲君的这方面的好成绩了。说起鼓词，我们第一要想到《万古愁》和《木皮鼓词》这两种名文。《万古愁》无论是归玄恭或熊檗庵所作，——我看归君《诛邪鬼》那种口气，觉得曲中有些话不是他所能说，虽然我也并不能断定作者即为熊君，——《木皮鼓词》则有云亭山人等人题记知为贾凫西的文章，总之都是“改革时人”，就是明朝的遗老，故“以神工鬼斧之笔，摅苦恨牢骚之意”，二百馀年后犹令读者感动不能自已，此固由革命时代的意气与宋明遗民易于共鸣，但文字的美妙盖亦有很大的力量。聊斋的作品上虽因时世关系缺少那些遗老气，但是文词圆润，诙谐轻妙，依然是木皮正统，其中《东郭外传》一篇与《太史挚适齐》全章正堪媲美，而丰富流畅似尤过之。醉溪道人读《木皮词》，“不禁撮舌惊叹曰，鲁何奇士之多也！”我们正有同感。大约明末曾流行这种文字，因系一种新兴的文学，照例有些弹力与生气，可以用了活泼自由的言词，表现滑稽清新的趣味，激昂诚实的感情，所以用作那些悲愤文章正是恰好。聊斋那时不能再做遗老了，他就以那种豆棚瓜架的态度来应付，做出别一类的东西来，比从前要更近于文艺的，虽然较少了一点儿社会的意义。郑板桥、徐洄溪等的道情我想也就是这个流派的馀风，不过已有成了强弩之末③的形势，到了复古运兴，一面朴学固然奏了大功，一面文学却受了巨创，清真雅正的文诗再走半步即是腐化，文艺界成为反动的，而此公安派潮流中的一小波澜也就在那时完全被复古的洪水所冲没了。现在马君找到这鼓词，设法发表出来，可以供给文学史的资料，又可以作文学作品读，原是极好的事，而且这又正是我们所熟识的《聊斋志异》作者的作品，更使我们感到兴趣。此外还有一种得陇望蜀的要求，便是希望马君将来能够访求到所散失的那三篇著作，或是别位有这类东西编订刊行，以供大家欣赏。

民国十七年十一月二十一日，于北平市。

【钟校】

①《聊斋鼓词六种》，清蒲松龄著。

②“只可以”，原作“还可以”。

③“强弩之末”原作“强努之末”。

燕知草跋[①]

◇1928. 11. 22

◇永日集

小时候读书不知有序，每部书总从目录后面第一页看起。后来年纪稍长，读外国书知道索引之必要与导言之有益，对于中国的序跋也感到兴趣。桐城派的文章固然无聊，只要他说得出道理来，那也就值得看，譬如吴挚甫的《天演论》序与林琴南的“哈氏丛书”诸序，虽然有好些谬语，却是颇有意思。因为我喜欢读序，所以也就有点喜欢写序；不过，序实在不好做，于是改而写跋。

做序是批评的工作，他须得切要地抓住了这书和人的特点，在不过分的夸扬里明显地表现出来，这才算是成功，跋则只是整个读过之后随感地写出一点印像，所以较为容易了。但是话虽如此，我却恐怕连这个也弄不好。平伯的这些文章，我都是一篇篇地读过的，大部分还是原稿，只有三两篇是从印本上看来，可是现在回想整个的印像，实在有点儿迷糊了。我觉得里边的文字都是写杭州的，这个证以佩弦的序言可以知道是不错。可惜我与杭州没有很深的情分，十四五岁曾经住过两个年头，虽然因了幼稚的心的感动，提起塔儿头与清波门都还感到一种亲近，本来很是嫌憎的杭州话也并不觉得怎么讨厌，但那时环境总是太暗淡了，后来想起时常是从花牌楼到杭州府的一条路，发见自己在这中间，一个身服父亲的重丧的小孩隔日去探望在监的祖父。我每想到杭州，常不免感到些忧郁。但是，我总还是颇有乡曲之见的人，对于浙江的事物很有点好奇心，特别是杭州——我所不愿多想的杭州的我所不知道的事情，却很愿意听，有如听人家说失却的情人的行踪与近状，能够得到一种寂寞的悦乐。《燕知草》对于我理应有此一种给予，然而平伯所写的杭州还是平伯多而杭州少，所以就是由我看来也仍充满着温暖的色彩与空气。

我平常称平伯为近来的一派新散文的代表，是最有文字意味的一种，这类文章在《燕知草》中特别地多。我也看见有些纯粹口语体的文章，在受过新式中学教育的学生手里写得很是细腻流丽，觉得有造成新文体的可能，使小说戏剧有一种新发展，但是在论文——不，或者不如说小品文，不专说理叙事而以抒情分子为主的，有人称他为“絮语”过的那种散文上，我想必须有涩味与简单味，这才耐读，所以他的文词还得变化一点。以口语为基本，再加上欧化语，古文，方言等分子，杂糅调和[②]，适宜地或吝啬地安排起来，有知识与趣味的两重的统制，才可以造出有雅致的俗语文来。我说雅，这只是说自然，大方的风度，并不要禁忌什么字句，或者装出乡绅的架子。平伯的文章便多有这些雅致，这又就是他近于明朝人的地方。不过我们要知道，明朝的名士的文艺诚然是多有隐遁的色彩，但根本却是反抗的，有些人终于做了忠臣，如王谑庵到复马士英的时候便有“会稽乃报仇雪耻之乡，非藏垢纳污之地”的话，大多数的真正文人的反礼教的态度也很显然，这个统系我相信到了李笠翁、袁子才还没有全绝，虽然他们已都变成了清客了。中国新散文的源流我看是公安派与英国的小品文两者所合成，而现在中国情形又似乎正是明季的样子，手拿不动竹竿的文人只好避难到艺术世界里去，这原是无足怪的。我常想，文学即是不革命，能革命就不必需要文学及其他种种艺术或宗教，因为他已有了他的世界了；接着吻的嘴不再要唱歌，这理由正是一致。但是，假如征服了政治的世界，而在别的方面还有不满，那么当然还有要到艺术世界里去的时候，拿破仑在军营中带着《维特的烦恼》可以算作一例。文学所以虽是不革命，却很有他的存在的权利与必要。——从《燕知草》说到明朝，又从明朝说到革命，这个野马跑得太远了，实在我只想说明，文学是不革命，然而原来是反抗的：这在明朝小品文是如此，在现代的新散文亦是如此。平伯这部小集是现今散文一派的代表，可以与张宗子的《文粃》（刻本改名《琅嬛文集》）相比，各占一个时代的地位，所不同者只是平伯年纪尚青，《燕知草》的分量也较少耳。

中华民国十七年十一月二十二日，于北平市。

【钟校】

①《燕知草》，俞平伯著。本文收入《永日集》后又收入《苦雨斋序跋文》。

②"杂糅"，原作"杂揉"。

大黑狼的故事序[①]

◇1928. 12. 22

◇永日集

这还是民国十四年的秋天，谷万川君初次和我谈起大黑狼的故事，我记得还有一篇消息登在第五十二期的《语丝》上。在那时候，大约万川是“少不更事”，我却有点老朽了，所以在“这个年头儿”还是很高兴地谈那些不革命的大黑狼，他记录出来寄给我看的这一类民间故事现在已经忘记有若干篇，总之在我书桌的抽屉内是有了一大叠。有一回，总是奉鲁军祝贺攻下南口的时分罢，万川从望都寄来二十个新鲜鸡蛋，虽然放在木屑里包装得很好，到得从邮局取来的时候，几乎都磕破了，剩下一两个完全的也已经变坏了。这件事我至今还很清楚地记得，可是这其间隔了两年的光阴，有许多许多的事情都已变了样子了。

不久万川到南方去革命，好久没有信息，不知道他革出什么来了没有。后来得知他回到上海，看他几次的来信，似乎他对于革命已没有多大兴致，可是对于他那老朋友大黑狼也未必还有趣味去奉访它了。这原是很不错的。文学本来是不革命，便是民间文学也是如此，我们如要替他辩护，文学至少也总不就是革命。革命假如是鸦片，文学好比是“亚支奶”罢？正如有钱有势的人大胆地抽大烟一样，有血气的青年对于现代感到不满，也就挺身而起，冒危险，拼性命，去实行革命，决不坐在家里叹息诅咒，聊以出他胸头的一口闷气。只有那些骨瘦如柴，手无缚鸡之力的乏汉，瘫痪似地坐在书桌前面，把他满腔的鸟气[2]吐在格子纸上，免得日后成鼓胀病，有如上瘾的穷朋友只能每顿吞点亚支奶，这虽是不像样，却也是没有法的。有人说得好，凡是匿名揭帖，或登广告，发传单，说某人怎样欺侮他的，大抵是吃了亏，没有力量反抗或报复，虽不甘心却终于只好忍受的人，他的这种揭帖等便是表明他的无能为的态度，表明他是将忍受了，只要让他嚷这一回。要咬的狗是不则声的，叫着的却是自己在害怕。在现代乱世青年只有两条出路，强的冲上前去，做个人类进化的“见证”（Martyr），弱的退下来，叹息诅咒，以终天年，兼以传种，——此外，自然还有做官发财之一法，不过这一路的人已经很多，不必再来引导，省得将来更要僧多粥薄。现在虽然听说有很巧的方法，即是以文学代革命，犹如从前随营的朱墨文案也可以算作“军功”得保举，但我觉得总未免太取巧一点儿，似乎不大好。英国的摆伦（Byron），匈加利的裴德飞[3]（Petôfi），那确实不愧为革命诗人，很有砭顽起懦的力量，可是摆伦终于卒于密所隆吉军次，裴德飞死在绥该思伐耳的战场上，他们毕究还是革命英雄，他们的文学乃只是战壕内的即兴，和文士们的摇瘦拳头是不很相同的。

不知怎的话又说远了，现在再来谈万川的事罢。他去革了一阵子的命，现在不再干这个玩意儿了，因为革命已经成了功，而同时他对于文学似乎又变得冷淡了[4]。我说这是不错的，因为吃得起大土的人那里要什么亚支奶，然而等到这烟灯烟枪都收了摊[5]，而还不肯屈尊来吞服一点代替品，那么这是有点危险性的，正如瘾发时之要涕泪横流的。本来能革命的自然最好还是革命，无如现今革命已经截止，而且我又是不革命的人，不能自己浸在温泉里却用传声筒发命令，叫大众快步走，冲锋！所以对于万川还只好照着自己的例劝他回转来弄那不革命的文学。我这样说，列位切莫误会以为我自己自认是在弄文学，这个我早已不敢弄了，我现在只是不革命罢了，——我至今还想整理中国猥亵的歌谣，这个我恐怕简直还有点反革命的嫌疑！恰好，万川虽已没有打听大黑狼的新消息的热心，但似乎终于未能忘情，从我这里把它要回去，预备刊印成书，我便趁了这个机会写几句话给他，告诉我的意思。我并不劝他回到记录大黑狼的那时代来，因为那是不可能的，有如现在有些人想叫大家回到古代去，但我又觉得不革命又不不革命之非计，所以想借了大黑狼去诱引他一下，请他老实不客气地决定来干这不革命的文学或其他学问。我的老朽却还是仍旧，不减少也希望不大增加，所以对于大黑狼们的感情仍是颇好的，日后这本故事集印成之后我还想细细地重读一遍，——这两年来人事改变真不少了，大黑狼和万川都还健在，这真是极可喜的事了。

十七年十二月二十二日，于北平市。

【钟校】

①《大黑狼的故事》，谷万川编。

②“满腔的鸟气”，“鸟气”原作“乌气”。

③“裴德飞”，原作“斐德飞”。

④“变得冷淡了”，原作“变了冷淡了”。

⑤“收了摊”，原作“收了滩”。

女子学院毕业同学录序[①]

◇1929.7.31
◇集外文

女子学院与不佞的历史可谓极短。民国十七年十二月[②]，女子大学改称文理学院的时候，我以文学院教员的资格进去教书，又暂代刘半农先生担任了国文系的职务。前后才七个月，这一学年就完了，而这中间还经了好些波折，法学院的打进来可以算是一个大灾难，末了借到北小街的房屋，争到女子学院的名称，是还好的事，却也花了不少的光阴与气力了。

平心想来，这一年于多难中无事地过去，能够送这班毕业同学高高兴兴地出去，总是极可感谢的，至于不佞以海军下士，不知怎的忽于差不多是隔教的国文学与女子教育贸然参加，因此亦得有欢送诸君之光荣，在不佞诚为奇迹，每想到时未尝不深自诧异者也。

女子学院自有其远大的前程，不待烦言，唯不佞老矣，常觉得荣华的未来不及过去更为确实，古人云，生于忧患而死于安乐，处安乐的时代盖尤为不易。将来诚是无限的，不过那且由他罢，在我看来，似乎过去忧患的一年更有意思，或者当时参议院的被围，礼堂的会餐，北海的送别，日后追思，将叹为不可再得的盛时，亦未可知。不佞在学院的历史极短，但这最短的历史未必不是最可念的，然则，同学录序的题目虽枯窘，吾安能躲避而不写几句以为纪念哉。

民国十八年七月三十一日，于北平。

【钟校】

① 刊 1929. 8. 8《华北日报》。

②“民国十七年二月”，“十七年”原误作“十八年”。

性教育的示儿编序[1]

◇1929. 8. 3

◇集外文

《礼运》上有一句话道："饮食男女，人之大欲存焉。"假如世上有天经地义这样东西，那么这句话总可以当得起罢？老子讲到婴儿，又说他"不知牝牡之合而全作"，据老师讲解时说"全"即是小儿的男根，则更进一步，大有维也纳医师之意，几乎是说一切都是性了。但是，归根结蒂，这是不错的，全作的事暂且不论，儿童对于生命起源的注意总是真确的事实。斯丹来和耳（G. Stanlay Hall）博士说，五岁至八岁的小孩最为注意，过了这个时候便不再来问，因为不是问了无结果而灰心，便是已从别方面打听到了秘密了。七月三十日《世界日报》上署名金白的一篇《虚伪的家庭教育观》也说到这件事：

> 吾国性教育尚未萌芽，于是对于生理上种种故事秘而不宣，以为是秽亵不足对儿童谈讲的，或是对儿童随意乱说，如儿童询问小弟弟是从哪里来的，家人不是告诉他是老娘婆（助产妇）抱来的，就是说从母亲腋下割出来的。等到儿童知识开了的时候，便会疑父母是欺伪。

其实不但如此，儿童如从父母或教师得不到满意的答复，他一定会去找朋友和仆役获得确实的说明，所说明的事实不打紧，可是经了那样的一说，结果如同《创世纪》的教训仿佛，性的事情失了美与庄严，加上了一层隐密与羞耻的色彩，使儿童的感情思想显著地恶化，便是以后再加科学艺术深厚的洗炼，也不容易把它改变过来，这真是一个极大的损失了。

因为这个缘故，近世性教育的呼声忽然兴起，就是我们这麻痹的中国也受到影响，有人知道性教育的重要了。不过天下事常常是易说难做，性教育的理论已很完足，讲到实行还有些困难。性教育怎么实施呢？说来说去，总还没有什么很好的法子，除了四十多年前萨列文（Sullivan）女士教那七岁的盲哑的小女孩海伦开勒（Helen Keller）的方法：拿了一本植物书，同她讲花和果子的故事。山格夫人所著，赵憩之君所译的这本小书，就是这一类的册子，原名《母亲对小孩说的话》，由我代为改成这个古旧的名字了。山格夫人是有名的性教育者，她特别注意于节制生育，曾来中国讲演，社会上还没有忘记她。她这本书我希望于中国谈性教育的，贤明的父母和教师有点用处，可以作为性教育实施的初步的参考。——可是据北平报上记载，美国现在“维持礼教，查禁性学”，山格夫人已被罗马教徒的当局所逮捕，而且“对于研究性的书籍查禁株连，诚得谓严厉之至”，山格夫人与性学的末路似乎不远了。中国的沙门教（Shamanism）徒大约很不少罢，性教育的前途如何？先贤曰，“未有学养子而后嫁者也”，萨列文女士与山格夫人的教法恐怕都要在违禁之列。讲到这里，植物学似乎就第一宜禁。——喔，禁止中小学校讲植物学，在一篇德国小说确是有过，但是实现总还一时未必，我想至少总还有一两年罢？那么这本小书暂时总可以安然出版矣乎。

一九二九年八月三日于北平，周作人。

【钟校】

①《性教育的示儿编》，美国山格夫人原著，赵憩之译。本文1929.9.16刊《北新》3卷17号。

蒙古故事集序[1]

◇1930.6.1

◇看云集

提到《一千一夜》，有谁不感到喜欢和叹异的呢？我没有能够买理查伯顿（Richard Burton）的英译全本，但小时候读过伦敦纽恩士（Newnes）公司发行三先令半的插画本《天方夜谈》以及会稽金石先生的四册汉译本，至今还约略记得，亚利巴巴与四十个强盗，水手辛八，以及交递传述的那种故事形式。当时这一本书不但在我是一种惊异，便是丢掉了字典在船上供职的老同学见了也以为得未曾有，借去传观，后来不知落在什么人手里，没有法追寻，想来即使不失落也当看破了。这是我那册英译本的末路，但也就是它的光荣。《一千一夜》在十八世纪初才进欧洲去，在文学上发生了不少影响，到中国来还没有三十年，我却相信它与中国文艺也有很大的关系。这当然不是说直接的影响，中国文化里本来有回教的分子，即如向来不绝如缕的浴堂的美风即其一例，所以这些故事在中国有一种声气相同的地方，比较研究上也很有用处。

印度的故事与中国之影响自然要更深了，只可惜还少有人注意。佛经的文章与思想在六朝以后的文学上留下很明了的痕迹，许多譬喻和本生本行的事迹原是民间故事，经佛教徒的采用而得以传译成华言，为中国小说之一来源，而最重要者似为《起世因本经》等所说的死后生活的思想。中国古代民间的宗教思想当然也应注重死后的生活，但不知怎地文献上留得很少，秦汉以来的方士仿佛是为应制起见，把平民的阴间思想删除，专讲贵族的长生思想，这至少总已不是民族信仰的全体了。后出的《玉历钞传》虽然时代大约颇近，却似乎可以算作这样信仰的一本大纲。这里边阴司的组织是沿用道教的帝制，但其地狱刑罚等等则以小乘佛经所说为本，所以即说中国民间思想是佛教的亦不为过。假如说大乘才是真佛教，那么小乘的就说是婆罗门的改组派也罢，不过因此使我们更感到中国与印度的关系的密切，觉得婆罗门的印度文化的研究在中国也是很切要的了。许地山先生在所译《孟加拉民间故事》的序文中，说明他译述的第一个动机是“因为我对民俗学底研究很有兴趣，每觉得中国有许多故事是从印度展转流入底，多译些印度的故事，对于研究中国民俗学必定很有帮助”。这实在是说的很对，我希望许先生能够继续地做这种有益的工作。

说到蒙古，我恐怕有些人会要大发其思古之幽情，因为它在元朝不但吞并了中国，还能侵略到欧洲去，所以是一件荣誉罢。在学艺的立场上看来，这些过去的恩怨我想可以不管，但总之是几百年来拉拉扯扯地在一起，文化上必然相互地发生许多影响，就是西夏鲜卑以至三苗，都是如此，如有机缘都值得注意研究。可是蒙古虽然是我们五族之一，蒙古的研究还未兴盛，蒙古语也未列入国立各大学的课程内，在这时候有柏烈伟（S. A. Polevoi）先生编译《蒙古故事集》出版，的确不可不说是空谷足音了。柏烈伟先生研究东方语言，在北京大学俄文学系教书多年，是那位《俄国童话集》的编者历史考古学家柏烈伟教授的族人，这回[②]根据蒙古文俄文各本，译成汉文，为故事集二卷，供献于中国学术界，实在是很有意义的事。蒙古民族自有他自己的特色，与汉族颇有不同，他的故事虽然没有那么浓厚华丽，似乎比较与天方相近，而且有些交递传述的形式也很有《一千一夜》的遗意，这是中国故事里所少见的。我们虽不能相信，如斋耳兹（H. A. Giles）教授在《中国文学史》上所说，中国章回小说的发达全是受元朝传来的中央亚细亚说书的影响，这些说故事的方法与情状，离开了故事的内容来看，也总是很好的比较的资料。将来有人能够把满洲西藏以至苗族的故事传说编译出来，那时中国民俗学的研究当大有进步，但是论功行赏，还是柏烈伟先生之揭竿而起应当算是第一功也。

以上是些外行地谈学问的废话，老实说，我还是对于里边的故事可以诚实的批评一句：这是很好的故事，读了很好玩，谨介绍给中国的老小的朋友。

中华民国十九年六月一日，于北平。

【钟校】

①《蒙古故事集》，北京大学俄文教授伯烈伟（S. A. Polevoi）编译。本文1930. 6. 9刊《骆驼草》5期。

②“这回”，原作“这个”。

近代散文抄序①

◇1930.9.21

◇看云集

启无编选明清时代的小品文为一集，叫我写一篇序或跋，我答应了他，已将有半年了。我们预约在暑假中缴卷，那时我想，离暑假还远，再者到了暑假也还有七十天闲暇，不愁没有工夫，末了是反正不管序跋，随意乱说几句即得，不必问切不切题，因此便贸贸然地答应下来了。到了现在鼻加答儿好了之后，仔细一算已过了九月十九，听因百说启无已经回到天津，而平伯的跋也在“草”上登了出来，乃不禁大着其忙，急急地来构思作文。本来颇想从平伯的跋里去发见一点提示，可以拿来发挥一番，较为省力，可是读后只觉得有许多很好的话都被平伯说了去，很有点儿怨平伯之先说，也恨自己之为什么不先做序，不把这些话早截留了，实是可惜之至。不过，这还有什么办法呢？只好硬了头皮自己来想罢，然而机会还是不肯放弃，我在平伯的跋里找到了这一句话，“小品文的不幸无异是中国文坛上的一种不幸”做了根据，预备说几句，虽然这些当然是我个人负责。

我要说的话干脆就是，启无的这个工作是很有意思的，但难得受人家的理解和报酬。为什么呢？因为小品文是文艺的少子，年纪顶幼小的老头儿子。文艺的发生次序大抵是先韵文，次散文，韵文之中又是先叙事抒情，次说理，散文则是先叙事，次说理，最后才是抒情。借了希腊文学来做例，一方面是史诗和戏剧，抒情诗，格言诗，一方面是历史和小说，哲学，——小品文，这在希腊文学盛时实在还没有发达，虽然那些哲人（Sophistai）似乎有这一点气味，不过他们还是思想家，有如中国的诸子，只是勉强去仰攀一个渊源，直到基督纪元后希罗文学时代才可以说真是起头了，正如中国要在晋文里才能看出小品文的色彩来一样。我卤莽地说一句，小品文是文学发达的极致，它的兴盛必须在王纲解纽的时代。未来的事情，因为我到底不是问星处，不能知道，至于过去的史迹却还有点可以查考。我想古今文艺的变迁曾有两个大时期，一是集团的，一是个人的，在文学史上所记大都是后期的事，但有些上代的遗留如歌谣等，也还能推想前期的文艺的百一。在美术上便比较地看得明白，绘画完全个人化了，雕塑也稍有变动，至于建筑，音乐，美术工艺如瓷器等，却都保存原始的迹像，还是民族的集团的而非个人的艺术，所寻求表示的也是传统的而非独创的美。在未脱离集团的精神之时代，硬想打破它的传统，又不能建立个性，其结果往往青黄不接，呈出丑态，固然不好，如以现今的瓷器之制作绘画与古时相较，即可明了，但如颠倒过来叫个人的艺术复归于集团的，也不是很对的事。对不对是别一件事，与有没有是不相干的，所以这两种情形直到现在还是并存，不，或者是对峙着。集团的美术之根据最初在于民族性的嗜好，随后变为师门的传授，遂由硬化而生停滞，其价值几乎只存在技术一点上了。文学则更为不幸，授业的师傅让位于护法的君师，于是集团的“文以载道”与个人的“诗言志”两种口号成了敌对，在文学进了后期以后，这新旧势力还永远相搏，酿成了过去的许多五花八门的文学运动[②]。在朝廷强盛，政教统一的时代，载道主义一定占势力，文学大盛，统是平伯所谓“大的高的正的”，可是又就“差不多总是一堆垃圾，读之昏昏欲睡”的东西。一到了颓废时代，皇帝祖师等等要人没有多大力量了，处士横议，百家争鸣，正统家大叹其人心不古，可是我们觉得有许多新思想好文章都在这个时代发生，这自然因为我们是诗言志派的。小品文则在个人的文学之尖端，是言志的散文，它集合叙事说理抒情的分子，都浸在自己的性情里，用了适宜的手法调理起来，所以是近代文学的一个潮头，它站在前头，假如碰了壁时自然也首先碰壁。因为这个缘故，启无选集前代的小品文，给学子当作明灯，可以照见来源去路，不但是在自己很有趣味，也是对于别人很有利益的事情。不过在载道派看来这实在是左道旁门，殊堪痛恨，启无的这本文选其能免于覆瓿之厄乎，未可知也。但总之也没有什么关系。是为序。

中华民国十九年九月二十一日，于北平煅药庐。

【钟校】

①《近代散文抄》，沈启无编。本文 1930. 9. 29 刊《骆驼草》21 期题《冰雪小品选序》，收入《看云集》后又收入《苦雨斋序跋文》。

②“酿成了过去的许多五花八门的文学运动”，原无“成”字，今增。

重刊霓裳续谱序[①]

◇1930. 10. 14

◇看云集

章衣萍君来信云拟重刊《霓裳续谱》，嘱写小序，已经有半年多了，我答应了，却老是写不出，这里自然可以有好些口实，但是最重要的是我自己对于民歌的意见有点动摇，不，或者不如说是转变了。我从前对于民歌的价值是极端的信仰与尊重，现在虽然不曾轻视，但有点儿怀疑了，假如序文必须是拥护的或喝采的，那么我恐怕实在已经是失去做序的资格了。可是话虽如此，日前的成约却总难以取消，所以还只好来写，即使是在戏台里叫的是倒好也罢。

我最初知道《霓裳续谱》是听常维钧君说的，我所有的一部也是承他替我代买来的，仔细想起来似乎连书价也还没有还他，这已经是五六年前的事了。那时大家热心于采集讴谣，见了这种集子，心里非常快活，因为一则得到讴谣比较研究的资料，二则发见采集事业的伴侣，所以特别感着一种浪漫的珍重。不久郑振铎君的《白雪遗音选》也出来了，我们知道这类名著已有了两种，《霓裳》成于一七九五，《白雪》成于一八〇四，相差只有九年，《霓裳》序上说明所集的大都是北京像姑们所唱的小调，《白雪》因为选本很可惜地没有抄录原序，关于地方和性质等不能知悉。而且郑选本又声明有些猥亵的情歌不能收入，仿佛更觉得有点缺陷，及至汪静之君的《续选》出现，两集共选三百四十多首，已及全书之半，里边的精华差不多可以说是都在这里了。我把《白雪遗音选》正续编看了一遍，又将《霓裳续谱》找出来一翻之后，好像有魔鬼诱惑似地有一缕不虔敬的怀疑之黑云慢慢地在心里飘扬起来，慢慢地结成形体，成为英国好立得教授（W. R. Halliday）在所著《民俗研究》序上的一句话，“欧洲民间故事的研究，主要地，虽非全然地，是一个文学史上的研究。”别的且不管，总之在中国的民歌研究上，这句话即使不能奉为规律，也是极应注意的，特别是在对付文献上的材料的时候。这个疑心既然起来，我以前对于这些民谣所感觉的浪漫的美不免要走动了，然而她们的真与其真的美或者因此可以看见一点，那也是说不定的。

美国庚弥耳教授（F. B. Gummere）论英国叙事的民歌，力主集团的起源说，那种活灵活现的说法固然不很能佩服，但是以这种民歌为最古的诗，而且认为是纯粹民间的创作，我以前原是赞同的。回过头来看中国笔录的民歌集如上述二书，却感到有些不同，似乎纯粹的程度更差得多，证以好立得的话尤为显然。好立得对于英国叙事的民歌之价值且很怀疑，在论现代希腊的赞美歌的序文里说（Folklore' Studlies, Preface x-xiii）：

> 我的结论是，说民俗中的遗迹是无年代地久远这种假说，十中之九是无根据的。我在《民俗学杂志》三十四卷曾经说过，此后有机会时还想详细申言，我相信欧洲民间故事的研究，主要地虽非全然地，是一个文学史上的研究。……却耳得教授的《英苏叙事民歌》的大著也指示出同一的方向。民间文学，民间歌谣与风习的大部分的确是由遗迹合成，但这大都是前代高级社会的文学与学问之遗迹而不是民众自己的创造。
>
> 我并不想和安诺德一同吃亏，他得到克耳（W. P. Ker）的非难，因为他诽谤叙事民歌的杰作，并且从民众诗神的最坏的作品里不公平地选

出例子来证明他的批评。但同时我相信，我们如用了绝对的诗的标准来看，民间诗歌之美的价值总是被计算得过高，或者大抵由于感情作用的缘故。人家忘记了这件事，有些杰作乃是偶然而且希有的，这多么少而且难，只要通读却耳得的一卷，即可使没有成见的人完全相信。现代希腊民歌之过被称赞亦不下于别国的叙事民歌。这里边确有一两篇很好的浪漫的诗，有些叙山寨生活的诗也有好的动人的情节，但是，像一切民间艺术一样，无论这是文学是锦绣或是什么，总括看来总禁不起仔细的审察。

据我所知道，民间的讲故事或说书都是很是因袭的技艺。这里边的新奇大抵在于陈旧的事件或陈旧的诗句之重排改造。这好像是用了儿童的积木玩具搭房屋。那些重排改造平常又并不是故意的，却是由于疏忽，所谓联想这非论理的心理作用常引起一件事情或一句成语，这照理本来都属别处的。……民间诗歌的即兴，在我所见到的说来，同样地全在于将因袭的陈言很巧妙地接合起来，这与真诗人的真创作来比较，正如我们早年照了《诗学梯阶》（*Gradus and Parnassum*）而诌出来的一样，相去很远。要证明通行的曲说，说一件大艺术品可以是一个群众或委员会的出产品，这是心理学地困难的事，至于真有价值的民间文艺品之集团的撰作说，干脆地说来，那在我看来简直是梦话罢了。

好立得的话或者在许多人要听了不喜欢，这个暂且不管，只是引用一部分来考察刚才所说的民歌集，我相信是很有好些用处的。《霓裳》《白雪》的诗我恐怕她的来源不在桑间濮上，而是花间草堂，不，或者且说太平阳春之间罢。《霓裳续谱》编者王楷堂的序里也曾说起：

余窃惟汉魏以来，由乐府变为歌行，由歌行变为词曲，欧苏辛柳而外，《花间》得其韵，实甫得其情，竹坞得其清华，草堂得其朴茂，逮近代之临川文长云亭天石笠翁悔庵诸公，缘情刻羽，皆足鬯其喜怒哀乐之怀，其词精警，其趣悠长。

这并不是书呆子妄发不相干的议论，来填凑序文，实在是他感觉到这个渊源，不过他还不能切实地知道，这些“优伶口技之馀”老实不客气地乃即是这赫赫世家的末流而已。

我猜想集中诗歌的来源可以有两类。其一是文人的作品，其中又有真的好诗，不过当然极少，不知有无百分之一，以及巧妙地或不巧妙地将陈言重排而成的韵文。其二是优伶自己的作品，其中也可以分类如上文。至于是否含有确由集团创造，直表民众真心的作品在内，那是我所不能知道的事。本来文人与优伶也何尝不是民众呢，但他们到底还是个人，而且文人的思想为士大夫阶级所限，优伶不准应试，而其思想却也逃不出士大夫阶级的羁绊，到了文字方面尤甚，所以文人的与优伶的文学差不多就无分别，都成为某一种的因袭了。我以前觉得中国自大元帅以至于庶人几乎人生观全是一致，很以为奇，随后看出这人生观全是士大夫阶级的，（恐与西洋的所谓布耳乔亚有殊，故恕不引用新名词，）而一样地通行于农工商，又极以为怪，现在这才明白了，原来就是这么一回事，中国民众就一直沿用上一阶级的思想，并保留一点前一时期的遗迹。

这个问题怕得拉开去，我现在只在民歌——前代集录的两部民歌上来看，很感到上面所述的情形之的确。可是，说到这里话又已脱了线，因为这又拉了民歌去说明社会情形，而我的本意只想就文学范围来谈谈罢了。据我现在的意见，这类民歌集，即举《霓裳续谱》为例，我们第一要紧是当作文学去研究或赏鉴，不要离开了文学史的根据而过分地估价，特别是凭了一时的感情作用。我把她认作小令套数的支流之通俗化，便是把她从诗歌的祖母这把高椅子上拉了下来，硬派作词曲的孙女儿，坐在小杌子上，我晓得一定有人很不满意，或认为反动的议论亦未可知，不过我相信在她文辞情意的因袭上很有明显的形迹可见，只要请精通词曲小令的人细加考校当可知其真相，我不过是一名苦力小工，把地面耙平一点，至于正式的建筑，我还得伫俟这方面的专家的明教。从前创造社的一位先生说过，中国近来的新文学运动等等都只是浪漫主义的发挥，歌谣研究亦是其一，大家当时大为民众民族等观念所陶醉，故对于这一面的东西以感情作用而竭力表扬，或因反抗旧说而反拨地发挥，一切估价就自然难免有些过当，不过这在过程上恐怕也是不得已的事，或者可以说是当然的初步，到了现在却似乎应该更进一步，多少加重一点客观的态度，冷静地来探讨或赏玩这些事情了。

我在上边把《霓裳续谱》说了一大套，仿佛真是替衣萍在台房里倒喝彩似的，其实自然不是，我只说明这类民歌不真是民众的创作，她的次序不是在文学史之首而是其末，至于其固有的价值原不因此而有所减却，这是我所要声明的。《霓裳续谱》出版在《白雪遗音》之前，虽然现在还没有那么名贵，但也总是不甚易得了，衣萍这回加以整理，重刊行世，确是很有意义的一件事。这集子里颇有不少的好诗，可以和《白雪》比较，其次这些都是北京像姑们[2]所唱的小曲，而其歌词又似多出文人手笔，其名字虽无可考，很令人想起旗亭画壁时的风俗，假如有人搜集这类材料，作文学史的研究，考察诗歌与倡优的关系，也是很有价值的工作，其重要或未必下于年号氏族等的研究欤。

十九年十月十四日，于北平。

【钟校】

①《霓裳续谱》，清王楷堂编伶人歌曲集，1931 章衣萍重刊。本文 1930. 10. 20 刊《骆驼草》24 期，收入《看云集》后又收入《苦雨斋序跋文》。

②“北京像姑们”，“姑”后原衍“娘”字，已删。

文学论译本序[①]

◇1931. 6. 18

◇看云集

张我军君把夏目漱石的《文学论》译成汉文，叫我写一篇小序。给《文学论》译本写序我是很愿意的，但是，这里边我能说些什么呢？实在，我于文学知道得太少了。不过夏目的文章是我素所喜欢的，我的读日本文书也可以说是从夏目起手。一九〇六年我初到东京，夏目在杂志 Hototogisu（此言《子规》）上发表的小说《我是猫》正很有名，其单行本上卷也就出版，接着他在大学的讲义也陆续给书店去要了来付印，即这本《文学论》和讲英国十八世纪文学的一册《文学评论》。本来他是东京大学的教授，以教书为业的，但是这两年的工作似乎于他自己无甚兴味，于社会更无甚影响，而为了一头猫的缘故忽然以小说成名，出大学而进报馆，定了他文学著作上的去向，可以说是很有趣味的事。夏目的小说，自《我是猫》《漾虚集》《鹑笼》以至《三四郎》和《门》，从前在赤羽桥边的小楼上偷懒不去上课的时候，差不多都读而且爱读过，虽我所最爱的还是《猫》，但别的也都颇可喜，可喜的却并不一定是意思，有时便只为文章觉得令人流连不忍放手。夏目而外这样的似乎很少，后辈中只是志贺直哉有此风味，其次或者是佐藤春夫罢。那些文学论著本不是为出版而写的东西，只是因为创作上有了名，就连带地有人愿为刊行，本人对于这方面似乎没有多大兴趣，所以后来虽然也写《鸡头》的序文这类文章，发表他的低徊趣味的主张，但是这种整册的论著却不再写了。话虽如此，到底夏目是文人学者两种气质兼备的人，从他一生工作上看来似乎以创作为主，这两种论著只是一时职业上的成绩，然而说这是代表他学术方面的恰好著作，亦未始不可，不但如此，正因他有着创作天才，所以更使得这些讲义处处发现精彩的意见与文章。《文学评论》从前我甚爱好，觉得这博取约说，平易切实的说法，实在是给本国学生讲外国文学的极好方法，小泉八云的讲义仿佛有相似处，不过小泉的老婆心似乎有时不免唠叨一点罢了。我又感到这书不知怎地有点与安特路阑（Andrew Lang）的英国文学史相联，觉得这三位作者颇有近似之点，其特别脾气如略喜浪漫等也都是有的。《文学论》出版时我就买了一册，可是说起来惭愧得很，至今还不曾好好地细读一遍，虽然他的自序读了还记得颇清楚。夏目说明他写此书的目的是要知道文学到底是什么东西，因为他觉得现代的所谓文学与东洋的即以中国古来思想为根据的所谓文学完全不是一样。他说：

> 余乃蛰居寓中，将一切文学书收诸箱底，余相信读文学书以求知文学为何物，是犹以血洗血的手段而已。余誓欲心理地考察文学以有何必要而生于此世，而发达，而颓废，余誓欲社会地究明文学以有何必要而存在，而隆兴，而衰灭也。

他以这样的大誓愿而起手研究，其一部分的结果即是《文学论》。我平常觉得读文学书好像喝茶，讲文学的原理则是茶的研究。茶味究竟[②]如何只得从茶碗里去求，但是关于茶的种种研究，如植物学地讲茶树，化学地讲茶精或其作用，都是不可少的事，很有益于茶的理解的。夏目的《文学论》或者可以说是茶的化学之类罢。中国近来对于文学的理论方面似很注重，张君将这部名著译成汉文，这劳力是很值得感谢的，而况又是夏目的著作，故予虽于文学少所知，亦乐为之序也。

民国二十年六月十八日，于北平之苦雨斋。

【钟校】

①《文学论》，日本夏目漱石原著，张我军译。

②“究竟”，原作“究意”。

枣和桥的序[①]

◇1931. 7. 5

◇看云集

最初废名君的《竹林的故事》刊行的时候，我写过一篇序，随后《桃园》出版，我又给他写了一篇跋。现在这《枣》和《桥》两部书又要印好了，我觉得似乎不得不再来写一篇小文，——为什么呢？也没有什么理由，只是想借此做点文章，并未规定替废名君包写序文，而且实在也没有多少意思要说，又因为太懒，所以只预备写一篇短序，给两部书去合用罢了。

废名君的小说，差不多每篇我都是读过了的。这些长短篇陆续在报章杂志上发表，我陆续读过，但也陆续地大都忘记了。读小说看故事，从前是有过的，有如看电影，近来不大热心了。讲派别，论主义，有一时也觉得很重要，但是如禅和子们所说，依旧眼在眉毛下，日光之下并无新事，归根结蒂，赤口白舌，都是多事。分别作品[②]中的人物，穿凿著者的思想，不久前[③]还是喜欢做，即如《桃园》跋中尚未能免，可是想起来煞是可笑，口口声声称赞“不知为不知”的古训，结局何曾受用得一毫一分。俗语云，“吃过肚饥，话过忘记”，读过也就忘记，原是莫怪莫怪。然而忘记之馀却也并不是没有记得的东西，这就是记得为记得，似乎比较地是忠实可靠的了。我读过废名君这些小说所未忘记的是这里边的文章。如有人批评我说是买椟还珠，我也可以承认，聊以息事宁人，但是容我诚实地说，我觉得废名君的著作在现代中国小说界有他独特的价值者，其第一的原因是其文章之美。

关于文章之美的话，我前在《桃园》跋里已曾说及，现在的意思却略有不同。废名君用了他简炼的文章写所独有的意境，固然是很可喜，再从近来文体的变迁上着眼看去，更觉得有意义。废名君的文章近一二年来很被人称为晦涩。据友人在河北某女校询问学生的结果，废名君的文章是第一名的难懂，而第二名乃是平伯。本来晦涩的原因普通有两种，即是思想之深奥或混乱，但也可以由于文体之简洁或奇僻生辣，我想现今所说的便是属于这一方面。在这里我不禁想起明季的竟陵派来。当时前后七子专门做假古董，文学界上当然生了反动，这就是公安派的新文学运动。依照文学发达[④]的原则，正如袁中郎自己所预言：

> 夫法因于敝而成于过者也：矫六朝骈丽饤饾之习者以流丽胜，饤饾者固流丽之因也，然其过在轻纤，盛唐诸人以阔大矫之；已阔矣，又因阔而生莽，是故续盛唐者以情实矫之；已实矣，又因实而生俚，是故续中唐者以奇僻矫之。

公安派的流丽遂亦不得不继以竟陵派的奇僻，我们读三袁和谭元春刘侗的文章，时时感到这种消息，令人慨然。公安与竟陵同是反拟古的文学，形似相反而实相成，观于张宗子辈之融和二者以成更为完美的文章可以知之，但是其间变迁之故却是很可思的。民国的新文学差不多即是公安派复兴，唯其所吸收的外来影响不止佛教而为现代文明，故其变化较丰富，然其文学之以流丽取胜初无二致，至“其过在轻纤”，盖亦同样地不能免焉。现代的文学悉本于“诗言志”的主张，所谓“信腕信口皆成律度”的标准原是一样，但庸熟之极不能不趋于变，简洁生辣的文章之兴起，正是当然的事，我们再看诗坛上那种“豆腐干”式的诗体如何盛行，可以知道大势所趋了。诗的事情我不知道，散文的这个趋势我以为是很对的，同是新文学而公安之后继以竟陵，犹言志派新文学之后总有载道派的反动，此正是运命的必然，无所逃于天壤之间。进化论后笃生尼采，有人悦服其超人说而成诸领袖，我乃只保守其世事轮回的落伍意见，岂不冤哉。

废名君近作《莫须有先生传》，似与我所说的话更相近一点，但是等他那部书将要出版，我再来做序时，我的说话又得从头去另找了。

二十年七月五日，于北平。

【钟校】

①《枣》和《桥》，均为废名（冯文炳）著。本文收入《看云集》后又收入《苦雨斋序跋文》。

②“作品”原无“品”字。

③“不久前”原无“前”字。

④“发达”原作“发逵”。

修辞学序[1]

◇1931.7.7

◇看云集

提起修辞学来，就令我想到古代的智士（Sophistēs）。修辞学这名称，我想是从西方[2]传入中国的，本来是勒妥列克（Rhetoric）的译名，而原文又是 rhetorike tékhnē 之略，此言辩士的技术也。后来希腊以至罗马的辩士有些都是堂堂的人物，用新名词来说就是些大律师和政治家，但是当初的辩学大师却多是智士，所以这种本领可以称为雄辩，有时又仿佛可以叫做诡辩，这固然是由于我的有些缠夹，而散步学派（Per'patētiko）因为这些辩士非爱智之士，也总难免有点轻视，那又可以算是我的缠夹的一个原因了。

可是，散步学派虽然对于辩士不大重视，对于他的技术却是重视的。爱智者唯重真理与公道，而发挥此真理与公道又不可不恃文字言语，则其术亦甚切要，犹因明之于佛教焉，故散步学派亦自有辩学（实在，辩士应称说士，此应称演说术）之著作，至其著者即是大师亚里士多德。

亚氏之书区为三分，首分可以说是名学的，关于说者，次分是心理的，关于听众，末分是文学的，关于所说，即后世修辞学之始基。其后德阿弗拉斯妥思、特默忒留斯等相继有所著述，由罗马而入欧洲，虽代有变化，流传不绝，至今读修辞学者不敢忘散步学派哲人，于智士诸子亦不能不加以怀念也。

亚氏书中首分区别所说为三类，一政治的，二法律的，三临时的，是也。基督前五世纪中，希腊政体变为民主，公民在议会和法庭上的活动渐以增加，前两类的演说遂很重要，而临时尚有一种臧否人物，如送葬演说之类的东西，即所谓 epideiktikoi logoi，此言显扬的演说，其性质较广，故文学的意味亦较多。此三者皆系口述，唯名作传诵，家法习作，影响至大，其时历史而外实唯此为散文之大宗，其措词结构之法遂沿为散文的准则了。

在中国的情形就全不相同。中国人向来是没有谈国事的自由的，除非是宣讲圣谕，上条陈，在衙门则等候老爷的判决，希腊首二类的文章在中国就变了相，成为陆宣公奏议和樊山判牍了。第三类似乎还多一点，史论传赞墓志，门类繁多，也多少有些文学的意味，然而都是写而不是说的，不，也并不是预备或模拟说的，这便与希腊以及欧洲是一个极大不同。加之文人学士多缺乏分析的头脑，所以中国没有文法，也没有名学，没有修辞学，也没有文学批评。

关于《文心雕龙》等的比较研究，郭绍虞先生在序文里很精要地说过了，我不能再说什么，现在只是想说明中国没有欧洲的所谓修辞学，要知道这种修辞学不得不往西洋那方面去找罢了。

介白在平津各校教书，感于修辞学教本之缺乏，根据教学的经验与知识，编成这一本书，将交书店印行，叫我写一篇序。我很喜欢有这简明切实的新修辞学出世，很愿意写，但是在这方面所知有限，只能写下这几句平凡的话，聊以塞责而已。

中华民国二十年七月七日，于北平苦雨斋，时正大雨也。

【钟校】

①《修辞学》，陈介白编。

②“西方”，原作“东方”。

英吉利谣俗序[①]

◇1931.7.9

◇看云集

听说几位在上海的朋友近来正在讨论"学问"的问题，最近所发表的主张是学问无用论，这使我颇有点儿狼狈。难道我会觉得自己存着些什么"学问"，怕要变成无用么？当然不是的。我所以感到狼狈的是我现在要写一本书的序，而这本书所讲的似乎是一种学问。

这是绍原所译的《英吉利谣俗》，原名叫做*English Folklore*，普通就称作"英国民俗"。民俗是民俗学的资料，所以这是属于民俗学范围的一本书。民俗学——这是否能成为独立的一门学问，似乎本来就有点问题，其中所包含的三大部门，现今好做的只是搜集排比这些工作，等到论究其意义，归结到一种学说的时候，便侵入别的学科的范围，如信仰之于宗教学，习惯之于社会学，歌谣故事之于文学史等是也。民俗学的长处在于总集这些东西而同样地治理之，比各别的隔离的研究当更合理而且有效，譬如民俗学地治理歌谣故事，我觉得要比较普通那种文学史的——不自承认属于人类学或文化科学的那种文学史的研究更为正确，虽然歌谣故事的研究当然是应归文学史的范围，不过这该是人类学的一部之文学史罢了。民俗学的价值是无可疑的，但是他之能否成为一种专门之学则颇有人怀疑，所以将来或真要降格，改称为民俗志，也未可知罢。

即使还是一种学，然而他是有用的么，这又是一个问题。民俗学的特质如何，这要等专家来说，我不能乱道，但我想总多少与文化人类学相近罢？他就一民族或一地方搜集其信仰习惯谣谚，以上古及蛮荒的材料比较参考，明了其意义及发生分布之迹，如此而已，更无什么别的志愿目的。他未必要来证明先人之怎么近于禽兽，也未必要来预言后人之怎么可为圣贤。他只是说明现在怎么一回事罢咧，问这有什么用，实在不大说得出来。假如一定要追问下去，我恐怕这用处有点不大妙，虽然用处或者可以勉强找到一点。据英国茀来则博士说，现代文明国的民俗大都即是古代蛮风之遗留，也即是现今野蛮风俗的变相，因为大多数的文明衣冠的人物在心里还依旧是个野蛮。他说：

在文明国里最有教育的人，平常几乎不知道有多少这样野蛮的遗风馀留在他的门口。到了上世纪这才有人发见，特别因了德国格林兄弟的努力。自此以后就欧洲农民阶级进行统系的研究，遂发见惊人的事实，各文明国的一部分的人民，其智力仍在野蛮状态之中，即文化社会的表面已为迷信所毁坏。

这意见岂不近于反动了么？我想这或者也不足怪，因为“事实与科学决不是怎样乐观的”。浪漫时代的需要假如是梦想与信仰，那么这当求之于诗人与宗教家，这是别一个方面。固然我也曾听说有理学者以物理学证明王之必要与神的存在，但是在人类的实录上却只能看出王或有或无，神或死或活这种情形而已。他的无用在此，不过据我看来，他的可贵也就在此罢。

因为不是弄学问的，关于民俗学我的意思就只有这一点，有些还是从别人的文章里看来的，对于绍原所译的书什么都没有说到。这也没有什么妨碍，原书在这里，加上绍原高明的译注，读者自能明了其价值与意义。本来绍原叫我做序，可谓问道于盲，未免将为黑齿国女学生所笑，而我之做序更如万松老人所说，正是“哑人作通事”，指似向人，吐露不出，已经写了千馀言，也就可以随手“带住”了罢。

民国二十年七月九日，于北平。

【钟校】

①《英吉利谣俗》，江绍原编译。本文收入《看云集》后又收入《苦雨斋序跋文》。

朝鲜童话集序[①]

◇1931. 10. 20

◇看云集

九月下旬听说半农搬了房子，是严几道的旧居，我便跑去一看，承半农领了我去看他很好的客室，书斋，以及花园假山之后，再回到客室来喝茶，他拿出一包原稿，先叫我看，再叫我做序。虽然我刚在看《日知录》，“人之患在好为人序”这句话还热辣辣地记在心里，而且也实实在在地觉得序之难做，但是我立即答应了，因为老朋友的命令不好违背，半农的书要我做序我总肯做，只要书里边所说是我有点懂的。

这回的书却不是半农自己的，乃是他的大女公子从法文译出的一本朝鲜童话集。对于故事歌谣我本来也有点儿喜欢，不过最初的兴趣是在民俗学的一方面，因为那时我所读的三字经是两本安特路阑所著的

《神话仪式与宗教》，不免受了他的许多影响。近来在文学史的一方面感到一点兴趣，觉得这是文学的前史时期的残存物，多少可以供我们作想像的依据。我在《冰雪小品选序》上说过：

> 我想古今文艺的变迁曾有两个大时期，一是集团的，一是个人的，普通文学史上所记大都是后期的事，但有些上代的遗留如歌谣等，也还能借以推知前期的面影的百一。在美术上便比较地看得明白，绘画完全个人化了，雕塑也稍有变动，至于建筑，音乐，美术工艺如瓷器等，都保存着原始的迹像，还是民族的集团的而非个人的艺术，所寻求表示的也是传统的而非独创的美。

民间师徒传授的制度最能保存此类民族的艺术之精神，学子第一要销除其个性，渐自汩没于种性之中[2]，一旦豁然贯通，便若有神凭依，点画刻镂，丹黄渲染，挥洒自如，如扶乩笔，虽出一手，而饫众心，盖其一笔一色之间实涵有千百年传统之力焉。耳口相传的艺术其流动性自然较多，但是其成分与形式总还有一种轨范，虽然一件艺术品未必能如浪漫的想像那样可以是一个群众或委员会的出产，总之是经过他们的试验与鉴可，有如秀才们的考试一般。所以，歌谣故事在当作文学看之后，有不少的文学史的意义，因为正如英国麦加洛克主教所说，童话正是“小说之童年”，而歌谣也实在有些是诗的祖母，有些虽然也是诗的孙女。

现在讲到朝鲜的童话，这却使我有点困难，没有多少话可以说，我觉得对于朝鲜是那么的生疏。六年前偶然从三轮环编的《传统之朝鲜》中转译了几篇故事，登在《语丝》上边，附识中说过这几句话：

> 无论朝鲜是否箕子之后，也不管他以前是藩属不藩属，就他的地位历史讲来，介在中日之间传递两国的文化，是研究亚东文明的人所不应该忽视的。我们知道日本学于本国文化研究上可供给不少帮助，同时也应知道朝鲜所能给予的未必会少于日本。

关于朝鲜的艺术，我的知识只有李朝瓷器的一点，还是从柳宗悦氏的书里间接得来的，而且瓷器又是很不好懂的一样东西，但是我理论地推重朝鲜艺术与其研究的价值，毫不改变从前的意见。这种意见我知道难免有点失之迂阔，有点近于“大亚细亚主义”，或者又不合现今的实际。但是这有什么办法呢，两者都是事实，只好都承认罢了。中日韩的文化关系是久矣夫的事情了，中日韩的外交纠葛却也并不很近。清末章太炎先生亡命日本东京，常为日本人书《孟子》一段曰，“逢蒙学射于羿，尽羿之道，思天下惟羿为愈己，于是杀羿”，可以说是中国知识阶级对于日本的最普通的感想，正如新希腊人之对于西欧的列强一样。诗人摆伦曾经为了希腊独立战争不惜自己的身命，勃阑特思博士数年前在所著《希腊》一书中深悼古国之衰颓，归罪于英法二国的阴谋，然而于事何济，事实上希腊还是在半属国的状态，此不过表示天壤间尚有识者，不肯否认其文化上之负债，与一般古典学者共尽其涓埃之力而已。埃及亚剌伯印度希腊中国，都有同一的使命与运命，似乎不是新奇的偶然。日本之于德意志可以说是有杀羿的意味，对于中国仿佛只是暴发人家子弟捣毁多年的饼师老铺，这里发卖的糖烧饼虽然也会吃坏了胃，养成痞积，但一方面得到的滋养原来也当不少罢。捣毁饼店是一事实，暴发子弟与饼师的关系也是一事实，在人智未进的现在两账只能分算，虽然这样办已经不是很容易的事。在平壤仁川沈阳锦州大暴动之后，来检点日韩的艺术文化，加以了解与赏识，这在热血的青年们恐怕有点难能亦未可知，但是我想这是我们所应当努力的。

这册《朝鲜童话集》内共二十篇，都是很有意思的故事，给儿童看可以消遣，大人看了可以从其中得好些研究比较的资料。据半农说原本是俄人编述的，后来译成法文，这回由刘育厚女士以她在巴黎本场学来的法文及家学渊源的汉文，把它译出，又经过半农的校订，译文的善美是我觉得可以保证的。但是我看了此书，不免发生感慨，想起十三四年前到西板桥大街去看半农的时候，这位小惠姑娘实在还小得很哩，恐怕兴趣还只在吃糖，虽然现在或者也还可以有这兴趣，但总之已大有改变，如这译述即是其一，这仿佛只是几睒眼的中间的事，那么我们老辈又怎么能不老朽呢？半农虽没有长什么胡子，英气也始终不衰，年纪却总和我一样地增加了，回过头去看看，后生可畏原也是可喜，但对于我们自己却不能不有尚须努力之感焉耳。

民国二十年十月二十日，于北平苦雨斋。

【钟校】

①《朝鲜童话集》，刘育厚（小惠）自法文译本转译。

②“汩没”，原作“汨没”。

战中人译本序[①]

◇1931.11.13

◇看云集

战争在近代文学上的影响很是显著，俄土之役俄国有托尔斯泰、伽尔洵，日俄之役有安特来夫、威勒塞耶夫，欧洲大战有法之巴比塞，匈之拉兹科，德之雷玛克等，都是非战文学的大作，而日本在日俄战役之后乃有樱井忠温，在《肉弹》等书本中大发挥其好战的精神焉，——如正确地说这是并非文学，那么现代日本可以说别无任何的战争文学了。

说到中国，中国文学里的非战的气味从古以来似乎是颇浓厚的，小说戏曲不发达，但从诗文上看去也可以明白。只读过《古文观止》和《唐诗三百首》的也总还记得杜甫、白居易、陈陶、李华诸人的句子，关于战争大抵有一种暗淡的印像，虽然这于戍边的人似乎不大相宜，不过反对元首的好大喜功，不愿意做军阀资本家的牺牲，这原是极好的意思。但是，后来不知怎地有点变了，我想这未必因为后来中国不打仗，大约还是国民不当兵了的缘故罢。“好男不当兵”成了事实之后，文学也随之而起变化，从前所写是兵役之苦，现在一转而为兵火之惨，我说有点变，实在乃是大变，换句话说，简直是翻了个身，天翻而地覆了也。

中国的兵在什么时候改征发为招募，这个我不大明了，总之这是一件大事情，与国计民生有重大的关系，那是无疑的。我们知道，无论怎样有教化的民族，一当了兵，拿了武器，到了敌地，总不会怎么文明的，我们不能想像中国古时的征兵的如何比募的好，但募的总要比征的不好，这事似可想像得到。好男不当兵，此其一。有职业的，安分的，怕死的，都不愿干这个勾当，那么只有和这些相反的人才来投效，原来质地便不纯善。招募即是佣雇，完全是经济关系，所以利润多少成为中心问题，一方面考量劳力与工资的比例，有时觉得不值得拼命，一方面如见到有额外利益可得，自然也就难免出手，此其二。有这几种原因，其鱼肉人民可以说是难怪的，即使不是当然。清末洪杨的时候，老百姓视“花绿头”与长毛同类，有时或更过之，有贼过如梳兵过如篦之说。明末谢在杭的《文海披沙》中云，“贼本乌合，而复藉召募无赖之兵击之，是以贼驱贼也，故寇虽平必困于军士之掳掠，”亦慨乎其言之。就现在来说，冯焕章先生的军队从前驻在北京的时候名誉很好，因为兵士的袖子上有一个圆的标识，上书“不扰民”而能实行不扰，故市民歌颂为世希有。呜呼，即此可见募兵之能与人民相安为如何不易得了。

老是说中国的募兵不好，恐或为爱国家所不喜听，或者不如且找外国的来讲讲也好。但是不幸，我仿佛听说现在——至少在国联的四十国之中用募兵的除中国以外再没有第二国了。这颇有点使我为难，可是幸而我还记得欧洲中世纪时有过什么康陀帖厄里(Condottieri)，多少找到些材料。据说康陀帖厄里即一种兵卒受了佣雇替人家打仗的，十四世纪时义大利贵族多雇用英国浪人，到了十五世纪后都是义国流氓充当了，其职业在打仗，不打时随便劫掠乡村为生，有些头领也找机会寻出路，如斯福耳札由此做到密阑公爵。“因为他们对于所参与的战争没有利害关系，他们的目的并不在解决而反在延长这战事，所以他们多行军，少打真仗，借以敷衍，又时常变换主顾，图得更多的报酬。”这是见于书上的，说的是义大利四五百年前的事，与中国未必相合，总之可以当作参考。他的第一教训是这用于内战很是适宜。但是书上又接续说道，“这战争完全堕落成为一种喜剧，不久就为从岭外侵入的异族所戳穿了。”这恐怕只好算作第二教训，因为下文更没有话了。

我至今不知道中国到底是征兵好呢还是用募兵好，募兵有些缺点如上文所述，而征兵又有别的不便，虽不扰民而不易使唤如意。在这时候我读同乡屠君介如所译拉兹科的《战中人》，不禁发生感慨，原作既好，译文亦佳，这是一部极好的非战小说，只可惜来得太早了。中国现在还是募兵，那里懂得兵役之苦，中国现在还不是战，那里谈得到非战呢。这部书抛到中国社会里去，会发生若何反应，我实在不能知道，但是屠君翻译这部世界名著的劳力，我们总是应该感谢的。

二十年十一月十三日，于北平。

【钟校】

①《战中人》，匈牙利拉兹科著，屠介如译。

莫须有先生传序[1]

◇1932.2.6
◇苦雨斋序跋文

茶饭一年年地吃多了，年纪不能没有长进，而思想也就有点儿变化，新的变老，老的变朽，这大约是一定的情形。然而又听说臭腐也会化为神奇。腐草为萤，腐木为复育，雀入大水为蛤，却太神奇了，举个浅近的例，还是蒲桃频果之变成酒罢。蒲桃频果死于果子，而活于酒矣。这在喜吃果子的与爱喝酒的看来，恐怕意思不大相同罢，但是结局或者竟是都对。讲到蒲桃频果自身，这些都有点隔膜，他们大概还只预备与草本同腐，长养子孙，别的都是偶尔得之，不过既得就成为必然，所以这也可以算是运命的一条线了。

我近几年来编了几部小文集，其一曰《谈龙》《谈虎》，其二曰《永日》，其三则曰《看云集》。甚矣，吾衰也。古人说过，“云从龙，风从虎”，谈谈似乎有点热闹，到了“且以永日”便简直沉没了。《诗》云：

有兔爰爰[2]，雉离于罗。

我生之初，尚无为。

我生之后，逢此百罹[3]。

尚寐无吪。

虽然未必至于君子不乐其生而作此诗，总之是忧愤的颓放，而“行到水穷处，坐看云起时”却又如何呢。有老朋友曰，病在还要看，若能作“闭目集”便更好。我谢未能。据一朋友说，有人于中夜摸得跳蚤，便拔下一根头发（此发盖颇长，这是清朝的故事），拴在跳蚤的脖颈，大抵八个拴作一串，差不多同样的距离，有这技艺才可以写“闭目集”的文章，有如洞里鼓瑟，得心应手，我只有羡慕而已。行百里者半九十。我之衰使我看云，尚未使我更进乎道，以发缚蚤，目无全蚤，然则我之衰其犹未甚耶。

我的朋友中间有些人不比我老而文章已近乎道，这似乎使我上文的话应该有所修正，废名君即其一。我的《永日》或可勉强说对了《桃园》，《看云》对《枣》和《桥》，但《莫须有先生》那是我没有。人人多说《莫须有先生》难懂，有人来问我，我所懂未必多于别人，待去转问著者，最好的说法都已写在纸上，问就是不问。然而我实在很喜欢《莫须有先生传》。读《莫须有先生》，好像小时候来私塾背书，背到“蒹葭苍苍”，忽然停顿了，无论怎么左右频摇其身，总是不出来，这时先生的戒方夯地一声，“白露为霜”！这一下子书就痛快地背出来了。蒹葭苍苍之下未必一定应该白露为霜，但在此地却又正是非白露为霜不可，想不出，待得打出，虽然打，却知道了这相连两句，仿佛有机似地生成的，这即④是老学之一得，异于蒙学之一吓者也。《莫须有先生》的文章的好处，似乎可以旧式批语评之曰，情生文，文生情。这好像是一道流水，大约总是向东去朝宗于海，他流过的地方，凡有什么汊港湾曲，总得灌注潆洄一番，有什么岩石水草，总要披拂抚弄一下子才再往前去，这都不是他的行程的主脑，但除去了这些也就别无行程了。这又好像是风，——说到风我又不能不想起庄子来，在他的书中有一段话讲风讲得最好，乐得借用一下。其文曰：

夫大块噫气，其名为风，是唯无作，作则万窍怒呺。而独不闻之翏翏乎，山林之畏佳，大木百围之窍穴，似鼻，似口，似耳，似枅，似圈，似臼，似洼者，似污者，激者，謞者，叱者，吸者，叫者，譹者，宎者，咬者。前者唱于而随者唱喁。泠风则小和，飘风则大和，厉风济则众窍为虚，而独不见之调调之刁刁乎⑤？

庄生此言不但说风，也说尽了好文章。今夫天下之难懂有过于风者乎？而人人不以为难懂，刮大风群知其为大风，刮小风莫不知其为小风也。何也，夫吹万不同，而使其自已也，咸其自取，怒者其谁耶。那些似鼻似口似耳等的窍穴本来在那里，平常非以为他们损坏了树木，便是窝藏蝎子蜈蚣，看也没有人看一眼，等到风一起来，他便爱惜那万窍，不肯让他们虚度，于是使他们同时呐喊起来，于是激者謞者叱者等就都起来了，不管蝎子会吹了掉出来，或者蜈蚣喘不过气来。大家知道这是风声，不会有人疑问那似鼻者所发的怪声是为公为私，正如水流过去使那藻带飘荡几下不会有人要查究这是什么意思。能做好文章的人他也爱惜所有的意思，文字，声音，故典，他不肯草率地使用他们，他随时随处加以爱抚，好像是水遇见可飘荡的水草要使他飘荡几下，风遇见能叫号的窍穴要使他叫号几声，可是他仍然若无其事地流过去吹过去，继续他向着海以及空气稀薄处去的行程。这样所以是文生情，也因为这样所以这文生情异于做古文者之做古文，而是从新的散文中间变化出来的一种新格式。

这是我对于《莫须有先生传》的意见，也是关于好文章的理想。我觉得也不敢不勉，但是天分所限，往往事倍功半，难免有瞻之在前忽焉在后之感，恐怕我之能写出一两篇近于“闭目集”的文章还是有点远哉遥遥罢。

民国二十一年二月六日，于北平苦雨斋。

【钟校】

①《莫须有先生传》，废名（冯文炳）著。本文1932.3.20刊《鞭策》1卷3期。

②“有兔爰爰”，“有兔”原作“的兔”。

③“逢此百罹”，“罹”原作“罗”。

④“即是”，原作“那是”。

⑤“刁刁乎”，“乎”字上原衍一“者”字。

中国新年风俗志序[①]

◇1932. 7. 21

◇苦雨斋序跋文

在小时候不知怎的对于时令的记载很感到兴趣。最初见到一本不全的《岁时广记》，时常翻看，几乎有点不忍释手。后来得到日本翻刻本顾禄的《清嘉录》，这其间已有十多年之隔了，但是我的兴趣不但是依然如故，而且还可以说是有点儿增加。这是什么缘故呢？简单的说，大抵因为我是旧式的人罢。中国旧日是农业的社会，不，其实现在也是如此，不过因了各色人等的努力使得农村日就毁坏罢了——中国旧日对于节气时令是很看重的，农家的耕作差不多以节气作标准，改用公历，加上许多政治意味的纪念日，使它国家化世界化了，这当然很好，但总之不是需要的农民历，这比头上挂不住箬帽还要不方便多了。田家作苦又是无间歇，或是不平匀的，他们不能按了房虚星昴来休息，忙时忙杀却又说不定闲时闲杀。这样说似乎农夫也是三个有闲的朋友，未免冤枉了他们，然而的确是有农闲，也就只有这时间可以休息或娱乐。我们城里人闹什么中秋端午，插菖蒲，看月亮，乡下人只是一样的要还账，实在没有多大味道，但是讲到新年以及各村不同的秋社，那真是万民同乐的一件大事情。予生也晚，已在马江战役之后，旧社会已开始动摇，然而在乡间过旧式的贫贱生活也总有十几年，受的许多影响未尽消灭，所以对于民间的时节风物至今还感到兴趣，这大抵由于个人的经历，因生爱好，其以学问为根底的缘因可以说是微乎其微了。

若是从学问上说，这些岁时节气却也不是那么微末无价值的。大家知道，英国彭女士的《民俗学概论》中第二部风俗编有一章是讲历及斋日、祭日的，在问题格中也详细的指导学人去纪录搜讨。年和节气是从太阳来的，月的变换则是根据月亮，所以历的安排实在很是困难，罗马该撒大将的那样办法，确如彭女士所说，只是把这问题决定而不是能够解决。本来既有阴阳之分，后来又加上新旧之别，在习惯上便留下多少零乱的旧迹，据说英国也还有这种情形，如财政结算及十年一次的国势调查都以四月五日为期，即是古时的“老太太节”。聪明的人所想像的那样世界，日出而作，日入而息，凿井而饮，耕田而食，除夕照常关门，元旦相见睒睒眼的社会未曾出现之前，人总难免有执着烦恼，歆羡嫌忌，那么古旧的老太太节之流也就有她的势力在人心里了。季节有些像是一座浮桥，从这边走到彼岸去，冬尽春来，旧年死了，新年才生。在这时候有许多礼节仪式要举行，有的应该严肃的送走，或拿出去或简直丢掉，有的又同样严肃的迎进来。这些迎新送旧的玩意儿，聪明人说它是迷信固然也对，不过不能说它没有意思，特别是对于研究文化科学的人们。哈理孙女士在《希腊神话》的引言中说：

> 宗教的冲动单只向着一个目的，即生命之保存与发展。宗教用两种方法去达到这个目的，一是消极的，除去一切于生命有害的东西，一是积极的，招进一切于生命有利的东西。全世界的宗教仪式不出这两种，一是驱除的，一是招纳的。

中国有句老话，叫做驱邪降福，虽然平常多是题在钟进士张天师的上头，却包括了宗教仪式的内容，也就说明了岁时行事的意义了。

一年里最重要的季候是新年，那是无可疑的。换年很有点儿抽像，说换季则切实多了，因为冬和春的交代乃是死与生的转变，于生活有重大关系，是应该特别注意的，这是过年礼仪特别繁多的所以，值得学子调查研究者也就在这地方。可惜中国从前很少有人留意，偶然有《清嘉录》等书就一个区域作纵的研究，却缺少横的，即集录各地方的风俗以便比较的书物。这回娄子匡先生编述《新年风俗志》，可以说是空前的工作，这在荒地里下了一铲子了。娄先生编此书成后叫我做序，差不多有大半年工夫了，我对于此道虽有兴趣，但是老不用功，实在空虚的很，序文做不出，光阴却迅速的过去了，日前得来信知道即将出版，只得赶紧拉杂写成，真是塞责而已。松仁缠和桂圆嵌胡桃的攒盒都已摆好了，却又把一包梅什儿放在上边，得弗为人客所笑乎。

中华民国二十一年七月二十一日，于北平。

【钟校】

①《中国新年风俗志》，娄子匡编。

近代散文抄新序

◇1932. 9. 6

◇苦雨斋序跋文

我给启无写《近代散文抄》的序还是在两年前，到了现在书才出版，再拿起原序来看，觉得这其间的时光仿佛有点辽远了，那里所说的话也不免有点迂远了，便想再来添写这篇新序，老老实实的说几句话。

启无编刊这部散文抄，有益于中国学术文艺上的地方很多，最重要的是这两点：其一，中国讲本国的文学批评或文学史的，向来不大看重或者简直抹杀明季公安竟陵两派文章，偶尔提及，也总根据日本和清朝的那种官话加以轻蔑的批语，文章统系仿佛是七子之后便由归唐转交桐城派的样子，这个看法我想是颇有错误的。他们不知道公安竟陵是那时的一种新文学运动，这不但使他们对于民国初年的文学革命不能了解其意义，便是清初新旧文学废兴也就有些事情不容易明瞭了。日本铃木虎雄的《中国诗论史》上举出性灵一派与格调气韵诸说相并，但是不将这派的袁子才当作公安的末流，却去远寻杨诚斋来给他做义父，便是一例，中国誊录铃木之说者也就多照样的说下去了。启无这部书并非议论，只是勤劳的辑录明末清初的新文学派的文章，结果是具体的将公安竟陵两派的成绩——即其作品和文学意见结集在一处，对于那些讲中国文学的朋友供给一种材料，于事不无小补。古人的著作苟存于世间，其价值也自存在，不以无人顾问而消灭，公安竟陵非亲非眷，吾辈本无庸扰扰为古人争身后之名，只是有此文学史上的材料而听其湮没亦是可惜，如得有人为表而出之，乃亦大可喜耳。

其二，中国古文汗牛充栋，但披沙拣金，要挑剔多少真正好的文艺，却是极难的事。正宗派论文高则秦汉，低则唐宋，滔滔者天下皆是，以我旁门外道的目光来看，倒还是上有六朝下有明朝吧。我很奇怪学校里为什么有唐宋文而没有明清文——或称近代文，因为公安竟陵一路的文是新文学的文章，现今的新散文实在还沿着这个统系，一方面又是韩退之以来的唐宋文中所不易找出的好文章。平心静气的一想，未成正宗的新思想新文章希望公家来提倡本来有点儿傻气，不必说过去的便是现今的新文学在官公私各学校里也还没有站得住脚呢。退一步想，只好索解于民间，请青年学子有点好奇心的自己来看看吧。可惜明人文集在此刻极不易得，而且说也奇怪，这些新文人的著作又多是清朝的禁书，留下来的差不多是秦火之馀，更是奇货可居，不是学生之力所能收留的了。在这里，启无的这部书的确是“实为德便”。在近来两三年内启无利用北平各图书馆和私家所藏明人文集，精密选择，录成两卷，各家菁华悉萃于此，不但便于阅读，而且使难得的古籍，久湮的妙文，有一部分通行于世，寒畯亦得有共赏的机会，其功德岂浅鲜哉。平常有人来问我近代文中有什么书可读，我照例写几部绝版禁书的名目给他，我知道这是画饼，但是此外实无办法，现在这部散文抄出版之后那我就有了办法了。

中华民国二十一年九月六日，于北京。

杂拌儿之二序[1]

◇1932. 11. 25

◇苦雨斋序跋文

《杂拌儿》初编上我写过一篇跋，这回二编将要印成，我来改写序文了。这是我的一种进步，觉得写序与跋都是一样，序固不易而跋亦复难，假如想要写得像个样子。我又有一种了悟，以为文章切题为妙，而能不切题则更妙。不过此事大不好办。傅青主先生说过，"不会要会固难，会了要不会尤难也，吾儿时得一概不会耶?"我乃是还没有会却就想不会了，这事怎么能行，此我做序之所以想来想去而总写不出也。

文章做不出，只好找闲书来看。看《绝俗楼我辈语》《燕子龛随笔》，看《浮生六记》《西青散记》，看《休庵影语》，觉得都不见佳。其故何也?《复堂日记》卷三曰：

《西青散记》致语幽清，有唐人说部风，所采诸诗，玄想微言，潇然可诵，以示眉叔，欢跃叹赏，固性之所近，施均父略缮五六纸掷去之矣。

我自己知道不是文学家，读古今人的作品多不免有隔膜，对于诗词歌赋或者较好一点，到了散文便不大行了，往往要追求其物外之言，言中之物，难免落入施均父一路。殆亦是性之所偏欤。

所谓言与物者何耶，也只是文词与思想罢了，此外似乎还该添上一种气味。气味这个字仿佛有点暧昧而神秘，其实不然。气味是很实在的东西，譬如一个人身上有羊膻味，大蒜气，或者说是有点油滑气，也都是大家所能辨别出来的。这样看去，三国以后的文人里我所喜欢的有陶渊明颜之推两位先生[②]，却巧都是六朝人物。此外自然也有部分可取，即如上边所说五人中，沈三白史悟冈究竟还算佼佼者，《六记》中前三篇多有妙文，《散记》中纪游纪风物如卷二记蟋蟀及姑恶鸟等诸文皆佳，大抵叙事物抒情绪都颇出色，其涉及人生观处则悉失败也。孔子曰，盍各言尔志。我们生在这年头儿，能够于文字中去找到古今中外的人听他言志，这实在已是一个快乐，原不该再去挑剔好丑。但是话虽如此，我们固然也要听野老的话桑麻，市侩的说行市，然而友朋间气味相投的闲话，上自生死兴衰，下至虫鱼神鬼，无不可谈，无不可听，则其乐益大，而以此例彼，人境又复不能无所偏向耳。

胡乱的讲到这里，对于《杂拌儿之二》我所想说的几句话可以接得上去了。平伯那本集子里所收的文章大旨仍旧是“杂”的，有些是考据的，其文词气味的雅致与前编无异，有些是抒情说理的，如《中年》等，这里边兼有思想之美，是一般文士之文所万不能及的。此外有几篇讲两性或亲子问题的文章，这个倾向尤为显著。这是以科学常识为本，加上明净的感情与清澈的智理，调合成功的一种人生观，以此为志，言志固佳，以此为道，载道亦复何碍。“此刻现在”，中古圣徒遍于目前，欲找寻此种思想盖已甚难，其殆犹求陶渊明颜之推之徒于现代欤。平伯的文集我曾题记过几回，关于此点未尝说及，今特为拈出之。

民国二十一年十一月二十五日。

【钟校】

①《杂拌儿之二》，俞平伯著。

②“三国以后”，原作“三代以后”。

越谚跋[1]

◇1932. 11. 26

◇苦雨斋序跋文

在小时候我于乡先生中有最佩服的两个人：一是乌程汪谢城，一是会稽的范啸风。汪先生以举人官会稽县学教谕，所著关于韵学历学诸书及词一卷均在《荔墙丛刻》中，《玉鉴堂诗》六卷近亦刻入《吴兴丛书》，但我所喜欢的乃是单行的一部《湖雅》，书凡九卷，后附《湖蚕述》四卷。范先生是个副榜，即《越谚》的编著者，诗文集均不存，先君曾经请他写过一副小对联，只记得下句“悠然见南山”，末署“扁舟子范寅”，不过这对子也早已落在穿窬君子的手里了。《湖雅》与《越谚》详记一地方的风物或言语，性质有点相近，但体例不大一样，前者略近《埤雅》《尔雅翼》，所谓亦雅诂之支流也，后者则全以俗语为主，随语记录，不避俚俗，假如引一句成语来说明，那么其一可以说是君子安雅，而其二乃是越人安越欤？

范先生家住城外皇甫庄，甲午以前我的舅父也住在那里，两家正是贴邻，我在那时常听人家讲他的逸事。他中副榜时心里正很懊恼，有一老妪来贺他道："今年中了半边举人，明年再中半边，合起来便是一个，岂不很好。"但是下一科是否真又中了半边，这却有点记不清楚了。他编《越谚》时召集近地的小孩唱歌给他听，唱后便请他们吃夜糖。到了晚年，他常在灶下烧火，乞糕饼炒豆等为酬，有时因为火候不中程，为姑媳谯诃也不为意。尝以己意造一船，仿水车法，以轮进舟，试之本二橹可行，今须五六壮夫足踏方可，乃废去不用，少时曾登其舟，则已去轮机仍用篙橹矣。范先生盖甚有新思想，而困于时地，不能充分发展，世人亦莫之知，大都视为怪物，与徐文长仿佛，其有逸事流传亦相同。《越谚》刻于光绪壬午，及今五十年，印刷传布为数不少，未得列于著作之林，然而藏板至今尚可新印，无甚缺损者，其实也未始不是还从这里来的好处也。

从前记录越中方言者，据我所见有毛西河的《越语肯綮录》，茹三樵的《越言释》，田易堂的《乡谈》等，但是他们的方法都是《恒言录》《通俗编》的一路，如不是想替俗语去找出古雅的本字，至少也要在书本里发见先例，故所说即使很精确，原是部分而非整个，也只是文字学的材料，与方言土俗了无关系。

《越谚》所取的方针便截然不同，他是以纪录俗语为目的，有一语即记录一语，纯是方言志的性质，他用字要寻出典，以致有些字很是古怪，也许是一种毛病，虽然这毛病不能算怎么大，因为那些字本来反正多是有音无字的。《越谚》中又收录着许多歌谣[2]，完全照口头传说写下来的，这不但是歌谣研究的好资料，而且又是方言语法的好例，书中多载单辞只字，缺少表示语法实例的整句之缺点，也就可以勉强补上几分。此后如有还未忘记绍兴话的绍兴人，能够费点工夫把他添注上拼音，这便可以成为一部急就的《绍兴方言志》了。我们且不讲“唯桑与梓必恭敬止”那些旧话，只是饮水思源，从学问或趣味上面想起来，觉得对于这位扁舟子老先生实在应得表示相当敬意耳。

中华民国二十一年十一月二十六日，旧会稽县人周作人识于北平苦雨斋。

【钟校】

①《越谚》，清范寅编著，（清光绪壬午）（1882）刊，1932来薰阁重刊。

②“许多”，原作“好许多”。

潮州七贤故事集序[①]

◇1933. 2. 24
◇苦雨斋序跋文

林培庐君辑录《潮州前后七贤故事集》，来信索序。这我当然乐意做的，只是照例难免拖延，一直拖到书已将印成了，见到林君的催信，才急忙拿起笔来写，空虚之上加以仓卒，其写得不行当然是意中事了。

《七贤故事集》的校样承林君寄给我一份，好好地读了一遍。这是传说类的名人故事，但其内容与童话自多共通，又因这种轶事大抵以游戏玩弄为主，自然更近于笑话，如平常所说的徐文长也是如此。明末墨憨斋编《古今谭概》，清初竹笑居士删订为《古笑史》，又编《笑府》，后游戏主人改编为《笑林广记》，是很好的例。《谭概》本来都是“古笑史”，其特色是在笑话上规定了时地人，《笑府》却是泛指的，他的脚色是塾师聋子之类而不是张龙赵虎，这便是童话而不是传说了。但是这些故事有地方与笑话颇有差别，笑话的重心是他人的愚蠢和失败，在故事里这只是陪衬，所重的乃是本人的聪明和成功，虽然读者的愉快出于自己的优胜感这一点似乎原是一样[②]。其实也是无害的消遣，在这点上却容易受到非难，无论是故事或笑话。我在《徐文长的故事》的说明里曾说过这几句话：从道德方面讲，这故事里的确含有好些不可为训的分子，然而我们要知道，老百姓的思想还有些和野蛮人相像，他们相信力即是理，无论用了体力智力或魔力，只要能得到胜利，即是英雄，对于愚笨孱弱的失败者没有什么同情，这只要检查中外的童话传说就知道。现在我们又不把这些故事拿去当经书念，要找出天经地义的人生训来，那么我们正可不必十分去认真了。

七贤故事是地方名人传说，这又是很有趣味的一点，他们都是文人，也都是官，官固然不尽是文人出身，但文人的顶高的出路是官，那是五百年来的定理了。故事里的名人或英雄大抵有两种。一是官，一是文人，前者如包龙图海瑞彭宫保，后者如罗隐秀才解学士徐文长，至于聪明的白衣——例如后世社会上很有势力的流氓，则不大有份。这或者因为在科举制度下的社会里起码非秀才不能有势力，或者也因为那时流氓便由秀才们兼做去的缘故罢。总之这一点里与西洋很有不同，假如不把主教来当作官，教徒与武士当作文武秀才看。七贤是本地人，他们在故事里的地位所以并不是官，可以像彭宫保那样地有许多作为，但只是一位乡绅，那么也就归入文人队中，跟了徐文长去活动活动罢了。徐文长一派自罗隐秀才以来便不大阔气，只有解学士算是有一官半职，如今前后七贤都是不很小的官儿，真可以说是同路人中最有光荣的了。记得容元胎君序中说及因此可以考见中国人民尊重官和科名的心理的一斑，我觉得这也说得很有道理。这种心理是全国的，或者说是全文化的亦无不可，因为在朝鲜安南恐怕也逃不了这影响。其次，这些故事多是流动的，流传在各处，集合在一个箭垛上便成了传说，散出来又是种种的童话或笑话。因为如此，七贤的地方传说颇缺少地方色彩，大抵与罗解徐诸前辈的言行同一轨范，故其地位不重在地方文艺上，但以国民传说的研究资料论，则自有其真价值也。

中国民俗学的运动渐渐发达，特别在广东浙江两省，因了钟敬文娄子匡林培庐诸同志的努力，有好些研究机关与刊物，这是很可乐观的事。研究的初步重在搜集资料，中国地大物博，这种工作也就颇烦重，不是现今少数同志所能办好，在这样困难之下却总能有那些成绩，风俗和歌谣故事方面有了不少记录，不能不说是很好的成绩了。但是资料搜集固然多多益善，而搜集的得法不得法也是一个重要问题，其中最要注意的是其记录的方法。我们现在只就故事来讲，搜集故事的缺点是容易把它文艺化了，它本来是民间文学，搜集者又多是有文学兴趣的，所以往往不用科学的纪录而用了文艺的描写，不知不觉中失了原来的色相，这当做个人的作品固有可取，但是民俗学资料的价值反未免因而减少了。歌谣故事之为民间文学须以保有原来的色相为条件，所以记录故事也当同歌谣一样，最好是照原样逐字抄录，如不可能则用翻译法以国语述之，再其次则节录梗概，也只可节而不可改，末后二法已是搜集故事者的特许自由，为搜集歌谣者所不能援引者也。大凡愈用科学的记录方法，愈能保存故事的民间文学与民俗学资料之价值，这本是极普通的话，因为偶然想到，便蛇足地写在这里了。

中华民国二十二年二月二十四日，于北平苦雨斋。

【钟校】

①《潮州七贤故事集》，林培庐辑录。

②“这一点似乎原是一样”，“这一点”原作“这一件”。

文学的艺术译本序[①]

◇1933.7.9

◇苦雨斋序跋文

十九世纪的一个英国批评家说过一句很巧妙的话，“书并不像女人，老了便不行。”这固然也不能一概而论，有些书描头画额的，有如走街倚市门的妇人，原来就不大行，到得老来自然更没有人看觑。少数的所谓古典其生命更是长远，有的简直可以不老，有的为时光所揉搓也就老了，但是老了未必就不行，这好有一比，前者有如仙人，而后者则如康健的老人。第一种大抵是诉于感情的创作，诉于理知的论议类则多属第二种，而世俗的圣经贤传却难得全列在内，这是很有意思的事。据我看来，希伯来的圣书中就只是《雅歌》与《传道书》是不老的，和中国《诗经》之《国风》《小雅》相同，此外不得不暂时委屈。希腊没有经典，他的史诗戏剧里却更多找得出仙人的分子来了。中国不知道到底有没有国教，总之在散文著作上历来逃不脱“道”的枷锁，韵文却不知怎的似乎走上了别一条路，虽然论诗的人喜欢拉了《毛诗》《楚辞》的旧话来附会忠君爱国，然而后来的美人香草还只是真的男女之情，这是一件很可喜的奇迹。莫非中国的诗与文真是出自不同的传统的么？但总之中国散文上这便成了一个大障害，这方面的成绩也就难与希腊相比了。即如讲到文学，在西洋总不能不先说亚列士多德的《诗学》，中国也总当提及刘彦和的《文心雕龙》罢。这两者都是文坛上的老人，都是一两千多年以前的，所以老了，但是老了却未必便不行，他的经验和智慧足以供我们的参考，即使不能定我们的行止。可以拿来略一比较，我们梁朝的刘彦和于博学明辨之中很显露出一种教徒气，处处不能忘记他的圣道，不及东周时代的亚列士多德之更是客观的，由此可知两者虽是同类而其价值又殊有高下不同了。

现在跳过来说叔本华的《文学论》，也就可以把他归入这一类去。我们说叔本华的著作却起头引了老女人的比喻，觉得很有点可笑，因为他是以憎恶女人出名的。但是这个我想他也未必见怪，对于他这怪脾气谁都禁不住要说一两句话。我读他的著作还在廿多年前，我很喜欢他的女人与恋爱各论，也佩服他的文学论。他是大家知道的哲学者，既非文士，也不是文学教授，何以来谈论文学呢？出版以来也有七八十年了，还值得读么？他是哲学者，但他有一个特色，是向来德国很少的反官学派的。他的文章写得很好，对于文学有他自己的意见，他不像普通德国人似的讲烦琐的理论，只就实在的问题切实的指点。叔本华的论文是老了，然而也还值得读，因为他的著作是老了而还是行的这一类的。说他的文学论文可以与《诗学》或《文心雕龙》相比，或者不很确，他不及《诗学》价值之高，也不及《文心雕龙》分量之多，但是与美国日本的编辑家所著的书相比却总是高出一头地的罢。现今文学论出的不少了，有的抄集众说，有的宣扬教义，却很缺少思想家的诚实的表白，叔本华此集之译出正不是无意义的事，介白的努力也就很足称道了。

民国二十二年七月九日识。

【钟校】

①《文学的艺术》，德国叔本华原著，陈介白译。

古槐梦遇序[1]

◇1934. 10. 21

◇苦茶随笔

平伯说，在他书房前有一棵大槐树，故称为古槐书屋。有一天，我走去看他，坐南窗下而甚阴凉，窗外有一棵大树，其大几可蔽牛，其古准此，及我走出院子里一看，则似是大榆树也。

平伯在郊外寓居清华园，有一间秋荔亭，在此刻去看看必甚佳也，详见其所撰记中。前日见平伯则云将移居，只在此园中而房屋则当换一所也。我时坐车上，回头问平伯曰，有亭乎？答曰，不。曰，荔如何？曰，将来可以有。

昔者玄同请太炎先生书“急就庼”额，太炎先生跋语有云，至其庼则尚未有也。大抵亭轩斋庵之名皆一意境也，有急就而无庼可也，有秋荔有亭而今无亭亦可也。若书屋则宛在，大树密阴，此境地确实可享受也，尚何求哉，而我于此欲强分别槐柳，其不免为痴人乎。

平伯在此境地中写其《梦遇》，倏忽得百则，——未必不在城外写，唯悬想秋荔亭太清朗，宜于拍曲，或非写此等文章之地耳。平伯写此文本来与我无干，写了数则后即已有废名为作题记，我因当时平伯正写《连珠》，遂与约写到百章当为作小序，其后《连珠》的生长虽然不急速，序文我却越想越难，便改变方针，答应平伯写《梦遇》的序，于是对于它的进行开始注意，乃有倏忽之感焉。昨天听平伯说百则尚馀其三，所以我现在不暇再去诠索《梦遇》百篇的意义，却是计划写序文要紧了。

讲到梦，我是最怕梦。古有梦书，梦有征验，我倒还不怕，自从心理分析家对于梦有所解释，而梦大难做矣。《徐文长集》卷二有四言诗题云：

> 予尝梦昼所决不为事，心恶之，后读《唐书》李坚贞传，稍解焉。

不过文长知恶梦而尚多写诗文，则还是未知二五之得一十也。彼心理分析家不常以诗文与梦同样的做材料而料理之耶？梦而写以文章，文章而或遇之于梦，无论如何，平伯此卷想更加是危乎殆哉了。我做梦差幸醒了即忘，做的文章与说的话一样里边却有梦在，差幸都被放免。只有弄莫尔干的，没有弄弗洛伊特的文艺批评家，真真大幸，此则不特我与平伯可以安心，即徐文长亦大可不必再多心者也。

古人所写关于梦的文章我只见到一种，即黄周星的《岂想庵选梦略刻》。书凡一卷，在康熙刻本《九烟先生别集》中，共四十八则，七分之六是记诗句，只有一分记些情景却颇奇妙。情景之外有什么思想呢？那我觉得有点难说，并不是对于九烟先生不大尊重，我只想他有些断句很佳，如二十七则云：

天下但知吾辈好，一柈杏酪在江南②

《选梦略刻》上有云间朱曰荃序，殊不得要领，我读了怃然，为的是想到此序之不易写也。因此我只能这样的乱写一起罢了，有了三四十行文字便好。

但是，我要对读者声明一声，列位不要因为这序文空虚诙诡的缘故对于本文不去精细的读，不能领取文章与思想的美，如此便是自己损失，如入宝山空手回，莫怪上了别人的当也。

中华民国念三年十月念一日，于北平苦茶庵。

【钟校】

① 1934.11.3 刊《大公报》。《苦槐梦遇》，俞平伯著。

② “一柈杏酪在江南”，“柈”原作“拌”。

重刊袁中郎集序[①]

◇1934.11.13

◇苦茶随笔

林语堂先生创议重刊《袁中郎全集》，刘大杰先生担任编订，我觉得这是很有意义的事。公安派在明季是一种新文学运动，反抗当时复古赝古的文学潮流，这是确实无疑的事实，我们只须看后来古文家对于这派如何的深恶痛绝，历明清两朝至于民国现在还是咒骂不止，可以知道他们加于正统派文学的打击是如何的深而且大了。但是他们的文字不但触怒了文人，而且还得罪了皇帝，三袁文集于是都被列入禁书，一概没收销毁了事，结果是想看的固然没得看，就是咒骂的人也无从得见，只好闭了眼睛学嘴学舌的胡乱说一番而已。我们举一个例，《直介堂丛刻》中有《苌楚斋随笔》，正续各十卷，庐江刘声木十枝撰，有己巳五月序，即民国十八年也，《随笔》卷三第十六则云：

明末诗文派别至公安竟陵可谓妖妄变幻极矣，亡国之音固宜如此，时当末造，非人力所能挽回，

> 世多不知其名氏撰述，爰记之于下，以昭后世之炯戒。公安三袁，一庶子宗道，即士瑜，撰《海蠡编》二卷。一吏部郎中中道，撰述无传。一吏部郎中宏道，独宏道撰述甚富，撰有《觞政》一卷，《瓶花斋杂录》一卷，《袁中郎集》四十卷，《明文隽》八卷。竟陵为钟惺谭友夏，俱天门人。

又《续笔》卷四第十一则云：

> 瑞安陈怀孟冲父（案此处原文如是）撰有《独见晓斋丛书》，其第一种为《辛白论文》一卷，共九篇，其篇目有云文性文情文才文学文识文德文时等目，只须见其目即知其深中明季山人之习，坠入竟陵公安一派，实为亡国之音。

此书作者是桐城派，其反对公安本不足异，唯高谈阔论而伯修之《白苏斋类集》与小修之《珂雪斋集选》似均未见，又于中郎集外别列《觞政》，可知其亦未曾见过此集也。其实珂雪斋虽是难得，白苏斋与梨云馆本中郎集在道光年均有翻刻，而或因被骂太久之故也竟流传不广，以致连骂者亦未能看见，真真一大奇事。这回把中郎集印了出来，使得大家可以看看，功德无量。无论意见如何，总之看了再说，即使要骂也有点儿根据。

中郎是明季的新文学运动的领袖，然而他的著作不见得样样都好，篇篇都好，翻过来说，拟古的旧派文人也不见得没有一篇可取，因为他们到底未必整天整夜的装腔作势[②]，一不小心也会写下一小篇即兴的文章来，如专门模仿经典的扬子云[③]做有《酒箴》，即是一例。中郎的诗，据我这诗的门外汉看来，只是有消极的价值，即在他的反对七子的假古董处，虽然标举白乐天苏东坡，即使不重模仿，与瓣香李杜也只百步之差，且那种五七言的玩意儿在那时候也已经做不出什么花样来了，中郎于此不能大有作为原是当然，他所能做的只是阻止更旧的，保持较新的而已。在散文方面中郎的成绩要好得多，我想他的游记最有新意，传序次之，《瓶史》与《觞政》二篇大约是顶被人骂为山林恶习之作，我却以为这很有中郎特色，最足以看出他的性情风趣。尺牍虽多妙语，但视苏黄终有间，比孙仲益自然要强，不知怎的[④]尺牍与题跋后来的人总写不过苏黄，只有李卓吾特别点，他信里那种斗争气分也是前人所无，后人虽有而外强中干，却很要不得了。中郎反抗正统的“赋得”文学，自是功在人间，我们怀念他的功绩，再看看他的著作，成就如何，正如我们读左拉的小说，看他与自然主义的理论离合如何，可以明瞭文学运动的理想与现实，可以知人论世，比单凭文学史而议论得失，或不看作品而信口雌黄，总要较为可靠乎。

中郎喜谈禅，又谈净土，著有《西方合论》一卷，这一部分为我所不大喜欢[5]，东坡之喜谈修炼也正是同样的一种癖。伯修与小修，陶石篑石梁，李卓吾屠长卿，也都谈佛教，这大约是明末文坛的普通现像。正统派照例是儒教徒，而非正统派便自然多逃儒归佛，佛教在那时虽不是新思想，却总是一个自由天地，容得他们托足，至于是否够说信仰，那我就不好代为回答了。反对这些新文学潮流的人骂他们妖妄变幻，或者即侧重此点，我看《苌楚斋随笔》中屡次说到明朝之亡由于李屠诸人之信佛教毁伦常，可以参证，不过李屠以及二陶三袁固然与佛有关，竟陵的钟谭似并不这样，然则此文所云又是疑问了。正统派骂公安竟陵为亡国之音，我疑心这句话自从甲申以后一直用到如今了罢，因为明朝亡了是千真万确的事实，究竟明朝亡于何人何事也是公说公有理婆说婆有理，而且更是死无对证，我想暂不讨论，但是什么是亡国之音，这件事似乎还可以来探讨一下。有人说，亡国之音便是公安竟陵那样的文章。这样的干脆决断，仿佛事情就完了，更无话可说。然而不然。所谓亡国之音这是有出典的，而且还出在经书里。查《礼记》，《乐记》第十九云："亡国之音哀以思，其民困。"孔颖达疏云，“亡国谓将欲灭亡之国，乐音悲哀而愁思，亡国之时民心哀思，故乐音亦哀思，由其人困苦故也。”后又云：“桑间濮上之音，亡国之音也。”郑玄注云：“濮水之上地有桑间者，亡国之音于此之水出也。昔殷纣使师延作靡靡之乐，已而自沉于濮水，后师涓过焉，夜闻而写之，为晋平公鼓之，是之谓也。”在同一篇中，有两样说法，迥不相同，一说乐音哀思，一说靡靡之乐，令人无所适从。郑玄虽然也是大儒，所说又有韩非做根据，但是我们总还不如信托经文，采取哀思之说，而桑间濮上应即承上文而言，至于其音是否哀以思，是否与上文不矛盾，则书缺有间，姑且存疑。中郎的文章说是有悲哀愁思的地方原无不可，或者这就可以说亡国之音。《诗经·国风》云：

有兔爰爰，雉离于罗。
我生之初，尚无为。
我生之后，逢此百罹。
尚寐无吪！

这种感情在明季的人心里大抵是很普通罢。有些闲适的表示实际上也是一种愤懑，即尚寐无吪的意思。外国的隐逸多是宗教的，在大漠或深山里积极地修他的胜业[⑥]，中国的隐逸却是政治的，他们在山林或在城市一样的消极的度世。长沮桀溺曰，“滔滔者天下皆是也，而谁与易之?”便说出本意来。不过这种情形我想还应用《乐记》里别一句话来包括才对，即是“乱世之音怨以怒，其政乖。”孔颖达解亡国为将欲灭亡之国，这也不对，亡国便干脆是亡了的国，明末那些文学或可称之曰乱世之音，顾亭林傅青主陈老莲等人才是亡国之音，如吴梅村临终的词亦是好例。闲话休提，说乱世也好，说亡国也好，反正这都是说明某种现像的原因，《乐记》云，“情动于中故形于声，声成文谓之音”，其情之所以动，则或由世乱政乖，或由国亡民困，故其声亦或怨怒或哀思，并不是无缘无故的会忽发或怨怒或哀思之音，更不是有人忽发怨怒之音而不乱之世就乱，或忽发哀思之音而不亡之[7]国会亡也。中郎的文章如其是怨以怒的，那便是乱世之音，因为他那时的明朝正是乱世；如其是哀以思的，那就可以算是亡国之音，因为明末正是亡国之际，“时当末造，非人力所能挽回”，所可说的如此而已，有什么可以“昭后世之炯戒”的地方呢?使后世无复乱世，则自无复乱世之音，使后世无复亡国，则自无复亡国之音，正如有饭吃饱便不面黄肌瘦，而不生杨梅疮也就不会鼻子烂落也。然而正统派多以为国亡由于亡国之音，一个人之没有饭吃也正由于他的先面黄肌瘦，或生杨梅疮乃由于他的先没有鼻子。呜呼，熟读经典者乃不通《礼记》之文，一奇也。中郎死将三百年，事隔两朝，民国的文人乃尚欲声讨其亡国之罪，二奇也。关于此等问题，不佞殆只得今天天气哈哈哈矣。

说到这里，或者有人要问，足下莫非是公安派或竟陵派乎？莫非写亡国之音者乎？这个疑问也问得当然，但是我惭愧不能给他一个肯定的答语。第一，我不是非宗教者，但实是一个无宗教者。我的新旧教育都不完全，我所有的除国文和三四种外国文的粗浅知识以外，只有一点儿生物的知识[8]，其程度只是丘浅治郎的《生物学讲话》，一点儿历史的知识，其程度只是《纲鉴易知录》而已，此外则从蔼理斯得来的一丝的性的心理，从茀来则得来的一毫的社会人类学，这些鸡零狗碎的东西别无用处，却尽够妨碍我做某一家的忠实的信徒。对于一切东西，凡是我所能懂的，无论何种主义理想信仰以至迷信，我都想也大抵能领取其若干部分，但难以全部接受，因为总有其一部分与我的私见相左。公安派也是如此，明季的乱世有许多情形与现代相似，这很使我们对于明季人有亲近之感，公安派反抗正统派的复古运动，自然更引起我们的同感，但关系也至此为止，三百年间迟迟的思想变迁，也就不会使我们再去企图复兴旧庙的香火了。我佩服公安派在明末的新文学运动上的见识与魄力，想搜集湮没的三袁著作来看看，我与公安派的情分便是如此。第二，我不是文学家，没有创作，也说不上什么音不音。假如要说，无论说话写字都算是音，不单是创作，原来《乐记》的所谓音也是指音乐，那么，我也无从抵赖。是的，我有时也说话也写字，更进一步说，即不说话不写字亦未始不可说是音，沉默本来也是一种态度，是或怨怒或哀思的表示。中国现在尚未亡国，但总是乱世罢，在这个时候，一个人如不归依天国，心不旁骛，或应会试作“赋得文治日光华”诗，手不停挥，便不免要思前想后，一言一动无不露出消极不祥之气味来，何则，时非治世，在理固不能有好音，此查照经传可得而断言者也。国家之治乱兴亡自当责有攸归，兹不具论，若音之为乱世或亡国，则固由乱世或亡国的背景造成之，其或怨怒或哀思的被动的发音者应无庸议。今之人之不能不面黄肌瘦者真是时也命也，不佞岂能独免哉，不佞非公安派而不能逃亡国之音之谥者亦是时也命也。吾于是深有感于东北四省之同胞，四省之人民岂愿亡国哉，亦并何尝预为亡国之音，然而一旦竟亡，亦是时也命也，我说时与命者，言此与人民之意志无关，与文学之音亦无关也。音之不祥由于亡国，而亡国则由于别事，至少决不由于音之祥不祥耳。人苟少少深思，正当互相叹惋，何必多哓哓也。

闲话说得太多了，而实于中郎无甚关系，似乎可以止住了。重刊《中郎集》鄙意以为最好用小修所编订本，而以别本校其异同，增加附录，似比另行编辑为适宜。标点古书是大难事，错误殆亦难免，此在重刊本体例上似有可商者，附识于此，以示得陇望蜀或求全责备之意云尔。

中华民国二十三年十一月十三日，识于北平。

【钟校】

① 1934. 11. 17 刊《大公报》。《袁中郎集》，明袁宏道撰，1934 刘大杰编订重刊。

②“装腔作势”，原作“装调作势”。

③“扬子云”，原作“杨子云”。

④“不知怎的”，原作“不这怎的”。

⑤“这一部分为我所不大喜欢”，原无“为”字。

⑥“修他的胜业”，“他”原作“地”。

⑦“不亡之国”，原无“之”字。

⑧“生物的知识”，五字原加书名号。

现代散文选序①

◇1934. 11. 16

◇苦茶随笔

孙席珍君编《现代散文选》，叫我写一篇序文。孙君是同乡旧友，我觉得义不容辞，其次又觉得关于这题目还有话可说，所以答应了。可是答应下来之后，一搁就是一暑假加另，直到现在孙君来催，说本文差不多已经印齐了，这才没法只得急忙来赶写。

我说急忙，这里含有张皇之意。为什么呢？我当初答应写序文，原是心里打算有话可说的，但是后来仔细思索，却又发见可说的话并不多，统写下来也不过半页上下，决不能算一篇序。而且这些话大半又曾经在什么地方说过的，现在再拿来说，虽然未必便是文抄公，也总有点不合式，至少也是陈年不新鲜。

那么怎么办呢？说也奇怪，我对于新文学的现代散文说不出什么来，对于旧文学的古文却似乎颇有所知，也颇有点自信。这是否为的古人已死，不妨随意批评，还是因为年纪老大，趋于反动复古了呢？这两者似乎都不是。昭明太子以及唐宋八大家确是已死，但我所说的古文并不限于他们，是指古今中外的人们所做的古文，那么这里边便包括现代活人在内，对于这些活人所写的古文我仍然要不客气的说，这是一。年纪大了，见闻也加多，有些经验与感情是庚子辛亥丙辰丁巳以后诞生的青年诸公所不知道的，但是压根儿还是现代人，所写的无论哪一篇都是道地的现代文，一丝一毫没有反动的古文气，此其二。然而我实在觉得似乎更确实的懂得古文的好坏，这个原因或者真是我懂得古文，知道古文的容易做所以也容易看罢。

这个年头儿，大家都知道，正是古文反动的时期。文体改变本来是极平常的事，于人心世道国计民生了无干系，如日本自明治上半文学革命，一时虽有雅俗折衷言文一致种种主张，结果用了语体文，至于今日虽是法西斯蒂高唱入云之际，也并没有人再来提出文言复兴，因为日本就是极右倾的人物也知道这些文字上的玩意儿是很无聊极无用的事。日本维新后，科学的医术从西洋传了进去，玄学的汉法医随即倒地，再也爬不起来，枪炮替代了弓箭大刀，拳术也只退到练习手眼的地位。在中国却不然，国家练陆军，立医学校，而“国医国术”特别蒙保护优待，在民间亦十分珍重信托。古文复兴运动同样的有深厚的根基，仿佛民国的内乱似的应时应节的发动，而且在这运动后面都有政治的意味，都有人物的背景。五四时代林纾之于徐树铮，执政时代章士钊之于段祺瑞，现在汪懋祖不知何所依据，但不妨假定为戴公传贤罢。只有《学衡》的复古运动可以说是没有什么政治意义，真是为文学上的古文殊死战，虽然终于败绩，比起那些人来要更胜一筹了。非文学的古文运动因为含有政治作用，声势浩大，又大抵是大规模的复古运动之一支，与思想道德礼法等等的复古相关，有如长蛇阵，反对的人难以下手总攻，盖如只击破文学上的一点仍不能取胜，以该运动本非在文学上立脚，而此外的种种运动均为之支拄，决不会就倒也。但是这一件事如为该运动之强点，同时却亦即其弱点。何也？该运动如依托政治，固可支持一时，唯其性质上到底是文字的运动，文字的运动而不能在文学上树立其基础，则究竟是花瓶中无根之花，虽以温室硫黄水养之，亦终不能生根结实耳。古文运动之不能成功也必矣，何以故？历来提倡古文的人都不是文人——能写文章或能写古文者，且每下愈况，至今提倡或附和古文者且多不通古文，不通古文者即不懂亦不能写古文者也，以如此的人提倡古文，其结果只平空添出许多不通的古文来而已。我不能写古文，却自信颇懂得其好丑，尝欲取八大家与桐城派选拔其佳者订为一卷，因事忙尚未果，现今提倡古文者如真能写出好古文来，不佞亦能赏识之，一面当为表彰，一面当警告写白话文者赶紧修战备，毋轻敌。今若此，我知其无能为矣，社会上纵或可占势力，但文学上总不能有地位也。

古文既无能为，则白话文的前途当然很有希望了。但是，古文者文体之一耳，用古文之弊害不在此文体而在隶属于此文体的种种复古的空气，政治作用，道学主张，模仿写法等。白话文亦文体之一，本无一定属性，以作偶成的新文学可，以写赋得的旧文学亦无不可，此一节不可不注意也。如白话文大发达，其内容却与古文相差不远，则岂非即一新古文运动乎。尔时散文虽丰富，恐孙君将选无可选，而不佞则序文可以不写，或者亦是塞翁之一得耳。

二十三年十一月十六日，识于北平。

【钟校】

① 1934.12.1 刊《大公报》。《现代散文选》，孙席珍编，1935 人文书店初版。

长之文学论文集跋[1]

◇1934.11.20

◇苦茶随笔

李长之君在北大理预科时我就认识他。他学过生物，又转习哲学，爱好文学，常写些批评文。这回要选集了出一本书，叫我写序，这个我当然愿意作，虽然我的文学小铺早已关门，对于文学不知道怎么说好，但是我相信以李君的学力与性格去做文学批评的工作总是很适当能胜任的，所以关于本题权且按下不表，我在这里只能来说几句题外的闲话罢了。

我读李君的文章留下印象最深的一点是他对于儿童的关切。在现今的中国，我恐怕教育上或文艺上对于这个问题不大注意久矣夫已非一日了罢。说也奇怪，家里都有小孩，学校内和街上也都是，然而试问儿童是什么？谁知道！或者这是一种什么小东西子罢，或者这是小的成人，反正没有多大关系。民国初年曾经有人介绍过蒙德淑利的《儿童之家》，一时也颇热闹，我在东南的乡下见到英文书也有十种之谱，后来我都寄赠给北京女高师，现在大约堆在什么地方角落里，中国蒙德淑利的提倡久已消灭，上海大书店所制的蒙氏教具也早无存货罢。幼稚园，这实在可称为“儿童之园”，因为正式列入教育统系的缘故，总算至今存在，似乎也有点只幼稚而不园。福勒贝尔大师的儿童栽培法本来与郭橐驼的种树法相通，不幸流传下来均不免貌似神离，幼稚园总也得受教育宗旨的指挥，花儿匠则以养唐花扎鹿鹤为事了。听说现代儿童学的研究起于美洲合众国，斯丹莱霍耳博士以后人才辈出，其道大昌，不知道何以不曾传入中国？论理中国留学美国的人很多，学教育的人更不少，教育的对像差不多全是儿童，而中国讲儿童学或儿童心理的书何以竟稀若凤毛麟角，关于儿童福利的言论亦极少见，此固一半由于我的孤陋寡闻，但假如文章真多，则我亦终能碰见一篇半篇耳。据人家传闻，西洋在十六世纪发见了人，十八世纪发见了妇女，十九世纪发见了儿童，于是人类的自觉逐渐有了眉目，我听了真不胜歆羡之至。中国现在已到了那个阶段我不能确说，但至少儿童总尚未发见，而且也还未曾从西洋学了过来。

自从文章上有“救救孩子”的一句话，这便成为口号，一时也流行过。但是怎样救法呢，这还未见明文。我的“杞天之虑”是，要了解儿童问题，同时对于人与妇女也非有了解不可，这须得先有学问的根据，随后思想才能正确。狂信是不可靠的，刚脱了旧的专断便会走进新的专断。我又说，只有不想吃孩子的肉的，才真正配说救救孩子。现在的情形，看见人家蒸了吃，不配自己的胃口，便嚷着要把“它”救了出来，照自己的意思来炸了吃。可怜人这东西本来总难免被吃的，我只希望人家不要把它从小就“栈”起来，一点不让享受生物的权利，只关在黑暗中等候喂肥了好吃或卖钱。旧礼教下的卖子女充饥或过瘾，硬训练了去升官发财或传教打仗，是其一，而新礼教下的造成种种花样的信徒，亦是其二。我想人们也太情急了，为什么不能慢慢的来，先让这班小朋友们去充分的生长，满足他们自然的欲望，供给他们世间的知识，至少到了中学完毕，那时再来诱引或哄骗，拉进各派去也总不迟。现在却那么迫不及待，道学家恨不得夺去小孩手里的不倒翁而易以俎豆，军国主义者又想他们都玩小机关枪或大刀，在幼稚园也加上战事的训练，其他各派准此。这种办法我很不以为然，虽然在社会上颇有势力。蒙德淑利与福勒贝尔的祖国都变成了法西斯的本场，教育与文艺都隶属于政治之下，壮丁已只是战争之资料，更何论妇女与儿童乎！此时而有救救孩子的呼声，如不是类似拍花子的甘言，其为大胆深心的书呆子的叹息盖无疑矣。

天下之书呆子少而拍花子多，盖不得已之事也。老实说，我对于救救孩子的呼声一点儿都不相信，李君对于欺骗小孩子的甚为愤慨，常有言论，这我最有同感。教育家不把儿童看在眼里，但是书店却把他们看在眼里的，这就是当作主顾看，于教科书之外再摆出些读物来，虽然他们如亲自到柜台边去，却也仍旧要遇着伙计们的白眼的。中国学者中没有注意儿童研究的，文人自然也同样不会注意，结果是儿童文学也是一大堆的虚空，没有什么好书，更没有什么好画。在日本这情形便很不相同，学者文人都来给儿童写作或编述，如高木敏雄，森林太郎，岛崎藤村，铃木三重吉等皆是。画家来给儿童画插画，竹久梦二可以说是少年少女的画家，最近如田河水泡画作的《凸凹黑兵卫》的确能使多多少少的小儿欢喜笑跳，就是我们读了也觉得有兴趣。可惜中国没有这种画家，一个也没有。——可是这有什么法子。第一，实在天不生这些人才。第二，国民是整个的，政客军人教育家文士画师，好总都好，坏也都坏，单独期望谁都不成，攻击谁也都不大平安。李君却要说话，这是我所最佩服的。我也记不清是那几篇文章了，也不知是批评出版还是思想那一方面的权威了，总之我记得的是李君对于儿童的关切，其次是说话的勇气，不佞昔日虽曾喜谈虎，亦自愧弗如矣。

李君的书是批评论文集，我这样的乱说一番，未免有点文不对题。但是我早同李君说过，我写序跋是以不切题为宗旨的。还有一层，我说李君对于儿童的关切等等，即使集中很少这些论文也并不妨，反正这是李君的一种性格，我不敢论文，只少少论人而已。至于论人假如仍旧论得不切题，那么这也就包括在上文所说之内，请大家原谅可也。

二十三年十一月二十日，识于北平。

【钟校】

① 1934. 12. 8 刊《大公报》，题作《论救救孩子——题长之文学论文集后》。

墨憨斋编山歌跋[1]

◇1934. 11. 24

◇苦茶随笔

明末清初文坛上有两个人，当时很有名，后来埋没了，现在却应当记忆的，一是唱经堂金圣叹，二是墨憨斋冯梦龙，此外还有湖上笠翁，现在且按下不表。

关于金圣叹的事迹，《心史丛刊》中有一篇考，说得颇详细。佩服圣叹的人后世多有，但我想还应以清初的刘继庄与廖柴舟为代表。廖柴舟的《二十七松堂文集》卷十四有一篇《金圣叹先生传》，圣叹死后三十五年过吴门，“访先生故居而莫知其处，因为诗吊之，并传其略”云。传末论断曰：

> 予读先生所评诸书，领异标新，迥出意表，觉作者千百年来至此始开生面，呜呼，何其贤哉。

又曰：

> 然画龙点睛，金针随度，使天下后学悉悟作文用笔墨法者，先生力也。

柴舟对于圣叹极致倾倒，至于原因则在其能揭发“文章秘妙”，有功后学。刘继庄著《广阳杂记》五卷，有两处说及圣叹。卷三讲到潘良耜的《南华会解》，以内七篇为宗，外篇杂篇各以类从分附七篇之后，云：

后游吴门，见金圣叹先生所定本，亦依此序而删去《让王》《渔父》《盗跖》《说剑》四篇，而置《天下》篇于后。予尝问金释弓曰，曾见潘本《会解》否？释弓曰，唱经堂藏此本，今籍没入官矣。则圣叹当时许可此书可知。

卷四说蜀中山水之奇，“自幼熟读杜诗，若不入蜀，便成唐丧”，后云：

唱经堂于病中无端忽思成都，有诗云，卜肆垂帘新雨霁，酒垆眠客乱花飞，馀生得到成都去，肯为妻儿一洒衣。想先生亦是杜诗在八识田中作怪，故现此境，不然先生从未到成都，何以无端忽有此想耶。

全谢山为继庄作传，末有附识两则，其二曰：

继庄之才极矣，顾有一大不可解者，其生平极许可金圣叹，故吴人不甚知继庄，间有知之者则以继庄与圣叹并称，又咄咄怪事也。圣叹小才耳，学无根柢，继庄何所取而许可之，乃以万季野尚有未满而心折于圣叹，则吾无以知之。然继庄终非圣叹一流，吾不得不为别白也。

谢山虽有学问却少见识，故大惊小怪，其实这一个大不可解很易解，《广阳杂记》卷二有此两则云：

> 余观世之小人未有不好唱歌看戏者，此性天中之《诗》与《乐》也；未有不看小说听说书者，此性天中之《书》与《春秋》也；未有不信占卜祀鬼神者，此性天中之《易》与《礼》也。圣人六经之教原本人情，而后之儒者乃不能因其势而利导之，百计禁止遏抑，务以成周之刍狗茅塞人心，是何异壅川使之不流，无怪其决裂溃败也。夫今之儒者之心为刍狗之所塞也久矣，而以天下大器使之为之，爰以图治，不亦难乎。
>
> 余尝与韩图麟论今世之戏文小说。图老以为败坏人心莫此为甚，最宜严禁者。余曰，先生莫作此说，戏文小说乃明王转移世界之大枢机，圣人复起不能舍此而为治也。图麟大骇。余为之痛言其故，反复数千言，图麟拊掌掀髯，叹未曾有。彼时只及戏文小说耳，今更悟得卜筮祠祀为《易》《礼》之原，则六经之作果非徒尔已也。

茅塞儒者之心盖已久矣，此段道理本甚平实的确，然而无人能懂，便是谢山似亦不解，当时盖唯继庄圣叹能知之耳。圣叹评《离骚》《南华》《史记》《杜诗》《西厢》《水浒》，以次序定为“六才子”，此外又取《易》《左传》等一律评之，在圣叹眼中六经与戏文小说原无差别，不过他不注重转移世界的问题而以文章秘妙为主，这一点是他们的不同而已。说到这里，冯梦龙当然也是他们的同志，他的倾向与圣叹相近，但他又不重在评点，而其活动的范围比圣叹也更为博大。说也奇怪，圣叹著述有流传而梦龙简直不大有人知道，吾友马隅卿先生搜集梦龙著作最多，研究最深，为辑《墨憨斋遗稿》，容肇祖先生曾撰论考发表，始渐见知于世。墨憨斋在文学上的功绩多在其所撰或所编的小说戏文上，此点与圣叹相同，唯量多而质稍不逮，可以雄长当时而未足津逮后世，若与圣叹较盖不能不坐第二把交椅了，但在另一方面别有发展，即戏文小说以外的别种俗文学的编选，确是自具手眼，有胆识，可谓难能矣。梦龙集史传中笑谈，编为《古今谭概》，又集史传中各种智计，编为《智囊》正续两编，此外复编《笑府》十三卷，则全系民间笑话也。今《谭概》尚可见到，后人改编为《古笑史》，有李笠翁序，亦不难得，《智囊》稍希见，而《智囊补》则店头多有，且此种类似的书亦不少，如《智品》《遣愁集》皆是，唯《笑府》乃绝不可见，闻大连图书馆有一部，又今秋往东京在内阁文库亦曾一见而已。《笑府》有墨憨斋主人序曰：

> 古今来莫非话也，话莫非笑也。两仪之混沌开辟，列圣之揖让征诛，见者其谁耶，夫亦话之而已。后之话今，亦犹今之话昔，话之而疑之，可笑也，话之而信之，尤可笑也。经书子史，鬼话也[②]，而争传焉；诗赋文章，淡话也，而争工焉；褒讥伸抑，乱话也[③]，而争趋避焉。或笑人，或笑于人，笑人者亦复笑于人，笑于人者亦复笑人，人之相笑宁有已时。《笑府》，集笑话也，十三篇犹云薄乎云尔。或阅之而喜，请勿喜；或阅之而嗔，请勿嗔。古今世界一大笑府，我与若皆在其中供话柄。不话不成人，不笑不成话，不笑不话不成世界。布袋和尚，吾师乎，吾师乎。

《笑府》所收笑话多极粗俗，与《笑林广记》里的相似，《广记》盖即根据《笑府》而改编者，但编者已不署名，到了后来再改为《一见哈哈笑》等，那就更不行了。笑话在中国古代地位本来不低，孔孟以及诸子都拿来利用过，唐宋时也还有人编过这种书，大约自道学与八股兴盛以后这就被驱逐出文学的境外，直到明季才又跟了新文学新思想的运动而复活过来，墨憨斋的正式编刊《笑府》，使笑话再占俗文学的一个坐位,正是极有意义的事。与这件事同样的有意义的,便是他的编刊《山歌》了。《山歌》一书未曾有人说起,近为吾乡朱君所得,始得一读,书凡十卷,大抵皆吴中俗歌,末一卷为《桐城时兴歌》,有序曰:

书契以来,代有歌谣,太史所陈,并称风雅,尚矣。自楚骚唐律,争妍竞畅,而民间性情之响,遂不得列于诗坛,于是别之曰山歌,言田夫野竖矢口寄兴之所为,荐绅学士家不道也。唯诗坛不列,荐绅学士不道,而歌之权愈轻,歌者之心亦愈浅,今所盛行者皆私情谱耳。虽然,桑间濮上,《国风》刺之,尼父录焉,以是为情真而不可废也。山歌虽俚甚矣,独非郑卫之遗欤?且今虽季世,而但有假诗文,无假山歌,则以山歌不与诗文争名,故不屑假。苟其不屑假,而吾藉以存真,不亦可乎。抑令人想见上古之陈于太史者如彼,而近代之留于民间者如此,倘亦论世之林云尔。若夫借男女之真情,发名教之伪药,其功与《挂枝儿》等,故录《挂枝儿》而次及《山歌》。

案原书总题《童痴二弄》,然则其中应包含《挂枝儿》与《山歌》两种,今《挂枝儿》已佚,仅存其《山歌》这一部分耳。序中所言与刘继庄谓好唱歌为性天中之《诗》同一道理,继庄在《广阳杂记》卷四中又有一节，可以参证：

> 旧春上元在衡山县，曾卧听采茶歌，赏其音调而于辞句懵如也。今又在衡山，于其土音虽不尽解，然十可三四领其意义，因之而叹古今相去不甚远，村妇稚子口中之歌而有十五国之章法，顾左右无与言者，浩叹而止。

袁中郎《锦帆集》卷二《小修诗序》中亦云：

> 且夫天下之物孤行则必不可无，必不可无，虽欲废焉而不能；雷同则可以不有，可以不有，则虽欲存焉而不能。故吾谓今之诗文不传矣，其万一传者，或今闾阎妇人孺子所唱《擘破玉》《打草竿》之类，犹是无闻无识真人所作，故多真声，不效颦于汉魏，不学步于盛唐，任性而发，尚能通于人之喜怒哀乐嗜好情欲，是可喜也。

此种意义盖当时人多能言之，唯言之不难，实行乃为难耳。墨憨斋编刊《童痴二弄》，所以可说是难能可贵，有见识，有魄力，或者这也是明末风气，如袁中郎在《觞政》中举《金瓶梅》为必读书，无人见怪，亦未可知，但总之此类署名编刊的书别无发见，则此名誉仍不得不归之墨憨斋主人也。

《山歌》十卷中所收的全是民间俗歌，虽然长短略有不同，这在俗文学与民俗学的研究上是极有价值的。中国歌谣研究的历史还不到二十年，搜集资料常有已经晚了之惧，前代不曾有一总集遗传下来，甚是恨事，现在得到这部天崇时代的民歌集，真是望外之喜了。还有一层，文人录存民歌，往往要加以笔削，以至形骸徒存，面目全非，亦是歌谣一劫，这部《山歌》却无这种情形，能够保存本来面目，更可贵重，至于有些意境文句，原来受的是读书人的影响，自然混入，就是在现存俗歌中也是常有，与修改者不同，别无关系。从前有人介绍过《白雪遗音》，其价值或可与《山歌》比，惜只选刊其一部分，未见全书，今朱君能将《山歌》复印行世，其有益于学艺界甚非浅鲜矣。关于冯梦龙与《山歌》的价值，有马隅卿顾颉刚两先生之序论在，我只能拉杂写此一篇，以充跋文之数而已。

中华民国念三年十一月念四日，识于北平苦茶庵。

【钟校】

①《山歌》十卷，明冯梦龙（墨憨斋）编民歌集，1934年重刊。本文1935.1.5刊《人间世》19期题《谈冯梦龙与金圣叹》。

②“鬼话也”，“也”原作“焉”。

③“乱话也”，“也”原作“焉”。

儿童故事序[1]

◇1934. 12. 13
◇苦茶随笔

中国讲童话大约还不到三十年的历史。上海一两家书店在清末出些童话小册，差不多都是抄译日本岩谷小波的《世界童话百种》，我还记得有《玻璃鞋》《无猫国》等诸篇。我因为弄神话，也牵连到这方面来，辛亥以前我所看见的书只有哈忒阑的《童话之科学》与麦古洛克的《小说的童年》，孤陋寡闻得很。民国初年写过几篇小论文，杂志上没处发表，直到民国九年在孔德学校讲了一回“儿童的文学”，这篇讲稿总算能够在《新青年》揭载出来，这是我所觉得很高兴的一件事。近十年来注意儿童福利的人多起来了，儿童文学的书与儿童书的店铺日见兴旺，似乎大可乐观，我因为从前对于这个运动也曾经挑过两筐子泥土的，所以像自己的事情似的也觉得高兴。

但是中国的事情照例是要打圈子的，仿佛是四日两头病，三好两歹的发寒热。实例且慢举，我们这里只谈童话，童话里边革命之后也继以反动。我看日本并不如此，那位岩谷叔叔仍然为儿童及其关系者所推重，后起的学者更精进地做他的研究编写的工作，文人则写作新的童话，这是文学里的一个新种类。在中国革新与复古总是循环的来，正如水车之翻转，读经的空气现在十分浓厚，童话是新东西，此刻自然要吃点苦，而且左右夹攻，更有难以招架之势。他们积极的方面是要叫童话去传道，一边想他鼓吹纲常名教，一边恨他不宣传阶级专政，消极的方面则齐声骂现今童话的落伍，只讲猫狗说话，不能羽翼经传。传道与不传道，这是相反的两面，我不是什么派信徒，是主张不传道的，所以与传道派的朋友们是隔教，用不着辩论。至于对父师们说的话，在前两年出板的《儿童文学小论》中已经说了不少，也无须再来重述了。我只想自己检察一下，小时候读了好些的圣经贤传，也看了好些猫狗说话的书，可是现在想起来，一样的于我没有影响，留下的印像只是猫狗要比圣贤更有趣味，虽然所说的话也不可靠。我说儿童读经之无用，与主张读猫狗讲话之无害，正是同一根据。以我自己经验来说，圣贤讲话从头就听不进去，对于猫狗讲话当时很是爱听，但是年纪稍大有了一点生物学知识，自然就不再相信，后来年纪更大，得到一点人类学知识，关于猫狗说话的童话却又感到兴味起来了。我恐怕终是异端，其经验与意见难免不甚可信吧，在正统派的人看来。然而我有什么办法呢？我未能以他人的经验为经验，以他人的意见为意见也。

我想我们如为儿童的福利计，则童话仍应该积极的提倡也。研究，编写，应用，都应该有许多的人，长久的时间，切实的工作。这个年头儿，大约有点儿不容易，那也难怪，但是也不见得便不可能，耐寂寞肯辛苦的人到处随时总也是有的。点一枝寸金烛，甚至于只一根棒香，在暗星夜里，总是好的，比不点什么要好，而且吃旱烟的也可以点个火，或者更可以转点别的香和蜡烛，有合于古人薪传之意。

因此我对于近时在做童话工作的人表示敬意，他们才真是有心想救救孩子的人。这《儿童故事》的编述者翟显亭先生即是其一。给儿童编述故事已是胜业，而其编述的方法尤可佩服。编述童话有两件大困难，其一是材料的选择，其二是语句的安排，这是给儿童吃的东西，要他们吃了有滋味，好消化，不是大人的标准所能代为决定的。两年前我曾翻译几篇儿童剧，便很尝过这种困难。我第一怀疑所选的能否受到儿童的爱顾，觉得没有什么把握。其次，“我所最不满意的是，原本句句是意思明白文句自然，一经我写出来便往往变成生硬别扭的句子，无论怎样总弄不好，这是十分对不起小朋友的事。我的希望是满天下有经验的父师肯出来帮一下子，仿佛排难解纷的侠客似的，便是在这些地方肯毅然决然的加以斧削，使得儿童更易了解。”去年买到英国新出的《安特路阑的动物故事》，系选自阑氏两本故事集中，共五十二篇，小引云：

> 编这册书的时候，将全部动物故事凡百十一篇都交给一个十岁的小姑娘，请她读过之后每篇给一个分数，表示她喜欢的程度。总数算是十分，凡是她所打分数在七分半以上者才选录在这里边。

这个办法我觉得顶好。翟先生所录的十篇故事却正是用同样方法试验过的，这在中国恐怕是得未曾有罢。有孔德学校和市立小学的许多小朋友们肯做考官，给过及格的分数，那是天下最可靠的事，比我们老人的话靠得住多了，我在这里无须多话，只是来证明这件事实实在在是如此而已。

民国二十三年十二月十三日，记于北平。

【钟校】

①《儿童故事》，翟显亭编述。本文1934.12.26刊《大公报》。

古音系研究序①

◇1934.12.31

◇苦茶随笔

建功将刊其所著《古音系研究》，不佞即答应为作序。但是，我怎么可以给建功作序呢？盖建功绩学多才艺，而其所专攻者则为声韵之学，在不佞听之茫然，常与玄同建功戏语称之为未来派者也。虽然，我与建功相识十年矣，自民六由中学教员混入大学，十七八年间所见海内贤俊不可胜数，但因同学的关系而相熟识，至今往来谈笑通询者才四五人耳，建功其一也。此诸公有所作述，我乌得不论懂得与否而题记之，故今日之事志在必写，虽或建功力求勿写而亦不可得也。

民国前四年曾在东京民报社从太炎先生听讲《说文解字》。那时我的志愿只是想懂点“小学”罢了，而且兴趣也单在形体训诂一方面，对于音学就是那么茫然。一九〇一年我考进江南水师学堂，及读英文稍进，辄发给马孙（C. P. Mason）的英文法，我所得者为第四十版，同学多嫌其旧，我则颇喜其有趣味，如主（Lord）字古文为管面包者（hlaford），主妇（Lady）字为捏面包者(hlaefdige),最初即从此书中看来。一九〇四年严复的《英文汉诂》出版,亦是我所爱读书之一,其实即以马孙为底本,唯译语多古雅可喜耳。以后常读此类书,斯威忒(H. Sweet)叶斯伯生(C. Jespersen)的文法,威克莱(E. Weekley)斯密斯(L. P. Smith)的英语诸书,近来还在看巴菲耳特(O. Barfield)的《英字中的历史》以消遣。因此我与文字之学并不是全无情分的,不过我的兴味盖多在其与民俗学接触的边沿一部分,与纯正的文字学故不甚相近也。日本《言语志丛刊》的发刊趣旨中云,在言语的发达与变迁里反映出民族的生活,我所喜欢的就只是这一点。我最爱丛刊中柳田国男氏的《蜗牛考》,他说明蜗牛古名"都布利"(tsuburi)与草囤"都具拉"(tsugura)的关系,觉得很有意思。越中多以草囤暖茶,或冬日坐小儿,称曰囤窠,这个制法的确与蜗牛壳是颇相像的。书中又讲到水马儿的名称,这在所著《民间传承论》第八章言语艺术项下说得更是简要,今抄录于下:

命名者多是小孩,这是很有趣的事。多采集些来看,有好多是保姆或老人替小孩所定的名称,大概多是有孩子气的,而且这也就是很好的名字。例如东京称为"饧糖仔"(amembō,即水马儿)的虫，各地方言不同，搜集来看就可明白命名者都是小孩，特别有意思的是并不根据虫的外形或其行走的状态，却多因了它的味道或气息给它取名字。“卖盐的”(shiöuri)，“卖盐大哥”(shiöuritarō)，“盐店老板”(shioya)这些名称都因为放到口里有点咸味而起的。“饧糖仔”，“卖糖的”(ameüri)，“凝煎”(giōsen,即地黄煎,一种药糖)，这大约因为虫的气味有点像饧糖吧。这样的名字大人是未必会取的。水澄虫(mizusumashi,即豉虫)也有许多小孩似的方言名字，这又大抵是说写或洗，多因虫的举动而加上去的。如“写字虫”(jikakimushi)，“伊吕波虫”(irohamushi,犹云“天地玄黄虫”,意即“写字”)，“洗碗的”(wanärai)，“洗木碗的”(gokiärai)，这些名称分散在各地方，是可以注意的事。“拌糍团的”(kaimochikaki)的名字则盖是由于虫的右转的运动而起的了。

《蜗牛考》中关于这个名称有说明云：

从写(Kaku)这字，小人们的想像便直跑到糍团(Kaimochi)去。实在这虫的旋转的确也有足以使他想起母姊那么搅拌米食的手势的地方。

这是颇有趣味的例，只可惜经过重译外国语便失了原有的香味，假如对于名物又稍生疏，那就更没有什么意思。

在中国这种例原亦不少，我常想到那蠼螋，我们乡间称作“其休”，殆即原名的转变，他处名钱串子，或云钱龙，则是从形状得来的名字。又如《尔雅》云科斗活东，北京称虾蟆骨突儿，吾乡云虾蟆温，科斗与活东似即一语，骨突与科斗亦不无关系，至虾蟆温之温是怎么一回事我还不能知道。虾蟆骨突儿这个字的语感我很喜欢，觉得很能表现那小动物的印像，一方面又联想到夜叉们手里的骨朵，我们平常吃的酱疙瘩和疙瘩汤，不伦不类地牵连出许多东西来。不过要弄这一类的学问也是很不容易，不但是对于民俗的兴趣，还得有言语学的知识，这才能够求其转变流衍，从里边去看出国民生活的反映。我正是一个白吃现成饭的，眼看着人家火耕而水耨，种出谷子来时讨来磨粉做糕吃，实在是惭愧得很。但是，我总是知惭愧的，知道这谷子是农夫所种而非出于蒲包，因此对于未来派之学术虽然[②]有似敬畏却亦实在未敢菲薄者也。

昔者建功作《科斗说音》，盖可与程瑶田之《果赢转语记》相比，唯深通言语声音转变之理者始能为之耳。《古音系研究》六篇，又建功本其多年攻治教学之所得，写为一卷书，在音学上自成一家之言，而治方言考名物者亦实资此为钥牡者也。我于声韵之学不敢赞一辞，但愿为建功进一言，理论与应用相得而益彰，致力于“声明”愿仍无忘“风物”之检讨，将来再由音说到科斗，则于文字学民俗学二者同受其惠施矣。是为序。

中华民国二十三年十二月三十一日，记于北平苦茶庵中。

［附记］　俞曲园先生《茶香室三抄》卷二十九云：

> 褚人获《坚瓠集》[3]云，禽名山和尚，即山鹊也。滇中有虫名水秀才。杨升庵《鹧鸪天》云，弹声林鸟山和尚，写字寒虫水秀才。水秀才状如蚊而大，游泳水面，池中多有之。按此虫所在皆有，不独滇中也。

水秀才即取其写字之意，但此非指豉虫[4]乃是水马耳。

五月二十四日记。

【钟校】

①《古音系研究》，魏建功著。本文 1935. 2 刊《文饭小品》。

②“虽然”原脱“虽”字。

③“坚瓠集”原作“坚匏集”。

④“豉虫”原作“豉豆”。

画廊集序[①]

◇1935. 2. 21

◇苦茶随笔

说到画廊，第一令人想起希腊哲人中间的那画廊派，即所谓斯多噶派（Stoikoi）是也。他们的师父是从吉地恩来的什农（Zenon），因为在亚坡隆庙的画廊（Stoa poikilē）间讲学，故得此名。吉地恩属于拘布洛斯，也是爱神亚孚洛迭德的治下，这位老师却跑到多猫头鹰的雅典去侍奉智慧，实在是很可佩服的。这派主张顺应自然的生活，而人有理性，有自然的幸福的生活，即在具备合理的德性，由聪明以及勇敢中庸公平，达到宁静无欲的境地。忘记是谁了，有一个西洋人说过，古代已有斯多噶派伊壁鸠鲁派那样的高尚的道德宗教，胜过基督教多矣，可惜后来中绝了。本来我对于希腊之基督化很有一种偏见，觉得不喜欢，画廊派的神灭论与其坚苦卓绝的风气[②]却很中我的意，但是老实说他们的消灭也是不可免的，因为他们似乎太是为贤者说法了，而大众所需要的并不是这些，乃正是他们所反对的烦恼（Pathos），即一切乐、欲、忧、惧是也。所以无论精舍书院中讲的什么甚深妙义，结果总只是几个人的言行与几卷书之遗留，大众还是各行其是，举行亚陀尼斯、迭阿女索斯、耶稣等再生的神之崇拜，各样地演出一部迎春的古悲剧，先号而后笑。这种事情原也可以理解，而且我再说一遍，这是无可免的，画廊派之死亦正是自然的吧，不过，这总值得我们时时的想起，他们的思想与生活也有很多可以佩服的地方。

其次因说到画廊而想起的是张挂着许多字画的那画棚。新近恰好是旧历乙亥的新年，这二十多天里北平市上很是热闹，正与半夜所放爆仗之多为正比例，厂甸摆出好多好多的摊，有卖珠宝、古董的，也有卖风筝、空钟、倒拽气、糖壶卢的，有卖书籍的书摊，又有卖字画的用芦席盖成的大画棚。今年的芦席棚实在不少，比去年恐怕总要多过一半，可以说从师范大学门口一直盖到和平门外的铁路边吧。虽然我今年不曾进去窥探，从前却是看过的，所以知道些里边的情形。老老实实的说，我对于字画的好坏不曾懂得一毫分，要叫我看了这些硬加批评，这有如遇见没有学过的算学难题，如乱答要比曳白更为出丑。这怎么办呢？其实这也没有什么，因为我不懂得，那么除不说外也实在别无办法。我说知道的只是云里边挂满了字或画而已，里边当然有些真的，不过我们外行看不出，其假的自然是不很好，反正我总是不想买来挂，所以也就不大有关系。还有一种不同的画棚，我看了觉得较有兴趣，只可惜在琉璃厂一带却不曾遇见，这就是卖给平民妇孺们的年画摊。普通的画都是真迹画，无论水墨或着色，总之是画师亲笔画成，只此一张别无分出，年画则是木版画，而且大抵都着色，差不多没有用水墨画的，此二种很不相同之一点也。

世界上所作版画最精好的要算日本。江户时代民众玩弄的浮世绘至今已经成为珍物，但其画工雕工印工们的伎俩也实在高明，别人不易企及。中国康熙时的所谓姑苏画制作亦颇精工，本国似已无存，只在黑田氏编的《支那古板画图录》上见到若干，唯比浮世绘总差一筹耳。日本的民间画师画妓女，画戏子，画市井风俗，也画山水景色，但绝无抽像或寓意画，这是很特别的一件事。《古板画图录》的姑苏画里却就有好些寓意画，如五子登科、得胜封侯等，这与店号喜欢用吉利字样一样，可以说是中国人的一种脾气，也是文以载道的主义的表现吧？在我们乡间这种年画只叫作“花纸”，制作最好的是立幅的《大橱美女》，普通都贴在衣橱的门上，故有此称，有时画的颇有姿媚，虽然那菱角似的小脚看了讨厌，不过此是古已有之，连唐伯虎的画里也是如此了。但是那些故事画更有生气，如《八大锤》《黄鹤楼》等戏文，《老鼠嫁女》等童话，幼时看了很有趣，这些印像还是留着。用的纸大约是上过矾的连史，颜色很是单纯，特别是那红色不知道是什么东西，涂在纸上少微发亮，又有点臭气，我们都称它作猪血，实在恐不尽然。现在的花纸怎么样了呢，我不知道，恐怕纸改用了洋纸，印也改用了石印了吧，这是改善还是改恶，我也不很明白，但是我个人总还是喜欢那旧式的花纸的。花纸之中我又喜欢《老鼠嫁女》，其次才是《八大锤》，至于寓意全然不懂，譬如松树枝上蹲着一只老活狲，枝下挂着一个大黄蜂窠，我也只当作活狲和黄蜂窠看罢了，看看又并不觉得有什么好玩。自然，标榜风雅的艺术画在现今当为志士们所斥弃了，这个本来我也不懂得，然而民间画里那画以载道的画实在也难以佩服，画固不足观，其所表示者亦都是士大夫的陈腐思想也。

从希腊的画廊派哲人说起，说到琉璃厂的卖字画的席棚，又转到乡下的花纸，简直是乱跑野马，一点没有头绪，而我所要说的实在又并不是这些，乃是李洗岑先生的文集《画廊集》耳。洗岑在集子里原有一篇谈年画的文章，而其坚苦卓绝的生活确也有点画廊派的流风，那么要把上文勾搭过去似亦未始不可以，反正天地万物没有绝无关系的，总可说得通，只看怎么说法。话虽如此，我究竟不是在乱扯做策论，上边这趟野马不肯让它白跑，仍旧要骑了去拜客的。我很主观的觉得洗岑写文章正是画廊派摆画摊，这是一件难事情。画廊派的思想如上边说过太为贤者说法，是不合于一般人的脾胃的，不但决做不成群众的祭师，便是街头讲道理也难得一个听客。至于年画乃是要主顾来买的，其制作更大不易，我们即使能为妇孺画《老鼠嫁女》以至《八大锤》，若挂印封侯、时来福凑这种厌胜画，如何画得好乎？但是画棚里所最多行销的却正是此厌胜画也，盖文以载道的主义为中国上下所崇奉，咒语与口号与读经，一也，符箓与标语与文学，二也，画则其图说也。吾见洗岑集中没有厌胜文，知其不能画此同类的画，画廊的生意岂能发达乎，虽然，洗岑有那种坚苦卓绝的生活与精神，画或文之生意好与不好亦自不足论也，我的这篇小文乃不免为徒费的诡辩矣。

民国二十四年二月二十一日，记于北平。

【钟校】

①《画廊集》，李广田（洗岑）著。本文 1935. 3. 10 刊《水星》1 卷 6 期。

②“坚苦卓绝的风气”，“风气”原作“气风”。

现代作家笔名录序[1]

◇1935. 3. 18

◇苦茶随笔

辑录前人别号的书，宋有徐光溥的《自号录》一卷。清葛万里有《别号录》九卷，却未见到。史梦兰的《异号类编》里第十二十三两卷为自表类，可以算在里边。近人陈氏编有《室名索引》，已行于世，若袁君之《现代作家笔名录》，则又别开生面而很有意思者也。

关于别号的发达变迁，说起来也很好玩。《异号类编》上史一经序云：

> 别号之兴大抵始于周秦之际。瑰奇之士不得志于时，放浪形骸，兀傲自喜，假言托喻，用晦其名。然而其人既有著述以自见，则闻于当时，传诸后世，其名虽晦，其号益彰，鬼谷鹖冠之流盖其著也。

明沈承有《即山集》，其《赠偶伯瑞序》有云：

近古有别号者，不过畸人韵士，实实眼界前有此景，胸堂前有此癖，借湖山云树作美题目以拟话耳。即不然者，亦时人慕其风流，后人追其轶事，而村墟市巷，两两三三，信口指点，相传以为某子某翁某先生某居士，初非利齿儿可多啖得也。

上文所引，前者可以说是宋以前的情形，后者是明以前的情形吧，明清以来则如即山所说，“末叶浮薄，始成滥觞，而吴侬好事，更饮狂药，”结果便是：

每见岁时社腊，杯酒相喧，主宾杂坐，擎拳龋齿，曰桥曰楼，曰松曰竹，嘈嘈耳根，令人欲呕。

这里所说是市井小儿模拟风雅，而其实在动因还是在于一般俗文学之发达，自小说戏曲以至俗谣徘文莫不兴盛，作者各署别号，虽其时本为公开秘密，但人情难免拘于传统，唯正经文字始肯用真姓名耳。及今研究此类俗文学者对于别号的探讨还是一件难事，没有什么好的工具可以弄的清楚。到了近来情形又有改变，新闻杂志多了，作者也多起来，大抵都用别号，或者照新式即称为笔名。这个原因我从前在《谈虎集》里曾经分作三种：

其一最普通的是怕招怨。古人有言，怨毒之于人甚矣哉，现在更不劳重复申明。

其二是求变化。有些人担任一种定期刊的编辑，常要做许多文章，倘若永远署一个名字，未免要令读者觉得单调，所以多用几个别名把它变化一下。

其三是不求闻达。但是现在还得加上一条。

其四是化装。言论不大自由，有些人的名字用不出去，只好时常换，有如亡命客的化装逃难。也有所谓东瓜咬不着咬瓠子的，政治方面不敢说却来找文学方面的同行出气，这情形亦可怜悯，但其行径则有如暴客的化装吓人也。出版物愈多，这种笔名也就加多，而读者读得胡里胡涂，有时须去弄清楚了作者的本性，才能够了解他的意义。袁君编著笔名录，使读者可以参考，是极有用处的事，至于供编目者的利用，这在我不在图书馆办事过的人看来似乎倒还在其次了②。

中华民国二十四年三月十八日，记于北平。

【钟校】

①《现代作家笔名录》，袁涌进作。本文 1935. 4. 14 刊《大公报》。

②“看来似乎倒还在其次了”，“倒”原作“到”。

题杨柳风译本[①]

◇1935.11.23

◇苦竹杂记

平白兄：

每接读手书，就想到《杨柳风》译本的序，觉得不能再拖延了，应该赶紧写才是。可是每想到后却又随即搁下，为什么呢？第一，我写小序总想等到最后截止的那一天再看，而此书出板的消息杳然，似乎还不妨暂且偷懒几天。第二，——实在是写不出，想了一回只好搁笔。但是前日承令夫人光临面催，又得来信说书快印成了，这回觉得真是非写不可了。然而怎么写呢？

五年前在《骆驼草》上我曾写过一篇绍介《杨柳风》的小文，后来收在《看云集》里。我所想说的话差不多写在那里了，就是现在也还没有什么新的意思要说。我将所藏的西巴特（Sheppard）插画本《杨柳风》，兄所借给我的查麦士（Chalmers）著《格来亨传》，都拿了出来翻阅一阵，可是不相干，材料虽有而我想写的意思却没有。庄子曰，日月出矣而爝火不息，其为光也不亦微乎？《杨柳风》的全部译本已经出来了，而且译文又是那么流丽，只待人家直接去享受，于此又有何言说，是犹在俱胝和尚说法后去竖指头，其不被棒喝撵出去者盖非是今年真好运气不可也。

这里我只想说一句话，便是关于那土拨鼠的。据传中说此书原名《芦中风》。后来才改今名，于一九〇八年出板。第七章《黎明的门前之吹箫者》仿佛是其中心部分，不过如我前回说过这写得很美，却也就太玄一点了，于我不大有缘分。他的别一个题目是《土拨鼠先生与他的伙伴》，这我便很喜欢。密伦（Milne）所编剧本名曰《癞施堂的癞施先生》，我疑心这是因为演戏的关系，所以请出这位癞虾蟆来做主人翁，若在全书里最有趣味的恐怕倒要算土拨鼠先生。密伦序中有云：

> 有时候我们该把他想作真的土拨鼠，有时候是穿着人的衣服，有时候是同人一样的大，有时候用两只脚走路，有时候是四只脚。他是一个土拨

鼠，他不是一个土拨鼠。他是什么？我不知道。

而且，因为不是认真的人，我并不介意。

这话说得很好，这不但可以见他对于土拨鼠的了解，也可以见他的爱好。我们能够同样地爱好土拨鼠，可是了解稍不容易，而不了解也就难得爱好。我们固然可以像密伦那样当他不是一个土拨鼠，然而我们必须先知道什么是一个土拨鼠，然后才能够当他不是。那么什么是土拨鼠呢？据原文曰 mole，《牛津简明字典》注云："小兽穿地而居，微黑的绒毛，很小的眼睛。"中国普通称云鼹鼠，不过与那饮河满腹的似又不是一样，《本草纲目》卷五十一下列举各家之说云：

弘景曰，此即鼢鼠也，一名隐鼠，形如鼠而大，无尾，黑色，尖鼻甚强，常穿地中行，讨掘即得。

藏器曰，隐鼠阴穿地中而行，见日月光则死，于深山林木下土中有之。

宗奭曰，鼹脚绝短，仅能行，尾长寸许，目极小，项尤短，最易取，或安竹弓射取饲鹰。

时珍曰，田鼠偃行地中，能壅土成坌，故得诸名。

寺岛良安编《和汉三才图会》卷三十九引《本纲》后云：

> 案鼢状似鼠而肥，毛带赤褐色，颈短似野猪，其鼻硬白，长五六分，而下觜短，眼无眶，耳无珥而聪，手脚短，五指皆相屈，但手大倍于脚。常在地中用手掘土，用鼻拨行，复还旧路，时仰食蚯蚓，柱础为之倾，根树为之枯焉。闻人音则逃去，早朝窥拨土处，从后掘开，从前穿追，则穷迫出外，见日光即不敢动，竟死。

这所说最为详尽，土拨鼠这小兽的情状大抵可以明白了，如此我们对于“土拨鼠先生”也才能发生兴趣，欢迎他出台来。但是很不幸平常我们和他缺少亲近，虽然韦门道氏著的《百兽图说》第二十八项云，“寻常田鼠举世皆有”，实际上大家少看见他，无论少年以至老年提起鼹鼠，鼢鼠，隐鼠，田鼠，或是土龙的雅号，恐怕不免都有点茫然，总之没有英国人听到摩耳（mole）或日本人听到摩悟拉（mogura）时的那种感觉吧。英国少见蝼蛄，称之曰 mole cricket（土拨鼠蟋蟀）；若中国似乎应该呼土拨鼠为蝼蛄老鼠才行，准照以熟习形容生疏之例。那好些名称实在多只在书本上活动，土龙一名或是俗称我却不明瞭，其中田鼠曾经尊译初稿采用，似最可取，但又怕与真的田鼠相混，在原书中也本有“田鼠”出现，所以只好用土拨鼠的名称了。这个名词大约是西人所定，查《百兽图说》中有几种的土拨鼠，却是别的鼠类，在什么书中把他对译“摩耳”，我记不清了，到得爱罗先珂的《桃色的云》出板，土拨鼠才为世所知，而这却正是对译“摩悟拉”的，现在的译语也就衍袭这条系统，他的好处是一个新名词，还有点表现力，字面上也略能说出他的特性。然而当然也有缺点，这表示中国国语的——也即是人的缺少对于“自然”之亲密的接触，对于这样有趣味的寻常小动物竟这么冷淡没有给他一个好名字，可以用到国语文章里去，不能不说是一件大大的不名誉。人家给小孩讲土拨鼠的故事，“小耗子”（原书作者的小儿子的诨名）高高兴兴地听了去安安静静地睡，我们和那土拨鼠却是如此生疏，在听故事之先还要来考究其名号脚色，如此则听故事的乐趣究有几何可得乎，此不佞所不能不念之惘然者也。

兄命我写小序，而不佞大谈其土拨鼠，此正是文不对题也。既然不能做切题的文章，则不切题亦复佳。孔子论《诗》云可以兴观群怨，末曰多识于草木鸟兽之名，我不知道《杨柳风》可以兴观群怨否，即有之亦非我思存，若其草木鸟兽则我所甚欢喜者也。有人想引导儿童到杨柳中之风里去找教训，或者是正路也未可知，我总不赞一辞，但不佞之意却希望他们于军训会考之暇去稍与癞虾蟆水老鼠游耳，故不辞词费而略谈土拨鼠，若然，吾此文虽不合义法，亦尚在自己的题目范围内也。

中华民国二十四年十一月廿三日，在北平，知堂书记。

［补记］《尔雅》释兽鼠属云，鼢鼠。郭璞注云，地中行者。陆佃《新义》卷十九云，今之犁鼠。邵晋涵《正义》卷十九云："庄子《逍遥游》云，偃鼠饮河，不过满腹。今人呼地中鼠为地鼠，窃出饮水，如庄子所言，李颐注以偃鼠为鼷鼠，误矣。"郝懿行《义疏》下之六云："案此鼠今呼地老鼠，产自田间，体肥而扁，尾仅寸许，潜行地中，起土如耕。"

以上三书均言今怎么样，当系其时通行的名称，但是这里颇有疑问。犁鼠或系宋时的俗名，现在已不用，不佞忝与陆农师同乡，鲁墟到过不少回数，可以证明不误者也。邵二云亦是同府属的前辈，乾隆去今还不能算很远，可是地鼠这名字我也不知道。还有一层，照文义看去这地鼠恐有误，须改作"偃鼠"二字才能够与"如庄子所言"接得上气。绍兴却也没有偃鼠的名称，正与没有犁鼠一样，虽然有一种小老鼠俗呼隐鼠，实际上乃是鼷鼠也。

郝兰皋说的地老鼠——看来只有这个俗名是靠得住的。这或者只是登莱一带的方言，却是很明白老实，到处可以通行。我从前可惜中国不给土拨鼠起个好名字，现在找到这个地老鼠，觉得可以对付应用了。对于纪录这名称留给后人的郝君，我们也该表示感谢与尊敬。

廿五年一月十日记。

【钟校】

①《杨柳风》，英国格来亨原著，尤炳圻译。本篇1935.11.29刊《北平晨报》与收入《苦竹杂记》均题作《谈土拨鼠——为尤丙圻君题〈杨柳风〉译本》。

燕都风土丛书序[①]

◇1938. 10. 8

◇集外文

不佞从小喜杂览，所喜读的品类本杂，而地志小书为其重要的一类，古迹名胜固复不恶，若所最爱者乃是风俗物产这一方面也。中国地大物博，书籍浩如烟海，如欲贪多实实力有不及，故其间亦只能以曾游或所知者为限，其他则偶尔涉及而已。

不佞生于会稽，曾寓居杭州南京，今住北平，已有二十馀年，则最久矣。在杭州时才十三岁，得读《砚云甲编》中之《陶庵梦忆》，心甚喜之，为后来搜集乡人著作之始机，惜以乏力，至今所收不能多耳。尔后见啸园刊本《清嘉录》，记吴事而可通于两浙，先后搜得其异本四种。《藤阴杂记》《天咫偶闻》及《燕京岁时记》，皆言北京事者，常在案头。若

《帝京景物略》则文章尤佳妙，唯恨南京一略终不可得见，辜负余六年浪迹，无物作纪念也。

世变既亟，此类无益之书恐已为识者所屏弃，以时务言似亦正当，唯不佞犹未能恝然，非欲以遣有涯之生，实由心喜之故，此外亦无可解辩，但生计困难，欲读无书，正无可奈何耳。此时忽得张次溪先生书，云所编《燕都风土丛书》将次第刊行。张先生岭表世家，寄居北京有年，研究地方掌故，著述甚多，今又有此盛举，可谓难能可贵矣。在史学上价值如何重大，自有学者能言之，非闲汉所宜插嘴，不佞则但喜得有如许好书汇为一集，供爱好者之披览，此固不限于今日，唯在今日自更是珍重也。

中华民国廿七年十月八日旧中秋风雨中，周作人记于北平知堂。

【钟校】

①《燕都风土丛书》，张次溪编。

正仓院考古记序①

◇1940. 9. 30
◇集外文

不佞读大村西崖所著《正仓院志》，始知正仓院及其古物，心向往之，此已是三十年前事矣。嗣于平子铎岭书中得见二三麈尾图，又在别处见开元年款制墨影片，皆是正仓院藏物，令人惊且喜，此固是千馀年前古器物，第其用不仅限于考古，实在可以说是读书常识之一部分，现今学子亦多应知道者也。我辈谈墨上溯南唐，却亦无人见过，今明皇时墨实物尚存，且在沉香亭赋诗之前，岂非奇珍，可开眼界。自读《世说新语》，莫不知有麈尾其物，平常总以为形似拂子，然则王谢家风乃与禅和子无殊耶，正如古德执持现时如意，争能搔背，都非考查旧物，不能知其本来面目，读书作画亦便处处障碍也。夫正仓院御物在日本为国宝，其重要意义所当别论，在异国之人立场自未免稍异，不佞所最感兴味者，乃在于因诸遗物得以窥见中国过去文化之一斑，而此种种名物在中国又多已无考，日本独尚有保存，千百年后足供后人瞻仰赞叹，其为惠实大矣。若日本特殊文化，研究非易，泰西法勒耳翁辈虽有论列，今未及问津，宁从盖阙。唯古称同种同文，则语本无根，泥古而不通今，论学大忌，知或以与中国有关之资料为唯一证据，以为日本古文化即是如此，斯则陷于大谬，无一是处，有如瞽人扪烛以为是日，不但按灭烛光，抑且将灼其指矣。傅芸子先生在日本京都讲学有年，特蒙便宜，得至奈良数次参观正仓院，写成考古记一卷，将以问世，命写序文。傅先生倾倒其该博之学识与经验，以成是书，记录考证，备极详明，辅以多数图像，有益于吾国学子者极大，更奚俟不佞赘言，唯见著书主旨大段与鄙意相合，私心窃喜，因不辞固陋[2]，略述所见，用以塞责云尔。

中华民国廿九年九月三十日。

【钟校】

①《正仓院考古记》，傅芸子著。本文 1944.11.20 刊《文史》1 期。

②“因不辞固陋”，“因”原作“固”。

钱译万叶集跋[①]

◇1941. 1. 11

◇集外文

我平常自称是不懂得诗的，这原是实话，但可以加上一点解说，我所说不懂的，乃是诗的技巧，或是技巧的诗，若是诗言志那一种东西，平常人大抵多能了解，我当然可以说不是例外。我读《诗经》，最喜《国风》以及《小雅》的一部分，随便举出来，如“黍离”、“兔爰”、“氓之蚩蚩”、“谷风”、“燕燕于飞”，至今都还了了记得。其忧生悯乱之情更是与年俱增的深切感到，此正如闻神之托宣，语语打入心坎，此种真诗，人岂有不懂得者哉。亦或有人性好到处寻求国民性，可以援引《诗经》，作种种随意的说法以至宣传，唯鄙意并不如此，以为我们从文艺里只能于异中求同，在异时代或异种族的文化中寻出共通的人性来，这才觉得有意义，也即是有意思。《书经》云“诗言志”，《诗序》又云“情动于中而形于言”，然则志也就是动于中的情也。世间或曰神或曰国家，分出许多间隔来。但此只以理论，若是情则不但无隔而且无不可通，此不佞所以对于作诗与读诗的人特致敬意，以其同有通情达意之功也。

日本有《万叶集》，犹中国之《诗经》也。虽然从我们看去，其艰深难解或比《诗经》更甚，又其短歌言不尽意，索解尤不易。但如邮而通之，使我们得如读中国的古诗一样，则其所得亦将无同，所可惜者无人肯任此胜业耳。翻译之事本不易言，妙手如什师，尚言有如嚼饭哺人，长行如是，倡颂尤可知矣。往见《万叶集》英译，散文者全不像诗，韵文者又不像诗，成为英诗而非复是和歌，此中盖各有得矣，皆非译诗良法。小泉八云文中多先引罗马字对音之原诗，再附散文译其词意，此法似较佳。华顿等人编希腊女诗人萨坡逸稿，于原诗及散文译之后，依附列古今各家韵文译本，庶几稍近于理想欤。

稻孙先生对于日本的文学艺术积三十年之研究，所得甚深，而向来谦退不肯执笔，近年出其绪馀，译述日本诗歌，少少发表于杂志上。今将裒集付刊，以目录见示，则自《万叶集》选取长短歌四十四首外，尚有古今和歌俳句民谣共百五十篇。选择既广，译又复极雅正，与原诗对照，可谓尽善矣。日本与中国，本非同种亦非同文，唯以地理与历史的关系，因文化交流之结果，具有高度的东亚共通性，特别在文艺方面为多，使中国人容易能够了解与接收，其阻隔只在言语一层上，若有妙手为之沟通，此事即可成就。稻孙先生此选，以谨严的汉文之笔，达日本文的情意，能使读之如诵中国古诗，无论文情哀乐如何，总之因此引起其感兴，多得知人情之味，此正是所谓胜业，亦复功不唐捐者也。西儒有言，文学的最高贵的是在于拭去种种的界限与距离，岂不信哉。我不知诗，岂能谈译诗，今但于诗之上下四旁言之，写得数十行，聊作跋语，以表示对于译诗者之敬意云尔。

【钟校】

①《万叶集》，钱稻孙译。本文 1941.4.3 刊《新中国报》。

中国文学与日本文学序[①]

◇1942. 2. 10

◇集外文

梁盛志君毕业于北京师范大学，治史学，又留学日本，专心于中日文化交流史迹之研究，历有年所矣。近日更就文学方面，寻求两国相互之关系，编为一书，携以相示，且属作序。余年来不写文章，又俗务繁冗，亦苦无暇，唯读梁君之作，不禁有所感触，为书数行。梁君近若干年中始终致力于日本文化之研究，过去无人注意日本文化，梁君孜孜为此，正是寂寞之工作，现在几乎尽人皆言日本文化，梁君仍屹然守其故辙，此寂寞恐亦与前此不相下也。昔曾有言，在非亲日时或者觉得未免亲日，在亲日时又似乎有点不够客气了。凡对于日本事情说真实话的，永远难免此难。余读国际文化振兴会征文集中梁君之文，甚为梁君幸，但心中亦实颇为梁君危。梁君知日本颇深，而意又甚诚，故所言悉从衷心发出，在现今中国人多以日本人口吻谈日本文化之时，梁君独真率地发表其中国人的意见，其不被视为谤书者盖几希矣。乃振兴会独有取焉，审查报告中且有人云，愿得闻诚实的苦言，胜于肤泛的谀词，此不徒梁君之幸，若稍夸大言之，谓中日相知以至相和之机即基于此，亦无不可。梁君本此精神，益勉力于交互绍介之工作，为两国造百年和好之因，实为一大事，此书从文学上说明中日文化交流之事实，正是此工作之一部分，今得早日出版，大可喜也。余老而为吏，于文事日以疏远，但得见学问道上仍有安寂寞者矻矻工作，实为大幸，故写此篇以应其需，若文章之芜杂，则固已审知之矣。

中华民国三十一年二月十日。

【钟校】

①《中国文学与日本文学》，梁盛志著。本文 1944. 11. 20 刊《文史》1 期。

钱写本说文窥管后记[①]

◇1942. 5. 16

◇集外文

钱玄同先生手写《说文窥管》十四页，旧藏浙江图书馆，今不知尚存否。偶从杭州书店得照相本一份，因为影印流传，亦聊为亡友作纪念也。玄同写是书时盖在民国元年，正供职浙江教育司，余亦任视学，同住头发巷丁氏三十六峰室楼上。余既不出视，又无办公处所，常倚枕观书，所谓卧治时代是也。转眼三十年，玄同墓草已三枯荣，坐对遗编，过去事迹历历心头，曷胜惆怅。后有刘子庚先生跋语，子庚殁亦十馀年矣。跋称文之著书散佚，盖未确。文之有《柯亭子诗文集》共三十五卷，道光末所刻，子庚殆未之见也。陆氏校记补正缺文，颇有用处，唯其中亦有玄同故意改写者，须分别观之，因原本有此二纸，故仍附于末。

中华民国三十一年五月十六日，周作人记于北京之苦雨斋。

【钟校】

①《说文窥管》钱玄同写本，1942北京大学图书馆影印。

骆驼祥子日译本序①

◇1942. 9. 25

◇集外文

中国新文学之兴起，于今才二十馀年，时间还很短，成绩自然也就不能很好。大抵在多少有传统的根基存在的地方，新的成就也比较的明显，例如散文作品、小说与随笔都还相当的发达，比起诗歌戏曲来，在量与质上似均较优。这里边当然有好些原因，但是语言问题恐怕是其中重要的一个。文学中的事与理，即内容尽可随时变更，只要有“诚”存在便好，可是表现的形式假如不称心，缺少了“达”，那就不能令人领解其佳处了。小说与随笔之发达较快，并不在于内容上有传统可守，不，在这上边其实倒很有些变更了，它们的便宜乃是由于从前的文字语言可以应用，不像诗歌戏曲之须要更多的改造。中国用白话写小说已有四五百年的历史，由言文一致渐进而为纯净的语体，在清朝后半成功的两部大作可为代表，即《红楼梦》与《儿女英雄传》。现代的小说意思尽管翻新，用语有可凭借，仍向着这一路进行，至老舍出，更加重北京话的分子，故其著作正可与《红楼》、《儿女》相比，其情形正同，非是偶然也。竹中先生精通中国文学与世相，近来费其一年馀之光阴，尽心力以翻译老舍所著的《骆驼祥子》，殆亦着眼于此。近日译成付梓，征序于余，余久不读新文学书，今但就感想所及，写此数行，聊以塞责，若关于文学批评，则当俟之识者，非鄙人之力所得及也。

中华民国三十一年九月二十五日于北京，周作人识。

【钟校】

①《骆驼祥子》，老舍著，日文本译者为竹中氏。本文 1942. 10 刊《万人文库 · 十月文园》。

汤尔和先生序①

◇1942. 9. 30

◇集外文

幼松君以所写《汤尔和先生》一书见示，嘱写小序，余久不作文，然不敢辞也。汤先生是我们留学日本的同乡前辈之一人，本来前辈很不少，有些也都奔走国事以至于殁，一样的可纪念，但是我对于汤先生觉得特别有所感服，则以汤先生乃是医家也。《汉书·艺文志》曰，盖论病以及国，原诊以知政。原来医术通于治道。古人又云，不为良相，则为良医。盖医乃仁术，以解救疾苦为职志，即是圣王之用心，又博通物理与人性，由此出发以向学问艺术，皆能有深远的发展。此是世间周知的事实，汤先生亦正是很好的例。汤先生一生中治学与为政相半，其参与政事的期间差不多也仍是医师的态度，所谓视民如伤，力图救护，若是办学则三十馀年来与医学不曾脱离，中国现在仅有的一点医药新学问的基础，可以说全是由汤先生建筑下来的。我尝想人类最高的文化无疑的是医学，因为人类最高的道德思想是仁，而医学乃是惟一的救人的学术。我们看汤先生一生行事彻头彻尾是一个医家态度，即此可知其伟大之所在了。幼松君能以朴实而流丽之笔，把汤先生的事迹记述出来，很值得我们的称赞与爱读，但是这又与一般通行的法国派传记小说不同，形式虽似故事，所记事迹却都是实在，从家族中得来者，此点又极可珍重。我很愿意对于读者报告一声，请大家注意者也。

中华民国三十一年九月三十日，周作人识于北京。

【钟校】

①《汤尔和先生》，北京亚东书局 1942. 10 出版。

白川集序[①]

◇1942. 10. 18

◇集外文

我认识傅芸子君已有十年，现在北京图书馆及北大文学院任职，更朝夕可相见，但是提及傅君，总即令人想到北白川，这是很有意思的一件事。傅君客日本京都甚久，居于白川之滨，我们平时通讯写熟了这地名，现在傅君结集居东所作文章，题曰《白川集》，觉得这名字是再适切也没有的了。傅君为人敦厚温雅，日本语所谓美也比远，此可云都人士也。其在日本京都与在中国北京同样的相宜，其所研究者为两国之艺文文物，又特注重于相互之关系，如俗语有之，此宁非宝剑赠与钟馗耶。今人盛唱文化交流，此诚为当务之急，唯文化交流其实是古已有之，其年月固甚长远，其成绩因之亦更广大，非后人所能企及。近世中国之注意日本事情者，固亦大有人赞叹其固有之美，然太半对于过去两国间之文化交际特致其留连欣慕之意，实例至多，即傅君此集，其用意盖与《正仓院考古记》相同，亦正可为最近的一好例子也。窃意异民族间文化相通，自亦各有其饱和之度，今言中日文化交流，似不重在互为炫售，第一当谋情意之交通，如是则言昔年相互之关系，或今日各自之殊异，其用处均极大，学术艺文之书而有外交政治之用，谅当为东亚国士所许可欤。我愿傅君或继此而更有《北海集》之作，以北京为中心，为乡土研究之探讨，此于傅君亦是极适切之胜业，且与以前工作相合正如鸟之两翼。古人有言，得陇而望蜀，此殆人之常情，幸傅君勿笑也。

中华民国三十一年十月十八日，周作人识于北京。

【钟校】

①《白川集》，傅芸子著。本文1944.11.20刊《文史》1期。

文史丛著序[①]

◇1943. 1. 12

◇集外文

谢刚主先生以所撰《文史丛著》见示，属写小序，不佞于专门史学系门外汉，何敢赞一词，唯重违谢先生之雅意，若承允许以不切题的文章缴卷，则亦何敢固辞。不佞平日喜杂览，对于四部各有部分的兴趣，又曾闻先贤有六经皆史之语，觉得凡所涉猎亦悉是有用的史料，不特有时想用作解嘲之词，亦实欲以自勉，期于下笔矜慎，无失学问之本意耳。中国史字古文为手执册，西洋则推源于古希腊语，谊云研求，实为学问之总体，此二义夙为不佞所喜，盖就自然万物寻其现像与原则，世称科学，就文献以求其因革之迹，是为历史，史与学其实是一而二，若人文科学则正是史之正名也。我看中国杂书，感觉一种不满，可称之曰史的常识之缺乏，此盖由于史学之太专门化，书既浩瀚难读，学者所致力又多在年代职官之末，遂渐与生活游离，艰于自立，遑论及物。能惧思者当知及今之世复兴史学实为要图，而文史撰述凡有利于此事者，流传推广，亦不容缓。往年读《心史丛刊》三集，以史事为材料，写为随笔，合知识趣味为一，至可益人神智，念之至今未忘。今见谢先生此著，其佳处亦正相同。谢先生尝从心史先生游，又曾闻任公静庵诸先生之绪论，有所著述，自能集三先生之长，裨益学子非浅鲜，抑亦庶几足以补从来之缺憾，满足时代之要求，其责任尤大矣。

中华民国三十二年一月十二日，记于北京。

【钟校】

①《文史丛著》，谢国桢著。本文 1944. 11. 20 刊《文史》1 期。

文史通义逸文二篇跋[①]

◇1943. 1. 21

◇集外文

右《文史通义》逸文二篇，其一《士习》，据嘉业堂刘氏刻本《章氏遗书》目录，列卷五《文史通义》内篇五，其二《与孙渊如观察论学十规》，列卷七《文史通义》外篇一，均注云："王目有，文缺。"按目录中注文缺者共有十二篇，后刘氏刻《补遗》一卷，所缺已十得八九，唯此二篇终未能得。刘君附识，有"异日当广为搜辑，以更期无憾"之语。

兵火以后，浙中书籍散出，偶从杭州购得安越堂平氏旧藏杂书若干种，中有十万卷楼王氏抄本《实斋全集》十六册，于第五第九两册中，乃发见右记逸文二篇居然在焉。因谋诸瞿兑之先生，倩人写出，在编译馆刊上发表，以快先睹。

寒斋藏平景孙手抄《实斋杂文》数卷，有《丙辰山中草》篇目，实斋自识及臧镛堂识语已刻入刘氏《补遗》，篇目则未前见。将来如有机缘，颇欲据目辑文，付之剞劂，不独可复《山中草》之旧观；其中有《论学十规》、《古文十弊》诸篇，诚如臧君所言，精细入神，切中文学之弊，即在现代亦是切实有用之作也。

中华民国壬午大寒节[②]，知堂记于北京。

【钟校】

① 郑炳纯先生抄自《国立编译馆馆刊》1943 第 5 期。

②“民国壬午大寒节”即 1943. 1. 21。

樱花国歌话小序[①]

◇1943. 1. 30

◇集外文

钱稻孙先生译日本《爱国百人一首》既成，易名《樱花国歌话》，将付印刷，命鄙人序其端。关于日本诗歌之鉴赏，解说，翻译，为事择人，无过钱先生者，鄙人于此何能赞一辞。唯以私交论，重违钱先生之雅意，又不可以无言，则仍以不切题法出之，故虽似序而实不成其为序也。此选原名《爱国百人一首》，盖仿照通行的《小仓百人一首》之形式，而专取爱国的诗歌，作者百人，人各一首，故名。鄙人少时涉猎西洋近世文学评论，颇不喜政治文学，以其无永久性，又易雷同，故似欠真实，反观本国著作正亦如是，拙性顽固，至今未改此意。唯此乃非所论于日本，日本有其特殊之处，不可与他民族等论者，爱国诗其一也。日本之国体特殊，因地理历史种种关系，人民特具尊王爱国之热诚，与别国不同，其发现于文学正是当然。尝观俳人中如芭蕉者，本属武士，或不足异，一茶则是真正老百姓，而亦多有爱国之句，故知此实为其一种国民性，吾辈外国人不可不知者也。钱先生此译，根据彼邦学者公选定本，古用古语，今从今体，达旨造词，备极美善，以此一卷包举日本爱国精神，绍介于中国，诚为有益之事。抑由此言之，此选乃是史书，作者披其赤心示人，如岳鹏举之《满江红》，文文山之《正气歌》，读者当正襟危坐对之，有如读忠义列传，不只作文学观。原本“百人一首”之名，令人联想日本之歌牌，为新年儿女之玩具，译本今易其名称，允矣。

中华民国壬午岁不尽五日，周作人识于北京。

【钟校】

①《樱花国歌话》，钱稻孙译，1943 年 5 月出版。

枝巢四述序[①]

◇1943. 2. 24

◇集外文

目前有一件事，本极重要切实，而世间容易忽略或忘却，忽略忘却时甚不成话，而郑重提出来说，又太平凡了，或者觉得可笑，此亦是大奇也。此一事为何，即中国文用汉字所写，是也。中国人用汉字是历史的事实，但是这在中国民族与文化的统一上又极有重大的意义，所以今后关于国文学之研究或创作，我们对于汉字都应特别加以认识与重视。四五年前曾写过一篇《汉文学的传统》，里边有这样的几句话：

> 汉字这东西与天下的一切文字不同，连日本与朝鲜在内。他有所谓六书，所以有像形会意，有偏旁，有所谓四声，所以有平仄。从这里，必然的发生出好些文章上的花样来。这里除了重对偶的骈体，讲腔调的古文之外，还有许多雅俗不同的

玩艺儿，例如对联，诗钟，灯谜，是雅的一边，急口令，笑话，以至拆字，要归到俗的一边去了，可是其生命同样的寄托在汉字上，那是很明显的。我们自己可以不会做诗钟之类，但是不能无视他的存在和势力，这会得向不同的方面出来，用了不同的形式。近几年来大家多改写白话文，仿佛是变换了一个局面，其实还是用的汉字，仍旧变不到那里去，而且变的一小部分里因革又不一定合宜，很值得一番注意。白话文是散文中之最散体的，难以容得骈偶的辞或句，但腔调还是用得着，因了题目与笔者的不同，可以把《古文观止》或《东莱博议》应用上去，结果并没有能够比从前改好得多少，只看洋八股这名称，即是确证。据我看来，这因革实在有点儿弄颠倒了。我以为我们现在写文章，重要的还是努力减少那腔调，要与八股策论愈相远愈好。至于骈偶倒不妨设法利用，因为白话文的语汇少欠丰富，句法也易陷于单调，从汉字的特质上去找出一点妆饰性来，如能用得适合，或者能使营养不良的文章增加点血色，亦未可知。不过这里的难问题是在于怎样应用，我自己还不能说出办法来，但是我总以为这意见是对的，假如能够将骈文的精华应用一点到白话文里去，我们一定可以写出比现在更好的文章来。

以上所说多偏于写作，在研究上也正是同一道理，总之离不开汉字，故关于汉字的性质及由此发生之文章上各种变化式样，我们须得了知大概，这才可以着手于研究或写作的工作。这类预备知识，现今不易获得，这是一种困难。但是现在《枝巢四述》出版，也就可以补此缺恨，鄙人根据上述的私见，深信此书之公刊不独有益于在校的学子，即于国文学前途亦至有关系。枝巢先生学问渊深，著作宏富，《啸盦诗词文稿》及《旧京琐记》各种均已梓行，曾得快读，此“四述”者乃近年授徒之作，就骈文诗词曲四门，详为说明，在先生虽只是绪馀，但其意义则至重大。鄙人尝言，名山事业未足为奇，唯能以法施人，念及童蒙，委曲敷说，斯乃胜业，值得赞叹耳。窃本此意，为《枝巢四述》作跋语，至于言之不文，固自知之，亦正不能计也。

周作人识于北京，三十二年二月二十四日。

【钟校】

①《枝巢四述》，夏仁虎（字蔚如，号枝巢子，1874—1963）著，1943 刊于北京。

谈新诗序[①]

◇1944. 7. 20

◇立春以前

这一册《谈新诗》是废名以前在北京大学讲过的讲义，黄雨君保存着一份底稿，这回想把他公开，叫我写篇小序，这在我是愿意也是应当的。为什么呢，难道我们真是想要专卖废名么，那未必然。这也只因为我对于这件事多少更知道一点罢了。废名在北京大学当讲师，是胡适之兼任国文学系主任的时候，大概是民国二十四年至二十六年。最初他担任散文习作，后来添了一门现代文艺，所讲的是新诗，到第三年预备讲到散文部分，卢沟桥的事件发生，就此中止，这是很可惜的一件事。新诗的讲义每章由北大出版组印出之先，我都见过，因为废名每写好了一章，便将原稿拿来给我看，加上些意见与说明。我因为自己知道是不懂诗的，别无什么可否，但是听废名自讲[2]或者就是只看所写的话，也觉得很有意思，因为里边总有他特别的东西，他的思想与观察。废名自己的诗不知道他愿意不愿意人家拿来出版，这册讲新诗的讲义本来是公开的，现今重刊一回，对于读者有不少益处，废名当然不会有什么异议吧。

废名这两年没有信来，不知道他是否还在家里，五月里试寄一张明信片去，附注上一笔请他告知近况。前几天居然得到回信，在路上走了不到二十天，这实在是很难得的。既然知道了他的行踪，也就可以再寄信去，代达黄雨君的意思，不过回答到来恐怕要在《谈新诗》的出版以后了吧。来信里有一部分关于他自己的生活，说的很有意思：

> 此学校是初级中学，因为学生都是本乡人，虽是新制，稍具古风，对于先生能奉薪米，故生活能以维持也。小家庭在离城十五里之祠堂，距学校有五十里，且须爬山，爬虽不过五里，五十里路惟以此五里为畏途耳。

后面又说到学问，对于其同乡之熊翁仍然不敬，谓其《新唯识论》一书站脚不住矣，读了觉得很有趣。末了说“于春间动手著一部论，已成四章，旋因教课少暇，未能继续，全书大约有二十章或多，如能于与知堂翁再见时交此一份卷，斯为大幸。”废名的厚意很可感，只是《肇论》一流的书我生怕看不大懂，正如对于从前信中谈道的话未能应对一样，未免将使废名感觉寂寞，深以为歉耳。

民国甲申七月二十日，知堂记于北京。

【钟校】

①《谈新诗》，废名著。

②“听废名自讲”，“听”原作“讲”。

文载道文抄序[①]

◇1944.8.8

◇立春以前

民国二十六年卢沟桥事件发生，中国文化界遭逢一回大难，就我们所知道的说来，黄河以及长江两岸的各地当时一切文化活动全都停止，文艺界的烟消火灭似的情形是大家熟知的最好的例。这是当然的。正如日本东乡大将说过的一句有名的话，因为这是战争呀。可是，这文化上的伤痍却是痊愈得意外的快，虽其痊愈的程度固亦有限，要说恢复也还是很远。在北京，自《朔风》以后，文艺刊物逐渐出来，上海方面则有《古今》《杂志》《风雨谈》等，还有些我们所不曾见到的，出得更多也更是热闹。这些的内容与其成绩，且不必细细分解，就只看这吃苦忍辱，为希求中国文化复活而努力的情形，总之可以说是好现像。这岂不即是中国民族生活力强韧之一种表示么？

在上海南京刊行的杂志上面，看见好些作者的姓名，有的是从前知道的，有的是初次见到，觉得很愉快，这正有如古人所说的旧雨今雨吧。在今雨中间，有两位可以提出来一说，这便是纪果庵与文载道。这里恰好有一个对照，纪君是北人，而文君乃是南人，纪君是真姓名，而文君乃是笔名，——严格的说，应当称为文载道君才对，因为文并不是尊姓。但是同时也有一点交涉，因为两君所写大文的题材颇有相近之处。纪君已出文集名曰《两都集》，文君的名曰《风土小记》，其中多记地方习俗风物，又时就史事陈述感想，作风固各有特色，而此种倾向则大抵相同。鄙人在南京当过学生六年，后来住家北京亦已有二十八年了，对于两都一样的有兴趣，若浙东乃是故乡，我拉（ngala）宁绍同乡，盖钱塘江分界，而曹娥江不分界，遂一直接连下去，土风民俗相通处尤多。自己平常也喜欢写这类文章，却总觉得写不好，如今见到两家的佳作那能不高兴，更有他乡遇故知之感矣。读文情俱胜的随笔本是愉快，在这类文字中常有的一种惆怅我也仿佛能够感到，又别是一样淡淡的喜悦，可以说是寂寞的不寂寞之感，此亦是很有意思的一种缘分也。

一般做举业的朋友们向来把这种心情的诗文一古脑儿的称之曰闲适，用现今流行语来说，就是有闲云云。《癸巳存稿》卷十二《闲适语》一则云：

> 秦观词云，醉卧古藤阴下，了不知南北。王铚《默记》以为其言如此，必不能至西方净土，其论甚可憎也。……盖流连光景，人情所不能无，其托言不知，意更深曲耳。

俞理初的话本来是很不错的，我只补充说明，闲适可以分作两种。一是安乐时的闲适，如秦观张雨朱敦儒等一般的多是，一种忧患时的闲适，以著书论，如孟元老的《梦华录》，刘侗的《景物略》，张岱的《梦忆》是也。这里边有的是出于黍离之感，有的也还不是，但总之是在一个不很好的境地，感到洪水在后面，对于目前光景自然深致流连，此与劫馀梦想者不同，而其情绪之迫切或者有过无不及，也是可有的事。这固然只是忧患时文学的一式样，但文学反正就是这点力量，即便是别的式样也总还差不多，要想积极的成就事功，还须去别寻政治的路。近读武者小路氏的小说《晓》，张我军君译作“黎明”，第一回中有一节话云：

> 老实说，他也常常地感觉，这个年头儿是不是可以画着这样的画？可是，不然的话，做什么好

呢？像我这样的人，岂不是除了拿着诚实无匹的心情来作画以外没有办法的么？

这里我们也正可以引用，来做一个说明。不管是什么式样，只凭了诚实的心情做去，也就行了。说是流连光景，其对像反正也是自己的国与民及其运命，这和痛苦流涕的表示不同，至其心情原无二致，此固一样的不足以救国，若云误国，则恐亦未必遽至于此耳。

文君的第二集子曰《文抄》，将在北京出版，属题数语为之喤引。鄙人误入文人道中，有如堕贫，近方力求解脱，洗脚登岸，对于文事戒不复谈，唯以文君著作读过不少，此次刊行鄙人又参与拉纤之工作，觉得义不容辞，拉杂书此，只图凑起数百字缴卷而已，别无新义想要陈说也。

中华民国三十三年八月八日，知堂。

【钟校】

①《文抄》，文载道（金性尧）著。本文 1944.9.1 刊《古今》54 期。

茶之书序[①]

◇1944. 11. 20

◇立春以前

方纪生君译冈仓氏[②]所著《茶之书》为汉文，属写小序。余曾读《茶之书》英文原本，嗣又得见村冈氏[③]日本文译本，心颇欢喜，喤引之役亦所甚愿，但是如何写法呢。关于人与书之解释，虽然是十分的想用心力，一定是挂一漏万，不能讨好，唯有藏拙乃是上策，所以就搁下来了。近日得方君电信，知稿已付印，又来催序文，觉得不能再推托了，只好设法来写，这回却改换了方法，将那古旧的不切题法来应用，似乎可以希望对付过去。我把冈仓氏的关系书类都收了起来，书几上只摆着一部陆羽的《茶经》，陆廷灿的《续茶经》，以及刘源长的《茶史》。我将这些书本胡乱的翻了一阵之后，忽然的似有所悟。这自然并不真是什么的悟，只是想到了一件事，茶事起于中国，有这么一部《茶经》，却是不曾发生茶道，正如虽有《瓶史》而不曾发生花道一样。这是什么缘故呢。中国人不大热心于道，因为他缺少宗教情绪，这恐怕是真的，但是因此对于道教与禅也就不容易有甚深了解了罢。这里我想起中国平民的吃茶来。吃茶的地方普通有茶楼茶园等名称，此只是说村市的茶店，盖茶楼等处大抵是苏杭式的吃茶点的所在，茶店则但有清茶可吃而已。茹敦和《越言释》中店字条下云：

> 古所谓坫者，盖垒土为之，以代今人卓子之用。北方山桥野市，凡卖酒浆不托者，大都不设卓子而有坫，因而酒曰酒店，饭曰饭店。即今京师自高粱桥以至圆明园一带，盖犹见古俗，是店之为店，实因坫得名。

吾乡多树木，店头不设坫而用板桌长凳，但其素朴亦不相上下，茶具则一盖碗，不必带托，中泡清茶，吃之历时颇长，曰坐茶店，为平民悦乐之一。士大夫摆架子不肯去，则在家泡茶而吃之，虽独乐之趣有殊，而非以疗渴，又与外国入蔗糖牛乳如吃点心然者异，殆亦意在赏其苦甘味外之味欤。红茶加糖，可谓俗已。茶道有宗教气，超越矣，其源盖本出于禅僧。中国的吃茶是凡人法，殆可称为儒家的，《茶经》云，啜苦咽甘，茶也。此语尽之。中国昔有四民之目，实则只是一团，无甚分别，搢绅之间反多俗物，可为实例。日本旧日阶级俨然，风雅所寄多在僧侣以及武士，此中同异正大有考索之价值。中国人未尝不嗜饮茶，而茶道独发生于日本，窃意禅与武士之为用盖甚大。西洋人读茶之书固多闻所未闻，在中国人则心知其意而未能行，犹读语录者看人坐禅，亦当觉得欣然有会。一口说东洋文化，其间正复多歧，有全然一致者，亦有同而异，异而同者，关于茶事今得方君译此书，可以知其同中有异之迹，至可忻感，若更进而考其意义特异者，于了解民族文化上亦更有力，有如关于粢与酒之书，方君其亦有意于斯乎。

中华民国三十三年十一月二十日。

【钟校】

①《茶之书》原本为英文，方纪生自日译本转译。

② 冈仓氏：冈仓觉三（1863—1913），即冈仓天心，英文 *The Book of Tea* 的作者。

③ 村冈氏：村冈博，1929 年将 *The Book of Tea* 译为日文《茶の本》在东京出版。

沙滩小集序[①]

◇1944. 12. 7

◇立春以前

民国三十三年阴历岁次甲申，但是阴阳历稍有参差，所以严格的说，甲申年应该是从三十三年一月廿五日起，至三十四年二月十一日止才是。这在民国除了是第一次的甲申年以外别无什么意义，可是在以前的历史上，这甲申年却不是寻常的年头儿，第一令人不能忘记的是三百年前崇祯皇帝煤山的事，其次是六十年前中法战役马江的事。青年朋友不喜欢看历史的人或者不大想到亦未可知，我们老一辈的比较更多经忧患，这种感觉自更痛切，鄙人恰巧又是在这一年里降生的，多年住在北京，煤山就在城内，马江虽只是前辈参加，自己是曾身列军籍的，也深感到一种干系。中国人自己不争气，最近这几百年情形弄得很不像样，差不多说不出有哪一年比较的可以称赞，不过特别是我辈甲申生的人想起来更是丧气罢了。在这时候，有友人们想集刊文章，给我作还历的纪念，这在我是万不敢当，而且照上述情形说来，也是很不相称的。不过朋友们的好意很可感激，大家各写一篇文章来汇刊一册，聊以纪念彼此的公私交谊，未始不是有意义的事，虽然交际的新旧不等，有的还不曾相见过，但交谊还是一样，这也觉得很有意思。此集由傅芸子君编辑，名称商量很久，不容易决定，傅君当初拟名为《汉花园集》，本来也很好，但是仔细考虑，汉花园是景山东面的地名，即旧北京大学所在地，其门牌但有一号，只大学一家，怎好霸占了来，固然未必有什么商标权利问题，总之我们也自觉得不好意思。由汉花园再往西南挪移几步，那里有一条斜街，名曰沙滩，倒还不妨借用，于是便称之曰《沙滩小集》。本来想用"沙滩偶语"四字，似乎比较有风趣，但是据故事的联想，偶语未免有点儿违碍，所以终于未曾采用。这里沙滩以地名论固可，反正我们这些人在沙滩一带是常走过的，若广义的讲作沙的滩，亦无不可，在海边沙滩上聚集少数的人，大概也就是二三十名吧，站着蹲着或是坐着，各自说他的故事，此亦大有意义，假如收集为一册书，岂不是有趣味的事，与《十日谈》可以相比么。意大利那时是瘟疫流行，绅士淑女相率避难，在乡村间暂住，闲话消遣，乃得百篇故事，此《十日谈》之本事也。中国现今也正在兵火之中，情形有点相像，人们却别无可逃避之处，故欲求海滨孤岛，蛰居待旦，又岂可得，在这时候大家不能那么高兴的谈讲，那也是当然的了。这集里所收的文章都是承朋友们好意所投寄，也有我自己的混杂在内，我不便怎么说谦逊或是喝彩的话，但总之是极诚实的表示出自己，也表示出在这乱世是这么的还仍在有所努力，还想对于中国有所尽心，至于这努力和尽心到底于中国有何用处，实在也不敢相信。其次，大家合起来出这样一册小集，还有一种意思，便是庄子所说的鱼相濡以沫。这一层意思，我觉得倒是极可珍惜的。

中华民国三十三年十二月七日，周作人撰。

【钟校】

①《沙滩小集》，傅芸子编，是纪念周作人六十岁的一部文集。

银茶匙引言①

◇1945. 1. 15

◇集外文

在《岩波文库》里得到一本中勘助（Naka Kansuke）的小说《银茶匙》（*Ginno Saji*），很是喜欢。这部小说的名字我早知道，但是没有地方去找。在铃木敏也所著文艺论抄《废园杂草》中有一篇《描写儿童的近代小说》，是大正十一年（一九二二）暑期讲习会对小学教员所讲的，第六节曰《幼时的影》，这里边说到《银茶匙》，略述梗概之后又特别引了后篇的两节，说是教员们应当仔细玩味的部分。铃木氏云：

> 现今教育多注全力于建立一种偶像，致忘却真实的生命，或过于拘泥形式，反不明了本体在于那边，这些实是太频繁的在发生的问题。总之那珂氏（案此系发表当时著者的笔名，读音与“中”相同。）这部著作是描写儿童的近代小说中最佳的一种，假如读儿童心理学为现在教员诸君所必需，那么为得与把握住了活的心灵之现实相去接

触，我想劝大家读这《银茶匙》。

但是《银茶匙》我在以前一直未能找到，因为这原来是登在东京《朝日新闻》上的，后来大约也出过单行本，我却全不清楚。关于中勘助这人我们也不大知道，据岩波本和辻哲郎的解说云：

中氏在青年时代爱读诗歌，对于散文是不一顾视的。最初在大学的英文学科，后转入国文学科毕业。其时在日本正值自然主义的文学勃兴，一方面又是夏目漱石开始作家活动的时候。但中氏毫不受到这两方面的影响，其志愿在于以诗的形式表现其所独有的世界，而能刺激鼓动如此创作欲的力量在两者均无有也。中氏于是保守其自己独特的世界，苦心思索如何乃能以诗的形式表现出来。可是末了终于断念，以现代日本语写长诗是不可能的事，渐渐执笔写散文，虽然最初仿佛还感着委屈的样子。这样成功的作品第一部便是《银茶匙》的前篇。时为明治四十五年（一九一二）之夏，在信州野尻湖畔所写，著者年二十七岁。

最初认识这作品的价值的是夏目漱石氏。漱石指出这作品描写小孩的世界得未曾有，又说描写整洁而细致，文字虽非常雕琢却不可思议地无伤于真实，文章声调很好，甚致赞美。第二年因了漱石的推荐，这篇小说便在东京《朝日新闻》上揭载出来。在当时把这作品那么高的评价的人除漱石外大约没有吧。但是现在想起来，漱石的作品鉴识眼光②确实是很透彻的。

《银茶匙》的后篇是大正二年（一九一三）之夏在比睿山上所写。漱石看了比前篇还要高的评价，不久也在同一新闻上揭载出来了。

查《漱石全集》第十三卷“续书简集”中有几封信给中氏的，其中两三封关于他的小说，觉得颇有意思，如大正二年三月二十一日信云：

来书诵悉。作者名字以中勘助为最上，但如不方便，亦无可如何。那迦，奈迦，或勘助，何如乎？鄙人之小说久不结束，自以为苦，且对兄亦甚抱歉，大抵来月可以登出亦未可料。稿费一节虽尚未商及，鄙人居中说合，当可有相当报酬，唯因系无名氏故，无论如何佳妙，恐未能十分多给，此则亦希预先了知者耳。

又大正三年十月二十七日信云：

病已愈，请勿念。前日昨日已将大稿读毕，觉得甚有意思。不过以普通小说论，缺少事件，俗物或不赞赏亦未可知。我却很喜欢，特别是在病后，又因为多看油腻的所谓小说有点食伤了，所以非常觉得愉快。虽然是与自己隔离的，却又仿佛很是密合，感到高兴亲近。坏地方自然也有，那只是世俗所云微疵罢了。喜欢那样性质的东西的人恐怕很少，我也因此更表示同情与尊敬。原稿暂寄存还是送还，任凭尊便。草草不一。

这一封信大约是讲别的作品的，但是批评总也可以拿来应用。中氏是这样一个古怪的人，他不受前人的影响，也不管现在的流行，只用了自己的眼来看，自己的心来感受，写了也不多发表，所以在文坛上几乎没有地位，查《日本文学大辞典》就不见他的姓名，可是他有独自的境界，非别人所能侵犯。和辻氏说得好：

著者对于自己的世界以外什么地方都不一看，何况文坛的运动，那简直是风马牛了。因此他的作品也就不会跟了运动的转移而变为陈旧的东西，这二十五年前所作的《银茶匙》在现今的文坛上拿了出来，因此也依然不会失却其新鲜味也。

我得了这部《银茶匙》，与文泉子的《如梦记》同样的喜欢，希望把它翻译出来，虽然也知道看惯了油腻的所谓小说的人未必赞赏，不过是想尽我野人献芹的微意而已。《如梦记》总算译成了，这部《银茶匙》分量稍多，便有点怕懒不敢动手，想劝诱别人来做，也不能成功，随后丰一愿意试试看，便由他拿去译述。译稿完成之后，想查阅一遍，再设法发表，可是搁在寒斋的壁厨里已是两年，一直未曾校阅，这回因为把希腊神话暂时中止，想拿这书来补白，看了几节，先行发表，读者如能在这里看到一点近代日本儿童生活的情景，因而对于本国的儿童生活也感到兴趣，加以思量，总是有益的事，鄙人屡次三番将《银茶匙》拿出来介绍的本愿也可以算是达到了。

写《银茶匙》的中氏我仍是佩服尊敬，但是中日事变以后仿佛见过他的好些诗，我不能不表示可惜。这些事固然可以不论，不过我既然介绍推重，这里不得不表明一个界限，我是佩服中氏所著的《银茶匙》一书，若是诗人的中氏，则非鄙人之所知矣。

民国三十四年一月十五日，知堂记于北京。

【钟校】

① 1945.1刊《艺文杂志》1、2期合刊。《银茶匙》，日本中勘助著，周丰一译。

② “鉴识眼光”，原无“光”字，今增。

虎牢吟啸序①

◇1948. 3. 13
◇集外文

孔子删诗之说，现代学者不大有人相信，但儒家很重诗与礼，那是没有问题的。孔子论诗的话，最具体的是《阳货》篇的这一节：曰，“可以兴，可以观，可以群，可以怨，迩之事父，远之事君，多识于鸟兽草木之名。”这是站在学诗的立场说的，诗的用处大概也就是《子路》篇中所说的从政及专对等事，便是多识也还是实用方面的，若是通彻主客两边，就诗的性质有所发明的，我想那是第四项的怨吧。要来说明这意思，最好是借用孟子现成的话。《告子》篇下记孟子批评高叟说诗，有曰：

> 有人于此，越人关弓而射之，则己谈笑而道之，无他，疏之也；其兄关弓而射之，则己垂涕泣而道之，无他，戚之也。《小弁》之怨，亲亲也；亲亲，仁也。

后面又申明之曰：“亲之过大而不怨，是愈疏也；亲之过小而怨，是不可矶也。”孔孟的话都是伦理的教训，这里却把诗之文艺的性质也说明在内了。本来诗就只是怨。《诗序》云，情动于中而形于言。情原兼括哀乐，但欢愉之词难工，三百篇首亦有《关雎》《桃夭》，而感人最深者还是《绿衣》《谷风》《黍离》《兔爰》诸篇。人惟不能忘情，故不能无所怨嗟，所道固一人之言，而所寄者则万人之情也。个人在宇宙间，只是沧海之一滴，太仓之一粟，惟其所代表者乃永劫及无边的人生，是乌可以无言乎。人有所怨，可以为诗，抑亦圣人之所取者也。

胡逸民先生壮年奔走革命，民国建立后曾司狱政，并任南京监狱事，今乃以事被幽于老虎桥，忽尔下阶，几同入瓮，处境如此，可以怨矣。时值乱世，会逢百罹，处此境者不止胡先生一人，惟千万人有此情意而不能言，代言者乃不可少，此亦是能言者之责任。国乱民困，有沦胥及溺之惧，及今不言，对于祖国是愈疏也。孔子曰："诵诗三百，授之以政，不达，虽多亦奚以为。"诗有益于治道，乃为不虚，胡先生之作，庶足以当之矣。

三十七年三月十三日，会稽周作人序。

【钟校】

①《虎牢吟啸》，南京老虎桥狱中诗，胡逸民著。

我与江先生序[①]

◇1948. 12. 7

◇集外文

胡逸民先生拿了所著的《我与江先生》稿本一册给我看，问有什么意见，可以写一篇序也好。胡先生是我的浙东同乡，可是以前不曾见过，至去年他以被人诬陷入狱，这才相识。我看他是个实行家，也是理想家，很重意气，好议论，平常虽然不事著述，这一年来却写了不少东西，有诗，有小说，有笔记，一共总有几十万字，这一部乃是最近的作品。胡先生在这书里写的是他与江亢虎先生在这一年中的交际言行，他们两人的案情，推论到中国司法的毛病与监狱的缺点，不但抉发的很彻透，也富于改革的积极的精神，这是很可佩服的事。胡先生自己在过去曾经办理过许多监狱与司法事务，凭了他的理想与人道主义，一定是有很好的成绩，但是这都没有多大用处，直要等到他老人家亲身关在监狱里，受到法官的审判，这才深切的觉到它的毛病与缺点在那里，把握着了问题的核心，由此可知从上至下的改善是多么空虚，不是阅历过来身受其害的人是无能为力的。胡先生写此书的热诚毅力我甚是钦佩，但理想终是理想，议论亦只是议论，要使得它转变成事实，这里存在着很大的困难。中国有些事情的毛病固然有许多是由于法之不良，却有更多的原因我想是在于人的上面。至于人的问题却亦未可全归罪于张三李四的个人，他们只是被无形的势力所牵线的傀儡，就是作恶也不是出于自己的意志的。

所谓无形的势力是什么呢？我想这可以分作两项，其一是八股精神，其二是三纲主义是也。这里八股并不单指明清时代的四书文，乃是说从唐朝以来由科举制度训练出来的一种本领，凡是一切官样文章、敷衍搪塞、投机取巧、颠倒黑白、舞文弄墨等等，都是其中的成分。现今差不多没有人会做八股了，但是这一套东西却由精神上遗传了下来，至今一点儿都没有改变。三纲主义自汉朝至今已有二千多年的寿命，向来为家天下政策的基本原理，而其根柢则是从男子中心思想出来的。因为女人是男子的所有，所生子女也自然归他所有，这是第二步，至于君与臣的关系，则是援夫为妻纲的例而来，所以算是第三步了。中国早已改为民国，君这一纲已经消灭，论理三纲只存其二，应该垮台了，事实却并不然，这便因为它的主纲存在，势力还是丝毫没有动摇。我们看孔孟书中并无臣子为君死节之话，汉朝虽重气节，却是侠义这一路，自是男子汉的立场，与后来的妾妇之道全不相同。大概由唐经过两宋，这种思想乃见确立，根深蒂固，以至于今。一般男子平居畜婢妾，狎娼妓，视为故常，一旦有变故，自己无力庇护，唯期望诸妇女一齐自裁，免致昔所宝玩之物更落人手，以为旧主人羞，一面更可以博得旌表，以光耀门间，此种心理无间今昔普遍存在，殆无可疑。君主对于臣民，责以守节死难，即系依据同一原理。社会上未必悉是尊王的人，唯以自己的男子中心思想为主，推己及人，自有同感，故对于未能恰合上述标准的臣民，也如看见不守妇道的女人一样，心里感到憎恨，说到底这与大义名分无关，实际上是有性的症结在作祟，所以往往无理性可讲的。

胡先生书中很愤慨于法官问案之有成见，这成见是哪里来的，岂不是即以三纲主义为本，而且又即是出于性的症结的么？要改变这样心理，实在很不易，也实在极重要，因为假如这不改变，则不但所说司法与监狱的改革都不能有效，而且中国的民主也总还是假的，无论表面上做得如何，根本上仍是一个三纲主义的社会而已。我说这话并不是对于胡先生的改革意见有什么怀疑，不过想到有这些困难，说来以供参考，还有我的话多牵涉到妇女问题上去，对不对还要请胡先生加以指教。按照文字的体例，我这一篇不能算作序，只好说是跋，但因重违胡先生叫我写序的雅意，所以折衷一下，题作后序也罢。

三十七年十二月七日，会稽周作人。

【钟校】

①《我与江先生》，胡逸民著，江先生即江亢虎。书似未曾印行，本文后移作《虎牢吟啸》的“后序”了。

天桥志序①

◇1951. 5. 7

◇集外文

大概在十五六年前，张次溪君拿了他的《天桥志》的稿本来给我看，我很是欢喜，怂恿他付印，他要我给他写一篇小序，我也答应了。年月荏苒地过去，这书没有出版，稿子幸而保存着不曾遗失，去年见到次溪便还给他，了结这十多年来的一件事。次溪将稿本大加修改，成为这一册《人民首都的天桥》，这回真要出版了，仍旧要叫我写序，因为他的敦促，我不能不写，虽然不想写，因为我觉得没有什么可写，所以只好将以前预备写序的话拿来塞责，不能满次溪之意那也是当然的吧。

我欢喜次溪的《天桥志》，觉得它有意思，有意义，因为在那里表现出中国人民的生活。天桥这地方，在一般的人看来，是平民的各种货物与各种演艺的聚集处，这有如市集和庙会，却是天天在集会，永久存在，也时刻在变化。我们亲身参加在里边，见闻体验很多很充足，及至离开之后，便什么痕迹都没有了，凡市集庙会都给予我们这么一个印象，这是很有点可惜的。我们如只为的自己，要去买点东西，或享点娱乐，去过以后就算满足。但是假如退下一步，要想想那里卖的是些什么货色，表现的是些什么技术，不是自己想怎么，乃是从货色与技艺来看大家的需要与享乐，这便于实地观察之外还需要记录的资料了。可是中国过去关于这种民间生活的资料特别缺少，如《东京梦华录》记北宋汴梁的事情，其民俗技艺部分不到二十行，里边说到合生张山人，说诨话刘乔，只有一个名字。至今合生是怎么一回事，诨话是怎么说的，一直令人弄不清楚。《清嘉录》记清季苏州岁时风俗，新年一项下杂耍诸戏有高竿走索，穿跟斗，吞剑弄刀等约二十种，均是演技，末后说及说因果和滩簧，也只寥寥十许字，语焉不详，一样的不得要领。次溪从前曾集刊清朝梨园资料，共有两集，内容很丰富，但那些著述的本意大抵只是文人自诩风雅，真是好的资料恐亦难得百一。李斗的《扬州画舫录》不是记风俗的专书，其中有几条杂记却是颇好，如卷五云：

二面蔡茂根演《西厢记》法聪，瞪目缩臂，纵膊埋肩，搔首踟蹰，兴会飙举，不觉至僧帽欲坠，斯时举座恐其露发，茂根颜色自若。

又卷十一云：

小丑滕苍洲[②]短而肥，戴乌纱，衣皂袍，着朝靴，绝类虎丘山扳不倒。

记述琐屑事，简要地能替艺人传神。这类的文章在有名的《燕兰小谱》中就难找到，那里专记旦角，也正是一个原因。这回我看见次溪的“天桥新志”的草稿[③]，第四章专讲天桥近时所演出的曲艺和杂技，分属于说唱和属于软硬杂技的两类，第五章为天桥人物考，叙述近百年来天桥艺人的事迹，加上若干难得的图画，差不多把天桥演艺方面的面相整个地映写出来了，在这上面可以说是空前的成功的著作。我觉得特别有意思的更是其中属于说唱的一类，它于一般叙述之外，又有些说的唱的话也记了下来，这是很重要的一点，譬如拉大片数来宝，我们即使听不见附属的鼓钹或拍板的响声，但读了那一部分文句，也就能真切地感觉，比杂技一类更是易于了解了。这不但说明了那些民间艺人怎么地演或演的是什么，更使我们知道民间观众所喜爱的是什么，至于可以供人民文艺工作者与研究者的参考，那又是另外一种用处。我只可惜这里关于天桥的货物即是摊贩的事情没有说及，但我知道次溪在这一方面搜集的材料也不少，曾说过想整理出来，那么将来会得有增订的机会，使《天桥志》更是完全，也正是天桥爱好者的所共同希望的吧。

一九五一年五月七日，周遐寿。

【钟校】

①《天桥志》，张次溪著，1951.7改名《人民首都的天桥》出版。

②“小丑滕苍洲”，“滕”原作“滕”。

③“草稿”，原作“草案”。

郑子瑜选集序①

◇1960. 8. 24

◇集外文

郑子瑜先生从新加坡路远迢迢的写信给我，叫我给他的文集写一篇序文，集子的名字叫做《挑灯集》，当时我贸然的答应下来了。但是我自己正在忙于翻译日本十世纪时随笔《枕草子》，总共有二十几万字，而且近十多年没有写文章，笔墨也荒疏了，因此一天一天的拖延，转瞬已是夏尽秋来了。这回又得郑先生的来信，倒不来催促，只是说现在已稍改变计划，将刊行选集，却仍旧叫我做序。这一来使得我极为狼狈，觉得序文须得赶紧的写，可是这序却也要难写得多了。

集子改换名字，怎么会序文难写得多呢？这个理由在我说来，是极为明显的，因为我写文章，向来以不切题为宗旨，至于手法则是运用古今有名的赋得方法，找到一个着手点来敷陈开去，此乃是我的作文金针。当初郑先生叫我写他的《挑灯集》序，我便看中了可以发挥的地方，所以答应了，但是后来改作《选集》，这却没有巴鼻可抓，无从下笔，因为对于选集的文章要加以批评，那我怎么能行呢？可是看了郑先生寄来的文集目录和一部校稿，对于内容稍有了解，又见郑先生自序里提起“挑灯”的事情，这又把我的勇气振作了起来，来写成这一篇序文。

自序里说：“这当子，挑灯夜读当然有我的份。遇着风紧的时节，那火舌不断地摇动，我也跟着眨眼。这眨眼的习惯一经养成，至今一直无法改得掉。或是在大白天，没有一点风的时候，也还是要无故而眨眼的。”说起灯来，第一想起来的是古人的一句诗，“青灯有味似儿时”。甲申年春天曾起首作笔记，题名《青灯小抄》，小引的结末云：

> 从前曾经写过一首打油诗云：未必花钱逾黑饭，依然有味是青灯，偶逢一册长恩阁，把卷沉吟过二更。其时得到了二三种傅节子的藏书，写了这几句，现在就可以拿来算作有诗为证吧。以买烟钱买书，在灯右观之，也是很有意思的事，偶有感想随时写下，还是向来的旧习惯，却加上了一个新名称。小抄云者言其文短少，若云有似策论场中的怀页，虽亦无不可，但未免有鱼目混珠之嫌矣。

可是这随笔终未写成，而且所谓灯与郑先生所说的“挑灯”，也有点拟不于伦，觉得不很切贴。大抵提起儿时的灯火，总有可亲的感觉，是值得留恋的，但是郑先生的灯的联想却并不是这样，而且底下还接下去说道：“大抵这也是我应得的报应吧，”这是何等的感伤呢！

郑先生说，祖先“失德”，“报应”及于子孙，这话我想是或然或不然。或然者是世俗之见，或不然者盖系事实。郑先生所说远祖，生于前清嘉道时代，去今才有一百五十年光景，算来他逝世当在鸦片战争前后，说那时还有买人陪葬的事，似乎有点可疑。因此郑先生的眨眼，说是祖先失德的报应，无宁说是家世贫寒的结果，更为正确一点。挑灯夜读，本为苦学的一场面，也实属穷学生应有的事，但是风紧的时节，火舌不断的摇动，也就跟着眨眼，以至成为习惯，至今还没有改掉，这实在说的很是痛切，比古人的头悬梁、锥刺股，更是利害，因为那头与股总还是依然故我，不曾留下一点儿的痕迹的。

但是天下的事吃一分的辛苦，也就有一分的进益，这可以说是别一意义的一种报应吧。只看这二十几万字的选集，便是这个辛苦的结果。郑先生廿五年间孜孜矻矻的写作，中间虽经过种种困苦，却终于结出这样的佳果，可说是没有亏负他这多少年的辛苦了。选集中共分五部分，虽是由于我自己的才力不及和性情偏至的关系，对于经史正经文章不大能够理会，但觉得关于这选集里的第一部分“学术论著”却是不能不特别一提的。这一部分共计十八篇，头三篇是诸子思想的研究，乃是哲学史上的论文，末两篇则是关于修词学的，都很有些精辟的见解，此外泛论文学一般，而特别注重与科学的提携，这也是极其重要的意见，似乎值得一说的。其他的四部分则是随笔序跋之类，我觉得容易读一点，所以为我所喜欢的也就更多了。但是一一提出来说，也太词费，只好姑从省略。可是且让我添上一句，郑先生侨居马来亚，关于这方面的文章觉得未免太少了，只有《论郁达夫的南游诗》这一篇，但是转侧一想，前有关于黄公度几篇，已经收入《人境庐杂考》中了，此外听说郑先生正在编辑一部《南洋诗话》，那么这一缺恨也就可以弥补几分了吧。

一九六〇年八月二十四日，周作人时年七十六。

【钟校】

① 郑子瑜，福建尤溪人，1938 起在新加坡工作，后任日本早稻田大学研究院教授。

补　　遗

中国古代文艺思潮论序[①]

◇1934. 1. 31
◇集外文

中国与日本的关系将来究竟如何，这个问题目下很不容易解答。就现今的政治状态说，无论如何看不出什么可以和解的途径，但是从向来的文化关系上看时，两者之间具有甚深的因缘，轻易要割也是割不断的。我们本来无须多去扳认亲戚，特别是在自己落魄的时候，不过事实仍是事实，世界文化关系中最奇特的例"中日"确是其一。这关系多么密切，却又多么疏远！日本古代的文字学艺以至政治制度差不多全以中国文化为基本，但这个关系又全是友谊的，与一般由于征服而发生的文化接触径路[②]截不相同，这种情形在历史上很不多见，只有中国在晋唐时代与印度的关系略可相比。中国不曾替印度保留下多少古文化，但是接连的译出了几千卷的经典，又代办了极东的传道事业，这个工作也颇不小，日本则直接保存了中国的好些文物，从前夏曾佑、钱恂两先生在东京散步，看见店家招牌的词句和写法，往往相顾赞叹，以为都有唐代的遗风，正不是什么夸张的话，一方面现今支那学的研究也很发达，颇令明达的中国学者有感到压迫之叹，这又是二者不同之点。日本今日虽有席卷东亚之志，看中国不在眼里，可是旧债还是不能抵赖，就是那些王道啰膺懲啰等[③]新鲜口号也仍跳不出中国陈腐的圈套，中国对于侵略者固有时日曷丧予及汝偕亡之感，但若是救亡工作中不废学术，那么在日本的中国古代文化之资料及其研究成绩也就不能恝然置之，有时实在还须积极的加以注意才对。再从一方面说，画鬼总不怕画得太黑，而其本色也不容易知道，然而知己知彼既是一样的切要，那么对于对方去虚心研究要确实知他真相的人也绝不可少。在政治外交的关系处于危殆的时候，文化上的连系与考索更应该着重，或者在现在还不大有人相信，但我想这总是自明的事理罢。

日本关于中国的研究大概可以分作两大类，其一是支那学者的工作，其二是支那通的工作。或者再具体一点说，其一是为学术的，虽然在思想方法上稍有[4]新旧之分，但是目的在于求知则是一样，其二可以说是为实用的，而其实用又是拓殖的准备，所调查研究者大率以经济制度社会风俗为主，其成绩当然也不差，可是居心却不可问了。此外还有些人，如后藤朝太郎、井上红梅等，也写许多关于中国的文章，不过是找点材料来说明中国之下劣，作为应当征服的佐证罢了，这些可以按下不提。我们自己未免也是太不肖，不但对于有这样重要关系的日本未曾加以切实的研究，就是自己的文化也不大关心，近来甚嚣尘上的国故整理不知道比以前汉学家的业绩能够超过多少，到了现在研究国学的人还不得不借助于外邦的支那学，这实在是学人之耻，可是临渊结网胜于自弃，只看有此意气否耳。中国自编文学史大抵以日本文本为依据，自古城贞吉、久保得二以下不胜指屈，论其方法序次多井然有条，且涉及小说戏曲，打破旧文学偏陋的界限，可取之处颇多，后出著作亦常有移译，则其成绩自亦更进步矣。故中国在文学史方面尚能利用国外材料，不过大都是正式的史评，其稍为特殊者还不多见，此次王君所译青木氏的《中国古代文艺思潮论》或者可以说是其一欤。青木氏专攻中国文学，是新派学者中的佼佼者，在大学毕业后曾来北京留学，回去任东北帝国大学教授，著作甚多，其《中国戏曲史》已有汉文全译本闻将出板云。此论原名《支那文艺思潮》，因其所说只及唐以前事，[5]故译文加古代二字，其内容稍简略，或者亦未必多新意，但其论文艺思潮不局限于文艺本身，如注重儒道两家的思想，细释儒家礼乐之教，因此而知其文学之以载道为目的盖属当然矣，此种看法似颇有意义，足供学子的参考。王君译此书以贡献于社会，其意甚善，以后再进一步，进而为介绍日本文学研究的工作，则其有益于中国学界当更非浅鲜矣。

民国二十三年一月三十一日，周作人识于北平。

【钟校】

①《中国古代文艺思潮论》，日本青木正儿原著，王俊瑜译，（北平）人文书店 1933.12 初版。出版日期在作序日期之前，似不太合理，但其版权页原文如此。

②“径路”原作“经路”。

③此“等”字为钟所加。

④“稍有”原作“稍在”。

⑤此逗号为钟所加。上文中“夏曾佑、钱恂”“后藤朝太郎、井上红梅”“古城贞吉、久保得二”的三个顿号亦为钟所加。

图书在版编目(CIP)数据

知堂序跋/周作人著;锺叔河编．—长沙:岳麓书社,2016.4
(2024.3 重印)

ISBN 978-7-5538-0422-4

Ⅰ.①知… Ⅱ.①周…②锺… Ⅲ.①序跋—作品集—
中国—现代 Ⅳ.①I266

中国版本图书馆 CIP 数据核字(2015)第 195361 号

ZHITANG XUBA

知堂序跋(全三册)

著　　文:周作人

编　　订:锺叔河

责任编辑:曾德明　舒　菲

责任校对:舒　舍

封面设计:风格八号

岳麓书社出版发行

地址:湖南省长沙市爱民路 47 号

直销电话:0731-88804152　0731-88885616

邮编:410006

版次:2016 年 4 月第 1 版

印次:2024 年 3 月第 3 次印刷

开本:787×1092　1/32

印张:25.625

字数:409 千字

印数:6 001—10 000

ISBN 978-7-5538-0422-4

定价:180.00 元

承印:长沙超峰印刷有限公司

如有印装质量问题,请与本社印务部联系

电话:0731-88884129